KB265050

TOEIC

누추한 점수에 던지는
기특한 풀이 비법

저자 **백형식**

University of New Mexico 졸업 (Accounting 전공)

(현) RIIID Inc. Content Director
(현) 시원스쿨 TOEIC LC/RC 대표강사
(전) 영단기 어학원 TOEIC LC/RC 강사
(전) 종로 이익훈 어학원 TOEIC LC 강사
(전) CEDU 대치본원 수능영어, TEPS
(전) 강남 이익훈 어학원 TOEIC LC/RC 강사

TOEIC 누추한 점수에 던지는 기특한 풀이 비법

지은이 백형식
초판 1쇄 인쇄 2016년 11월 18일
초판 1쇄 발행 2016년 11월 28일

발행인 박효상   **총괄 이사** 이종선   **편집장** 김현   **기획·편집** 박혜민   **디자인책임** 손정수
디자인 싱타디자인 고희선
마케팅 이태호, 이전희   **디지털콘텐츠** 이지호   **관리** 김태옥

종이 월드페이퍼   **인쇄·제본** 현문자현

출판등록 제10-1835호   **발행처** 사람in   **주소** 121-839 서울시 마포구 양화로 11길 14-10 (서교동) 4F
전화 02) 338-3555(代)   **팩스** 02) 338-3545   **E-mail** saramin@netsgo.com
Homepage www.saramin.com

책값은 뒤표지에 있습니다.
파본은 바꾸어 드립니다.

ⓒ 백형식 2016

ISBN
978-89-6049-606-4 13740

사람이 중심이 되는 세상, 세상과 소통하는 책 사람in

TOEIC

누추한 점수에 던지는
기특한 풀이 비법

백형식 지음

사람in

대한민국 취준생들에게 토익(TOEIC)이란 취업을 위해 꼭 필요한 요소라는 것은 알지만 선뜻 시작하기 싫은 것! 마지막까지 버티다 버티다 막상 시작하면 점수 내기가 생각보다 만만치 않아 골치 아픈 것! 네! 토익은 '귀찮지만 해야 하고 빨리 해치워야 하는 시험'입니다.

사실 토익 학원을 다녀 보고 온라인 수업도 듣고 책도 사서 공부하고 어렵게 점수를 내지만 사실 되돌아보면 토익이라는 시험이 별거 아닌데 왜 그렇게 어렵게 공부했나 하는 생각이 들 겁니다.

먼저 여러분들이 반드시 기억할 것은 토익은 너무나도 정형화된 시험이라는 것입니다. 다시 말해 매달 나오는 문제 유형들이 정해져 있고, 그 문제 유형들도 몇 가지 안 됩니다. 간혹 나오는 고득점용 문제에 연연해서 불필요한 노력을 할 필요가 없다는 거죠.

여러분들은 일단 정형화되어 있는 문제들 중 간단한 공식으로만 풀 수 있는 문제들을 먼저 정복하면 됩니다. 사실 이런 문제들이 대부분이기 때문에 최소의 노력으로 최대의 효과를 내고자 한다면 이런 기본 문제들 공략에 우선 투자하세요.

이 책에서는 청취 실력이 좋지 않은 사람들, 문법 실력이 현저하게 부족한 사람들을 위해 매달 출제되는 문제들을 공식화해서 제공합니다. 그렇기 때문에 LC, RC 모두 간단한 공식을 암기하고 적용시키는 연습만 하면 됩니다! 다른 공부가 쓸데없다는 것은 아닙니다. 하지만 토익 점수를 내는 데 당장 불필요한 노력을 할 이유도 없는 거죠.

이것으로도 안심이 안 되는 분들을 위해 15년 강의 경력이 녹아 있는 비법들을 제시합니다. LC, 막귀여도 괜찮습니다. 20% 정도의 소리만 이용해도 대부분의 문제 답을 찾을 수 있습니다. RC, 국대 영포자여도 괜찮습니다. 약 30개의 유형만 암기하시면 됩니다. 단, 이 책에서 제공하는 LC, RC 비법 유형들을 정확히 암기해 주셔야 합니다.

귀찮은 토익 시험, 빨리 끝내세요!

신토익,
트렌드 변화와 적응을 위한 학습법

토익은 절대 오래 공부하는 시험이 아닙니다. 짧고 굵게 끝내세요! 차근차근 차곡차곡 하면 안 됩니다. '두 달, 늦어도 석 달 안에 끝내야지'라는 생각으로 시작하세요.

그럼 어떻게 시작해야 할까요? 최신 경향을 파악하고 가장 큰 부분을 차지하는 빈출 유형부터 공략해야 합니다. 너무 많은 시간을 문법 공부에 투자할 필요가 없습니다. 토익에 나오는 문법은 정말 얼마 안 되기에 단시간에 마무리할 수 있습니다. 문법은 최대한 기본적인 것 위주로 간결하게 끝내고 어휘에 시간 투자를 더 해 주세요. 아무리 공식과 비법을 많이 알아도 어휘가 부족하면 의미가 없습니다.

단기간 내에 점수 향상을 위한 신토익 공부 전략에 대해 간략히 살펴봅시다.

PART 1

Part 1에서는 사진을 정확히 분석하는 연습과 오답을 피하는 연습을 하세요. 사진을 분석하기 위해 필요한 Part 1 필수 표현(교재 제공)을 암기하고 문제 풀이 시 소거법을 활용하세요. 소거법이란 사진에 없는 사물이나 사람을 언급하거나 사진과 전혀 상관 없는 사물의 상태 또는 사람의 동작을 묘사하는 말이 들리면 무조건 오답 처리하는 방법입니다. 간단히 말해 사진에 없는 단어가 들리면 소거!

PART 2

Part 2는 집중력이 가장 요구되는 부분으로 빨리 반응하는 연습이 필요합니다. 이 책에 제공되는 Part 2 비법 공식을 정확히 '달달달!' 암기한 후 적용하는 연습만 하면 됩니다. 그러면 질문에 나오는 20% 소리만으로 대부분의 문제를 풀어 낼 수 있습니다. 어려운 문제(유형 적용이 안 되는 문제)의 경우 질문과 답의 조합을 암기하세요. 질문의 내용이 비슷하면 답의 패턴도 언제나 비슷하게 출제되기 때문입니다.

PART 3

Part 3은 질문을 미리 읽는 것이 가장 중요합니다. 질문을 읽고 답의 위치를 예상하세요. 그리고 이 책에서 제공하는 답을 이끄는 정답 힌트를 암기한 후 이를 적용하는 연습만 하면 됩니다. 대화의 반복 횟수가 많아지는 문제 역시 큰 차이는 없으니 긴장할 필요 없습니다. 특히 그래픽 문제의 경우 난이도가 생각보다 높지 않습니다.

PART 4

Part 4 역시 질문을 미리 읽는 것이 가장 중요합니다. 질문을 읽고 글의 흐름(주제별 글의 흐름이 정해져 있다)을 예상합니다. 이를 바탕으로 답의 위치를 예상하고 이 책에서 제공하는 정답 표현과 주제별 글의 흐름 정리를 암기한 후 적용하는 연습을 충실히 하면 됩니다.

PART 5/6

Part 5/6에서 너무 과한 문법 공부는 금물! 매달 출제되는 기본 문법만 빠르게 파악해야 합니다. 이 책에서 제공되는 빈출 유형 리스트만 암기해도 충분합니다. 대신 어휘 문제의 비중이 커지는 만큼 '빈출 어휘'를 매일 일정 개수만큼 반복해서 암기하는 데 더 많은 시간을 투자해야 한다는 것, 기억하세요.

PART 7

Part 7은 질문을 미리 읽는 것이 가장 중요합니다. 단, 문제를 읽고 지문을 읽다 보면 문제를 까먹는 경우가 많기 때문에 문제를 읽고 빨리 포인트만 지문 옆 여백에 적어 둡니다. 그리고 적어 둔 포인트를 확인하며 지문 속에서 필요한 정보만을 뽑아내야 합니다.

머리말 ⸻ 4
신토익, 트렌드 변화와 적응을 위한 학습법 ⸻ 6
신토익 유형 분석 LC ⸻ 14
신토익 유형 분석 RC ⸻ 15
이 책의 활용 및 학습법 ⸻ 16
Time Schedule Guide 학습 스케줄 ⸻ 18

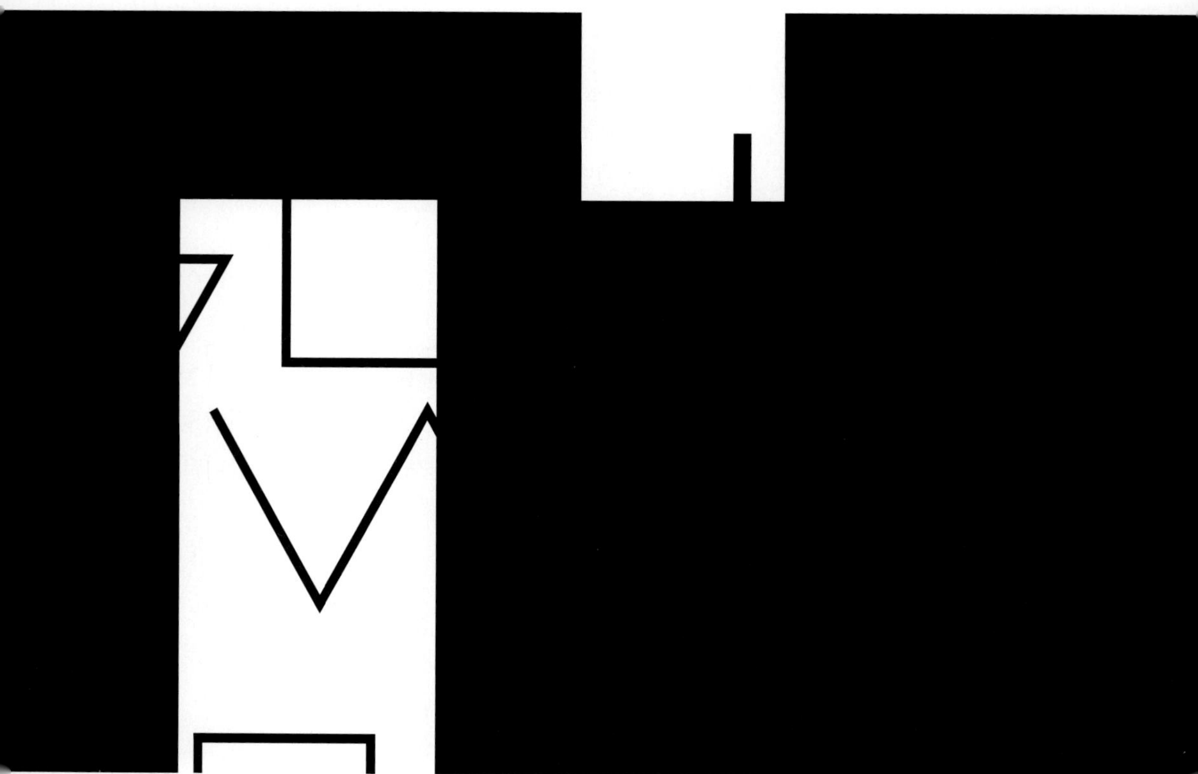

L/C

PART 1

PART 1 핵심 전략 — 22
PREVIEW 한눈에 보는 문제 유형 & 표현 정리 — 24

유형 **01** 인물이 뭔가를 바라보는 유형 — 28
유형 **02** 모자/장갑/가방/재킷/안경 등을 착용한 사진 — 29
유형 **03** 도구/기계 등을 사용하는 사진 — 30
유형 **04** 사무실에서 작업하는 사진 — 31
유형 **05** 공사장/정비소 등에서 일하는 사진 — 32
유형 **06** 주유소 사진 — 33
유형 **07** 도로/교통수단과 관련된 사진 — 34
유형 **08** 강가/해변 사진 — 35
유형 **09** 공원/야외 사진 — 36
유형 **10** 악기 연주/운동경기 사진 — 37
유형 **11** 요리 및 주방에서 일하는 사진 — 38
유형 **12** 상점 등에서 쇼핑하는 사진 — 39
유형 **13** 식당/음식 관련 사진 — 40
유형 **14** 청소 관련 사진 — 41
유형 **15** 도서관 사진 — 42
유형 **16** 바구니/선반/진열대 사진 — 43
KEY EXPRESSION 필수 암기 빈출 표현 — 44

실전 연습 문제 SET 1~2 — 46
실전 연습 문제 해설 — 52

PART 2

PART 2 핵심 전략 — 60
PREVIEW 한눈에 보는 문제 유형 정리 — 64

유형 **01** Who 의문문 유형 — 68
유형 **02** When 의문문 유형 — 69
유형 **03** Where 의문문 유형 — 70
유형 **04** Which 의문문 유형 — 71

유형 05 What 의문문 유형 72

유형 06 Why 의문문 유형 73

유형 07 How (상태/방법) 의문문 유형 74

유형 08 How much/many 의문문 유형 75

유형 09 How long 의문문 유형 76

유형 10 선택의문문 유형 77

유형 11 일반의문문/부가의문문 유형 78

유형 12 권유/제안/요청 관련 유형 79

유형 13 평서문 유형 80

유형 14 Whose/Whom 의문문 유형 81

유형 15 How soon/early/late/fast 의문문 유형 82

유형 16 무늬만 선택의문문 유형 83

유형 17 무늬만 평서문 유형 84

KEY EXPRESSION 필수 암기 빈출 표현 85

실전 연습 문제 SET 1~2 86

실전 연습 문제 해설 90

PART 3

PART 3 핵심 전략 100

PREVIEW 한눈에 보는 문제 유형 & 표현 정리 102

SECTION 1 대화의 Turn(반복 횟수)이 3~4회짜리 대화 유형

유형 01 대화 장소 및 등장인물의 직업 찾기 문제 112

유형 02 의도 찾기 문제 114

유형 03 주제 및 문제점 찾기 문제 116

유형 04 Ask/Suggest/Offer 문제 118

유형 05 미래 행동을 묻는 문제 120

유형 06 Probably/Likely 문제 122

유형 07 해결책 및 동의 문제 124

예상치 못한 자리에 답이 나오는 예외 문제 대처 126

SECTION 2 대화의 Turn이 많은 대화, Implication, 3자 대화, Graphic이 포함된 문제 유형

유형 08 대화의 Turn이 많아지는 대화 문제 128

유형 09 대화의 Turn이 같거나 많아지고 구어체 표현이 포함된
　　　　　 Implication(글의 의도/맥락) 문제 134

유형 10 대화의 Turn이 많아지고 등장인물이 세 명인 3자 대화 문제 140

유형 11 대화의 Turn이 기존과 같거나 약간 길어지고 Graphic이 포함된 대화 문제 146

실전 연습 문제 SET 1~2 152
실전 연습 문제 해설 164

PART 4

PART 4 핵심 전략 196
PART 4 기본 틀 암기하기 197
PREVIEW 한눈에 보는 문제 유형 정리 198

SECTION 1   필수 상황별 지문의 흐름 정리

유형 **01** 전화 메시지 남기기 204
유형 **02** 자동 응답 메시지 205
유형 **03** 제품/회사 광고 206
유형 **04** 공지글 207
유형 **05** 지시 사항(여행/관광/견학) 208
유형 **06** 공항 안내 방송(공항/버스 터미널/기차역 공통) 209
유형 **07** 기내 방송 210
유형 **08** 일기 예보 211
유형 **09** 교통 방송 212
유형 **10** 초대 손님이 나오는 방송 213
유형 **11** 인물 소개글 및 연설문 214

SECTION 2   실전 문제 풀이 연습

문제 **01** 요청/제안 문제 216
문제 **02** 화자/장소/미래 행동을 묻는 문제 218
문제 **03** 공지 목적과 문제점을 묻는 문제 220
문제 **04** 제시된 구어체 표현의 의도를 묻는 Implication 문제 ... 222
문제 **05** 제시된 구어체 표현의 의도를 묻는 Implication 문제 ... 225
문제 **06** Graphic을 확인해 가며 푸는 문제 228
문제 **07** Graphic을 확인해 가며 푸는 문제 231

실전 연습 문제 SET 1~2 234
실전 연습 문제 해설 244

R/C

PART 5

PART 5 핵심 전략 268
PREVIEW 한눈에 보는 문제 유형 정리 270

유형 01 동사 자리 278
유형 02 주어 자리, 주어와 동사의 수 일치 281
유형 03 동사의 성질 구분 283
유형 04 3/4/5형식 문장의 목적어 확인하고 동사 찾기 286
유형 05 2/5형식 문장의 보어 자리 288
유형 06 소유격 대명사 자리 292
유형 07 목적격 대명사/소유대명사/재귀대명사 295
유형 08 동사를 수식하는 부사 자리 297
유형 09 4/5형식 특수 동사 299
유형 10 동명사/부정사를 목적어로 취하는 동사 304
유형 11 명사 수식 분사 vs 보어 자리에 오는 분사 307
유형 12 문장 앞 부사 또는 분사구문 자리 310
유형 13 수식어구 1_주어와 동사 사이의 -ly/-ing/p.p./to부정사/형용사 ... 313
유형 14 수식어구 2_완전한 문장 끝에 오는 -ing/p.p./형용사 ... 316
유형 15 시간절 기본 시제 & 시제 특수 구문 318
유형 16 관계대명사의 선택 321
유형 17 명사를 수식하는 형용사 자리 326
유형 18 복합명사 329
유형 19 형용사를 수식하는 부사 자리 331
유형 20 전치사/접속사/접속부사 선택 333
유형 21 등위접속사와 상관접속사 338
유형 22 수량 관련 표현들 341
유형 23 전치사의 용례 344
유형 24 혼동하기 쉬운 가산명사/불가산명사 348
유형 25 가정법 구문 6가지(도치 포함) 351
유형 26 특수 부사 355
유형 27 혼동 형용사 및 -ing/p.p. 관용표현 360
유형 28 비교급/최상급/원급 비교 및 비교급 수식어구 363
유형 29 관계대명사 혼동 유형 366

실전 연습 문제 SET 1~3 370
실전 연습 문제 해설 384

PART 6

PART 6 핵심 전략 404

실전 연습 문제 SET 1 407
실전 연습 문제 해설 412

PART 7

PART 7 핵심 전략 426
PREVIEW 한눈에 보는 문제 유형 정리 428

SECTION 1 주제별 지문 유형

유형 **01** 비즈니스 관련 편지/팩스/이메일 436
유형 **02** 구인 광고 439
유형 **03** 구직 신청(지원자) 441
유형 **04** 구직 신청에 대한 답장(인사 담당자) 444
유형 **05** 불만 사례(고객 입장) 안내 편지/팩스/이메일 447
유형 **06** 고객 응대(사과) 안내 편지/팩스/이메일 450
유형 **07** 광고 453

SECTION 2 신 유형 집중 분석 및 Solutions

유형 **08** 문자 메시지 458
유형 **09** 온라인 채팅 461
유형 **10** 주어진 문장의 위치 찾기 465
유형 **11** 3중 지문 469

실전 연습 문제 SET 1 476
실전 연습 문제 해설 492

신토익 유형 분석 **LC**

PART 1

	신토익	구토익
유형	사진 묘사	사진 묘사
문항수	총 6문항	총 10문항

사진을 묘사하는 4개의 보기가 등장하는 유형 유지

 **문항수 감소**

PART 2

	신토익	구토익
유형	질의 응답	질의 응답
문항수	총 25문항	총 30문항

질문에 대한 적절한 응답을 찾는 유형은 유지

 **문항수 감소**

PART 3

	신토익	구토익
유형	짧은 대화	짧은 대화
문항수	13개 대화(대화당 3문항) 총 39문항	10개 대화(대화당 3문항) 총 30문항

NEW **3명의 화자가 대화를 나누는 신 유형 추가**

NEW **대화와 문항수 증가**

PART 4

	신토익	구토익
유형	설명문	설명문
문항수	10개 설명문(설명문당 3문항) 총 30문항	10개 설명문(설명문당 3문항) 총 30문항

NEW **제시된 정보를 참고하는 신 유형 추가**

문항수 동일

신토익 유형 분석 **RC**

PART 5

	신토익	구토익
유형	단문 공란 채우기	단문 공란 채우기
문항수	총 30문항	총 40문항

단문에 있는 공란에 적절한 단어/표현을 채우는 유형 유지

NEW **문항수 감소**

PART 6

	신토익	구토익
유형	장문 공란 채우기	장문 공란 채우기
문항수	4개 지문(지문당 4문항) 총 16문항	4개 지문(지문당 3문항) 총 12문항

NEW **문제 형태 변화**

NEW **문항수 증가**

PART 7

	신토익	구토익
유형	단일 지문	단일 지문
문항수	10개 단일 지문 지문당 2–4문항 총 29문항	9개 단일 지문 지문당 2–5문항 총 28문항
유형	이중 지문	이중 지문
문항수	2개 세트 지문 세트당 5문항 총 10문항	4개 세트 지문 세트당 5문항 총 20문항
유형	삼중 지문	
문항수	3개 세트 지문 세트당 5문항 총 15문항	
문항수	총 54문항	총 48문항

NEW **신 유형인 3중 지문 유형 추가**

기존 독해 문제 풀이 방식 유지

NEW **문항수 증가**

이 책의 활용 및 학습법

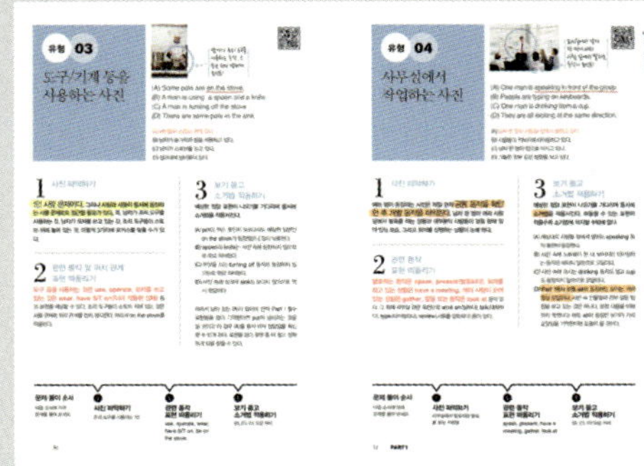

1

PART 1
이렇게 공부하세요

빈출 유형 사진을 먼저 익히세요.
문제 풀이 순서를 익히세요.

1 사진의 유형 파악하기
2 관련 표현 떠올리기
3 보기 듣고 소거법 적용하기
   사진에 나오지 않는 명사/동작 보기 소거하기
   유사 발음 혼동 보기 소거하기
4 정답 선택

3/4

PART 3
PART 4
이렇게 공부하세요

빈출 유형 문제를 익히세요.
문제 풀이 순서를 익히세요.

1 문제가 묻는 내용, 키워드 확인하기
2 대화/지문에서 키워드 확인하기
3 문제 풀이 요령에 따라 정답 선택

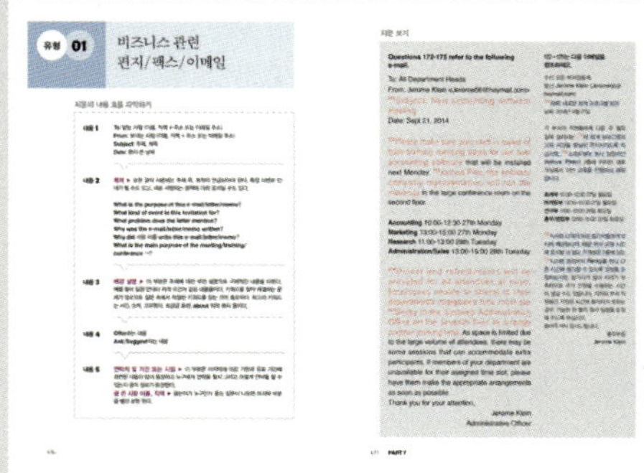

7

PART 7
이렇게 공부하세요

빈출 유형 11개의 지문 내용 흐름을 익히세요.
문제 풀이 순서를 익히세요.

1 지문의 흐름 확인하기
2 문제의 키워드와 지문의 내용 대조
3 정답 선택

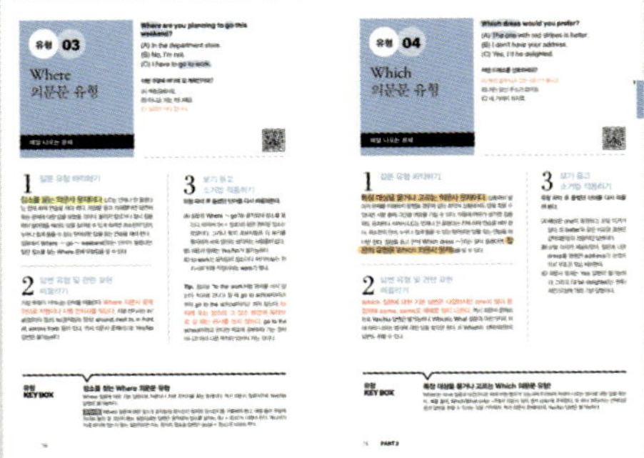

2

PART 2
이렇게 공부하세요

빈출 질문 유형을 먼저 익히세요.
문제 풀이 순서를 익히세요.

1. 질문 유형 구분하기
2. 답변 유형 및 관련 표현 떠올리기
3. 보기 듣고 소거법 적용하기
   명사 반복 보기 소거하기
   유사 발음, 유사 형태 단어 보기 소거하기
4. 질문이 묻는 내용을 정답으로 선택

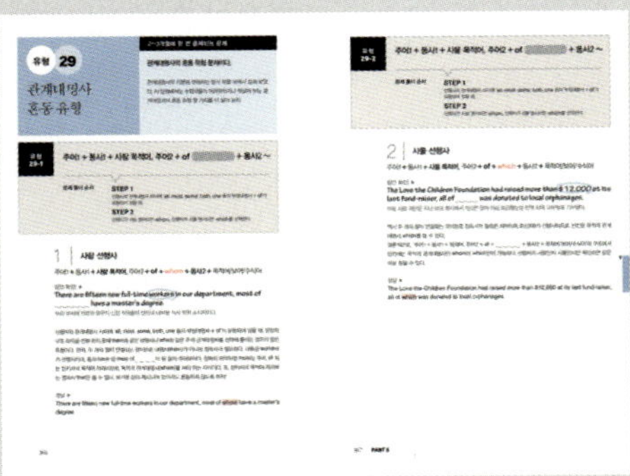

빈출 유형 29개 문장 구조를 익히세요.
문제 풀이 순서를 익히세요.

1. 보기 구성의 특징 확인하기
2. 문제 풀이 순서에 따라
   빈칸을 중심으로
   문장 구조의 특징 확인하기
3. 적절한 단어 선택

5/6

PART 5
PART 6
이렇게 공부하세요

시작과 마무리

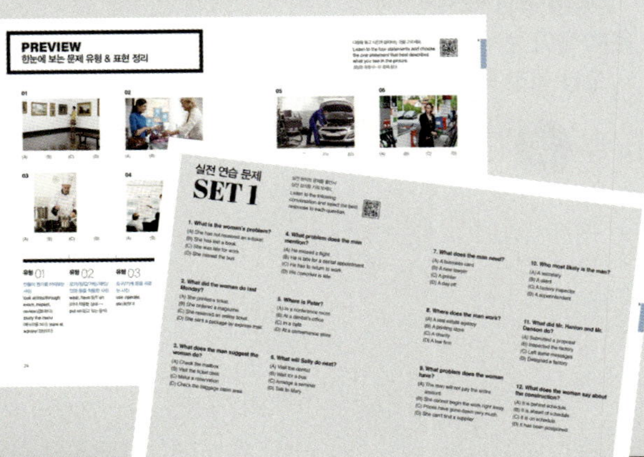

PREVIEW TEST
실전 연습 문제

파트를 대비하는 핵심 전략을 먼저 공부합니다.
유형 학습에 앞서 내 실력이 궁금하다면
테스트해 보세요. 어려워하지 마세요!
유형 요약을 참고하면서 풀어 보세요.

TIME SCHEDULE GUIDE 학습 스케줄

: 기특한 비법으로 신토익 정복하는 30일 가이드

1

아직은 느긋, 전체 훑기

파트별 특징 익히기
파트별 유형 정리하기

3

시작한 대로의
페이스 유지

문제 유형별 정답 단서
및 비법 익히기
문제 풀이 순서 적응하기

D-30　**D-25**　**D-20**

본격 학습, 세부 유형 익히기

유형별 특징 익히기
문제 풀이 순서 익히기
오답 함정 익히기

2

4

비법 적용 문제 많이 풀기

**실전 문제 반복해서 풀기
오답 문제 위주로
유형 복습하기**

6

최종 점검하기

**유형 정리 리스트
위주로 복습하기
오답 문제 반복해서 풀기**

D-15 〉 D-10 〉 D-5

막판 스퍼트, 비법 복습

**각 유형의 특징/문제 풀이 순서
숙지 정도 점검하기**

5

PART 1

PART 1 핵심 전략
사진 분석 방법 및 소거법 활용

유형별 사진 분석을 통해 답이 될 만한 표현을 예측하는 것이 중요하다. 보기를 들으며 내가 예상한 답을 찾는 과정에서 소거법을 적절히 활용한다면 혼동 보기에 넘어가는 일은 없을 것이다. 소거법이란 사진을 분석한 후 또는 사진 분석이 불가능할 경우 보기를 들으면서 사진 속에 존재하지 않는 사물이나 동작이 보기 문장에 들리면 오답 처리하는 것을 말한다. 소거법은 특히 난이도가 높은 문제에서 활용도가 더욱 높다.

1. 사람 중심 1인 사진

분석 단계	인물의 동작 파악 → 외모 파악 (모자, 장갑, 가방, 안경 등) → 위치 관계 파악 (사람과 비교 대상이 존재함 **ex.** 테이블, 카운터 등) → 전체 상태 파악

주의사항!

▶ 위치 관계 파악 시에는 비교 대상과의 전후 좌우 관계를 본다. 비교 대상으로 가장 많이 활용되는 것이 테이블이나 카운터이다.

▶ 인물 상태 문제는 턱을 괴고 있는 사진(The man is resting the chin on his hand. The man is resting his arm on the table.)과 팔짱이나 다리를 꼬고 있는 사진(The man is having his arms folded. The man is having his leg crossed.)을 주의하자.

2. 사람 중심 2인 이상 사진

분 석 단 계	인물의 동작 파악 (공통 동작, 개별 동작) → 외모 파악 (모자, 장갑, 가방, 안경, 헬멧, 유니폼 등) → 위치 관계 파악 → 전체 상태 (주변 상황이나 사물 묘사) 파악

2인 이상 등장 문제는 혼동 보기가 자주 나오는 어려운 문제가 많으므로 주의해야 하며 혼동 보기는 주로 주어의 '수'를 활용하는 경우가 대부분이다.

3. 사물 사진

분 석 단 계	위치 관계 → 상태

위치 관계는 위치 관련 전치사에 집중하자. 사물의 상태 문제는 특히 주의해야 하는데, 주로 '수'가 아주 많거나 적은 사진, '크기'가 아주 크거나 작은 사진, 무엇이 열려 있거나 닫혀 있는 사진이 자주 출제된다. **ex.** 건물 전면에 창문이 많은 사진, 거실이 아주 넓은 사진, 건물 창문이나 자동차 문이 열려 있는 사진

4. 경치 및 인물 배경 위주 사진

분 석 단 계	위치 관계 → 상태

사물이나 시설물들의 위치 관계에 집중하자. 경치 관련 사진 문제에서 특히 많이 등장한 overlook (내려다보다)과 더불어 다음 표현들을 기억하자.
lead to (~로 이어지다), face (접해 있다), dock (정박하다), float (떠 있다)

01

(A)   (B)   (C)   (D)

02

(A)   (B)   (C)   (D)

03

(A)   (B)   (C)   (D)

04

(A)   (B)   (C)   (D)

유형 01

인물이 뭔가를 바라보는 사진

look at/into/through, exam, inspect, review(검토하다), study the menu (메뉴판을 보다), stare at, admire(감상하다)

유형 02

모자/장갑/가방/재킷/ 안경 등을 착용한 사진

wear, have S/T on (이미 착용한 상태) ↔ put on(입고 있는 동작)

유형 03

도구/기계 등을 사용하 는 사진

use, operate, stir(휘젓다)

유형 04

사무실에서 작업하는 사진

work on(일하다), talk (대화하다), type, look at, review(검토하다), have a meeting(회의 하다), gather(모여 있다), speak, present (발표하다)

05

(A)　　　　(B)　　　　(C)　　　　(D)

06

(A)　　　　(B)　　　　(C)　　　　(D)

07

(A)　　　　(B)　　　　(C)　　　　(D)

08

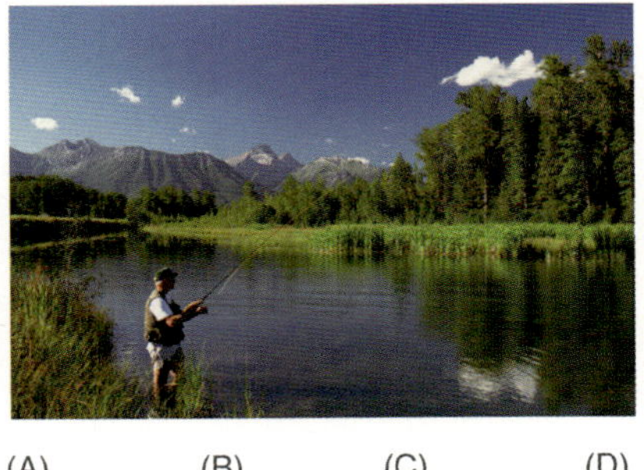

(A)　　　　(B)　　　　(C)　　　　(D)

유형 05

공사장/정비소 등에서 일하는 사진

work on (작업하다), repair, fix, use, operate, install

유형 06

주유소 사진

put, fill, pump (주유하다), gas, fuel (연료), check (차량을 확인하다)

유형 07

도로/교통수단과 관련된 사진

board (탑승하다), park (주차하다), cross the street, ride, wait for the light to change (신호등이 바뀌기를 기다리다)

유형 08

강가/해변 사진

stroll (산책하다), walk, fish, near the water, water's edge (물가), under the bridge, over the water (물 위에 다리 등이 있는 사진), along the beach

09

(A)   (B)   (C)   (D)

10

(A)   (B)   (C)   (D)

11

(A)   (B)   (C)   (D)

12

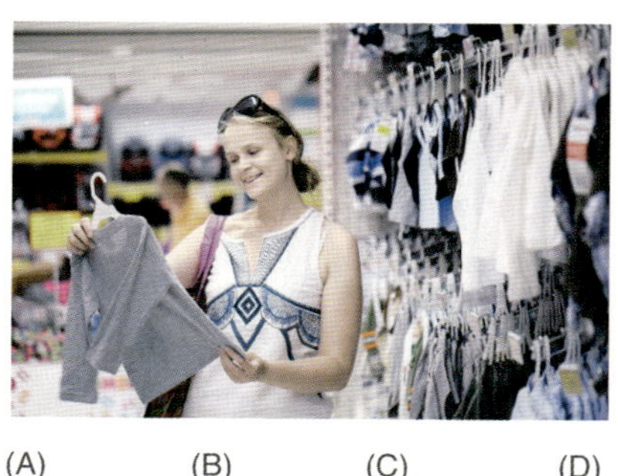

(A)   (B)   (C)   (D)

유형 09

공원/야외 사진
walk, ride, stroll (산책하다), push a stroller (유모차를 밀다), overlook (건물이 ~을 내려다보다), rest, relax, take a break

유형 10

악기 연주/운동경기 사진
play ~ instrument, perform (공연하다), play sports, hit the ball

유형 11

요리 및 주방에서 일하는 사진
cook, prepare, use, stir (휘젓다), cut (썰다), chop (썰다), dice (썰다), do the dishes (설거지하다)

유형 12

상점 등에서 쇼핑하는 사진
shop, look at, browse (구경하다), reach (뭔가 잡기 위해 손을 내밀다), pay for (지불하다), hold (잡다)

13

(A)   (B)   (C)   (D)

14

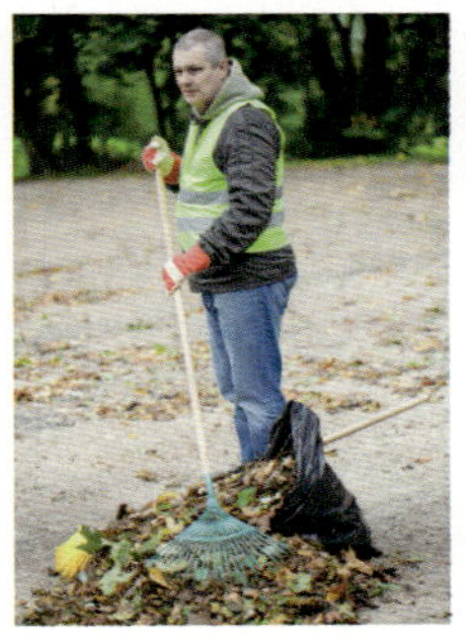

(A)   (B)   (C)   (D)

15

(A)   (B)   (C)   (D)

16

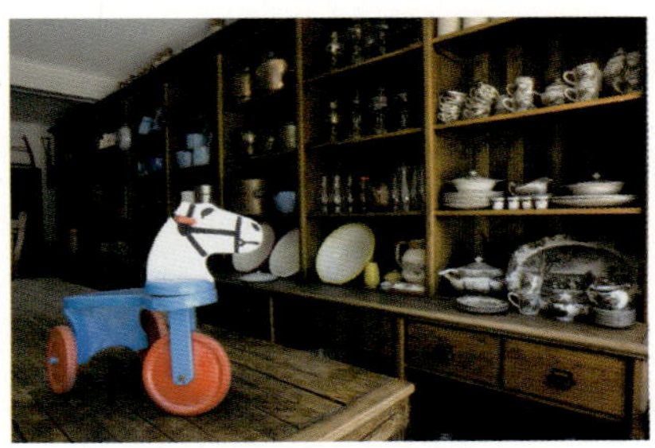

(A)   (B)   (C)   (D)

유형 13

식당/음식 관련 사진

take an order (주문 받다), place an order (주문하다), study the menu (메뉴판을 보다), serve (서빙하다), carry a tray (쟁반을 나르다), have a meal (식사하다), drink, sip (홀짝이다)

유형 14

청소 관련 사진

sweep (빗자루질하다), mop (대걸레질하다), wipe (걸레질하다), scrub (박박 문지르다), rake (낙엽 등을 긁어 모으다), vacuum clean (진공청소기로 청소하다)

유형 15

도서관 사진

on display, arrange, reach (책 등을 꺼내기 위해 손을 뻗다), read

유형 16

바구니/선반/진열대

display, be filled with, be stocked with, be placed

인물이
뭔가를
바라보는 유형

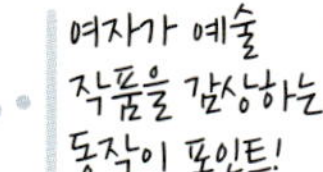

(A) A woman is hanging some pictures on the wall.
(B) A woman is looking at the menu.
(C) A woman is admiring some artwork.
(D) A woman is using a phone.

(A) 여자가 벽에 그림을 걸고 있다.
(B) 여자가 메뉴를 보고 있다.
(C) 여자가 예술 작품을 감상하고 있다.
(D) 여자가 전화를 사용하고 있다.

1 사진 파악하기

1인 사람 문제이다. 제일 먼저 동작을 파악한다. 사진 속에서 가장 눈에 띄는 동작은 여자가 그림을 감상하고 있는 것이다.

2 관련 동작 표현 떠올리기

내가 분석한 내용에 맞는 표현을 떠올려 본다. 만약 떠오르는 영어 표현이 없다고 해도 걱정할 필요는 없다. 소거법을 활용해 정답에 접근하면 된다. 그러나 관련 상황을 영어로 떠올릴 수 있다면 그만큼 더 쉽고 정확하게 답을 찾을 수 있다. 따라서 Part 1에서 출제되었던 표현들을 많이 외워 두면 그만큼 도움이 될 것이다.
우리가 생각할 수 있는 상황은 '보다' 단어와 관련이 있다. look at/into/through, exam, inspect, review(서류를 검토하다), study the menu(메뉴판을 보다), stare at, admire(감상하다)

3 보기 듣고 소거법 적용하기

보기를 들을 때는 예상한 정답 표현이 나오기를 기다리며 동시에 소거법을 적용시킨다.

(A) 사진 속에 무엇을 벽에 거는 동작 hanging이 존재하지 않으므로 오답 처리한다.
(B) 사진 속에 메뉴판이 보이지 않으므로 소거법을 적용시켜 바로 오답 처리한다.
(C) 만약 '보다' 관련 표현을 외웠다면 정답임을 알 수 있으며 외우지 않았다면 일단 오답 관련 표현이 없으므로 보류하고 넘어간다.
(D) 사진에 전화기가 등장하지 않으므로 오답 처리한다.

'보다' 관련 표현을 외웠다면 아주 쉽게 (C)를 정답으로 고를 수 있고, 외우지 않았다면 (A), (B), (D)를 오답 처리했으므로 남은 보기 (C)가 정답임을 알 수 있다.

문제 풀이 순서

다음 순서에 따라 문제를 풀어 보세요.

 **사진 파악하기**
그림을 감상하는 1인

 **관련 동작 표현 떠올리기**
look at/into/through, inspect, stare at, admire

 **보기 듣고 소거법 적용하기**
(A), (B), (D) 오답 처리

유형 **02**

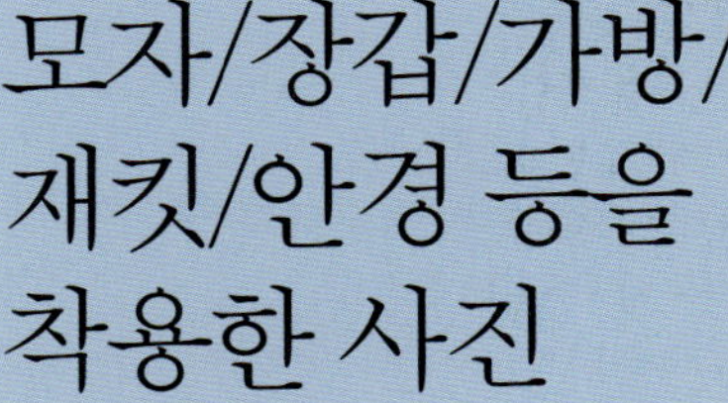

모자/장갑/가방/재킷/안경 등을 착용한 사진

(A) Women are folding some dresses at the counter.
(B) A woman is wearing a bag in front of the counter.
(C) Women are trying on some jackets in the store.
(D) One woman is handing over a check to the other woman.

(A) 여자들이 카운터에서 드레스를 개고 있다.
(B) 여자가 카운터 앞에서 가방을 메고 있다.
(C) 여자들이 가게에서 재킷을 입어 보고 있다.
(D) 여자 한 명이 다른 여자에게 계산서를 건네주고 있다.

1 사진 파악하기

2인 이상 사람 문제이다. 등장인물들의 동작부터 파악한다. 여자 한 명이 가방을 메고 손에 옷을 들고 있다. 또 다른 여자도 손에 무엇인가를 들고 있다. 두 여자 사이에 카운터도 보인다.

2 관련 동작 표현 떠올리기

분석한 내용에 맞는 표현을 떠올려 본다. **가방을 메고 있는 동작인 wearing a bag, 무엇을 착용한 상태인 have S/T on, 손에 들고 있는 동작인 holding** 등의 표현을 생각해 볼 수 있다.

3 보기 듣고 소거법 적용하기

예상한 정답 표현이 나오기를 기다리며 동시에 **소거법**을 적용시킨다.

(A) 사진 속에 무엇을 접는 동작 folding은 보이지 않는다. folding은 holding의 유사 발음으로 주의해야 한다.
(B) 가방을 메고 있으니 wearing a bag은 맞는 표현이다.
(C) 여자들이 재킷을 입어 보고 있는 동작은 없다. 참고로 여자 한 명이 재킷을 입고 있다(wearing)고 한다면 답이 될 수 있다. **put on은 옷을 입는 동작이지 이미 착용한 상태가 아니라는 것에 주의한다.**
(D) 사진 속에 계산서 check는 등장하지 않으므로 오답이다.

문제 풀이 순서

다음 순서에 따라 문제를 풀어 보세요.

❶ 사진 파악하기
카운터 앞에 서 있는 2인

❷ 관련 동작 표현 떠올리기
wear, have S/T on, holding

❸ 보기 듣고 소거법 적용하기
(A), (C), (D) 오답 처리

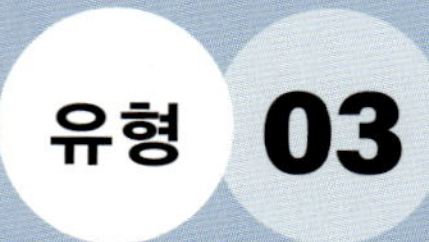

도구/기계 등을
사용하는 사진

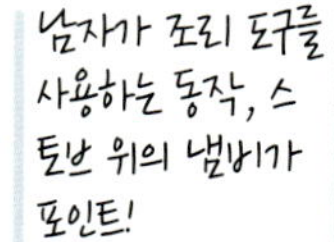

(A) Some pots are on the stove.
(B) A man is using a spoon and a knife.
(C) A man is turning off the stove.
(D) There are some pots in the sink.

(A) 냄비들이 스토브 위에 있다.
(B) 남자가 숟가락과 칼을 사용하고 있다.
(C) 남자가 스토브를 끄고 있다.
(D) 싱크대에 냄비들이 있다.

1 사진 파악하기

1인 사람 문제이다. 그러나 **사람과 사물이 동시에 등장하는 사물 문제로도 접근할 필요가 있다.** 즉, 남자가 조리 도구를 사용하는 것, 남자가 모자를 쓰고 있는 것, 조리 도구들이 스토브 위에 놓여 있는 것, 이렇게 3가지에 포커스를 맞출 수가 있다.

2 관련 동작 및 위치 관계 표현 떠올리기

도구 등을 사용하는 것은 use, operate, 모자를 쓰고 있는 것은 wear, have S/T on(이미 착용한 상태) 등의 표현을 예상할 수 있다. 조리 도구들이 스토브 위에 있는 것은 사물 문제로 위치 관계를 먼저 생각한다. 따라서 on the stove를 떠올린다.

3 보기 듣고 소거법 적용하기

예상한 정답 표현이 나오기를 기다리며 동시에 소거법을 적용시킨다.

(A) pot이 무슨 뜻인지 모르더라도 예상한 답변인 on the stove가 등장했으니 잠시 보류한다.
(B) spoon과 knife는 사진 속에 등장하지 않으므로 오답 처리한다.
(C) 무엇을 끄는 turning off 동작은 등장하지 않으므로 오답 처리한다.
(D) 사진 속에 싱크대 sink는 보이지 않으므로 역시 오답이다.

따라서 남아 있는 (A)가 답이다. 만약 Part 1 필수 표현들을 많이 기억한다면 pot이 냄비라는 것을 알 것이고 이 경우 (A)를 듣자 마자 정답임을 확신할 수 있게 된다. 표현을 많이 알면 좀 더 쉽고 정확하게 답을 찾을 수 있다.

문제 풀이 순서

다음 순서에 따라 문제를 풀어 보세요.

 **사진 파악하기**
조리 도구를 사용하는 1인

 **관련 동작 표현 떠올리기**
use, operate, wear, have S/T on, be on the stove

 **보기 듣고 소거법 적용하기**
(B), (C), (D) 오답 처리

유형 04

사무실에서 작업하는 사진

(A) One man is speaking in front of the group.
(B) People are typing on keyboards.
(C) One man is drinking from a cup.
(D) They are all looking at the same direction.

(A) 남자 한 명이 사람들 앞에서 말하고 있다.
(B) 사람들이 키보드에 타이핑하고 있다.
(C) 남자 한 명이 컵으로 마시고 있다.
(D) 그들은 전부 같은 방향을 보고 있다.

1 사진 파악하기

여러 명이 등장하는 사진은 제일 먼저 **공통 동작을 확인한 후 개별 동작을 파악한다.** 남자 한 명이 여러 사람 앞에서 발표를 하는 상황과 대부분의 사람들이 앞을 향해 앉아 있는 모습, 그리고 회의를 진행하는 상황이 눈에 띈다.

2 관련 동작 표현 떠올리기

발표하는 동작은 **speak, present**(발표하다), 회의를 하고 있는 상황은 **have a meeting**, 여러 사람이 모여 있는 상황은 **gather**, 앞을 보는 동작은 **look at** 등이 있다. 그 외에 사무실 관련 표현으로 work on(일하다), talk(대화하다), type(타이핑하다), review(서류를 검토하다) 등이 있다.

3 보기 듣고 소거법 적용하기

예상한 정답 표현이 나오기를 기다리며 동시에 **소거법**을 적용시킨다. 떠올릴 수 있는 표현이 적을수록 소거법에 의지할 수밖에 없다.

(A) 예상대로 사람들 앞에서 말하는 speaking 동작 표현이 등장한다.
(B) 사진 속에 노트북이 한 대 보이지만 타이핑하는 동작은 보이지 않으므로 오답이다.
(C) 사진 속에 마시는 drinking 동작도 없고 cup도 등장하지 않으므로 오답이다.
(D) **Part 1에서 보통 all이 등장하는 보기는 거의 항상 오답이다.** 사진 속 인물들이 전부 같은 방향을 보고 있는 것은 아니다. 문장 내용을 이해하지 못했다고 해도 all이 등장한 보기가 거의 오답임을 기억한다면 도움이 될 것이다.

문제 풀이 순서

다음 순서에 따라 문제를 풀어 보세요.

 **사진 파악하기**
사무실에서 발표자와 발표를 듣는 사람들

 **관련 동작 표현 떠올리기**
speak, present, have a meeting, gather, look at

3 보기 듣고 소거법 적용하기
(B), (C), (D) 오답 처리

유형 05

공사장/정비소 등에서 일하는 사진

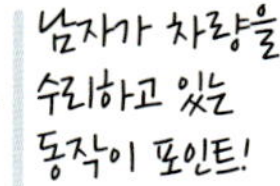

(A) The man is opening a car door.
(B) The man is <u>working on</u> a vehicle.
(C) A vehicle has been lifted.
(D) A vehicle is parked along the street.

(A) 남자가 차 문을 열고 있다.
(B) 남자가 차를 수리하고 있다.
(C) 차량이 위로 들어 올려져 있다.
(D) 차량이 도로를 따라 주차되어 있다.

1 사진 파악하기

사람과 사물이 동시에 등장한다. 사람 문제와 사물 문제 두 가지로 접근하자. 사람 문제라면 동작부터 파악한다. 남자가 차량을 수리하고 있다. 사물 문제로 본다면 차량 엔진 룸의 뚜껑이 열려 있다는 것이 특징이다.

2 관련 동작 및 사물 표현 떠올리기

기계 등을 수리하고 있을 때 work on(작업하다), repair, fix 등의 표현을 떠올릴 수 있다. 엔진 룸 뚜껑이 열려 있으므로 hood와 open 정도의 표현이 쓰일 수 있다. 그 외에 use, operate, install 등의 관련 표현이 있다.

3 보기 듣고 소거법 적용하기

예상한 정답 표현이 나오기를 기다리며 동시에 소거법을 적용시킨다.

(A) 사진에 남자가 뭔가를 열고 있는 opening 동작은 존재하지 않는다.
(B) working on은 '작업 중'이란 표현이다.
(C) 차량이 위로 들어 올려져 있다는 표현인 lifted는 맞지 않다.
(D) 사진 속에 street은 보이지 않으므로 오답이다.

(A), (D)는 오답이 확실하다. (C)를 이해하지 못했다면 예상한 표현이 나온 (B)를 고르는 것이 정답 확률을 높이는 방법이다.

문제 풀이 순서

다음 순서에 따라 문제를 풀어 보세요.

 **사진 파악하기**
차량에서 작업하고 있는 남자

 **관련 동작 표현 떠올리기**
work on, repair, fix, use, operate, install

 **보기 듣고 소거법 적용하기**
(A), (C), (D) 오답 처리

유형 06

주유소 사진

(A) A woman is looking into a window.
(B) A woman is paying for the gas.
(C) A woman is pumping gas.
(D) A woman is holding a doorknob.

(A) 여자가 창문 안을 들여다보고 있다.
(B) 여자가 주유비를 지불하고 있다.
(C) 여자가 연료를 주유하고 있다.
(D) 여자가 문 손잡이를 잡고 있다.

1 사진 파악하기

인물 동작부터 파악해 본다. 사물이 등장하지만 특이 사항은 없으므로 여자의 동작만 파악하면 된다. 여자가 차량에 연료를 넣고 있다. 멀리 희미하게 보이는 배경은 신경 쓰지 않도록 한다.

2 관련 동작 표현 떠올리기

주유하는 동작과 관련된 표현은 **put, fill, pump**(주유하다), **gas, fuel**(연료), **check**(차량을 확인하다) 등이 있다.

3 보기 듣고 소거법 적용하기

예상한 정답 표현이 나오기를 기다리며 동시에 **소거법**을 적용시킨다.

(A) 사진에 창문은 존재하지 않는다. 사진 속에 아주 일부분만 보이는 사물이나 희미하게 보이는 배경과 관련된 어휘는 신경 쓸 필요가 없다.
(B) 여자가 계산하는 동작 **paying for**는 사진과 무관하다.
(C) 예상한 표현 중의 하나인 **pumping a gas**가 등장했다. 여자가 연료를 주유하고 있는 장면이므로 정답이 확실하다.
(D) 사진 속에 문 손잡이 **doorknob**은 보이지 않는다.

사진 상황과 관련된 표현들을 정확히 안다면 정답을 고를 때 혼동의 여지를 줄일 수 있다. 더 많은 표현을 익히는 데 주력하자!

문제 풀이 순서

다음 순서에 따라 문제를 풀어 보세요.

❶ 사진 파악하기
주유하고 있는 여자

❷ 관련 동작 표현 떠올리기
put, fill, pump, gas, fuel, check

❸ 보기 듣고 소거법 적용하기
(A), (B), (D) 오답 처리

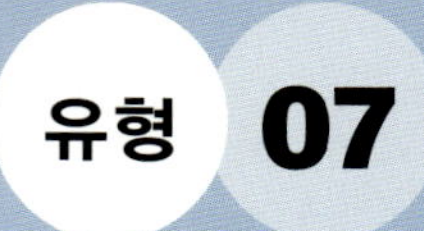

유형 07

도로/교통수단과 관련된 사진

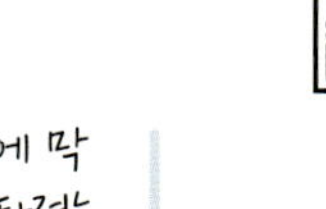

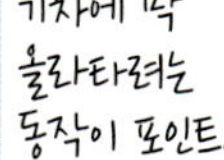

(A) A woman is about to board the train.
(B) There is no traffic on the street.
(C) People are waiting for a train to arrive.
(D) A woman is standing in line.

(A) 여자가 막 기차에 올라타려 하고 있다.
(B) 도로에 차량 흐름이 없다.
(C) 사람들이 기차가 도착하기를 기다리고 있다.
(D) 여자가 줄을 서 있다.

1 사진 파악하기

가장 눈에 띄는 동작은 여자가 지하철 차량에 탑승하려고 하는 것과 차량 안이 사람들로 복잡하다는 것이다.

2 관련 동작 표현 떠올리기

지하철에 탑승하는 동작은 board(탑승하다), 복잡하다는 표현은 crowded이다. 그 외에 도로 및 교통수단 관련 표현으로 park(주차하다), cross the street, ride, wait for the light to change(신호등이 바뀌기를 기다리다) 등이 있다.

3 보기 듣고 소거법 적용하기

예상한 정답 표현이 나오기를 기다리며 동시에 소거법을 적용시킨다.

(A) '(차량에) 탑승하다'라는 의미의 board가 등장했다.
(B) 사진 속에 도로 street은 보이지 않으므로 바로 오답 처리한다.
(C) 이미 기차가 도착한 모습이므로 기차가 도착하기를 기다린다는 표현은 맞지 않다. 만약 문장을 이해하지 못했다면 이 보기는 잠시 보류해 둔다.
(D) 사진 속에 줄을 서 있는 모습은 보이지 않으므로 역시 소거한다.

결과적으로 (B), (D)는 오답이 확실하고 (C)는 잘 모르겠다면 예상한 표현이 정확히 등장한 보기 (A)를 정답으로 골라야 한다.

문제 풀이 순서

다음 순서에 따라 문제를 풀어 보세요.

① 사진 파악하기
여자가 기차에 올라타는 장면, 복잡한 차량 내부

② 관련 동작 표현 떠올리기
board, crowded

③ 보기 듣고 소거법 적용하기
(B), (C), (D) 오답 처리

유형 08

강가/해변 사진

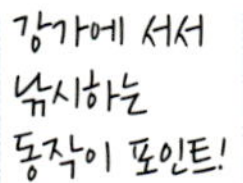

(A) A man is taking a tour of city.
(B) A man is reaching for a fish.
(C) A man is fishing on the water's edge.
(D) A man is walking along the seashore.

(A) 남자가 도시를 관광하고 있다.
(B) 남자가 물고기를 잡기 위해 손을 내밀고 있다.
(C) 남자가 물가에서 낚시하고 있다.
(D) 남자가 해안가를 따라 걷고 있다.

1 사진 파악하기

인물 및 경치 문제이다. 인물의 동작을 먼저 파악한다. 남자가 낚시를 하고 있는 장면이다. 만약 인물이 멀리 배경 속에 보인다면 동작은 무시해도 좋다. 경치나 배경 위주의 문제는 답을 예측하기가 쉽지 않으므로 소거법에 의지해야 할 확률이 높다.

2 관련 동작 및 배경 표현 떠올리기

낚시하는 동작은 fishing, 물가는 water's edge이다. 그 외 관련 표현으로 near the water, under the bridge, over the water(물 위에 다리 등이 있는 사진), along the beach 등이 있다.

3 보기 듣고 소거법 적용하기

예상한 정답 표현이 나오기를 기다리며 동시에 소거법을 적용시킨다.

(A) 사진 속에 도시는 보이지 않는다. 따라서 이 보기는 오답이다.
(B) reach는 뭔가를 잡기 위해 손을 뻗는 모습이어야 한다. 예를 들어 책장에서 책을 빼려 하거나 냉장고에서 음료를 꺼내기 위해 손을 뻗을 때 쓰는 표현이다. 또 이 사진에 fish는 보이지 않는다.
(C) 예상한 '낚시하다'라는 표현과 '물가'라는 표현을 쓰고 있으므로 정답이다.
(D) 해안가를 따라 걷는 모습은 사진 속에 보이지 않으므로 확실한 오답이다.

문제 풀이 순서

다음 순서에 따라 문제를 풀어 보세요.

 **사진 파악하기**
인물 + 경치, 강가에서 낚시하는 모습

 **관련 동작 및 배경 표현 떠올리기**
fishing, water's edge, near the water, along the beach

 **보기 듣고 소거법 적용하기**
(A), (B), (D) 오답 처리

공원/야외 사진

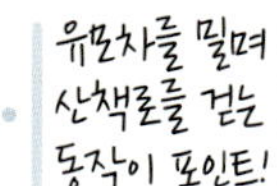
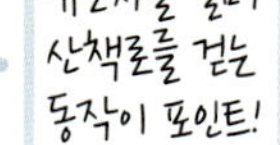

(A) A man is working on the machine.
(B) A couple are <u>pushing a stroller.</u>
(C) They are relaxing on the riverside.
(D) A woman is feeding a bird.

(A) 남자가 기계를 수리하고 있다.
(B) 커플이 유모차를 밀고 있다.
(C) 그들은 강변에서 휴식을 취하고 있다.
(D) 여자가 새들에게 모이를 주고 있다.

1 사진 파악하기

인물 등장 사진이다. 가장 먼저 볼 것은 유모차를 밀고 가는 동작과 산책하는 동작이다. 그 외 특이 사항은 보이지 않는다.

2 관련 동작 표현 떠올리기

유모차를 밀고 가는 동작은 **pushing a stroller**, 산책하는 동작은 **strolling**이다. '길'을 나타내는 표현에 주의해야 하는데 산책로와 같은 길은 **path**, 찻길은 **street**이라 한다. 그 외의 관련 표현으로 walk, ride, overlook(건물이 어떤 것을 내려다보다), rest, relax, take a break 등이 있다.

3 보기 듣고 소거법 적용하기

예상한 정답 표현이 나오기를 기다리며 동시에 소거법을 적용시킨다.

(A) working과 walking은 유사 발음으로 자주 등장한다. 또 사진 속에 machine이 등장하지 않는다. 유모차를 기계라고 하기에는 적절하지 않다.
(B) 예상한 pushing a stroller가 등장한다.
(C) relax는 휴식을 취하는 사진이어야 한다. 토익에서 휴식을 취하고 있는 상황은 '강가 옆, 공원 잔디밭, 분수대 옆, 층계' 등에서 등장한다.
(D) 사진 속에 bird는 등장하지 않으며 먹이나 음식 등을 먹는 동작 feeding과도 관련이 없다. 공원 등에서 비둘기에게 모이를 주는 상황에 feeding을 쓸 수 있다.

문제 풀이 순서

다음 순서에 따라 문제를 풀어 보세요.

 **사진 파악하기**
유모차를 미는 남녀, 산책 장면

 **관련 동작 표현 떠올리기**
pushing a stroller, strolling, path

 **보기 듣고 소거법 적용하기**
(A), (C), (D) 오답 처리

유형 10

악기 연주/
운동경기 사진

(A) Someone is putting away books.
(B) Someone is waving to the audience.
(C) Someone is playing musical instrument.
(D) Someone is leaning on the counter.

(A) 누군가 책들을 치우고 있다.
(B) 누군가 청중들에게 손을 흔들고 있다.
(C) 누군가 악기를 연주하고 있다.
(D) 누군가 카운터에 기대어 있다.

1 사진 파악하기

인물 문제이므로 사진 속 인물의 동작부터 파악하자. 피아노를 연주하는 것이 유일한 동작이다. 간혹 악기 연주 사진에서 청중들이 등장할 때는 청중 관련 표현도 기억해야 한다. 연주자가 청중 앞에 있다거나 청중들이 무대 앞에 있다는 등의 위치 관계도 등장한다.

2 관련 동작 표현 떠올리기

악기 관련은 play ~ instrument, perform(공연하다) 두 가지만 기억하면 된다. 단, 청중이 등장하면 위치 관계를 꼭 확인하자! 그 외에 운동경기 관련 사진이라면 play sports, hit the ball 등을 생각해 볼 수 있다.

3 보기 듣고 소거법 적용하기

예상한 정답 표현이 나오기를 기다리며 동시에 소거법을 적용시킨다.

(A) 사진 속에 책이 등장하지 않으므로 오답이다. put away는 '치우다'의 의미이다.
(B) 손을 흔드는 동작 waving은 사진 속에 등장하지 않는다. audience 역시 등장하지 않는다.
(C) 예상한 정답 표현 playing musical instrument가 등장하므로 정답이 확실하다.
(D) 사진에 counter는 등장하지 않고 더구나 기대는 동작 leaning on 역시 보이지 않는다.

따라서 정답은 예상 표현이 등장한 (C)이다.

문제 풀이 순서

다음 순서에 따라 문제를 풀어 보세요.

① 사진 파악하기
무대에서 피아노를 연주하는 장면

② 관련 동작 표현 떠올리기
play ~ instrument, perform

③ 보기 듣고 소거법 적용하기
(A), (B), (D) 오답 처리

유형 11

요리 및 주방에서 일하는 사진

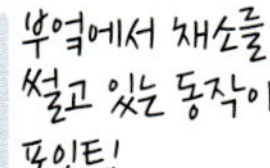

(A) A woman is chopping some vegetables.
(B) A woman is reaching some kitchen utensils.
(C) A woman is doing the dishes.
(D) A woman is taking the flower arrangement class.

(A) 여자가 채소를 썰고 있다.
(B) 여자가 주방 기구로 팔을 뻗고 있다.
(C) 여자가 설거지를 하고 있다.
(D) 여자가 꽃꽂이 수업을 수강하고 있다.

1 사진 파악하기

인물 동작 문제이다. 여자가 채소를 썰고 있는 사진이다. 만약 여자가 등장하지 않았다면 화분의 위치 문제가 나올 확률이 크다.

2 관련 동작 표현 떠올리기

채소 등을 썰 때는 cut, chop, dice 등이 쓰인다. 만약 사물만 등장한 문제라면 위치 관계를 눈여겨봐야 하는데 on the table 등의 표현을 예상할 수 있다. 그 외의 요리 동작 관련 표현으로 cook, prepare, use, stir(휘젓다), do the dishes(설거지하다) 등이 있다.

3 보기 듣고 소거법 적용하기

예상한 정답 표현이 나오기를 기다리며 동시에 소거법을 적용시킨다.

(A) 채소 등을 썰 때는 cut, chop, dice 등이 쓰이므로 정답이다.
(B) 여자가 주방기구를 사용하기 위해 손을 뻗고 있는 동작은 사진에 등장하지 않는다. kitchen utensil(주방 기구)은 자주 등장하는 표현이니 기억해 두자.
(C) '설거지하다'라는 표현은 do 동사와 함께 쓰인다. do the dishes, do the homework처럼 항상 do와 함께 쓰이는 표현들도 기억해야 한다.
(D) 수업을 듣고 있는 상황이 아니며 꽃꽂이도 없다.

따라서 정답은 (A)이다.

문제 풀이 순서

다음 순서에 따라 문제를 풀어 보세요.

 **사진 파악하기**
채소를 썰고 있는 여자

관련 동작 표현 떠올리기
cut, chop, dice, cook, prepare, use

 **보기 듣고 소거법 적용하기**
(B), (C), (D) 오답 처리

유형 **12**

상점 등에서 쇼핑하는 사진

(A) A customer is trying on a shirt.
(B) A customer is hanging a shirt onto the rack.
(C) A customer is folding a shirt.
(D) A customer is browsing at the store.

(A) 고객이 셔츠를 입어 보고 있다.
(B) 고객이 옷걸이에 셔츠를 걸고 있다.
(C) 고객이 셔츠를 개고 있다.
(D) 고객이 가게를 구경하고 있다.

1 사진 파악하기

여자가 옷을 구경하고 있는 사진이다. '구경하다, 보다, 옷을 들고 있다'는 동작을 생각해 볼 수 있다. 머리에 쓴 선글라스 역시 출제 포인트가 될 수 있다.

2 관련 동작 표현 떠올리기

분석한 내용에 맞는 표현을 떠올려 본다. **look at**(보다), **shop, browse**(구경하다), **hold**(잡고 있다), **wear**(선글라스를 착용하다) 등의 표현들이 가능하다. 그 밖에 **reach**(뭔가 잡기 위해 손을 내밀다), **pay for**(지불하다) 등의 표현을 검토해 볼 수 있다.

3 보기 듣고 소거법 적용하기

예상한 정답 표현이 나오기를 기다리며 동시에 소거법을 적용시킨다.

(A) 옷을 입어 보는 동작 trying on은 등장하지 않는다.
(B) 옷을 거는 동작 hanging도 등장하지 않는다.
(C) holding의 유사 발음 folding이 등장하여 오답이다.
(D) '구경하다, 보다'라는 표현 중 하나인 browse가 등장했으므로 정답이다.

각 유형별 핵심 표현들이 많지 않으므로 이 교재에서 제시한 **가장 잘 나오는 16가지 유형별 표현들을 외우고 소거법 연습을 병행하자.**

문제 풀이 순서

다음 순서에 따라 문제를 풀어 보세요.

① 
사진 파악하기
옷을 구경하는 여자

②
관련 동작 표현 떠올리기
look at, shop, browse, hold, wear

③
보기 듣고 소거법 적용하기
(A), (B), (C) 오답 처리

식당/음식 관련 사진

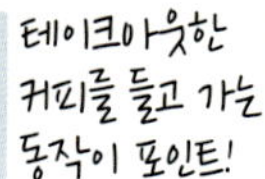

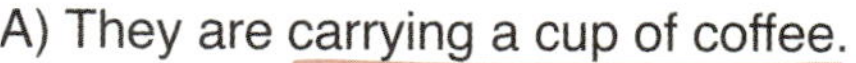

(A) They are carrying a cup of coffee.
(B) They are wearing a pair of glasses.
(C) They are gesturing.
(D) They are waiting at the traffic light.

(A) 그들은 커피 한 잔을 들고 가고 있다.
(B) 그들은 안경을 쓰고 있다.
(C) 그들은 동작을 취하고 있다.
(D) 그들은 신호등에서 대기하고 있다.

1 사진 파악하기

2인 이상 등장하는 사진은 동작 포인트가 많다. 일단 '커피를 들고 간다, 가방을 들고 간다, 남자가 안경을 착용했다, 둘이 이야기하며 걷고 있다' 정도를 생각할 수 있다. 이 문제에서는 배경이 희미하고 그리 강조된 점이 없으므로 배경은 볼 필요가 없다.

2 관련 동작 표현 떠올리기

무엇을 들고 가는 것은 carry/move, 손에 가방 등을 들고 있는 것은 hold/carry, 안경 착용은 wear, 이야기하는 것은 talk, 걷는 것은 walk. 그 외의 식당/음식 관련 표현으로 take an order(주문 받다), place an order(주문하다), study the menu(메뉴판을 보다), serve(서빙하다), carry a tray(쟁반을 들고 있다), have a meal(식사하다), drink, sip(뜨거운 음료 등을 홀짝거리다) 등이 있다.

3 보기 듣고 소거법 적용하기

예상한 정답 표현이 나오기를 기다리며 동시에 소거법을 적용시킨다.

(A) 커피를 들고 가는 carrying은 맞는 표현이다. 만약 마시고 있다면 drinking 또는 sipping 이 적절하다.
(B) 안경은 남자만 착용하고 있고 여자는 착용하지 않았으므로 오답이다. 사람이 2명 이상일 때는 항상 주어의 수에 신경 쓰자!
(C) 둘 다 손동작이 없으므로 오답이다.
(D) 사진 속에 신호등이 없으므로 오답이다.

따라서 정답은 (A)이다.

문제 풀이 순서

다음 순서에 따라 문제를 풀어 보세요.

 **사진 파악하기**
커피, 가방을 들고 가는 남녀

 **관련 동작 표현 떠올리기**
carry/move, hold/carry, wear, talk, walk

 **보기 듣고 소거법 적용하기**
(B), (C), (D) 오답 처리

유형 **14**

청소 관련 사진

(A) The man is sweeping the street.
(B) The man is raking the leaves.
(C) The man is wearing a pair of boots.
(D) The man is vacuum cleaning the carpet.

(A) 남자가 도로를 쓸고 있다.
(B) 남자가 나뭇잎을 긁어 모으고 있다.
(C) 남자가 부츠를 신고 있다.
(D) 남자가 카펫을 진공 청소기로 청소하고 있다.

1 사진 파악하기

1인 인물 문제이므로 인물의 동작부터 파악하자. 낙엽을 긁어 모으는 사진이다. 청소 관련 표현은 Part 1 단골 문제이므로 정확히 암기해 두어야 한다.

2 관련 동작 표현 떠올리기

분석한 내용에 맞는 표현을 떠올려 본다. sweep(빗자루질하다), rake(낙엽 등을 긁어 모으다). 그 밖의 청소 관련 표현도 알아 두자. mop(대걸레질하다), wipe(걸레질하다), scrub(박박 문지르다), vacuum clean(진공청소기로 청소하다)

3 보기 듣고 소거법 적용하기

예상한 정답 표현이 나오기를 기다리며 동시에 소거법을 적용시킨다.

(A) 사진 속에 street은 등장하지 않았고 sweeping은 '쓸다'의 의미이므로 오답 처리한다.
(B) 낙엽을 긁어 모으는 동작 raking이 맞다. 참고로 낙엽을 모으는 도구의 이름 역시 rake이다.
(C) 사진 속에 boots가 등장하지 않으므로 오답이다.
(D) 진공 청소기로 청소하는 동작도 없고 또 carpet도 사진에 등장하지 않는다.

문제 풀이 순서

다음 순서에 따라 문제를 풀어 보세요.

❶ 사진 파악하기
낙엽을 쓸어 모으는 남자

❷ 관련 동작 표현 떠올리기
sweep, rake

❸ 보기 듣고 소거법 적용하기
(A), (C), (D) 오답 처리

유형 15

도서관 사진

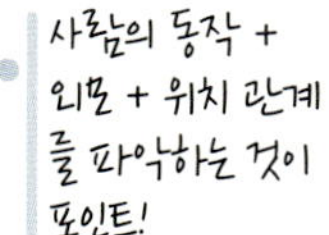

(A) A woman is standing in front of the bookshelf.
(B) A woman is reading a book in the library.
(C) Books are displayed in the classroom.
(D) All books are on sale.

(A) 여자가 책장 앞에 서 있다.
(B) 여자가 도서관에서 책을 읽고 있다.
(C) 책들이 교실에 진열되어 있다.
(D) 모든 책들이 할인 중이다.

1 사진 파악하기

여자가 책장 앞에 서서 책을 잡아 뽑는 사진이다. 먼저 동작을 본다면 손을 뻗어 책을 잡고 있다. 동작 다음에 볼 것은 외모지만 특이 사항이 없다. 다음에 볼 것은 위치 관계이다. 여자가 책장 앞에 서 있다. 만약 여자가 없다면 책들이 진열되어 있다는 것도 하나의 정답 포인트이다.

2 관련 동작 및 위치 관련 표현 떠올리기

손을 뻗어 뭔가를 잡으려고 하는 것은 reaching, 잡고 있는 것 자체는 holding, 앞에 서 있는 위치 관계는 in front of, 책들이 진열된 것은 be displayed, be filled with, be stocked with, be placed 등의 표현이 가능하다. 그 밖의 관련 표현으로 on display, arrange, read 등이 있다.

3 보기 듣고 소거법 적용하기

예상한 정답 표현이 나오기를 기다리며 동시에 소거법을 적용시킨다.

(A) 예상한 위치 관계 표현인 in front of가 등장하여 정답이다.
(B) 도서관 library라는 추측은 가능하지만 정확히 알 수 없다. 또한 책을 읽고 있는 reading 동작이 없으므로 오답이다.
(C) classroom은 사진 속에 등장하지 않으므로 오답이다.
(D) 책들이 할인 중인지는 알 수 없으므로 오답이다.

따라서 정답은 (A)이다.

문제 풀이 순서

다음 순서에 따라 문제를 풀어 보세요.

 **사진 파악하기**
책장 앞에서 책을 꺼내려는 모습

 **관련 동작 표현 떠올리기**
reaching, holding, be displayed, be filled with, be stocked with, be placed

❸ **보기 듣고 소거법 적용하기**
(B), (C), (D) 오답 처리

유형 16

바구니/선반/진열대 사진

(A) There are stacks of plates on the table.
(B) Some items are boxed and sealed.
(C) All drawers are left open.
(D) The shelves are filled with a variety of items.

(A) 테이블 위에 접시가 쌓여 있다.
(B) 일부 물건들이 박스에 담겨서 봉해져 있다.
(C) 모든 서랍들은 열린 채로 있다.
(D) 선반들은 다양한 물건들로 채워져 있다.

1 사진 파악하기

사물 문제는 위치 관련 표현을 먼저 떠올리고 전체 상황을 파악한다. 가장 먼저 눈에 들어오는 것은 다양한 물건들이 진열장에 장식되어 있는 것과 테이블 위에 장난감이 하나 놓여 있다는 것이 전부이다.

2 관련 동작 및 위치 관련 표현 떠올리기

진열장에 물건이 진열된 상황은 be displayed, be filled with, be stocked with, be placed가 사용된다. 테이블 위에 놓인 장난감은 단순 위치 관계로 on the table이 가능하다.

3 보기 듣고 소거법 적용하기

예상한 정답 표현이 나오기를 기다리며 동시에 **소거법**을 적용시킨다.

(A) 테이블 위에는 접시 plate가 쌓여 있지 않고, 장난감이 있으므로 오답이다.
(B) 사진 속에 박스 자체가 등장하지 않으므로 오답이다.
(C) 서랍 drawers는 열려 있지 않으므로 오답이다.
(D) 진열장 선반 등에 물건이 진열된 사진에 쓰이는 표현 be filled with가 등장했으므로 정답이다.

사물 위주의 문제는 인물 문제에 비해 난이도가 높지만 사물의 위치 관계를 먼저 파악하고 전체 상황을 파악한 후 소거법을 적용한다면 그리 어렵지 않게 풀 수 있을 것이다.

문제 풀이 순서

다음 순서에 따라 문제를 풀어 보세요.

 **사진 파악하기**
진열장에 진열된 물건, 탁자 위의 장난감

 **관련 동작 표현 떠올리기**
display, be filled with, be stocked with, be placed, on the table

 **보기 듣고 소거법 적용하기**
(A), (B), (C) 오답 처리

KEY EXPRESSION
필수 암기 빈출 표현

코칭팁
이 표현들만 외워라! 소거법을 포함한 유형 분석 단계에서 활용하자.

의사가 나오는 사진 - 동작 문제로 출제된다. see, exam, treat, inspect 모두 '진찰하다'의 의미이다.

실험실 가운을 입고 현미경을 들고 나온 사진 - looking through/into the microscope가 정답이다. 이 때 손 동작에 유의해야 한다. 손이 배율 조절 나사 위에 놓여 있다면 adjust가 정답이 되고, 그 손에 수술실용 장갑이 끼워져 있다면 wearing gloves가 정답이 된다.

사다리 그림이 나오는 사진 - standing on the ladder, climbing up the ladder 둘 중 하나가 정답이다. 사다리 위에 있는 사람의 행동이 명확할 경우 동작에 집중해야 한다. 예를 들어, 사다리 위의 남자가 전기 공사를 하는 장면이라면 A man is working on the wire.(남자가 배선 공사를 하고 있다.)가 정답이 된다.

기계가 나오는 사진 - 단순 기계는 대부분 use, 복잡한 기계는 대개 operate를 사용한다. 단순 기계의 종류로는 phone, washing machine, hammer, overhead projector 등이고 복잡한 기계는 방송국의 음향 시설, 공장의 기계들 등이다. 음향 시설 등을 사용할 때 손이 볼륨 조절 장치에 올라가 있다면 위의 현미경과 같이 adjust가 답이 된다는 점에 유의한다.

작업/일하는 사진 - 사무실에서 컴퓨터 앞에 앉아서 일하는 사진은 working on the computer(keyboard), 전선을 가지고 전기 공사를 하는 사진은 working on the wire가 정답이 된다. 실외에서 일을 할 때는 working outdoor가 쓰인다. 물론 키보드 치는 사진의 경우 typing을 써도 무방하지만 working on과 같은 포괄적인 표현을 많이 쓴다는 것을 기억하자.

교통수단 관련 - 사람들이 교통수단에 탑승하는 사진은 be about to board the bus, get on the bus, 사람들이 버스나 지하철을 기다리는 사진은 waiting for the bus/train이 정답이 된다. 도로에 차가 많을 때 '양방향 교통 흐름'이라는 뜻의 two way traffic이라는 표현이 자주 쓰인다. 사람들이 횡단보도를 건너려고 신호가 바뀌기를 기다릴 때는 for the light to change가 정답이다. 도로에 차량(승용차, 버스, 자전거 등의 교통수단)이 세워져 있을 때는 park를 기억하자.

휴식을 취하는 사진 - relax, rest, take a break 등의 표현이 등장한다. 주로 휴식을 취하는 장소로는 강가 옆, 잔디밭, 호수 옆, 분수대 옆 등이 잘 나온다. 분수대는 water fountain, 식수대는 drinking fountain, 층계는 steps이다.

강가/공원 사진 - 강가 장면에서는 조깅을 하거나 자전거를 타는 사진이 잘 나온다. 이때 정답으로 along the path, riding a bike along the path 등의 표현이 자주 나온다. 공원에서 자주 나오는 사진은 조깅과 자전거 타기 그리고 산책(stroll)하는 사진, 휴식을 취하는 사진, 인라인 스케이트를 타는(ride) 사진들이 나온다.

공사장 사진 - 인부들이 설계 도면을 보고 있는 사진 looking at the blue print, exam, inspect 또는 모래 등을 실은 수레를 밀고 가는 사진 pushing the barrow, 헬

멧이나 삽이 정돈되어 있는 사진도 나온 적이 있다. 어떤 물건이 정리 정돈되어 있는 사진은 arrange를 사용한다. 삽이나 사다리 또는 사람이 어디에 기대어 있을 때는 동사 lean을 사용하여 leaning against the (table)이 정답 표현으로 나온다.

악기/운동 사진

악기의 경우 play ~ instrument (~ 악기를 연주한다) 또는 perform이 무조건 정답이다. 운동경기는 play, 운동 종목은 그냥 sports라고 한다. 악기나 운동 사진은 구체적인 행동을 묻지 않으므로 전체적으로 크게 보면 된다. 구체적인 내용을 물어본 기출 문제의 예로는 야구 선수가 타석에서 공을 치려는 사진(The man is about to hit the ball.)이 나온 적이 있다. 그리고 골프장에서 골프채를 휘두르는 사진 역시 동사 hit이 사용된 적이 있다.

시골길/숲속 길 사진

경치 문제의 대표 유형으로 사막처럼 보이는 장소에 길이 하나 있는 사진 또는 숲 속에 길이 하나 있는 사진이 나온다. 이때 정답으로 the road passes/runs through the country side 또는 forest(숲), woods(숲) 등의 표현이 잘 나온다. 변형 유형으로 길 위에 차 한 대가 주차된 사진이 나올 경우 park 동사로 묘사된다.

push로 설명되는 사진

유모차를 밀고 가는 사진 pushing the stroller, 공사장 수레를 밀고 가는 사진 pushing the barrow, 쇼핑 카트를 미는 사진 pushing the shopping cart, 잔디 깎는 기계를 밀고 가는 사진 pushing the lawn mower 등이 대표적이다.

잔디 깎는 기계가 나오는 사진

잔디 깎는 기계를 밀고 가는 사진은 pushing the lawn mower, 잔디를 깎고 있는 사진은 mowing the lawn이 쓰인다.

주유소 사진

동사는 언제나 put, fill, pump, 목적어는 gas나 fuel을 쓴다. 또는 주어로 gas나 fuel을 사용하고 동사로 pump의 수동태를 사용한다. 특이 사진으로 흔히 말하는 보닛을 열고 차의 엔진을 점검하는 사진이 나올 경우 checking the under the hood가 정답이다. 본네트 또는 보닛은 영어로 hood라고 한다.

bend over로 설명되는 사진 두 개

음료수대에서 물을 마시는 사진 bending over the drinking fountain, 기타를 연주하는 사람 앞에 놓인 기타 케이스에 돈을 주려고 몸을 숙인 사진 bending over the guitar case가 정답이 된다.

arrange로 설명되는 사진

음식이나 사물 등이 table 위에 쭉 정렬되어 있을 때 arrange가 정답이다. 요리사들이 table 위에 디저트(케이크 등)을 나열해 놓고 그 위에 장식을 올려 놓는 사진, 공사장 헬멧이 table에 정렬된 사진 장면에서도 잘 쓰이는 표현이다.

in rows, in a row, in line

이 표현은 주로 군악대, 합창단, 꽃밭에 꽃이 줄 맞춰 심어진 사진에서 나온다. 여러 줄로 정렬되어 있을 때 standing in rows, singing in rows, planted in rows 등의 표현이 등장한다. 참고로 꽃밭은 flower bed라고 한다. 한 줄로 심어져 있거나 서 있다면 in a row 또는 in line을 사용한다.

in a circle

둥그렇게 의자들이 테이블 주변에 놓여 있거나 사람들이 둥그렇게 모여 서 있을 때 등장하는 표현이다.

탁자/의자가 나온 사진

자리가 '꽉 차 있다, 비어 있다'와 같은 표현이 나온다. occupied, unoccupied 또는 음식점 안의 모든 table이 비어 있을 때 All the tables are empty.로 설명되기도 한다. 또는 식당 내의 table들이 모두 같은 모양일 때 Tables are in the same shape.으로 쓰인다.

바구니/선반/진열대 사진

be displayed, be filled with, be stocked with와 같은 표현들이 보기에 정답으로 등장한다.

reach

무엇을 잡기 위해 손을 뻗는 경우 자주 등장하는 표현이다.

실전 연습 문제
SET 1

Listen to the four statements and choose the one statement that best describes what you see in the picture.

1

(A)   (B)   (C)   (D)

2

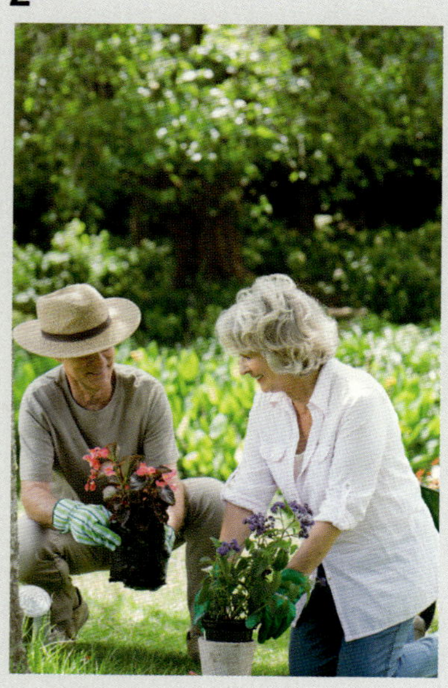

(A)   (B)   (C)   (D)

3

(A)   (B)   (C)   (D)

4   **5**

(A)   (B)   (C)   (D)

(A)   (B)   (C)   (D)

실전 연습 문제
SET 2

실전 형식의 문제를 풀면서
실전 감각을 키워 보세요.

Listen to the four statements and choose the one statement that best describes what you see in the picture.

1

(A)　　　(B)　　　(C)　　　(D)

2

(A)　　　(B)　　　(C)　　　(D)

3

(A)   (B)   (C)   (D)

4

(A)   (B)   (C)   (D)

5

(A)   (B)   (C)   (D)

실전 연습 문제
해설

1

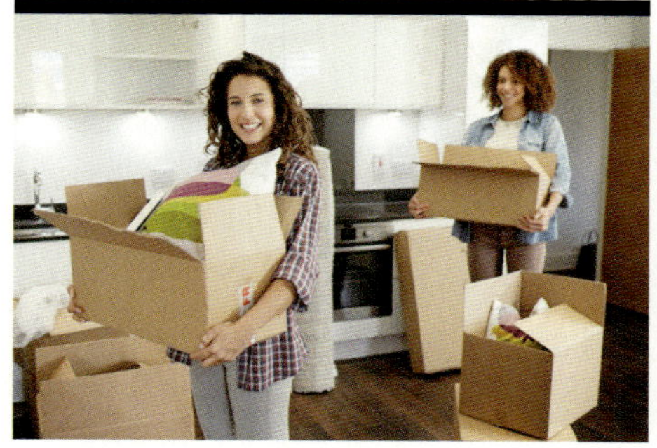

(A) A woman is packing a suitcase.
(B) Two women are carrying boxes.
(C) A woman is sweeping the floor.
(D) Two women are moving a couch.

(A) 한 여자가 여행 가방을 싸고 있다.
(B) 두 여자가 상자들을 나르고 있다.
(C) 한 여자가 바닥을 쓸고 있다.
(D) 두 여자가 소파를 옮기고 있다.

▶ **문제 해설**

사람이 등장하는 문제는 사람의 동작을 먼저 확인한다. 박스를 옮기는 여자들의 사진이므로 carrying을 떠올린다. 소거법을 이용해 사진 속에 등장하지 않는 사물이나 동작을 설명하는 보기를 오답 처리한다. (A) 사진 속에 여행 가방은 등장하지 않으므로 suitcase는 오답이고, (C) 바닥을 쓸고 있는 사진이 아니므로 sweeping은 오답이고, (D) 소파가 보이지 않으므로 couch도 오답이다.

정답 (B)

표현 정리

pack (가방·짐 등을) 싸다   **sweep** 쓸다
couch 소파

2

(A) They're planting some flowers.
(B) They're both wearing hats.
(C) They're working indoors.
(D) They're relaxing on the balcony.

(A) 그들은 꽃을 심고 있다.
(B) 그들은 둘 다 모자를 쓰고 있다.
(C) 그들은 실내에서 일을 하고 있다.
(D) 그들은 발코니에서 휴식을 취하고 있다.

▶ **문제 해설**

사람이 2인 이상 등장하는 문제는 주어의 수에도 신경 써야 한다. 사진 속 인물의 동작이 꽃을 심고 있으므로 '화초나 나무 등을 심다'의 의미로 plant를 떠올린다. (B) 모자는 한 명만 쓰고 있으므로 both는 오답이고, (C) 사진 속 풍경은 야외이므로 indoors는 오답이고, (D) 잔디밭과 나무가 보이므로 balcony도 오답이다.

정답 (A)

표현 정리

plant (나무·씨앗 등을) 심다
relax 휴식을 취하다

3

(A) Plates are stacked in the cupboard.
(B) People are setting plates on the tables.
(C) Some containers are being washed.
(D) Kitchen utensils are hanging on the wall.

(A) 접시들이 찬장에 쌓여 있다.
(B) 사람들이 테이블에 접시를 놓고 있다.
(C) 몇몇 용기가 세척되고 있다.
(D) 주방용품들이 벽에 걸려 있다.

▶ 문제 해설

사물 문제는 먼저 사물의 위치 관계를 파악한다. 접시들이 찬장 안에 놓여 있는 사진이다. '찬장 안에'의 의미로 in the cupboard를 예상해야 한다. (B) 사물만 등장하는 사진이므로 people은 오답이고, (C) 용기가 세척되는 사진이 아니므로 washed는 오답이고, (D) 주방용품이 걸려 있지 않으므로 hanging과 wall은 오답이다.

정답 (A)

표현 정리

plate 접시　**stack** ~을 쌓다
cupboard 찬장　**utensil** (가정에서 사용하는) 기구

4

(A) She is climbing a ladder.
(B) She is trying to reach an item.
(C) She's reading a book.
(D) She's stocking merchandise in a warehouse.

(A) 여자는 사다리를 오르고 있다.
(B) 여자는 상품을 잡기 위해 팔을 뻗고 있다.
(C) 여자는 책을 읽고 있다.
(D) 여자는 제품을 창고에 쌓고 있다.

▶ 문제 해설

여자가 책을 꺼내기 위해 팔을 쭉 뻗고 있는 사진이다. '뻗다'의 의미인 reach를 떠올려야 한다. (A) 사진에 사다리가 보이지 않으므로 ladder는 오답이고, (C) 여자가 책을 읽고 있지 않으므로 reading은 오답이고, (D) 사진 속 장소는 창고가 아니므로 warehouse도 오답이다.

정답 (B)

표현 정리

ladder 사다리　**reach** ~에 닿다　**item** 상품, 물건
stock 쌓다, 채우다　**merchandise** 제품
warehouse 창고

5

(A) People are repaving a street.
(B) There are cars parked along the street.
(C) Trees have lost all their leaves.
(D) A woman is getting into a car.

(A) 사람들이 도로를 재포장하고 있다.
(B) 도로를 따라 차들이 주차되어 있다.
(C) 나무들에 나뭇잎이 모두 떨어졌다.
(D) 한 여자가 차에 탑승하고 있다.

▶ 문제 해설

경치 문제는 사진 속 사물의 위치 관계를 파악해야 한다. 도로에 차량들이 한 줄로 세워져 있는 사진이므로 park를 떠올린다. (A) 사진 속 사람들이 보이지 않으므로 people은 오답이고, (C) 모든 나뭇잎이 떨어져 있지 않으므로 all은 오답이고, (D) 탑승하는 모습이 보이지 않으므로 get into도 오답이다. Part 1에서 all이 등장하는 보기는 거의 오답이다.

정답 (B)

표현 정리

repave 재포장하다   **park** 주차하다
get into ~에 들어가다, 탑승하다

2

(A) She's setting a table.
(B) She's drying utensils with a cloth.
(C) She's serving food to people.
(D) She's washing a pot in a sink.

(A) 여자가 상을 차리고 있다.
(B) 여자가 건조시키려고 천으로 주방용품을 닦아내
 고 있다.
(C) 여자가 사람들에게 음식을 제공하고 있다.
(D) 여자가 싱크대에서 냄비를 씻고 있다.

▶ **문제 해설**
여자가 설거지를 하고 있는 사진이므로 wash를 떠올린
다. (A) 여자가 상을 차리지 않으므로 setting a table은
오답이고, (B) 그릇을 말리기 위해 닦고 있지 않으므로
drying과 cloth는 오답이고, (C) 음식을 제공하고 있지
않으므로 serving food와 people도 오답이다.
정답 (D)

표현 정리
serve 제공하다　　**wash** 씻다
pot 냄비　　**sink** 싱크대

1

(A) The man's holding a teacup.
(B) The man's resting on the beach.
(C) The man's reading a newspaper.
(D) The man's using a mobile phone.

(A) 남자가 찻잔을 들고 있다.
(B) 남자가 해변에서 휴식을 취하고 있다.
(C) 남자가 신문을 읽고 있다.
(D) 남자가 휴대폰을 사용하고 있다.

▶ **문제 해설**
사진 속 남자가 신문을 읽고 있으므로 reading을 떠올린
다. (A) 찻잔은 보이지만 들고 있지 않으므로 holding a
teacup은 오답이고, (B) 사진 속 풍경은 해변이 아니므
로 beach는 오답이고, (D) 휴대폰을 사용하고 있지 않
으므로 using도 오답이다. 특히 (A)에서 남자가 신문을
들고 있지 찻잔을 들고 있지 않다는 점에 주의하자.
정답 (C)

표현 정리
hold 잡다, 들다　　**teacup** 찻잔　　**rest** 휴식을 취하다

3

(A) Some clothes are displayed in the show window.
(B) Some clothes are hanging on a clothesline.
(C) Some clothes are being folded.
(D) Some clothes are on the shelves.

(A) 옷들이 쇼윈도에 전시되어 있다.
(B) 옷들이 빨래 줄에 널려 있다.
(C) 옷들이 개어지고 있다.
(D) 옷들이 선반들 위에 있다.

▶ 문제 해설

옷들이 줄에 널려 있는 사진이다. 혹시 표현을 미리 떠올리기 어렵다면 보기를 듣고 소거법으로 하나씩 오답 처리한다. (A) 쇼윈도에 진열되지 않았으므로 show window는 오답이고, (C) 옷들이 개어지고 있지 않으므로 being folded는 오답이고, (D) 선반 위에 있지 않으므로 on the shelves도 오답이다.

정답 (B)

표현 정리

be displayed 전시되다　**clothesline** 빨래 줄
fold 접다, 개다　**shelf** 선반

4

(A) Men are walking down the stairs.
(B) A man is getting out of the car.
(C) Men are going into a building.
(D) A man is approaching some steps.

(A) 남자들이 층계를 내려오고 있다.
(B) 남자가 차에서 내리고 있다.
(C) 남자들이 건물 안으로 들어가고 있다.
(D) 남자가 층계에 다가가고 있다.

▶ 문제 해설

남자가 층계를 오르려는 사진이다. (A) 사진 속 남자는 한 명이므로 men은 오답이고, (B) 차에서 내리고 있지 않으므로 getting out of는 오답이고, (C) 건물 안으로 들어가고 있지 않으므로 going into도 오답이다.

정답 (D)

표현 정리

stair 계단　**get out of a car** 차에서 나오다
approach ~에 다가가다　**steps** 계단

5

(A) Some people are taking a break on the bench.
(B) Some people are about to board the train.
(C) Some people are wearing backpacks.
(D) Some people are waiting on a platform.

(A) 사람들이 벤치에서 휴식을 취하고 있다.
(B) 사람들이 기차에 막 탑승하려고 한다.
(C) 사람들이 배낭을 메고 있다.
(D) 사람들이 플랫폼에서 기다리고 있다.

▶ 문제 해설

승강장에서 기차를 기다리는 사진이므로 wait를 떠올린다. (A) 휴식을 취하는 사진이 아니므로 taking a break는 오답이고, (B) 사람들이 탑승하고 있지 않으므로 board는 오답이고, (C) 배낭을 메고 있지 않으므로 backpacks도 오답이다.

정답 (D)

표현 정리

take a break 휴식을 취하다　　**board** 탑승하다
backpack 배낭

PART 2

PART 2 핵심 전략
오답 제거 Know-how & 정답 유형과 표현

Part 2에서는 오답을 만드는 방식을 이해하는 것이 중요하다.

오답을 만드는 원리는,

❶ 듣기가 약한 초보자가 틀려야만 한다.

❷ 보기를 들었을 때 답이라고 오인하게 하려면 보기 속에 뭔가 미끼가 존재해야 한다.

❸ 초보자를 혼동하게 하려면 초보자가 질문에서 들었을 법한 단어를 활용해야 한다.

1. 질문에서 누구나 들을 수 있는 아주 평범하고 쉬운 단어만 기억하면 된다.

> 보기를 들을 때 질문에서 들었던 단어와 발음이나 형태가 비슷하거나 질문에 쓰인 단어의 일부분만 포함된 단어가 나오는 보기는 100% 오답이다. 하지만 질문에 쓰인 단어가 보기에 똑같이 반복될 때는 오답이 될 수도 있고 정답이 될 수도 있으니 무조건 오답 처리하면 안 된다. 대체로 다의어들이 반복될 때는 오답이지만 다의어가 아닌 단어가 반복되면 정답이 될 수도 있다.

2. 질문에 사람 이름이나 직책 등이 언급되지 않는데 보기에 he, she, him, her 등의 대명사가 들리면 오답 처리한다.

3. 무조건 답이 되는 표현 네 가지는 필수로 암기한다.

> **A.** ① **모른다:** I don't know ~, I have no idea ~, I'm not sure ~, I'm not aware of ~, I wish I knew ~, That's what I want to know.
> **주의!** '모른다'는 표현 뒤에 의문사가 따라 오면 그 의문사에 대한 답변이 정답이다. I don't know + why ~라고 물으면 why 질문에 대한 답변이 보기에 나와야 한다.
> ② **내가 알기론 아니다:** Not that I know of ~, Not that I'm aware of ~, Not that I heard.
>
> **B.** **결정되지 않았다:** It hasn't been decided yet, It will be announced today, It will be decided today.
>
> **C.** **상황에 따라 다르다:** It depends ~ (depends on + 추가로 붙는 말에 주의!)
>
> **D.** **알아보다, 확인해 보다:** I'll ask ~, I'll check with ~ I'll go ask ~, I'll go find out ~, let me check ~
> **주의!** 문장 뒤에 you가 나오면 정답이 될 수 없다! **ex.** I'll ask you는 정답이 아니다.

4. 일반의문문, 부가의문문에서 무조건 정답인 표현도 암기해 두자.

You're right.(네 말이 맞다), I think/believe/suppose/guess so., I don't think/believe/suppose/guess so.와 같은 추측성 표현들은 항상 정답이다.

5. 질문 유형별 답변 형태 역시 필수 암기 사항이다.

A. 각종 의문사 문제의 답변은 Yes/No로 할 수 없다.

- **What:** 대상의 이름 등이 정답이다. **ex.** 명사, for + 명사, about + 명사
- **Where:** 장소 전치사, 길 안내 표현(down the street, down the hall, etc.)이 정답으로 자주 등장한다. in, at과 to의 의미 구분에 유의하자!
- **When:** in/by/until + 시간, before, after, when, as soon as, in time, on time, not for another + 시간(= 시간 + from now/today)이 정답으로 자주 등장한다.
- **Who:** 직업/이름/직책/부서명 등의 표현이 정답으로 잘 나온다. **ex.** janitor 청소부, superintendant(= custodian) 관리인, treasurer 재무 담당자, maintenance 관리부, Human Resources Department(= Personnel Department) 인사과
  최근에는 주어가 I인 답변이 잘 나온다. **ex.** I could ~, I can ~, I will ~
- **Which:** 대부분 어떤 것을 선택해야 하는 경우이다. 답변은 보통 the one으로 시작하며 뒤에 one을 수식하는 표현들이 나온다.
- **How long:** 기간, for + 기간, it takes ~, it lasts ~, since + 시점 등이 정답이다.
- **How fast/soon/quickly/late/early**의 답변은 When의 답변으로 대체할 수 있다.
- **How** 질문은 뒤따라 나오는 표현을 잘 듣고 상태인지 방법인지를 파악해야 한다.
  상태 - 형용사 답변 **ex.** It is well written.(잘 쓰여져 있다.), It was a great party.(그것은 멋진 파티였다.)
  방법 - 교통(bus, cab/taxi), 통신, 지불 수단(cost, pay), by -ing, 대중 매체(news, TV, S/O told me, Internet, magazine, email, Ad, letter)
- **How many/much:** 돈, 비율, 숫자가 정답이다. 더불어 free (of charge), complimentary, none, nothing 등도 정답 표현으로 등장한다.
- **Why:** to + 동사원형이나 for + 명사가 정답으로 자주 나온다. Because 문장은 오답으로 심심치 않게 등장하므로 주의해야 한다.

B. 선택의문문

- **답변 형태:** 질문에 나온 단어(A 또는 B), Either, Neither, Let's, 주어 + depends
- **Either의 대체 표현(둘 다 상관 없다, 둘 다 아무거나 괜찮다):** I have no preference., I don't care., It doesn't make any difference., Whichever 또는 Whatever로 시작하는 문장

C. 부가의문문과 일반의문문

문장의 시작과 끝을 들으면 시제와 인칭 등을 알 수 있으므로 문장의 시작과 마지막 부분을 놓치면 안 된다. 주어 일치(he, she, her, him)가 자주 이루어지므로 유의하고 보기에 Yes/No가 나오면 정답 확률이 90% 이상임을 기억하자!

D. 평서문에서 동의 문장이나 반문 표현 찾기

"축하해요, 유감이군요, 그거 참 좋은 소식이네요, 나도 그래, 왜 그런데?" 등의 표현이 정답으로 잘 나온다.

ex. So do I, Neither do I, Me, too., I'm happy to ~, I'm sorry to ~, Congratulations!, 의문문

E. 권유/제안/요청 유형 문제

긍정 답변:

① 좋은 생각이다

That's a good idea., That will be the best course of action., That sounds great.

② 기꺼이 ~하다

I'd love to ~, I'm happy/pleased to ~, I'd be delighted to ~

③ 고맙다

(권유/제안에 대한 답변) Thanks., I'd appreciate it.

④ 물론이지

(요청에 대한 답변) Sure., Of course., No problem., Not a problem., OK., Definitely., Certainly., Absolutely.

⑤ 곧 도와드릴게요.

I'll be right with you., I'll be right there.

부정 답변:

① 긍정 + but ~ 구문: Thanks, but ~은 무조건 권유/제안 답변

② I'm sorry., No thanks., I'm afraid ~

---

* 듣기 연습을 하면서 항상 질문을 듣자마자 어떤 답변이 나와야 하는지 머릿속에 떠올린다. 그리고 각 보기를 들으면서 틀린 답일 경우에도 어떤 질문이 어울릴지 생각하는 연습도 게을리해선 안 된다.

*** 정답 확률 & 오답**

1. 비슷한 소리나 형태의 오답 미끼가 없고 보기에 but이 포함되는 경우 정답 확률 99%
2. actually가 들어가는 문장은 정답 확률 85%
3. 반문하는 표현은 정답 확률 96%
4. 오답을 만드는 방법에 항상 주의!

문제 풀이 단계

1. 먼저 질문을 듣자마자 들렸던 단어 중 가장 쉽고 뚜렷하게 들린 단어와 질문 유형을 기억하려고 해야 한다. 질문의 내용을 이해하지 못했다면 일단 넘어가고 보기 듣기에 집중한다.

2. 질문 유형에 맞는 답변 패턴을 떠올린다.

3. 미끼가 사용된 보기는 오답 처리한다.

4. 잘 모를 때는 정답 확률이 1/3이라 생각하고 다음 보기를 마저 다 들은 후에 가장 정답 가능성이 높은 보기를 고르면 된다.

질문 유형 파악하기

예를 들어, 질문에서 들은 단어가 ~ book ~ ordered, isn't it? 이 정도였다면 지문의 내용에 신경 쓰지 말고 질문의 유형과 들은 단어만 기억한다. 유형은 부가의문문이다. 단어는 book과 order가 기억난다.

답변 유형 및 관련 표현 떠올리기

제일 먼저 떠올릴 것은 질문 유형에 대한 정답 패턴이다. 부가의문문은 답이 Yes/No로 시작될 확률이 90% 이상이다. (유형 11 참조!) 기억나는 단어를 떠올린다.

보기 듣고 소거법 적용하기

(A) It hasn't been booked, yet. 이 보기는 질문 속 단어 book이 활용된 미끼 보기이므로 과감하게 오답 처리한다.

(B) I usually have a lunch at noon. 질문 내용을 정확히 파악하지 못했다면 이 보기는 최소한 오답 미끼가 없으므로 정답 확률이 1/3이 된다.

(C) Yes, ~ office. 보기의 내용을 정확히 파악하지 못했다면 이 보기는 일단 Yes로 시작하고 비슷한 발음이나 형태의 미끼 단어가 없으므로 정답 확률이 90%이다. 따라서 (C)를 정답 처리하면 된다.

PREVIEW
한눈에 보는 문제 유형 정리

다음을 듣고 가장 알맞은 응답을 고르세요.

Listen to a question or statement and three responses and select the best response to the question or statement.

정답은 유형 01-17 문제 참고

1. (A) (B) (C)	**10.** (A) (B) (C)
2. (A) (B) (C)	**11.** (A) (B) (C)
3. (A) (B) (C)	**12.** (A) (B) (C)
4. (A) (B) (C)	**13.** (A) (B) (C)
5. (A) (B) (C)	**14.** (A) (B) (C)
6. (A) (B) (C)	**15.** (A) (B) (C)
7. (A) (B) (C)	**16.** (A) (B) (C)
8. (A) (B) (C))	**17.** (A) (B) (C)
9. (A) (B) (C)	

매달 나오는 문제들

유형 01

Who 의문문 유형

사람 이름, 직책, 신분, 부서명 등을 찾는 문제이다. 자주 나오는 직업, 직책, 부서명을 기억하자. 유독 "내가 할게요, 내가 시간이 돼요, 내가 지원할게요, 내가 할 수 있어요" 등의 보기가 답으로 자주 나온다. 의문사 문제는 Yes/No로 답변이 불가능하다는 것도 꼭 기억하자.

유형 02

When 의문문 유형

시점을 찾는 문제이다. When의 기본 답변은 in/by/until＋시간, before, after, when, as soon as, not for another＋시간(＝ 시간＋from now/today). 의문사 문제이므로 역시 Yes/No로 답변할 수 없다.

주의사항 When 문제는 보기에 간혹 시점 표현이 2개 이상 등장할 수 있으므로 주의해야 한다. 이런 문제는 항상 시점을 따져서 과거에 대한 질문인지 아닌지를 구별해야 한다.

유형 03

Where 의문문 유형

장소를 찾는 의문사 문제이다. Where 질문에 대한 기본 답변으로 지명 또는 지명 관련 전치사를 찾는다. 역시 모든 의문사 질문에서 Yes/No 답변은 불가능하다. 주의사항 Where 질문에 대한 장소가 움직임의 장소인지 정지된 장소인지를 구별해야 한다.

유형 04

Which 의문문 유형

특정 대상을 묻거나 고르는 의문사 문제이다. ① Which 질문에 대한 기본 답변은 다양하지만 특히 one이 많이 등장하며 some, same도 나올 때가 많다. 역시 의문사 문제이므로 Yes/No 답변은 불가능하다. ② Which는 What 질문과 마찬가지로 뒤에 따라 나오는 명사에 대한 답변을 찾는 것이다. 또 Which는 선택의문문의 답변을 취할 수 있다는 것도 기억하자.

유형 05

What 의문문 유형

다양한 답변 형태를 취하는 문제이지만 가장 기본적인 형태는 명사 위주의 답변이다. ① 단순 명사, 동명사구 등이 많이 등장하며 about+명사, for+명사 형태도 자주 등장한다. ② What은 Which 질문과 마찬가지로 뒤에 어떤 명사가 오는가에 주의해 그 명사에 대한 답을 찾는다. 예를 들어, What ~ cost ~?에서 뒤의 명사 cost 즉, 비용을 묻는 문제이다.

유형 06

Why 의문문 유형

의문사 문제 중 가장 난이도가 높은 문제 유형이다. Why 문제는 대체로 의도적으로 정답이라고 잘 느껴지지 않게 보기가 나올 때가 많다. 대신 나머지 2개의 보기에 오답 힌트가 명확하게 제시되는 경우가 대부분이다. Why 문제가 쉽게 출제되는 경우는 답변으로 To+동사원형, For+명사, So ~ 형태가 등장한다.

주의사항 Because로 시작하는 보기는 오답으로 나오는 경우가 많기 때문에 Because가 들린다고 무조건 정답이라 생각하지 말자.

유형 07

How (상태/방법) 의문문 유형

How 뒤에 형용사나 부사가 따라 나오지 않는 기본형은 최소한 질문이 상태를 묻는 문제인지 방법을 묻는 문제인지 구별해 내야 한다.

How 상태 - 형용사 위주의 보기를 골라야 한다. 다음과 비슷한 구조의 답변이 나올 때가 많다. It is well written., It was a great party.

How 방법 - 교통 수단, 통신 수단, 지불 수단, 대중 매체, by + ~ing 구조, with + 명사 구조가 정답이다. 특히 대중매체 문제는 How did you Know ~?, How did you learn ~?, How did you hear ~?와 같은 질문이 주로 등장하며 답변은 newspaper, Internet 등과 같은 대중매체 종류가 나오거나 S/O told me 구조가 주로 나온다.

유형 08

How much/many 의문문 유형

How much - 돈, 양을 찾는 문제로 dollar뿐 아니라 Euro, Canadian dollar와 같은 단위가 나온다. 또한 제로(0)의 개념인 free (of charge), complimentary와 같은 표현도 기억하자.

How many - 숫자를 찾는 문제이지만 역시 제로 (0)의 개념이 등장할 수 있다. none, no one, all but one of them(하나 빼고 전부 다)과 같은 표현을 알아 두자.

유형 09

How long 의문문 유형

기간/분량/길이를 묻는 문제이지만 실제로는 기간을 묻는 문제가 대부분을 차지하며 간혹 분량을 묻는 경우도 있다. 길이를 묻는 문제는 거의 없다.

기간을 묻는 경우 - 기간, for + 기간, since + 시점, It takes ~, It lasts ~ 등이 정답으로 나온다.

분량을 묻는 경우 - 드물지만 20 pages long(20쪽 분량)의 문장 형태로 나온다.

주의사항 How long 질문은 아니지만 기간을 묻는 문제가 있을 수 있다는 점에 주의한다. 예를 들어, How many hours ~?는 의미상 기간을 묻는 질문이다.

유형 10

선택의문문 유형

① 문장 ~, A or B? 구조의 의문문으로 답이 될 수 있는 표현은 둘 중 하나를 선택하는 것이다. 따라서 이때는 질문의 단어가 (A와 B에 해당하는 단어만) 반복될 수밖에 없다. 그리고 Yes/No 답변은 불가능하다. 또 "둘 다 좋다, 둘 다 싫다" 등의 답변이 가능하다. ② Either 대신 쓸 수 있는 다른 표현도 자주 등장하므로 꼭 암기해야 한다. ③ A 또는 B를 선택할 때 자주 쓰이는 수식어구도 답을 찾는 데 도움이 된다.

주의사항 Are you busy or could you help me now?는 선택의문문이 아니고 요청 문제이다. 모양은 선택의문문이지만 실제 의도는 요청이다.

유형 11

일반의문문/부가의문문 유형

일반의문문과 부가의문문은 난이도가 앞서 나온 의문문보다 높다. 그러나 몇 가지 팁을 활용한다면 어렵지 않게 답을 찾을 수 있다.

① 두 가지 질문 모두 Yes/No로 답변이 시작될 확률이 매우 높다. Yes/No로 답변을 시작하고 뒤에 이어지는 문장에 오답성 미끼만 없다면 정답 확률은 90%이다. ② 질문에 사람 이름이 나오면, 보통 주어 일치 문제가 자주 등장하며 오답 미끼가 보기에 등장할 경우가 더 많으므로 질문을 듣고 기억에 남는 단어를 잘 기억해야 한다. ③ 일반의문문과 부가의문문은 질문의 시작과 끝을 잘 들어야 한다. 인칭과 시제, 동사의 형태 등을 알 수 있기 때문이다. ④ 일반의문문과 부가의문문은 질문의 내용에 관계 없이 무조건 정답이 되는 표현들이 있다.

무조건 정답인 표현들, 반드시 암기하자!

ex. You're right., I believe/suppose/think/guess so., I don't think/believe so.

유형 12

권유/제안/요청 관련 유형

출제 빈도가 아주 높은 문제 유형으로 암기할 답변들이 많다. 그러나 정확히 암기만 해 둔다면 아주 쉬운 문제들이다. 먼저 긍정 답변, 부정 답변으로 나눠 암기하자.

긍정 답변:

① 좋은 생각이다

That's a good idea., That will be the best course of action., That sounds great.

② 기꺼이 ~하다

I'd love to ~, I'm happy/pleased to ~, I'd be delighted to ~

③ 고맙다

(권유/제안에 대한 답변)

Thanks., I'd appreciate it.

④ 물론이지

(요청에 대한 답변) Sure., Of course., No problem., Not a problem., OK., Definitely., Certainly., Absolutely.

⑤ 곧 도와드릴게요.

I'll be right with you., I'll be right there.

부정 답변:

① 〈긍정 문장 but ~〉 구문 (Thanks, but은 무조건 권유·제안의 답변)

② I'm sorry ~, No thanks ~, I'm afraid ~

주의사항 질문이 권유/제안인지 요청인지 구별해야 하므로 권유/제안용 답변과 요청 질문용 답변으로 나눠 암기하자. 일단 '고맙다'는 표현을 포함한 표현은 무조건 권유/제안 답변이며 Sure., Of course., No problem., Not a problem., OK., Definitely., Certainly., Absolutely. 등은 대체로 요청에 대한 답변이다. 나머지 표현들은 공통 답변으로 암기하자.

유형 13

평서문 유형

평서문 기본 답변 패턴: 문제 내용에 동의하는 문장 So do I., Neither do I., Me, too., 반문 표현, That's a great news.(좋은 소식이군요.), I'm sorry to hear that.(유감이군요.), That's too bad.(유감이군요.), Congratulations!(축하합니다!) 등의 표현들은 평서문 유형에서 무조건 정답인 답변들이다. 단, 이런 표현이 나오지 않을 경우가 있기 때문에 보기를 가지고 질문을 연상하는 연습을 해야 한다. 예를 들어 보기 문장이 Sure, ~ 이라면 요청 질문에 대한 답변! 만약 보기 문장이 As soon as we ~라면 When 질문에 대한 답변! 이렇게 떠올리는 연습을 한다면 평서문의 답을 찾는 데 도움이 된다.

2~3개월에 한번 출제되는 문제들

유형 14

Whose/Whom 의문문 유형

Who 질문의 답변과 같은 답변이 나온다. 자주 나오는 직업, 직책, 부서명을 기억하자.
ex. janitor 청소부, superintendent = custodian 관리인, treasurer 회계/재무 담당자, maintenance 관리실, Human Resources Department(= Personnel Department) 인사과
또 mine과 같은 소유대명사 답변과 소유격 + 명사 답변이 나올 수 있다는 것을 기억하자.

유형 15

How soon/early/late/fast 의문문 유형

How 문제는 뒤에 어떤 형용사나 부사가 오는가에 따라 답변이 변화무쌍하다. 뒤에 따라 나오는 형용사나 부사를 잘 듣고 그에 맞는 답을 찾아야만 한다. 그 중에서도 특히 시간 관련 표현들이 자주 나온다. How soon, How early, How late, How fast는 전부 시간을 묻는 문제로 결국, When 질문에 대한 답변을 찾으면 된다. When 질문의 답변에는 in/by/until+시간, before, after, when, as soon as, not for another+시간(= 시간 from now/today)가 있다. 의

문사 문제이므로 역시 Yes/No가 등장할 수 없고 또 How long에 대한 답변도 나올 수 있다는 것을 기억하자.

유형 16

무늬만 선택의문문 유형

이 문제 유형은 난이도가 높지만 나오는 문제 내용이 항상 비슷하므로 문제를 기억해 두면 충분히 대비할 수 있다. 생김새는 분명 선택의문문인데 실제 내용은 요청인 경우가 많다. 따라서 요청 질문에 대한 답을 찾으면 된다. 항상 나오는 질문의 내용은 "바쁘세요, 아니면 저랑 무엇을 할래요?", "지금 가야 하나요, 아니면 저를 좀 도와줄래요?" 등이다. 따라서 답변으로 요청 질문의 답을 찾는다. 또 실제로 선택의문문이 아니므로 Yes/No로 답변할 수 있다.

유형 17

무늬만 평서문 유형

평서문이 어려운 이유 중의 하나는 생김새는 평서문인데 실제로 의도한 내용은 권유/제안/요청일 수 있기 때문이다. 예를 들어, I can help you carry the boxes.는 분명 평서문이지만 박스 옮기는 것을 도와주겠다는 권유/제안 문장이다. I'd like to make an appointment. 역시 평서문이지만 의도는 예약을 해달라는 요청이다. 듣기가 안 되는 사람 입장에서는 어려운 문제이지만 사실 출제되었던 문제의 내용이 거의 비슷하므로 문제 내용과 권유/제안/요청에 대한 답변을 외워 두면 어렵지 않게 답을 찾을 수 있다.

Who was the man you were talking to last night?

(A) Yes, he is not working here.
(B) One of my associates, I guess.
(C) I am not that talkative.

어젯밤에 당신이 이야기 나누던 사람은 누구였나요?

(A) 네, 그는 여기서 일하지 않습니다.
(B) 제 동료 중 한 명이었던 것 같아요.
(C) 저는 그리 말이 많지 않아요.

1 질문 유형 파악하기

사람 이름, 직책, 신분, 부서명 등을 찾는 문제이다. 의문사 문제는 Yes/No로 답이 불가능하다는 것을 꼭 기억하자. 유독 "내가 할게요, 내가 시간이 돼요, 내가 지원할게요, 내가 할 수 있어요" 등의 보기들이 답으로 자주 나온다.

2 답변 유형 및 관련 표현 떠올리기

자주 나오는 직업, 직책, 부서명을 기억하자.
예) janitor 청소부, superintendent(=custodian) 관리인, treasurer 회계/재무 담당자, maintenance 관리실
Human Resources Department
(=Personnel Department) 인사과

3 보기 듣고 소거법 적용하기

초보자 입장에서 정말 최악의 듣기 실력이라는 전제 하에 설명하면, 질문을 듣자마자 Who ~ talking ~ night? 이렇게 들릴 것이다.

(A) Yes가 들리면 바로 제거한다. 의문사 문제는 절대 Yes/No가 나올 수 없기 때문이다.
(B) 내용이 파악된다면 이미 Who에 대한 답임을 알 수 있을 것이고, 모른다면 오답 미끼가 없으므로 1/3 확률이라 생각하고 바로 넘어간다.
(C) talkative라는 미끼가 들리면 바로 제거하고 남는 (B)가 답이 된다.

질문과 보기를 듣고 내용 파악이 안 된다고 해서 하염없이 오래 고민하고 생각하면 안 된다. 그러다 다음 보기도 듣지 못하면 답을 찾을 길이 없다. 항상 오답을 만드는 방법을 생각하자. 질문에 쓰인 단어와 비슷한 발음이나 비슷한 형태의 단어를 사용해 오답 미끼를 제공한다는 것을 기억하자.

유형 KEY BOX

사람 이름, 직책, 신분, 부서명 등을 찾는 Who 의문문 유형!
의문사 문제는 Yes/No로 답이 불가능하다. 보기로 자주 나오는 표현은 "내가 할게요, 내가 시간이 돼요, 내가 지원할게요, 내가 할 수 있어요" 등이다.

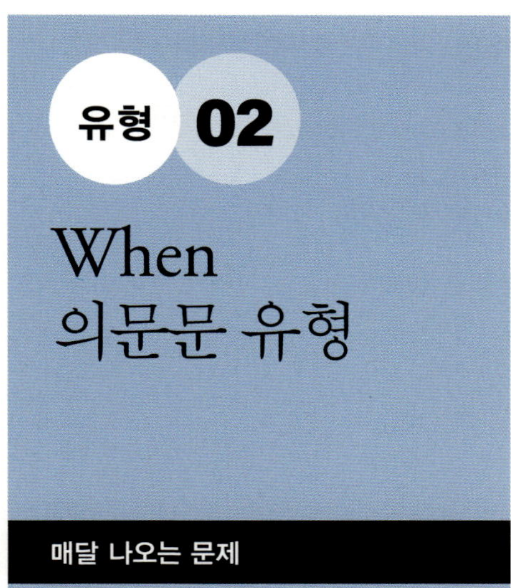

When was the last time we had a system checked?

(A) Tomorrow, I guess.
(B) No, it won't be here until Thursday.
(C) Wasn't it last month?

우리가 시스템을 점검 받은 게 언제가 마지막이었나요?

(A) 아마 내일이요.
(B) 아니요, 목요일까지는 여기 없을 거예요.
(C) 지난달 아니었나요?

1 질문 유형 파악하기

시점을 찾는 문제이다. 항상 생 초보자의 입장이거나 집중력이 떨어져 문제를 이해하지 못했을 경우와 같은 최악의 상황에 대비한 풀이 방법을 설명할 것이다. 질문을 듣고 기본 단어 몇 개는 기억날 것이다. 질문을 듣고 When was ~ checked? 이렇게 몇 단어가 들렸다면 내용을 파악하려고 하지 말고 질문의 유형을 먼저 파악한다. 가장 뚜렷이 기억나는 단어를 다시 떠올린다. 일단 질문 유형은 When 의문문이다. 그리고 When 의문사 문제는 시점을 기억하라 했으니 과거 시제 was였다는 것을 기억한다.

2 답변 유형 및 관련 표현 떠올리기

유형에 맞는 답변을 떠올린다. **When의 기본 답변은 in/by/until + 시간, before, after, when, as soon as, not for another + 시간(= 시간 from now/today)이다.** 의문사 문제이므로 역시 Yes/No가 등장할 수 없다.

3 보기 듣고 소거법 적용하기

유형 파악 후 들렸던 단어를 다시 떠올려 본다.

(A) 미래 시점이므로 오답이다.
(B) 일단 No로 시작했다는 것 자체가 오답이다.
(C) 답변에 과거 시점이 나왔으므로 정답이다.

또 하나의 포인트는 보기가 반문하는 표현(의문문)이라는 것이다. **Part 2에서 반문 표현 보기는 보기 안에 오답 미끼만 없다면 정답 확률이 96% 정도**라는 것을 기억하자! 두고두고 유용하게 써먹을 수 있다.

유형 KEY BOX

시점을 찾는 When 의문문 유형!

When 문제는 보기에 시점 표현이 2개 이상 등장할 수 있으므로 주의해야 한다. 이런 문제는 시점을 따지는 문제이므로 언제나 과거에 대한 질문인지 아닌지를 구별해야 한다.

Where are you planning to go this weekend?

(A) In the department store.
(B) No, I'm not.
(C) I have to go to work.

이번 주말에 어디에 갈 계획인가요?

(A) 백화점에서요.
(B) 아니요, 저는 아니에요.
(C) 일하러 가야 합니다.

1 질문 유형 파악하기

장소를 묻는 의문사 문제이다. LC는 언제나 안 들렸다는 전제 하에 연습을 해야 한다. 문장을 듣고 이해했다면 당연히 모든 문제에 대한 답을 맞혔을 것이다. 들리지 않았거나 잠시 집중력이 떨어졌을 때라도 답을 찾아낼 수 있게 하려면 최소한의 단어, 누구나 쉽게 들을 수 있는 단어로만 답을 찾는 연습을 해야 한다. 질문에서 Where ∼ go ∼ weekend?라는 단어가 들렸다면, 일단 장소를 찾는 Where 문제 유형임을 알 수 있다.

2 답변 유형 및 관련 표현 떠올리기

가장 뚜렷이 기억나는 단어를 떠올린다. **Where 의문사 문제이므로 지명이나 지명 전치사를 찾는다.** 지명 전치사는 in/at(정지의 장소), to(움직임의 장소), around, next to, in front of, across from 등이 있다. 역시 의문사 문제이므로 Yes/No 답변은 불가능하다.

3 보기 듣고 소거법 적용하기

유형 파악 후 들렸던 단어를 다시 떠올려본다.

(A) 질문은 Where ∼ go?로 움직임의 장소를 묻는다. 따라서 〈in + 장소〉와 같은 정지된 장소는 오답이다. 그러나 토익 초보자들은 이 보기를 듣자마자 바로 답이라 생각하는 사람들이 많다.
(B) 의문사 문제는 Yes/No가 불가능하다.
(C) to work는 움직임의 장소이다. 여기서 to는 전치사로 뒤에 직장이라는 work가 왔다.

Tip: 참고로 *to the work처럼 관사를 쓰지 않는다. 학교에 간다고 할 때 go to school이라고 하지 go to the school이라고 하지 않는다. **to 뒤에 오는 장소에 그 장소 본연의 목적으로 갈 때는 관사를 쓰지 않는다.** go to the school이라고 한다면 학교에 공부하러 가는 것이 아니고 아마 다른 목적이 있어서 가는 것이다.

유형 KEY BOX

장소를 찾는 Where 의문문 유형

Where 질문에 대한 기본 답변으로 지명이나 지명 전치사를 찾는 문제이다. 역시 의문사 질문이므로 Yes/No 답변은 불가능하다.

주의사항 Where 질문에 대한 장소가 움직임의 장소인지 정지된 장소인지를 구별해야 한다. 예를 들어 주말에 어디로 놀러 갈 것인지 묻는 질문이라면 답변은 움직임의 장소를 말하는 〈to + 장소〉가 나와야 한다. 매니저가 지금 어디에 있는지 묻는 질문이라면 이는 정지의 장소로 답변은 〈in/at + 장소〉가 나와야 한다.

유형 04

Which 의문문 유형

매달 나오는 문제

Which dress would you prefer?
(A) The one with red stripes is better.
(B) I don't have your address.
(C) Yes, I'd be delighted.

어떤 드레스를 선호하세요?
(A) 빨간 줄무늬가 있는 것이 더 좋아요.
(B) 저는 당신 주소가 없어요.
(C) 네, 기꺼이 하지요.

1 질문 유형 파악하기

특정 대상을 묻거나 고르는 의문사 문제이다. 집중력이 떨어져 문제를 이해하지 못했을 경우와 같은 최악의 상황에서도 답을 찾을 수 있다면 시험 중에 그만큼 여유를 가질 수 있다. 마음에 여유가 생기면 집중력도 유지된다. 따라서 LC는 언제나 안 들렸다는 전제 하에 연습을 해야 한다. 최소한의 단어, 누구나 쉽게 들을 수 있는 단어로만 답을 찾는 연습을 해야만 한다. 질문을 듣고 만약 Which dress ~?라는 말이 들렸다면, **질문의 유형은 Which 의문사 문제**임을 알 수 있다.

2 답변 유형 및 관련 표현 떠올리기

Which 질문에 대한 기본 답변은 다양하지만 one이 많이 등장하며 some, same도 때때로 많이 나온다. 역시 의문사 문제이므로 Yes/No 답변은 불가능하다. Which는 What 질문과 마찬가지로 뒤에 따라 나오는 명사에 대한 답을 찾으면 된다. 또 Which는 선택의문문의 답변도 취할 수 있다.

3 보기 듣고 소거법 적용하기

유형 파악 후 들렸던 단어를 다시 떠올려 본다.

(A) 예상한 one이 등장하고 오답 미끼가 없다. 또 better와 같은 비교급 표현은 선택의문문의 전형적인 답변이다.
(B) 오답 미끼가 제공되었다. 질문에 나온 dress를 변형한 address가 쓰였으므로 무조건 오답 처리한다.
(C) 의문사 문제는 Yes 답변이 불가능하다. 그리고 I'd be delighted는 권유/제안/요청에 대한 기본 답변이다.

유형 KEY BOX

특정 대상을 묻거나 고르는 Which 의문문 유형!

Which는 What 질문과 마찬가지로 뒤에 어떤 명사가 오는가에 주의하여 뒤따라 나오는 명사에 대한 답을 찾는다. 예를 들어, Which/What color ~?에서 의문사 뒤의 명사 color에 주목한다. 또 하나 Which는 선택의문문의 답변을 취할 수 있다는 것을 기억하자. 역시 의문사 문제이므로 Yes/No 답변은 불가능하다.

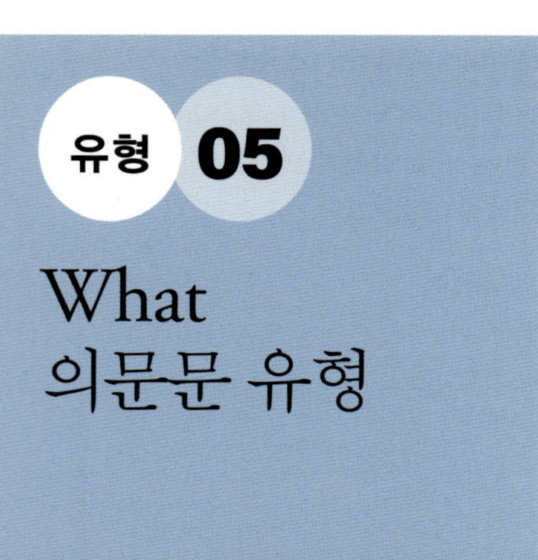

What is the shipping cost for the package?
(A) I'm already packed.
(B) He didn't get the shipment.
(C) It depends on the weight.

그 소포에 대한 배송비가 얼마인가요?

(A) 저는 이미 짐을 쌌어요.

(B) 그는 배송을 받지 못했어요.

(C) 무게에 따라 달라요.

1 질문 유형 파악하기

질문을 듣고 내용 파악이 되지 않아도 당황하지 말자. 보기를 이해하지 못했다고 고민하다가 다음 보기도 듣지 못하면 답을 찾을 방법이 없다. LC는 반응 속도가 가장 중요하므로 문제 풀이 방식에 적응하자. What ~ cost ~ package?라 들렸다면 일단, 질문의 유형은 What 의문사 문제이다.

2 답변 유형 및 관련 표현 떠올리기

What 의문문 유형은 다양한 답변 형태를 취하지만 가장 기본적인 형태는 명사 위주의 답변이다. 단순 명사, 동명사구, about + 명사, for + 명사 형태가 자주 등장한다. What은 Which 질문과 마찬가지로 뒤에 어떤 명사가 오는가에 주의하여 그 명사에 대한 답을 찾는다. What ~ cost ~?에서 뒤의 명사 cost 즉, 비용을 묻는 문제이다.

3 보기 듣고 소거법 적용하기

유형 파악 후 들렸던 단어를 다시 떠올려본다.

(A) package와 유사한 어휘 packed를 사용한 오답용 미끼이다. 바로 오답 처리한다.
(B) He는 등장할 수 없다. 만약 He를 듣지 못했다 해도 뒤에 이어지는 shipment 역시 오답용 미끼 표현이니 어렵지 않게 오답이라는 것을 알 수 있다.
(C) depend가 나오는 표현은 문장 속에 비슷한 발음이나 단어와 같은 오답용 미끼만 없다면 100% 정답이다.

유형 KEY BOX

명사 위주의 답변을 찾는 What 의문문 유형!
다양한 답변 형태를 취하는 유형이지만 가장 기본적인 답변 형태는 명사 위주의 형태를 찾으면 된다. 단순 명사, 동명사구 등이 많이 등장하며 about + 명사, for + 명사 형태도 자주 등장한다.

Why are we closing the store early today?

(A) Because I came home early today.
(B) No, it is not close at all.
(C) So we can take a safety inspection this afternoon.

우리 오늘 왜 가게 문을 일찍 닫나요?

(A) 내가 오늘 집에 일찍 왔기 때문에요.
(B) 아니요, 전혀 가깝지 않아요.
(C) 그래야 오늘 오후에 안전 점검을 받을 수 있어요.

1 질문 유형 파악하기

문제가 Why ~ closing ~ early? 이 정도 들렸다면 당황하지 말고 못들은 단어가 뭘까 고민하지 말고, 질문의 유형을 파악한다. 일단 질문의 유형은 Why 의문문이다.

2 답변 유형 및 관련 표현 떠올리기

Why 의문문에 대한 답변 형태는 To + 동사원형, For + 명사, So ~로 나오거나 정답 문장을 이해하기 어렵게 등장한다. Because로 시작하는 보기는 오답으로 나오는 경우도 많다.

3 보기 듣고 소거법 적용하기

유형 파악 후 들렸던 단어를 다시 떠올려 본다.

(A) Because만 듣고 답이라 생각하지 말자. 문장을 이해했다면 정답인지 아닌지 알 것이고, 이해하지 못했다면 잠시 보류하고 넘어가자. 단, 오답의 소지가 있을 수도 있으니 확률이 1/3보다 낮다.
(B) 의문사 문제는 절대 Yes/No가 불가능하다. 또한 close(다의어)가 미끼 표현이다.
(C) So로 시작했다. 보기 내용을 이해하지 못했다 해도 답은 (C)이다. 정답 포인트인 So로 시작하며 문장 속에 오답 미끼가 없다. 따라서 정답 확률이 (A)보다 높다.

유형
KEY BOX

의문사 문제 중 난이도가 가장 높은 Why 의문문 유형!

Why 문제는 대체로 의도적으로 정답이라고 잘 느껴지지 않게 보기가 나올 때가 많다. 대신 나머지 2개의 보기에 오답 힌트가 정확하게 제시되는 경우가 대부분이다. Why 문제가 쉽게 출제되는 경우에는 답변으로 To + 동사원형, For + 명사, So ~ 형태가 등장한다.

`주의사항` Because로 시작하는 보기는 오답으로 나오는 경우가 많기 때문에 Because가 들린다고 해서 무조건 정답이라 생각하지 말자.

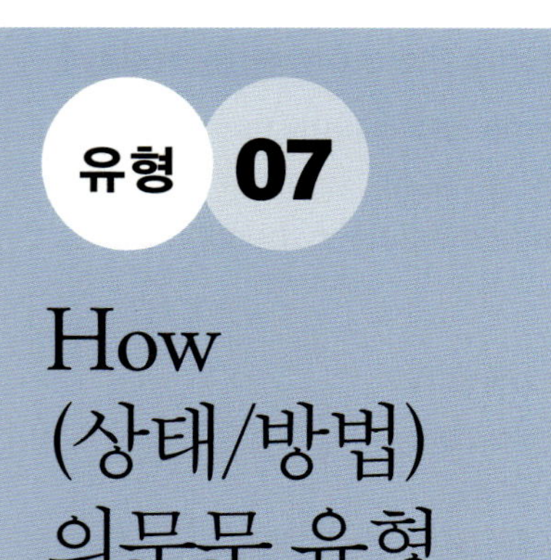

How did you know we have a job opening?

(A) Mr. Kim in accounting told me.
(B) You did a good job.
(C) I have to open a checking account.

우리가 공석이 있다는 것을 어떻게 아셨나요?

(A) 회계부서의 Mr. Kim이 알려줬습니다.
(B) 아주 잘했어요.
(C) 당좌 계좌를 개설해야 합니다.

1 질문 유형 파악하기

질문을 듣고 만약 How ~ know ~ opening? 이런 식으로 들렸다면, 일단 질문의 유형은 어떻게 알았는지를 묻는 How 방법 문제이다. 대중매체 문제는 How did you Know ~?, How did you learn ~?, How did you hear ~? 형태의 질문이 주로 등장한다.

2 답변 유형 및 관련 표현 떠올리기

How 방법을 묻는 문제 중 대중매체에 대한 답변은 newspaper, Internet 등과 같은 대중매체의 종류가 나오거나 S/O told me 구조가 주로 나온다.

3 보기 듣고 소거법 적용하기

유형 파악 후 들렸던 단어를 다시 떠올려본다.

(A) S/O told me 구조의 문장이며 오답 미끼도 없으므로 정답이다.
(B) job opening의 일부분인 job을 활용한 미끼 보기이다. 만약 job을 듣지 못했다면 오답 미끼는 없으므로 정답 확률이 1/30이라고 간주하고 넘어갈 수밖에 없다.
(C) opening을 활용한 오답 미끼가 확실하다.

보기 중 (B)를 정확히 파악하지 못했어도 전형적인 정답 표현이 (A)에 등장했으므로 정답 선택 시 혼동할 이유는 없다.

유형 KEY BOX

상태나 방법을 찾는 How 의문문 유형!

How 문제는 다양한 변화가 가능한 질문으로 순발력이 필요하다. 일단 How 뒤에 형용사나 부사가 따라 나오지 않는 기본형은 질문의 내용을 파악할 수 있어야 한다. 최소한 질문이 How의 상태 문제인지 How의 방법 문제인지 구별해내야 한다.

How 상태 형용사 위주의 보기를 골라야 한다. 모범 답변을 기억하자. 비슷한 구조로 답이 나올 때가 많다. It is well written. It was a great party.

How 방법 교통수단, 통신수단, 지불수단, 대중매체, by + -ing 구조, with + 명사 구조가 정답이다. 특히 대중매체를 묻는 문제는 How did you ~?, How did you learn ~?, How did you hear ~? 형태의 질문이 주로 등장하며 답변은 newspaper, Internet 등과 같은 대중매체의 종류가 나오거나 S/O told me 구조가 주로 나온다.

How much /many 의문문 유형

매달 나오는 문제

How many people signed up for the workshop on Monday?

(A) No one shows interest.
(B) He needs fifty copies by Monday.
(C) Two executives will resign next week.

월요일에 있을 워크숍에 몇 명이나 등록했나요?

(A) 아무도 관심을 보이지 않아요.
(B) 그는 월요일까지 50부를 필요로 합니다.
(C) 임원 두 명이 다음 주에 사직할 것입니다.

1 질문 유형 파악하기

의미를 이해했다면 당연히 문제의 답을 맞혔을 것이다. 들리지 않았거나 잠시 집중력이 떨어졌더라도 답을 찾아낼 수 있게 하려면 최소한의 단어, 누구나 쉽게 들을 수 있는 단어로만 답을 찾는 연습을 해야 한다는 것을 명심하자. 질문 중 How many ~ signed ~ workshop ~? 이렇게 들렸다면, 일단 질문의 유형은 How many + 숫자를 찾는 문제이다.

2 답변 유형 및 관련 표현 떠올리기

숫자를 찾는 문제이므로 답변에 숫자가 언급될 것이다. 또 none, no one과 같은 표현들도 기억해 둬야 한다.

3 보기 듣고 소거법 적용하기

유형 파악 후 들렸던 단어를 다시 떠올려 본다.

(A) no one은 How many 질문에서 등장하는 답변 중 하나이다.
(B) 일단 He를 듣자마자 오답임을 알 수 있다. How many만 생각하다 fifty를 듣고 정답으로 오해할 수 있는 혼동 보기이다.
(C) 숫자 two가 역시 등장한다. 그러나 질문 속의 sigh up for의 일부를 활용한 resign을 보기에 사용한 미끼 보기이다.

유형 KEY BOX

돈·양을 찾는 How much/many 의문문 유형!

가장 쉬운 문제 유형 중 하나이다. How much는 돈, 양을 찾는 문제로 dollar뿐 아니라 Euro, Canadian dollar와 같은 단위들도 나온다. 또한 제로(0)의 개념인 free (of charge), complimentary와 같은 표현도 기억하자. How many는 숫자를 찾는 문제이지만 역시 제로(0)의 개념이 등장할 수 있다. none, no one과 같은 표현들도 기억해 둬야 한다. all but one of them(하나 빼고 전부 다)과 같은 특이한 표현도 등장한 적이 있다.

How long has it been since we had system checked?

(A) It's written on the log.
(B) It belongs to Mr. Goodman.
(C) For a regular routine checkup.

우리가 시스템을 점검받은 지 얼마나 되었나요?

(A) 일지에 적혀 있어요.
(B) Mr. Goodman의 소유입니다.
(C) 정기 검진을 위해서요.

1 질문 유형 파악하기

질문이 How long ~ system checked? 이렇게 들렸다면, 기간을 묻는 질문 유형임을 알 수 있다.

2 답변 유형 및 관련 표현 떠올리기

How long 의문문에 대한 답변으로는 기간, for + 기간, since + 시점, It takes ~, It lasts ~ 등이 정답으로 나온다.

3 보기 듣고 소거법 적용하기

유형 파악 후 들렸던 단어를 다시 떠올려본다.

(A) 보기를 듣고 내용을 파악했다면 정답임을 알 수 있겠지만 언뜻 들으면 기간에 대한 답인지 모를 수 있다. 단, 오답 미끼가 없으므로 정답 확률이 1/30이라 생각하고 일단 다음 보기를 듣는다.
(B) How long의 일부 long을 활용한 belong이 등장한 확실한 오답 보기이다.
(C) 역시 checked를 변형한 check up이 등장한 오답 보기이다. 또 for + 명사는 What 또는 Why 질문에 대한 답이라는 것도 이미 다루었다.

따라서 정확히 알아듣지 못했다 하더라도 (A)가 답임을 알 수 있다.

문제 풀이 TIP
"어디에 적혀 있다, 어디에 써 있다" 이런 내용의 보기가 정답으로 자주 등장한다.

유형 KEY BOX

기간/분량을 묻는 How long 의문문 유형!
기간, 분량, 길이를 묻는 문제이지만 실제로는 기간을 묻는 문제가 대부분을 차지하며 간혹 분량을 묻는 문제도 있었다. 길이를 묻는 문제는 거의 없다.

기간을 묻는 경우 기간, for + 기간, since + 시점, It takes ~, It lasts ~ 등이 정답으로 나온다.

분량을 묻는 경우 드물지만 20 pages long(20쪽 분량) 이런 문장의 형태로 나온다.

주의사항 How long 질문이 아니지만 기간을 묻는 문제가 있을 수 있다는 점에 주의한다. 예를 들어, How many hours ~?는 의미상 기간을 묻는다는 것을 기억하자.

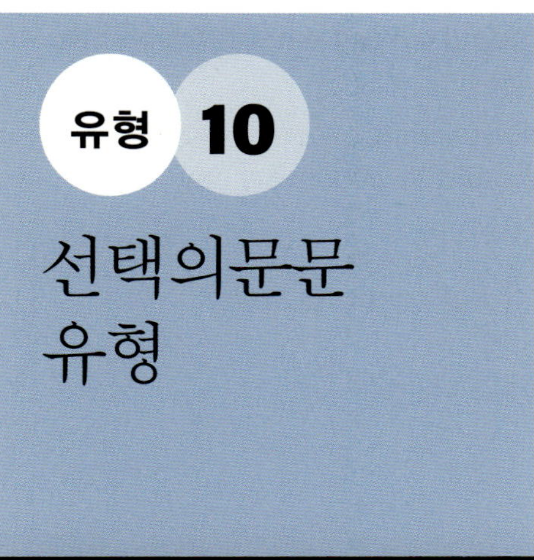

Would you like to sit inside or patio?

(A) Yes, I'd like to.
(B) Either would be fine.
(C) You should take a seat.

실내에 앉으시겠어요, 테라스에 앉으시겠어요?

(A) 네, 그러고 싶어요.
(B) 둘 중 아무거나 상관 없어요.
(C) 당신은 앉으셔야 합니다.

1 질문 유형 파악하기

질문이 Would you ~ sit inside or pat ~? 이런 식으로 들렸다면, 선택의문문 유형이다.

2 답변 유형 및 관련 표현 떠올리기

선택의문문에 대한 정답 유형은 질문에 제시된 선택 사항 (inside, patio) 둘 중 하나를 고르거나 **Either, Neither, Let's, It depends, I have no preference, I don't care, It doesn't make any difference to me!, Whichever ~, Whatever ~** 등의 표현이 등장한다. 추가로 수식어구 I'd rather ~, I wouldn't mind -ing, better, fine, prefer, OK, 비교급 문장 등도 나올 수 있다.

3 보기 듣고 소거법 적용하기

유형 파악 후 들렸던 단어를 다시 떠올려 본다.

(A) 일단 Yes/No는 선택의문문의 답변으로 불가능하며 문장도 비슷하게 겹치므로 오답 미끼이다.
(B) Either는 무조건 정답이고, 뒤의 fine은 무엇을 선택할 때 자주 등장하는 수식어구이므로 정답 힌트가 될 수 있다.
(C) 명사 seat은 질문 속의 동사 sit을 염두에 둔 오답성 미끼이다.

정답은 (B)라는 것을 명확하게 알 수 있다. 이 문제에서 both는 불가능하다. **both는 선택의문문에서 정답으로 자주 등장하지만 항상 정답은 아니라는 것을 기억하자.**

유형 KEY BOX

선택의문문 유형!

문장 ~, A or B? 구조의 문장으로 답이 될 수 있는 표현은 둘 중 하나를 선택하는 것이다. 따라서 이때는 질문의 단어가 (A와 B에 해당하는 단어만) 반복될 수밖에 없다. 그리고 Yes/No 답변은 불가능하다. 또 "둘 다 좋다, 둘 다 싫다" 등의 답변이 가능하다. 정리해 보면 질문에 나온 단어(A or B), Either, Neither, Let's, It depends, Both(단, both는 둘 다 동시에 선택할 수 없는 경우가 있으므로 주의! Decaf or regular?, inside or outside?) 등이다. 그리고 Either는 대체 표현이 자주 등장하므로 꼭 암기해야 한다. I have no preference., I don't care., It doesn't make any difference to me!, Whichever ~, Whatever ~. 그리고 A 또는 B를 선택할 때 자주 쓰이는 수식어구도 답을 찾는 데 도움이 되므로 암기하자. I'd rather ~, I wouldn't mind -ing, better, fine, prefer, OK, 비교급 문장을 암기하자.

주의사항 Are you busy or could you help me now?는 선택의문문이 아니고 요청 문제이다. 생김새는 선택의문문처럼 생겼지만 실제 의도는 요청이다.

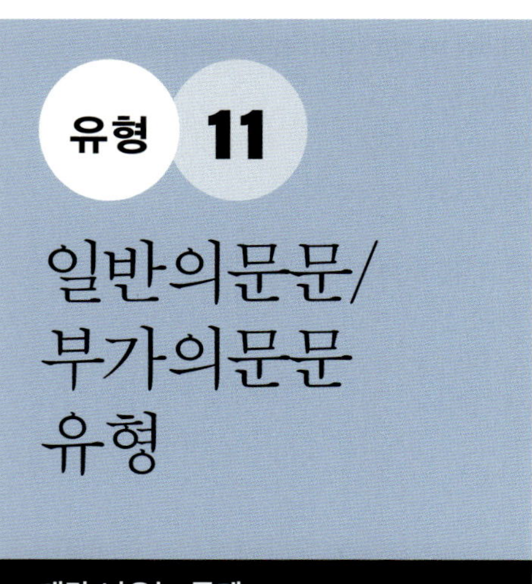

Mr. Lee is going to lead the workshop this time, isn't he?

(A) I don't like reading.
(B) Yes, He walks to work every day.
(C) I think so.

Mr. Lee가 이번 워크숍을 진행하게 되죠, 그렇죠?

(A) 난 독서가 싫어요.
(B) 네, 그는 매일 걸어서 출근해요.
(C) 그럴 거예요.

1 질문 유형 파악하기

질문이 Mr. ~ lead ~ workshop ~, isn't he? 이렇게 들렸다면, 질문의 유형은 부가의문문이다.

2 답변 유형 및 관련 표현 떠올리기

부가의문문에 대한 답변은 **Yes/No**로 자주 시작되며 주어가 일치될 확률이 높다. 무조건 정답인 표현들 **You're right., I believe/suppose/think/guess so., I don't think/believe so.**를 떠올린다. 또한 오답 미끼를 주의한다.

3 보기 듣고 소거법 적용하기

유형 파악 후 들렸던 단어를 다시 떠올려본다.

(A) 질문에 나온 lead의 유사 발음 read가 사용된 미끼 보기이다. 미끼 표현을 눈치채지 못했다면 Yes/No가 없으므로 정답 확률 1/30이라 생각하고 넘어간다.
(B) Yes가 나왔으니 정답 확률이 높다. 주어도 일치 (Mr. Lee = He)한다. 여기까지만 본다면 정답일 듯하다. 그러나 질문에 나온 workshop의 일부인 work와 유사 발음인 walk가 나와 오답이다.
(C) 전형적인 정답 표현 I think so.가 등장했다. 단순 암기만 해뒀다면 정답임을 확신할 수 있을 것이다.

유형 KEY BOX

일반의문문/부가의문문 유형!

난이도가 일반의문사 문제들보다 높다. 그러나 몇 가지 팁을 활용한다면 어렵지 않게 답을 찾을 수 있다. 먼저 두 가지 질문 모두 Yes/No로 답변을 시작할 확률이 매우 높다. **Yes/No로 답변을 시작하고 뒤에 이어지는 문장 속에 오답 미끼만 없다면 정답 확률은 90%이다.** 다음으로 질문에 사람 이름이 나오면 보통 주어 일치 문제가 자주 나오며 보기에 오답 미끼가 나올 확률이 크므로 질문을 듣고 기억에 남는 단어를 잘 기억해야 한다. 또 일반의문문과 부가의문문은 질문의 시작과 끝을 잘 들어야 한다. 인칭과 시제, 동사의 형태 등을 알 수 있기 때문이다. 일반의문문과 부가의문문은 질문의 내용에 관계 없이 무조건 답이 되는 표현들이 있으므로 반드시 암기하자.

무조건 정답인 표현들 You're right., I believe/suppose/think/guess so., I don't think/believe so.

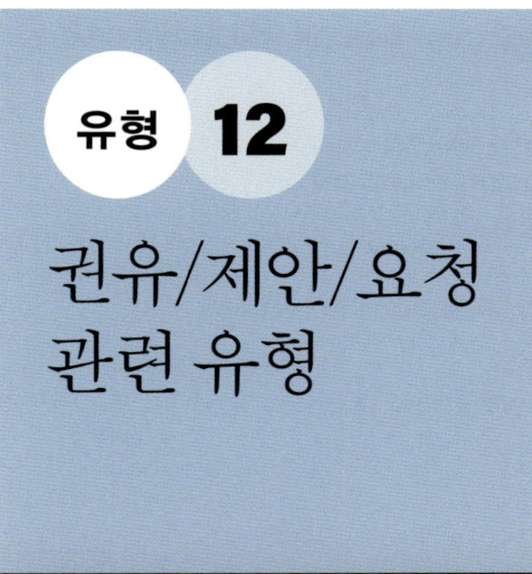

Can you pick up something to drink on the way back?

(A) Yes, he should be in the back.
(B) Sure, what do you want?
(C) I'd appreciate it.

오는 길에 마실 것 좀 사다 줄래요?

(A) 네, 그는 뒤에 있을 거예요.
(B) 그러죠, 무엇을 원하나요?
(C) 감사합니다.

1 질문 유형 파악하기

질문이 Can you pick up ~ back? 이런 식으로 들렸다면, 질문의 유형은 권유/제안/요청 중 요청 문제이다.

2 답변 유형 및 관련 표현 떠올리기

요청에 대한 대표 답변은 Sure., Of course., No problem., Not a problem., OK., Definitely., Certainly., Absolutely.(그럼요, 당연하지요) 등이 있다. 공통 답변도 있지만 일단 권유/제안 답변 중 '고맙다' 계통의 답변은 안 된다는 것을 기억하자.

3 보기 듣고 소거법 적용하기

유형 파악 후 들렸던 단어를 다시 떠올려 본다.

(A) 보기를 듣자마자 he가 등장했으니 오답임을 알아차려야 한다. 또한 back을 활용한 미끼도 등장했다.
(B) Sure는 대표적인 요청 질문의 답변이며 앞으로 많이 등장하겠지만 의문문 형태 즉, 반문하는 표현의 보기는 정답 확률이 아주 높다는 것도 기억하자.
(C) '고맙다' 계통의 표현들은 권유/제안 질문에 대한 전문 답변이다. 따라서 오답이다.

유형 KEY BOX

권유/제안/요청 관련 유형!
출제 빈도가 아주 높은 문제 유형으로 암기할 답변이 많다. 그러나 정확히 암기만 해둔다면 아주 쉬운 문제이다. 일단 긍정 답변과 부정 답변으로 나눠 암기하자.

긍정 답변
1. 좋은 생각이에요. That's a good idea., That will be the best course of action., That sounds great.
2. 기꺼이 하지요. I'd love to., I'm happy/pleased to., I'd be delighted to.
3. 고맙습니다. Thanks., I'd appreciate it.
4. 그럼요, 당연하지요. Sure., Of course., No problem., Not a problem., OK., Definitely., Certainly., Absolutely.
5. 곧 도와드릴게요. I'll be right with you., I'll be right there.

부정 답변
1. 〈긍정 문장 but ~〉 구문 (Thanks, but은 무조건 권유/제안의 답변)
2. I'm sorry, No thanks, I'm afraid

주의사항 질문이 권유/제안인지 요청인지 구별해야 하므로 권유/제안용 답변과 요청 질문용 답변으로 나눠 암기하자. 일단 **'고맙다'의 뜻을 포함한 표현은 무조건 권유/제안 답변**이며 Sure., Of course., No problem., Not a problem., OK., Definitely., Certainly., Absolutely. 등은 대체로 요청에 대한 답변이다. 나머지 표현들은 공통 답변으로 암기하자.

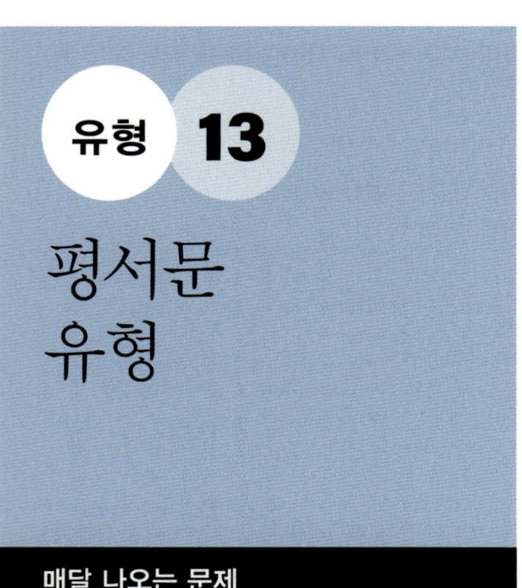

Our shipment from Boston will arrive next Monday.

(A) I'm pleased to do it.
(B) No, I forgot to ship it out.
(C) Are you sure?

보스턴에서 오는 배송이 월요일에 도착할 것입니다.

(A) 기꺼이 해드리지요.
(B) 아니요, 발송하는 것을 잊었어요.
(C) 확실한가요?

1 질문 유형 파악하기

질문이 Shipment ~ Monday. 이렇게 들렸다면, 질문의 유형은 평서문임을 알 수 있다.

2 답변 유형 및 관련 표현 떠올리기

평서문의 답변 형태로는 질문 내용에 동의하는 문장인 So do I., Neither do I., Me, too. 등과 반문 표현, That's a great news.(좋은 소식이군요.), I'm sorry to hear that.(유감이군요.), That's too bad.(유감이군요.), Congratulations!(축하합니다!) 등의 표현들이 있다.

3 보기 듣고 소거법 적용하기

유형 파악 후 들렸던 단어를 다시 떠올려본다.

(A) I'm pleased to는 권유/제안/요청 문제에 대한 답변이므로 오답이다.
(B) shipment의 일부 단어인 ship을 활용한 미끼 보기이다.
(C) 의문문이며 문장 속에 오답 미끼가 없으므로 평서문의 답변임을 알 수 있다.

유형 KEY BOX

평서문 유형!

평서문은 Part 2에서 가장 난이도가 높아 오답 확률이 가장 높은 문제이다. 평서문도 답변 패턴이 있지만 이 답변 패턴으로 정답이 나오지 않을 경우가 많기 때문에 평서문 문제에 효과적으로 대응하기 위해서는 보기를 듣고 연관 질문을 떠올리는 연상 훈련을 평상시 해 두어야 한다.

평서문 기본 답변 패턴 질문 내용에 동의하는 문장 So do I., Neither do I., Me, too., 반문 표현, That's a great news.(좋은 소식이군요.), I'm sorry to hear that.(유감이군요.), That's too bad.(유감이군요.), Congratulations!(축하합니다!) 등의 표현들은 평서문 유형에서 무조건 정답인 답변들이다. 단, 이런 표현이 나오지 않을 경우가 있기 때문에 보기를 가지고 질문을 연상하는 연습을 해야 한다. 예를 들어, 보기 문장이 Sure, ~ 이라면 요청 질문에 대한 답변! 만약 보기 문장이 As soon as we ~라면 When 질문에 대한 답변! 이렇게 떠올리는 연습을 한다면 평서문 유형의 답을 찾는 데 도움이 된다.

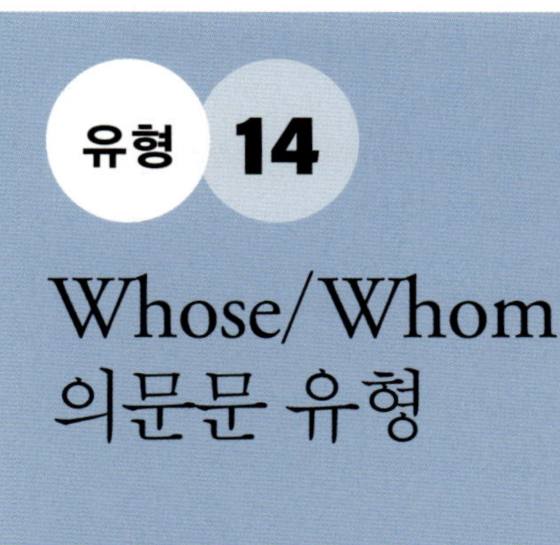

Whom should I direct your call to?

(A) Mr. Kim in accounting.
(B) He gave a direction to the hotel.
(C) Yes, it is cold today.

누구한테 전화를 연결해 드릴까요?

(A) 회계부서의 Mr. Kim이요.
(B) 그가 호텔까지 길을 알려 줬어요.
(C) 네, 오늘 춥군요.

1 질문 유형 파악하기

언제나 최소한의 단어, 누구나 쉽게 들을 수 있는 단어로만 답을 찾는 연습을 해야 한다는 것을 명심하자! 또한 보기 문장을 듣고 관련 질문을 떠올리는 연상 훈련도 해야 한다. 질문이 Whom ~ direct ~ call ~? 이런 식으로 들렸다면, 질문의 유형은 Whom 의문사 문제이다.

2 답변 유형 및 관련 표현 떠올리기

Whom 의문사 질문에 대한 답변은 사람 이름, 직책, 신분, 부서명 등을 찾으면 된다. 답변으로 소유격 + 명사와 소유대명사도 등장한다.

3 보기 듣고 소거법 적용하기

유형 파악 후 들렸던 단어를 다시 떠올려 본다.

(A) 사람 이름과 부서명이 등장했다. 정답이 확실하다.
(B) 일단 He가 등장할 수 없다. 또한 질문의 direct를 활용해 direction과 같은 미끼 표현이 제시되었다.
(C) 의문사 문제는 Yes로 답할 수 없다. 또한 질문 속의 call을 cold로 변형한 미끼도 보인다.

유형 KEY BOX

사람 이름, 직책, 신분, 부서명 등을 찾는 Whose/Whom 의문문 유형!

Who 질문의 답변과 같은 답변이 나온다. 자주 나오는 직업, 직책, 부서명을 기억하자.

ex. janitor 청소부, superintendent(= custodian) 관리인, treasurer 회계/재무담당자, maintenance 관리실, Human Resources Department(= Personnel Department) 인사과

또한 mine과 같은 소유대명사 답변과 소유격 + 명사 답변이 나올 수 있다는 것을 기억하자.

How soon/ early/late/fast 의문문 유형

2~3개월에 한 번 출제되는 문제

How soon can we rearrange the office?

(A) No, it won't take long.
(B) Everything will be finished by Monday.
(C) It is in your price range.

사무실을 얼마나 빨리 재정비할 수 있나요?

(A) 아니요, 오래 걸리지 않을 것입니다.
(B) 월요일이면 다 마무리될 것입니다.
(C) 당신이 부담할 수 있는 가격 범위 안에 있습니다.

1 질문 유형 파악하기

질문이 How soon ~ rearrange ~ office? 이렇게 들렸다면, How soon 의문사 문제로 When의 답변을 찾는 문제 유형이다.

2 답변 유형 및 관련 표현 떠올리기

When의 답변 표현은 **in/by/until + 시간, before, after, when, as soon as, not for another + 시간(= 시간 from now/today)** 등이 있으며 간혹 How long 질문의 답변이 나올 수도 있다.

3 보기 듣고 소거법 적용하기

유형 파악 후 들렸던 단어를 다시 떠올려 본다.

(A) 의문사 질문에 No로 시작하는 답변은 오답이다.
(B) 오답 미끼가 등장하지 않았고 Monday라는 시간 표현도 등장한다.
(C) rearrange의 변형인 range를 사용한 오답 미끼 보기이다.

유형 KEY BOX

시간 및 시점을 묻는 How 의문문 유형!

뒤에 어떤 형용사나 부사가 오는가에 따라 답변이 변화무쌍하다. 뒤에 따라 나오는 형용사나 부사를 잘 듣고 그에 맞는 답을 찾아야만 한다. 그 중에서도 특히 시간 관련 표현들이 자주 나온다. How soon, How early, How late, How fast는 전부 시간을 묻는 문제로 결국, When 질문에 대한 답변을 찾으면 된다. When 질문의 답변에는 in/by/until + 시간, before, after, when, as soon as, not for another + 시간(= 시간 from now/today)가 있다. 의문사 문제이므로 역시 Yes/No가 등장할 수 없고 또 How long에 대한 답변도 나올 수 있다는 것을 기억하자.

유형 16

무늬만 선택의문문 유형

2~3개월에 한 번 출제되는 문제

Do you have to leave now or can you help me finish this report?

(A) Sure, I can give you a hand.
(B) I don't live here.
(C) So do I.

지금 가셔야 하나요, 아니면 이 보고서 끝내는 것을 도와주실 수 있나요?

(A) 물론, 도와드릴 수 있습니다.
(B) 전 여기 살지 않아요.
(C) 저도 그래요.

1 질문 유형 파악하기

질문이 Do you ~ leave ~ or ~ help me ~? 이렇게 들렸다면, 선택의문문의 형태를 띤 요청에 대한 답변을 찾는 문제 유형이다.

2 답변 유형 및 관련 표현 떠올리기

요청에 대한 답을 찾는 무늬만 선택의문문인 유형이므로 요청의 답변을 떠올려야 한다. Sure., Of course., No problem., Not a problem., OK., Definitely., Certainly., Absolutely. 등이 대표 답변이다. 또한 Yes/No 답변도 가능하다.

3 보기 듣고 소거법 적용하기

유형 파악 후 들렸던 단어를 다시 떠올려 본다.

(A) Sure는 요청 질문에 대한 대표 답변이다. 그리고 이어지는 보기 문장에 미끼 표현이 없으므로 정답이다.
(B) 질문의 leave를 활용한 유사 발음인 live 가 미끼로 등장한 오답 보기이다.
(C) So do I.는 평서문의 대표 답변이다. 반대로 질문을 연상하는 연습이 필요하다.

유형 KEY BOX

모양은 선택의문문이지만 요청의 답변을 찾는 무늬만 선택의문문 유형!

이 문제 유형은 난이도가 높지만 나오는 문제 내용이 항상 비슷하므로 문제를 기억해 두면 충분히 대비할 수 있다. 생김새는 분명 선택의문문인데 실제 내용은 요청인 경우가 많다. 따라서 요청 질문에 대한 답을 찾으면 된다. 항상 나오는 질문의 내용은 "바쁘세요, 아니면 저랑 무엇을 할래요?", "지금 가야 하나요, 아니면 저를 좀 도와줄 래요?" 등이다. 따라서 답변으로 요청 질문의 답을 찾는다. 또 실제로 선택의문문이 아니므로 Yes/No로 답변할 수 있다.

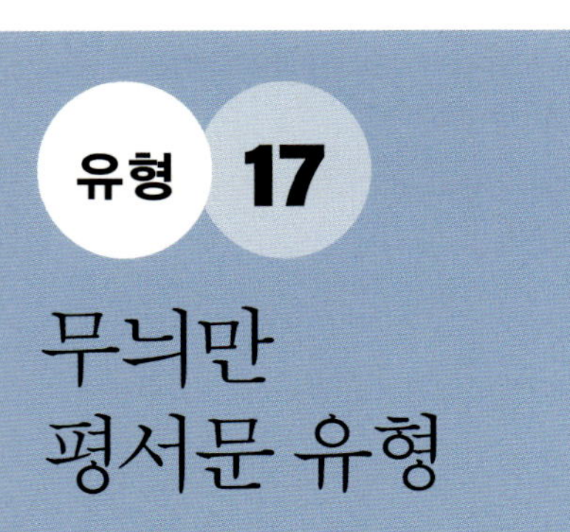

I can fix you something to drink while waiting.

(A) Thanks, I'd appreciate it.
(B) Yes, I can fix your laptop by Monday.
(C) We can set a date now.

기다리시는 동안 마실 것을 만들어 드릴 수 있습니다.

(A) 고맙습니다.
(B) 네, 제가 월요일까지 당신 노트북을 수리할 수 있어요.
(C) 우리가 지금 날짜를 잡을 수 있습니다.

1 질문 유형 파악하기

질문이 I can fix ~ drink ~. 이렇게 들렸다면, 질문의 유형은 평서문이다. 그러나 I can fix만 가지고도 고쳐줄 수 있다는 뜻으로 권유/제안을 나타내는 문제임을 알 수 있다.

2 답변 유형 및 관련 표현 떠올리기

권유/제안에 대한 답변을 떠올려야 한다.

3 보기 듣고 소거법 적용하기

유형 파악 후 들렸던 단어를 다시 떠올려본다.

(A) '고맙다'는 말은 권유/제안 질문에 대한 답변이므로 확실한 정답임을 알 수 있다.
(B) fix를 반복한 오답 보기이다. 질문의 fix는 뭔가 먹을 것 또는 마실 것을 '준비하다, 만들어 주다'의 의미이고, 보기의 fix는 '수리하다'의 뜻이다.
(C) 내용 파악이 필요하다. 오답 미끼는 존재하지 않는다. 그렇다면 정답 확률은 1/30이다.

(C)를 이해하지 못했다 해도 고민할 필요 없이 정답 표현이 등장한 (A)를 정답으로 고르면 된다.

모양은 평서문, 의도는 권유/제안인 무늬만 평서문 유형!

평서문이 어려운 이유 중의 하나는 생김새는 평서문인데 실제로 의도한 내용은 권유/제안/요청일 수 있기 때문이다. 예를 들어, I can help you carry the boxes.는 분명 평서문이지만 '박스 옮기는 것을 도와주겠다'는 권유/제안 문장이다. I'd like to make an appointment.도 역시 평서문이지만 의도는 예약을 해 달라는 요청이다. 듣기가 안 되는 사람 입장에서는 어려운 문제이지만 사실 출제되었던 문제의 내용이 거의 비슷하므로 문제 내용과 권유/제안/요청에 대한 답변을 외워 두면 어렵지 않게 답을 찾을 수 있다.

KEY EXPRESSION
필수 암기 빈출 표현

Who 질문의 답변에 자주 나오는 직업, 직책, 부서명 janitor 청소부, superintendent(= custodian) 관리인, treasurer 회계/재무 담당자, maintenance 관리실, Human Resources Department(= Personnel Department) 인사과

When 질문의 기본 답변 유형 in/by/until + 시간, before, after, when, as soon as, not, for another + 시간(= 시간 + from now/today).

Where 질문의 기본 답변 유형 (지명/지명 관련 전치사) in/at(정지의 장소), to(움직임의 장소), around, next to, in front of, across from 등

Which 질문의 기본 답변 유형 one, some, same, 선택의문문의 답변도 나옴

What 질문의 기본 답변 유형 단순 명사, 동명사구, about + 명사, for + 명사 형태

Why 질문의 기본 답변 유형 (쉽게 출제되는 경우의 답변) To + 동사원형, For + 명사, So ~ 형태
cf. Because로 시작하는 보기는 오답으로 나오는 경우가 많으므로 주의!

How 상태 질문의 기본 답변 유형 형용사 위주의 답변, It is well written., It was a great party.
How 방법 질문의 기본 답변 유형 교통 수단, 통신 수단, 지불 수단, 대중 매체, by + -ing 구조, with + 명사 구조
대중매체 관련 질문 How did you Know ~?, How did you learn ~?, How did you hear ~?
대중매체 관련 질문 newspaper, Internet 등의 대중매체 종류, S/O told me 구조

How much(돈, 양을 찾는 문제)의 기본 답변 유형 dollar, Euro, Canadian dollar와 같은 단위, free (of charge), complimentary 등

How many(숫자를 찾는 문제)의 기본 답변 유형: none, no one, all but one of them(하나 빼고 전부 다) 등

기간을 묻는 질문의 기본 답변 유형 기간(숫자), for + 기간, since + 시점, It takes ~, It lasts ~ 등이 정답으로 나온다.
분량을 묻는 질문의 답변 유형 20 pages long(20쪽 분량)의 문장 형태
cf. How long ~? 질문 외에 How many hours ~?도 의미상 기간을 묻는 질문이다.

선택의문문의 기본 답변 유형 질문에 나온 단어(선택 사항) 중 하나, Either, Neither, Let's, It depends, Both(단, both는 둘 다 동시에 선택할 수 없는 경우가 있으므로 주의)

Either의 대체 표현 I have no preference., I don't care., It doesn't make any difference to me!, Whichever ~, Whatever ~.

선택할 때 자주 쓰이는 수식어구 I'd rather ~, I wouldn't mind -ing, better, fine, prefer, OK, 비교급 문장 등

일반의문문/부가의문문 질문에 무조건 정답인 표현들 You're right., I believe/suppose/think/guess so., I don't think/believe so.

권유/제안/요청 관련 답변 유형(출제 빈도가 아주 높은 문제 유형)
– 긍정 답변
① 좋은 생각이에요. That's a good idea., That will be the best course of action., That sounds great. 등
② 기꺼이 하지요. I'd love to., I'm happy/pleased to., I'd be delighted to. 등
③ 고맙습니다. Thanks., I'd appreciate it. 등
④ 그럼요, 당연하지요. Sure., Of course., No problem., Not a problem., OK., Definitely., Certainly., Absolutely. 등
⑤ 곧 도와드릴게요. I'll be right with you., I'll be right there. 등
– 부정 답변
① 긍정 문장 + but ~ 구문 (Thanks, but은 무조건 권유/제안의 답변)
② I'm sorry, No thanks, I'm afraid 등

평서문 기본 답변 유형(동의하는 문장) So do I., Neither do I., Me, too., 반문 표현, That's a great news.(좋은 소식이군요), I'm sorry to hear that.(유감이군요), That's too bad.(유감이군요), Congratulations!(축하합니다) 등

Whose/Whom 질문의 답변 유형 Who 질문의 답변과 같은 답변, 소유대명사 답변, 소유격 + 명사 답변

How 질문의 답변 유형 뒤에 따라 나오는 형용사나 부사를 잘 듣고 그에 맞는 답을 찾아야만 한다.

How soon/early/late/fast 질문 유형(시간을 묻는 질문) How soon ~?, How early ~?, How late ~?, How fast ~?

시간을 묻는 질문의 답변 유형 When 질문의 답변 유형과 동일

실전 연습 문제
SET 1

실전 형식의 문제를 풀면서
실전 감각을 키워 보세요.

Listen to a question or statement and three responses and select the best response to the question or statement.

01. Mark your answer. (A) (B) (C) (D)

02. Mark your answer. (A) (B) (C) (D)

03. Mark your answer. (A) (B) (C) (D)

04. Mark your answer. (A) (B) (C) (D)

05. Mark your answer. (A) (B) (C) (D)

06. Mark your answer. (A) (B) (C) (D)

07. Mark your answer. (A) (B) (C) (D)

08. Mark your answer. (A) (B) (C) (D)

09. Mark your answer. (A) (B) (C) (D)

10. Mark your answer. (A) (B) (C) (D)

11. Mark your answer. (A) (B) (C) (D)

12. Mark your answer. (A) (B) (C) (D)

13. Mark your answer. (A) (B) (C) (D)

14. Mark your answer. (A) (B) (C) (D)

15. Mark your answer. (A) (B) (C) (D)

실전 형식의 문제를 풀면서
실전 감각을 키워 보세요.

Listen to a question or statement and three responses and select the best response to the question or statement.

01. Mark your answer. (A) (B) (C) (D)

02. Mark your answer. (A) (B) (C) (D)

03. Mark your answer. (A) (B) (C) (D)

04. Mark your answer. (A) (B) (C) (D)

05. Mark your answer. (A) (B) (C) (D)

06. Mark your answer. (A) (B) (C) (D)

07. Mark your answer. (A) (B) (C) (D)

08. Mark your answer. (A) (B) (C) (D)

09. Mark your answer. (A) (B) (C) (D)

10. Mark your answer. (A) (B) (C) (D)

11. Mark your answer. (A) (B) (C) (D)

12. Mark your answer. (A) (B) (C) (D)

13. Mark your answer. (A) (B) (C) (D)

14. Mark your answer. (A) (B) (C) (D)

15. Mark your answer. (A) (B) (C) (D)

실전 연습 문제
해설

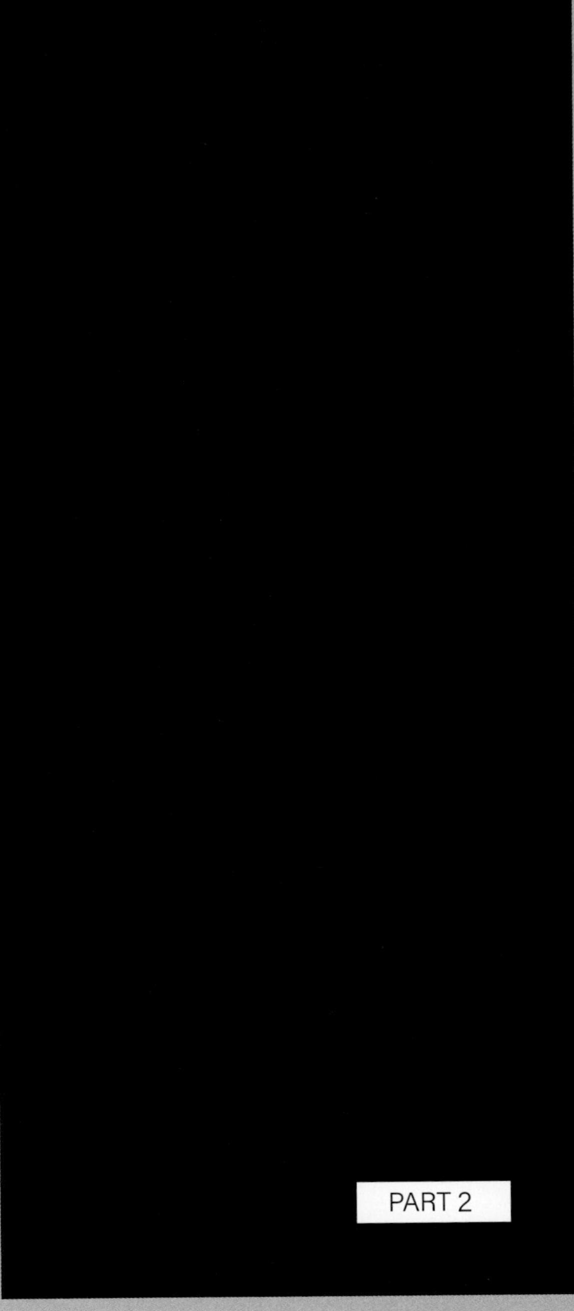

PART 2

1. How many researchers are joining the demonstration session?

(A) Yes, they enjoyed the session.
(B) I've been searching for you.
(C) Only a couple signed up.

몇 명의 연구원들이 시연회에 참석할까요?
(A) 네, 그들은 과정을 즐겼어요.
(B) 제가 당신을 찾고 있었어요.
(C) 몇 명 밖에 신청하지 않았어요.

표현 정리

demonstration 시연
session (특정 활동) 기간, 과정   **sign up** 등록하다

▶ 문제 해설

How many 의문문은 수를 묻는 질문으로 몇 명이 신청했다고 답한 (C)가 정답이다. (A) 질문 속 join과 유사 발음인 joy를 사용한 오답이다. 또한 의문사 질문에는 Yes/No로 대답할 수 없다. (B) 질문의 researcher의 유사 발음을 이용한 오답이다.

정답 (C)

2. How often are tours of the museum given?

(A) Twice per day, I believe.
(B) A tournament will be held in May.
(C) He will give us a tour of the facility.

얼마나 자주 박물관 견학이 제공되나요?
(A) 하루에 두 번이요.
(B) 토너먼트가 5월에 개최될 거예요.
(C) 그가 우리에게 시설물 견학을 시켜줄 거예요.

표현 정리

tournament 토너먼트   **facility** 시설

▶ 문제 해설

빈도나 횟수로 답해야 하는 How often 의문문에 하루에 두 번이라고 답한 (A)가 정답이다. (B) 질문 속 tour와 비슷한 tournament를 이용한 오답이다. (C) 질문 속 사람 이름이나 직책이 없으므로 인칭대명사 He가 나올 수 없다. 또한 tour를 반복 사용한 오답 함정이다.

정답 (A)

3. When should I turn in the budget report?

(A) Before the end of the fiscal year.
(B) You should report to the Security Department.
(C) He will return them by Monday.

언제 예산 보고서를 제출해야 하나요?
(A) 회계 연도가 끝나기 전까지요.
(B) 보안 부서에 보고해야 합니다.
(C) 그는 월요일에 그것들을 반환할 겁니다.

표현 정리

budget 예산   **fiscal year** 회계 연도

▶ 문제 해설

시점을 묻는 When 의문문에 회계 연도가 끝나기 전까지라고 답한 (A)가 정답이다. (B) 질문 속 budget report의 일부인 report를 동사로 사용한 오답이고, (C) 질문 속 사람 이름이나 직책이 없으므로 인칭대명사 He가 나올 수 없다. 또한 turn in의 유사 발음인 return을 활용한 오답이다.

정답 (A)

4. Could you e-mail me the specifications for the new product line today?

(A) You can mail it today.
(B) Do you think you can wait until tomorrow?
(C) I'll have to renew my subscription.

신제품 라인의 세부 사항들을 오늘 이메일로 보내줄 수 있나요?
(A) 오늘 우편으로 보내실 수 있어요.
(B) 내일까지 기다려 주실 수 있나요?
(C) 저는 정기 구독을 갱신해야 합니다.

specification 세부 사항　　**renew** 갱신하다
subscription 정기 구독

▶ **문제 해설**
Could you ~로 묻는 요청문에 기다려 달라고 답한 (B)가 정답이다. (A) 질문 속 e-mail을 변형한 mail을 이용한 오답이고, (C) 질문 속 new와 유사 발음인 renew를 이용한 오답이다.
정답 (B)

5. Do you know where the nearest bus stop is?
(A) Yes, it's right around the corner.
(B) At a reasonable price.
(C) It's for sale.

가장 가까운 버스 정류장이 어디 있는지 아세요?
(A) 네, 저기 모퉁이 돌아서요.
(B) 저렴한 가격에요.
(C) 그것은 판매용입니다.

reasonable 합당한, 이치에 맞는　　**for sale** 판매용

▶ **문제 해설**
간접의문문은 뒤에 나오는 의문사에 대한 답을 찾아야 한다. 버스 정류장의 위치를 말하는 (A)가 정답이다. 장소 답변으로는 지명 전치사가 많이 사용된다. (B)와 (C)는 동문서답이다.
정답 (A)

6. Would you like to renew your subscription for 50 dollars?
(A) I'd like to hear some good news.
(B) Yes, I would.
(C) I wouldn't describe it like that.

50달러에 정기 구독을 갱신하시겠습니까?
(A) 좋은 소식을 듣고 싶군요.
(B) 네, 그러죠.
(C) 그런 식으로 설명하지 않겠습니다.

describe 묘사하다, 설명하다　　**like that** 그런 식으로

▶ **문제 해설**
권유/제안/요청의 질문으로 긍정의 답변인 (B)가 정답이다. (A) renew와 news의 유사 발음을 이용한 오답이고, (C) subscribe(subscription의 동사형)와 describe의 유사 발음을 이용한 오답이다.
정답 (B)

7. I'm sorry, but the wine you asked for is currently out of stock.
(A) I'll have a glass of white wine, please.
(B) I can stack the boxes.
(C) Can you order it for me?

죄송하지만 요청하신 와인은 재고가 없군요.
(A) 백포도주 한 잔 주세요.
(B) 제가 박스들을 쌓을 수 있어요.
(C) 주문해 주실 수 있나요?

out of stock 재고가 없는　　**stack** 쌓다

▶ **문제 해설**
재고가 없다는 말에 주문을 요청하는 (C)가 정답이다. (A) wine과 white wine의 동일 단어 반복을 이용한 오답이고, (B) 질문 속 stock과 비슷한 stack이 동사로 쓰인 오답이다.
정답 (C)

8. Whose job is it to send the package?
(A) He finished packing.
(B) You have to present a permit.
(C) I could probably do it.

그 소포를 보내는 것은 누가 할 일인가요?
(A) 그는 짐 싸는 것을 마무리했어요.

(B) 당신은 허가증을 제시해야 합니다.
(C) 아마 제가 할 수 있을 것 같군요.

표현 정리

package 소포　　**packing** 짐 싸기
present 제시하다　　**permit** 허가증

▶ 문제 해설
누구의 일인지 묻는 문제로 Who 문제와 비슷하다. '내가 할 것이다. 내가 시간이 된다.' 등의 표현이 정답으로 출제되는데 본인이 할 수 있다고 답한 (C)가 정답이다. (A) package와 pack의 유사 발음을 이용한 오답이고, (B) send와 present의 유사 발음을 이용한 오답이다.
정답 (C)

9. When will the contract be signed?
(A) In two weeks.
(B) Mr. Cohen contacted her.
(C) At the mall.

언제 계약서에 서명이 될까요?
(A) 2주 후에요.
(B) Mr. Cohen이 그녀에게 연락했어요.
(C) 쇼핑몰에서요.

표현 정리

contract 계약(서)　　**sign** 서명하다
contact 연락하다

▶ 문제 해설
시점을 묻는 질문에 2주 후라고 답한 (A)가 정답이다. (B) contract와 contact의 유사 발음을 이용한 오답이다. (C) 장소로 답하므로 Where 의문문에 적절한 답변이다.
정답 (A)

10. How many bags would you like to check, ma'am?
(A) I'd like to check out a book.
(B) I'll write a check.
(C) Actually, I don't have any.

가방을 몇 개 부치실 겁니까?
(A) 책을 한 권 대출하려 합니다.
(B) 수표를 사용하겠습니다.
(C) 사실 하나도 없어요.

표현 정리

check out 대출하다　　**check** 수표

▶ 문제 해설
숫자로 답해야 하는 How many 질문에 하나도 없다고 답한 (C)가 정답이다. (A)와 (B)는 질문 속 check를 check out과 a check로 변형한 오답이다.
정답 (C)

11. Have you decided which monitor to buy?
(A) Yes, this one looks good.
(B) Yes, he did.
(C) It was upside down.

어느 모니터를 구입할지 결정했나요?
(A) 네, 이것이 좋네요.
(B) 네, 그가 했어요.
(C) 그것이 거꾸로였어요.

표현 정리

upside down 거꾸로

▶ 문제 해설
결정했는지를 묻는 질문에 (A) Yes로 대답하고 오답 함정이 없으므로 정답이다. (B) 질문 속 사람 이름이나 직책이 없으므로 인칭대명사 he가 나올 수 없고, (C) 동문서답이다. 보기를 듣고 이해하기 어렵다면 문장 속 어휘와 비슷한 발음이나 형태의 단어를 소거하면서 듣는다.
정답 (A)

12. We're going to order something to eat, aren't we?
(A) We're having a pizza delivered.
(B) You should put them in the right order.
(C) Lunch was excellent. Thanks.

우리가 먹을 것을 주문할 거지요, 그렇죠?
(A) 피자를 배달시킬 거예요.
(B) 올바른 순서로 정리하세요.
(C) 점심이 아주 맛있었어요. 고맙습니다.

표현 정리

have S/T p.p. ～을 ～시키다
in the right order 올바른 순서로

▶ **문제 해설**
먹을 것을 주문할지를 묻는 질문에 피자를 시킬 거라는
(A)가 정답이다. (B) '순서'라는 의미로 order를 이용한
오답이고, (C) How 의문문에 적절한 답변이다.
정답 (A)

13. Hasn't Ms. Kim returned from her vacation yet?
(A) It's not his turn.
(B) She'll return them soon.
(C) I think she already has.

Ms. Kim이 아직 휴가에서 돌아오지 않았나요?
(A) 그의 순서가 아니에요.
(B) 그녀는 곧 그것들을 반환할 거예요.
(C) 이미 돌아온 것 같은데요.

표현 정리

return 돌아오다   **turn** 순서

▶ **문제 해설**
그녀가 휴가에서 돌아오지 않았냐는 질문에 돌아온 것
같다고 답한 (C)가 정답이다. (A) 질문에 he는 등장하
지 않으므로 his는 오답이고, (B) 질문 속 return(돌아
오다 – 자동사)이 보기에서는 return(반환하다 – 타동
사)으로 사용된 오답이다.
정답 (C)

14. What is this soup made of?
(A) No, it's not.
(B) Green chili and some beans.
(C) It's made in the USA.

이 수프는 무엇으로 만들어졌나요?
(A) 아니에요.
(B) 고추랑 콩 약간이요.
(C) 미국산입니다.

표현 정리

be made of ～(재료로) 만들어지다
be made in ～산이다

▶ **문제 해설**
수프의 재료를 말한 (B)가 정답이다. (A) 의문사 질문에
No로 답변할 수 없어 오답이고, (C) 질문 속 made of
를 made in으로 변형한 오답이다.
정답 (B)

15. Will you ask Josh to help finish the budget report?
(A) I have to report to the CEO.
(B) We should cut down on the budget.
(C) Yes, I'm planning to.

Josh에게 예산 보고서 마무리하는 것을 도와달라고 할
거예요?
(A) 저는 CEO에게 보고해야 해요.
(B) 저희는 예산을 축소해야 합니다.
(C) 네, 그럴 계획이에요.

표현 정리

budget report 예산 보고서
cut down on ～을 줄이다, 축소하다

▶ **문제 해설**
도움을 요청할 것인지를 묻는 질문에 긍정으로 답한 (C)
가 정답이다. 질문 속 복합명사인 budget report를 나
누어 사용한 (A)와 (B)는 오답이다.
정답 (C)

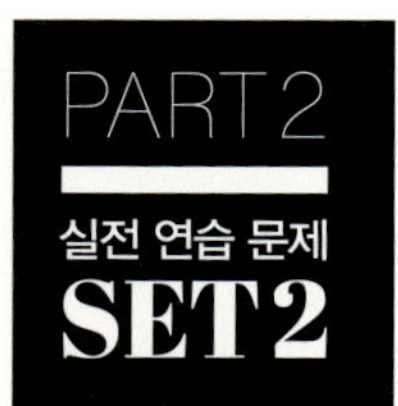

1. My research materials can be delivered to Seoul, right?

(A) Yes, he is a researcher.
(B) She'll arrive soon.
(C) Yes, we can arrange that.

제 연구 자료들을 서울로 배송할 수 있을까요?
(A) 네, 그는 연구원이에요.
(B) 그녀가 곧 도착할 거예요.
(C) 네, 그렇게 해드릴 수 있어요.

표현 정리

material 자료　**researcher** 연구원
arrange 처리하다, 마련하다

▶ 문제 해설

배송이 가능한지를 묻는 질문에 긍정으로 답한 (C)가
정답이다. (A) 질문 속 research를 researcher로 변
형한 오답이고, (B) 질문에 She가 등장하지 않으므로
She로 답변할 수 없다.
정답 (C)

2. We are offering new members a 50% discount on this specific model.

(A) When does the promotion expire?
(B) I think he is a newcomer.
(C) We have hired more accountants.

이 특별 모델에 대해서 신규 회원에게 50% 할인을 제공
합니다.
(A) 언제 홍보 행사가 끝나나요?
(B) 그는 신참인 것 같아요.
(C) 우리는 더 많은 회계사를 고용했습니다.

표현 정리

discount 할인　**promotion** 할인 행사, 판촉 활동
expire 만료되다　**newcomer** 신참

accountant 회계사

▶ 문제 해설

할인을 제공한다는 말에 그런 홍보 행사가 언제까지인지
를 물어보는 (A)가 정답이다. (B) 질문에 사람 이름이나
직책이 없으므로 he로 답할 수 없으므로 오답이고, (C)
질문 속 discount를 변형한 accountant를 사용한 오
답이다.
정답 (A)

3. Where should I initial?

(A) No, put your full name.
(B) Not for another week.
(C) Right next to each clause.

어디에 머릿글자로 서명하지요?
(A) 아니요, 이름을 전부 쓰세요.
(B) 일주일 후에요.
(C) 각 조항 옆에요.

표현 정리

initial 머릿글자로 서명하다　**clause** 조항

▶ 문제 해설

어디에 서명하는지 묻는 질문에 각 조항 옆이라고 답한
(C)가 정답이다. (A) Where 의문에 No로 대답할 수
없고, (B) 시점을 묻는 When에 적절한 대답이다.
정답 (C)

4. Look at you! That's a brand-new suit.

(A) I just bought it today for my job interview.
(B) I haven't heard the news yet.
(C) No, thanks. It doesn't suit me.

이야! 그거 새 양복이군요.
(A) 면접 때문에 오늘 구입했어요.
(B) 아직 그 소식을 못 들었어요.
(C) 됐어요, 나한테 어울리지 않아요.

표현 정리

brand-new 신제품의　**suit** 양복, 어울리다

▶ 문제 해설

새 양복에 대한 칭찬에 왜 구입했는지를 말하는 (A)가
정답이다. (B) new와 news의 유사 발음을 이용한 오
답이고, (C) 질문 속 suit(명사)를 suit(동사)로 사용한

오답이다.
정답 (A)

5. Why don't we stay a bit longer here in New Orleans until the festival ends?

(A) It was about 20 pages long.
(B) No, he can't.
(C) Sure, that's not a problem.

축제가 끝날 때까지 뉴올리언즈에 좀 더 오래 머무는 건 어때요?
(A) 20페이지 정도였어요.
(B) 아뇨, 그는 안 돼요.
(C) 그래요. 그렇게 하지요.

표현 정리
a bit longer 좀 더 오래

▶ 문제 해설
좀 더 머물자는 제안에 긍정으로 답한 (C)가 정답이다. (A) long이 기간이 아닌 분량의 의미로 사용된 오답이다. (B) 문제 속 사람 이름이나 직책이 없으므로 he로 답할 수 없다.
정답 (C)

6. Do you think we should contact Jill today or just wait until tomorrow?

(A) I'll have the contract ready by tomorrow.
(B) Let's call the waiter now.
(C) Whichever is convenient for you.

Jill에게 오늘 연락해야 할 것 같아요, 아니면 내일까지 기다릴까요?
(A) 계약서를 내일까지 준비할게요.
(B) 지금 웨이터를 부르지요.
(C) 아무거나 당신에게 편리한 대로 하세요.

표현 정리
contact 연락하다   **contract** 계약(서)
convenient 편리한

▶ 문제 해설
둘 중 하나를 골라야 하는 선택의문문에 편할 때 하라고 답한 (C)가 정답이다. (A) contact와 contract의 유

사 발음을 사용한 오답이고, (B) 질문 속 wait를 변형한 waiter를 사용한 오답이다.
정답 (C)

7. I thought Joshua used to work for one of the top five accounting firms?

(A) I haven't finished counting them yet.
(B) Yes, but he got a new job.
(C) The forms aren't used anymore.

예전에 Joshua가 5대 회계 법인에 근무했던 것 같은데요?
(A) 아직 그것들을 세어 보는 것 안 끝났어요.
(B) 네, 그런데 그는 새로운 직업을 구했어요.
(C) 그 서식은 더 이상 사용되지 않습니다.

표현 정리
top five 상위 5위 안에 드는
accounting firms 회계 법인   **count** 총 수를 세다

▶ 문제 해설
근무했는지를 묻는 질문에 긍정으로 답한 (B)가 정답이다. (A) 질문 속 accounting을 변형한 counting을 사용한 오답이고, (C) firm의 유사 단어인 form을 사용한 오답이다.
정답 (B)

8. It's going to be nice and sunny today, isn't it?

(A) I'm going shopping later today.
(B) He is very nice.
(C) Yes, but it'll get chilly tonight.

오늘 날씨가 아주 화창할 것 같지요?
(A) 있다가 저는 쇼핑 갈 거예요.
(B) 그는 참 괜찮아요.
(C) 네, 그런데 밤엔 추워질 거예요.

표현 정리
go shopping 쇼핑하러 가다   **get chilly** 추워지다

▶ 문제 해설
오늘 날씨에 대해 묻는 질문에 오늘 밤 날씨를 말하는 (C)가 정답이다. (A) 질문 속 be going to의 일부분인

going을 사용한 오답이고, (B) 질문에 사람 이름이나 직책에 대한 언급이 없는데 He로 답변하여 오답이다.
정답 (C)

9. If you have any questions, please do not hesitate to contact me.

(A) Sure. We should sign a contract.
(B) No, I don't have his contact number.
(C) Thanks. I really appreciate it.

질문이 있으시면 주저하지 마시고 연락 주세요.
(A) 좋아요. 저희가 계약서에 서명해야죠.
(B) 아니요, 저는 그의 연락처가 없어요.
(C) 고마워요. 감사드려요.

표현 정리

hesitate 주저하다
sign a contract 계약서에 서명하다
appreciate 감사하다

▶ 문제 해설
언제든지 연락하라는 말에 감사 인사를 하는 (C)가 정답이다. '고맙다'는 의미의 표현들은 권유/제안에 적절한 답변이다. (A)Sure는 맞는 답변이지만 이어지는 말이 질문과 상관없는 내용이다. (B)질문 속 사람에 대한 언급이 없으므로 his가 사용될 수 없다.
정답 (C)

10. I thought you left for Japan last week.

(A) Should I just leave them with you?
(B) I live in a pet-friendly apartment.
(C) My plans were canceled.

당신이 이미 지난주에 일본으로 떠난 줄 알았는데요.
(A) 당신에게 그것들을 두고 가야 돼요?
(B) 저는 애완동물을 키울 수 있는 아파트에 살아요.
(C) 제 계획이 취소됐어요.

표현 정리

pet-friendly 애완동물을 허용하는

▶ 문제 해설
이미 떠난 줄 알았다는 말에 계획이 취소되었다고 말하

는 (C)가 정답이다. (C)는 거의 100% 답으로 출제되는 cancel이 등장했다. (A)와 (B)는 질문 속 left를 변형한 leave와 live를 사용한 오답이다.
정답 (C)

11. Do we have enough money left for the upcoming project?

(A) Yes, about 27,000 Canadian dollars.
(B) One projector, please.
(C) Right. You should come with us.

곧 있을 프로젝트에 쓸 충분한 예산이 남았나요?
(A) 네, 27,000 캐나다 달러요.
(B) 프로젝터 하나요.
(C) 맞아요. 당신은 저희와 함께 가야 해요.

표현 정리

leave 남기다   **upcoming** 다가오는

▶ 문제 해설
예산이 남았는지를 묻는 질문에 남은 예산을 말한 (A)가 정답이다. (B) project와 projector의 유사 발음을 사용한 오답이고, (C) upcoming과 come의 유사 발음을 사용한 오답이다.
정답 (A)

12. Didn't you say that Mr. Baek will retire soon?

(A) I'm sick and tired of you.
(B) Yes, his last day will be next Friday.
(C) Who's going to change the tires?

Mr. Baek이 곧 은퇴한다고 하지 않았나요?
(A) 난 당신이 지긋지긋해요.
(B) 네, 그의 마지막 날이 다음 주 금요일입니다.
(C) 누가 그의 타이어를 교체할 건가요?

표현 정리

retire 은퇴하다
be sick and tired of ~에 진절머리가 나다

▶ 문제 해설
은퇴하는지를 묻는 질문에 긍정으로 답한 (B)가 정답이다. (A) retire와 tired의 유사 발음을 사용한 오답이고,

(C) retire 와 tire의 유사 발음을 사용한 오답이다.
정답 (B)

13. Why didn't Rebecca pick up the phone all morning?

(A) Okay, I'll pick you up on the way.
(B) She had an appointment with a client.
(C) She was so picky.

왜 Rebecca가 아침 내내 전화를 받지 않았나요?
(A) 좋아요, 제가 당신을 가는 길에 픽업할게요.
(B) 그녀는 고객과 약속이 있었어요.
(C) 그녀는 참 까다로웠어요.

표현 정리

pick up the phone 전화를 받다
pick up ～을 태우다
have an appointment 약속이 있다
picky 까다로운

▶ **문제 해설**
전화를 받지 않은 이유를 묻는 질문에 약속이 있었다고
답한 (B)가 정답이다. (A)와 (C)는 질문 속 pick up을
활용하여 만든 오답이다.
정답 (B)

14. There is a security guard on duty 24 hours a day.

(A) No, you should report to the security desk.
(B) That's not ours.
(C) Does everyone have to sign in?

24시간 근무하는 보안 요원이 있습니다.
(A) 아니요, 당신은 보안 데스크에 보고하셔야 합니다.
(B) 그것은 우리 것이 아니에요.
(C) 모든 사람들이 들어갈 때 서명을 해야 하나요?

표현 정리

security guard 경비   **sign in** 서명하다

▶ **문제 해설**
보안 요원이 근무할 것이라는 내용의 평서문에 모두가
서명이 필요한지를 묻는 (C)가 정답이다. (A) 질문 속
security guard를 변형한 security desk를 사용한 오

답이다. (B) 질문 속 hours의 유사 발음 어휘인 ours를
사용한 오답이다.
정답 (C)

15. Didn't Mr. Wagner file the tax return this year?

(A) The taxis will get here soon.
(B) I'll return it as soon as I'm done with it.
(C) I'll ask him later.

Mr. Wagner가 올해 세금 신고를 안 했나요?
(A) 택시들이 곧 도착할 거예요.
(B) 다 끝내자마자 반환할게요.
(C) 그에게 나중에 물어볼게요.

표현 정리

file 제기하다, 제출하다   **tax return** 소득 신고

▶ **문제 해설**
세금 신고를 안 했는지 묻는 질문에 나중에 물어본다고
답한 (C)가 정답이다. '알아보다, 확인해 보다' 의미의
표현은 100% 정답으로 출제된다. (A) 질문 속 tax를
변형한 taxi를 사용한 오답이고, (B) tax return의 일부
분인 return을 동사로 사용한 오답이다.
정답 (C)

PART 3

PART 3 핵심 전략
질문 유형별 정답 힌트 & 정답 찾기

토익 신 유형에서는 3자 대화, 대화의 turn(반복 횟수)이 많아진 문제, 제시된 구어체 표현의 의도를 묻는 Implication(글의 의도/맥락) 문제와 Graphic 문제 유형이 추가되었다. 이런 문제 유형 때문에 기존 토익 시험의 Part 3에서 등장하던 대화의 turn이 3~4회인 문제들처럼 정확히 정답의 위치를 예상하는 것이 어려워졌다. 따라서 답을 이끄는 표현들을 정확히 암기하고 캐치하는 것이 더욱 중요해졌으며 단순히 소리로만 답을 찾던 요령보다 대화의 내용을 이해하는 능력이 조금 더 요구된다. 신 토익에서 Part 3 부분은 다양하게 변형된 문제 유형이 등장할 수 있다. 특히 다양한 turn의 대화와 Implication 또는 Graphic 문제, 그리고 Implication 문제에서 제시되는 구어체 표현은 짧은 어구뿐만 아니라 긴 문장도 등장할 수 있다는 것을 기억해야 한다.

질문 유형별 정답 찾기 Know-how를 이야기하기 전에 몇 가지 기본 규칙을 먼저 기억하자.

1. 3개의 질문 중 첫 번째 질문은 거의 대화의 초반부 지문 속에 정답이 등장한다.

2. 3개의 질문 중 두 번째 질문은 정답의 위치를 대화의 내용으로 파악해야 한다.

3. 3개의 질문 중 세 번째 질문은 거의 대화의 후반부 지문 속에 정답이 등장한다.

4. 대화 흐름의 기본은 초반부에 사건이 언급되고 후반부로 가면서 해결책이 제시된다. 과거에서 미래로 흘러가는 흐름이다.

5. 정답의 위치를 짐작할 수 없을 경우는 언제나 반전 표현, 제안/요청 표현, 의도/미래 행동 표현, 키워드 등을 활용한다. 정답의 위치를 알 수 없을 때 이 표현들이 등장하면서 답을 제시해 주는 경우가 대부분이므로 이 표현들을 듣는 연습을 해야 한다.

정답 5형제

1 반전 표현 But ~, I'm sorry ~, Actually ~, So ~, I'm afraid ~, Unfortunately ~, However ~, Also ~ 등

2 요청 표현 명령문(Please + 동사원형), Could you ~?, Can you ~?, I want you to ~, I need you to ~ 등

3 제안 표현 You/We should ~, You/We could ~, You/We can ~, You'd better ~, Let ~, Do you mind ~?, Would you like me to ~?, Do you want me to ~?, How about ~?, Why don't you ~? 등이 등장한다.

그 외의 제안 표현 요청/제안의 답을 이끄는 동사도 기억하자!
ask, suggest, recommend, invite, advise, request, require

4 의도 표현 I'd like to ~, I want to ~, I need to ~가 가장 많이 사용되며 미래 행동 표현인 I'll ~, I'm going to ~, I must/should/have to ~도 의도 문제에 답으로 등장한다.

5 미래 행동 표현 I'll ~, I'm going to ~, I must/should/have to ~, I'd like to ~, I want to ~, I need to ~ 등이 등장한다. 또 의도 표현들도 미래 행동 문제에 답으로 등장한다.

키워드

질문 속의 명사 키워드를 동사보다 더 주목해야 한다. 시간 관련 명사, 숫자, 고유 명사, 최상급 표현들은 항상 우선 순위의 키워드로 사용된다. 또한 질문에 나온 전치사 about 뒤의 명사도 좋은 키워드로 활용된다. 고유명사 키워드는 처음 등장한 후 그 다음엔 다양한 대명사로 변화된다는 것도 기억하자.

추가: 위의 5가지 표현들과 더불어 항상 대화에 전반적으로 등장하는 문두 시점 또는 기간 표현, 문두 부사(구), If 조건절 문장 또는 also 등은 중요한 포인트이므로 놓치지 말자.

PREVIEW
한눈에 보는 문제 유형 & 표현 정리

SECTION 1 유형 01-07 ▶ 토익 구 유형

대화의 Turn(반복 횟수)이 3회~4회짜리 대화 유형

유형 01

1. Where does the woman most likely work?

(A) At a theater

(B) At a magazine company

(C) At a newspaper

(D) At a promotion company

유형 02

2. What does the man need?

(A) A business card

(B) A new lawyer

(C) A printer

(D) A day off

유형 03

3. What problem does the man mention?

(A) He missed a flight.

(B) He is late for a dental appointment.

(C) He has to return to work.

(D) His coworker is late.

유형 04

4. What does the woman ask the man to do?

(A) Replace the old computer with new one.

(B) Ask the technician to repair the computer
    system quickly.

(C) Ask the personnel manager for a pay raise.

(D) Place an online order.

유형 05

5. What does the woman say she will do?

(A) Work overtime
(B) Book a venue
(C) Arrange the company party
(D) Help the man finish his reports

유형 06

6. What will the woman probably do next?

(A) Start cooking
(B) Contact a hotel
(C) Request an estimate
(D) Send an updated menu

유형 07

7. What does the man agree to do?

(A) Provide identification
(B) Visit a clinic on time
(C) Postpone an appointment
(D) Bring his insurance card

유형 08

8. Why does the woman talk to the man?

(A) To ask about a specific time
(B) To remind him of a meeting
(C) To give an opinion
(D) To schedule a conference

9. What does the woman say is important?

(A) That a meeting is held
(B) That accommodations are booked
(C) That employees travel together
(D) That lunch is included

10. What does the man agree to do?

(A) Order lunch for the office
(B) Book a conference room
(C) Send out a memo to the staff
(D) Arrange some transportation

유형 09

11. Why does the man postpone the meeting?

(A) Some employees can't attend.
(B) A presentation isn't ready.
(C) Travel arrangements have not been made.
(D) Some materials have not been delivered.

12. What does the woman offer to do?

(A) Order lunch for the attendees
(B) Call the supervisor
(C) Write up a report
(D) Notify the department head

13. Why does the woman say "If it's alright with you?"

(A) She would like the man to make a call.
(B) She is asking the man a question.
(C) She wants some time to consider a proposal.
(D) She wants to know how the man is feeling.

유형 10

14. What are the speakers mainly discussing?

(A) A plan to build a shopping mall
(B) A proposal to cut salaries
(C) The closure of a company
(D) The relocation of a firm

15. Why does the woman say, "Rumor has it that the local council is furious"?

(A) She discussed the topic earlier.
(B) She feels that the information might be true.
(C) She read an article in a newspaper.
(D) She feels extremely disappointed.

16. What is expected to happen on Monday?

(A) A construction project will start.
(B) A site will be inspected.
(C) A property will be sold.
(D) A meeting will be held.

Poster Size(cm)	Printing Cost(Per Item)
27 x 42	$4.50
40 x 50	$7.00
45 x 60	$8.95
55 x 70	$11.95

17. What are the speakers mainly discussing?

(A) A sports event

(B) A concert

(C) A play

(D) A street parade

18. Why is the woman concerned?

(A) Some poster designs are disappointing.

(B) An event venue is unavailable.

(C) Tickets have been selling poorly.

(D) An advertising budget is limited.

19. Look at the graphic. What size of posters will the man most likely have printed?

(A) 27 x 42

(B) 40 x 50

(C) 45 x 60

(D) 55 x 70

유형 01

대화 장소나 등장인물의 직업 찾기 문제

대화의 장소나 등장인물의 직업을 묻는 문제는 대화의 첫 번째 문장에서 답을 찾아라! 각 지문당 3개씩 나오는 문제 중에서, 대화 장소나 직업 찾기 문제는 대부분 첫 번째 문제로 등장한다.

주의사항 대화 속에 등장하는 사람이 아닌 제3자의 직업을 묻는다면 그 이름이 등장하는 문장 속에 답이 등장한다.

유형 02

의도 찾기 문제

의도를 찾는 문제는 초반부 문제로 각 지문당 3개씩 나오는 문제 중에서, 주로 첫 번째 문제에 많이 등장한다.

답변 형태 I'd like to ~, I want to ~, I need to ~, I'll ~, I'm going to ~, I must/should/have to ~ 등

질문 형태 What is the man doing?, What is the man trying?, What does the man want?, What does the man need?, Where is the man going?, Where is the man planning to go? 등

유형 03

주제 및 문제점 찾기 문제

주제와 문제점은 대부분 대화 첫 번째 문장에서 답을 찾아라!

주제를 찾는 문제 약 80% 이상 첫 번째 문장 속에 답이 나온다. 첫 번째 문장이 전화를 받는 상황이라면 간혹 두 번째 문장에 답이 나오는 경우도 있다.

문제점을 찾는 문제 약 70% 이상 첫 번째 문장 속에 답이 나온다. 두 번째 문장 속에 답이 나올 때는 보통 반전 표현 But ~, I'm sorry ~, Actually ~, So ~, I'm afraid ~, Unfortunately ~, However ~ 등이 답을 유도한다.

유형 04

Ask/Suggest/Offer 문제

언제나 대화 속에서 요청/제안 표현을 찾아라!

요청 표현 명령문, Could you ~?, Can you ~?, I want you to ~, I need you to ~ 등

제안 표현 You/We should ~, You/We could ~, You/We can ~, You'd better ~, Let ~, Would you like me to ~?, Do you want me to ~?, How about ~?, Why don't you ~? 등

요청/제안의 답을 주로 이끄는 동사 ask, suggest, recommend, invite, advise, request, require 등

주의사항 Ask/Suggest/Offer 문제들은 초반부, 후반부 신경 쓰지 말고 답을 이끄는 정답 단서 문장을 찾아야 한다.

유형 05

미래 행동을 묻는 문제

미래 행동을 묻는 문제는 전형적인 세 번째 문제로 대화 후반부에 답이 나온다.

질문 형태 What will the man do next?, When will the man leave for the airport?, How will they finish the project on time? 등

답변 형태 I'll ~, I'm going to ~, I must/should/have to ~, I'd like to ~, I want to ~, I need to ~

주의사항 미래 행동을 묻는 문제는 후반부에 답이 등장하는데, 간혹 정답 문장만 들었을 때 정보가 부족한 경우가 있다. 이런 문제에 대처하기 위해 반드시 바로 앞 사람의 대화부터 답을 찾을 준비를 해야 하며, 이때 역시 요청/제안 문장을 들어야 한다.

유형 06

Probably/Likely 문제

세 번째 미래 행동 문제 속에 Probably/Likely가 등장한다면 무조건 대화의 마지막 문장에서 답을 찾아라! 유형 05의 변형으로, 요청/제안 문장이나 미래 행동 문장이 답을 이끈다.

질문 형태 What will the man probably do next?, What will the man most likely do next? 등

답변 형태 요청/제안 또는 미래 행동

요청 표현 명령문(Please + 동사원형), Could you ~?, Can you ~?, I want you to ~, I need you to ~ 등

제안 표현 You/We should ~, You/We could ~, You/We can ~, You'd better ~, Let ~, Would you like me to ~?, Do you want me to ~?, How about ~?, Why don't you ~? 등이 등장한다.

미래 행동 I'll ~, I'm going to ~, I must/should/have to ~, I'd like to ~, I want to ~, I need to ~ 등

유형 07

해결책 및 동의 문제

대화 속에서 요청/제안/반전 표현을 노려라!

해결책과 동의 문제는 대체로 대화의 중·후반부에 요청/제안/반전 표현으로 답이 제시되고 바로 이어지는 문장에서 동의하는 구조이다.

문제 형태 What does the man agree to do?, How will they solve the problem? 등

답변 형태 요청/제안/반전 표현

반전 표현 But ~, I'm sorry ~, Actually ~, So ~, I'm afraid ~, Unfortunately ~, However ~ 등

요청 표현 명령문(Please + 동사원형), Could you ~?, Can you ~?, I want you to ~, I need you to ~ 등

제안 표현 You/We should ~, You/We could ~, You/We can ~, You'd better ~, Let ~, Would you like me to ~?, Do you want me to ~?, How about ~?, Why don't you ~? 등

▶

예상치 못한 자리에 답이 나오는 예외 문제 대처

답의 위치를 예상하기 힘들지만 답을 이끄는 표현이 등장한다.

미래 행동 표현(I'll ~, I'm going to ~, I must/should/have to ~, I'd like to ~, I want to ~, I need to ~), 반전 표현 등이 답을 이끌어 준다.

유형 08

대화의 Turn이 많아지는 대화 문제

지금까지 연습했던 대화의 Turn이 3회~4회인 대화와 큰 차이는 없다. 답의 범위를 조금 넓게 봐야 한다는 것과 정답을 이끄는 중요 표현들을 좀 더 적극 활용해야 한다는 것이 포인트이다. 새로 추가된 신 유형 문제들은 직접 문제를 풀어 보면서 풀이 방식에 적응해 보자.

주의사항 정답을 이끄는 표현들과 문두의 시점 표현, 기간 표현, 키워드 등은 정답을 찾는 데 대단히 유용하므로 정확히 암기해서 듣는 연습이 필요하다.

유형 09

대화의 Turn이 같거나 많아지고 구어체 표현이 포함된 Implication(글의 의도/맥락) 문제

지금까지 연습했던 대화의 Turn이 3회~4회짜리인 대화와 큰 차이는 없다. 답의 범위를 조금 넓게 봐야 한다는 것과 정답을 이끄는 중요 표현들을 좀 더 적극 활용해야 한다는 것이 포인트이다. 구어체 표현의 의미를 묻는 Implication 문제의 경우 ETS 의도대로 대화의 흐름을 파악해야 한다. 특히 바로 앞뒤 문장의 흐름이 중요하다. 따라서 그만큼 더 어려워졌다고 볼 수 있다. Implication 문제 유형을 포함한 새로 추가된 신 유형 문제들은 직접 문제를 풀어 보면서 풀이 방식에 적응해 보자.

유형 10

대화의 Turn이 많아지고 등장인물이 세 명인 3자 대화 문제

지금까지 연습했던 대화의 Turn이 3회~4회짜리인 대화와 큰 차이는 없다. 가장 큰 차이라면 화자의 변화가 많아 좀 더 집중력이 필요하고 답의 범위를 조금 더 넓게 봐야 한다는 것이다. 또한 정답을 이끄는 중요 표현들을 좀 더 적극 활용해야 한다는 것이 포인트이다. 3자 대화는 구어체 표현이 등장하지 않는 문제와 등장하는 문제가 둘 다 나온다. 직접 문제를 풀어 보면서 풀이 방식에 적응해 보자.

주의사항 항상 정답을 이끄는 표현, 문두의 시점 표현이나 기간 표현, 키워드를 정확히 암기해서 듣는 연습이 필요하다. 3자 대화는 좀 더 집중력이 필요하다는 것과 답의 범위가 좀 더 넓다는 것을 기억하자.

유형 11

대화의 Turn이 기존과 같거나 약간 길어지고 Graphic이 포함된 대화 문제

Graphic 문제는 각종 도표나 서식 등의 간접 정보에 유의해 정답을 찾는다. 예를 들어, 도표에 제품명, 가격과 개수가 주어지고 보기에 제품명을 찾는 문제가 나온다면 대화 속에 직접적으로 제품명이 제시되지 않고 가격이나 개수 등의 간접적인 정보가 제공된다. 역시 반전 표현이나 정답을 이끄는 중요 표현들이 포함되는 경우가 대부분이다. 직접 문제를 풀어 보면서 적응해 보자.

주의사항 Graphic 문제의 경우 가장 중요한 것은 문제를 미리 읽고 무엇을 들어야 할지, 어떤 정보를 들어야 할지 예측하는 것이다. 항상 정답을 이끄는 표현들과 문두의 시점 표현이나 기간 표현, 또는 키워드를 정확히 암기해서 듣는 연습이 필요하다. 정답은 항상 간접 정보로 제시된다는 것도 꼭 기억하자.

SECTION 1

유형 **01-07**

대화의 Turn (반복 횟수)이 3회~4회짜리 대화 유형

▶ 토익 구 유형

유형 01

대화 장소 및 등장인물의 직업 찾기 문제

대화의 Turn(반복 횟수)이 3회~4회짜리 대화 유형

대화의 **장소**나 등장인물의 **직업**을 묻는 문제는 대화의 **첫 번째 문장**에서 답을 찾아라.

각 지문당 3개씩 나오는 문제 중에서, 대화 장소나 직업 찾기 문제는 3문제 중 첫 번째 문제에 거의 등장한다. 보통 대화의 전반에 걸쳐 여러 번의 힌트가 등장하지만 첫 번째 문장에 등장하는 힌트를 듣고 답을 찾아야만 다음 두 문제에 대한 답을 수월하게 찾을 수 있다. 만약 대화의 첫 번째 문장에서 답을 찾지 못했거나 힌트가 등장하지 않았다면, 일단 다음 두 문제의 답을 찾는 데 먼저 집중해야 한다. 다음 두 문제에 대한 답을 찾는 과정에 등장하는 힌트들을 듣고 자연스럽게 답을 찾을 수 있게 된다.

주의사항 만약 질문에 사람 이름이 등장하고 그 사람의 직업이 무엇인지 묻는다면 대화의 첫 번째 문장에 답이 있겠지만, 만약 대화 속에 등장하는 사람이 아닌 제3자라면 그 이름은 고유명사 키워드로 쓰인다. 이럴 때는 이름이 등장하는 문장 속에 답이 등장한다.

문제 확인

질문에서 힌트를 찾아라!

41. Where does the woman most likely work?

(A) At a theater
(B) At a magazine company
(C) At a newspaper
(D) At a promotion company

여자는 어디에서 근무할 것 같은가?

(A) 극장 (B) 잡지사 (C) 신문사 (D) 홍보 회사

장소 및 직업을 묻는 문제이다. **장소 및 직업을 묻는 문제는 주로 3문제 중 첫 번째 문제로 등장하며 대화의 첫 번째 문장에서 답을 찾아야만 한다.** 첫 번째 문장에서 답을 찾지 못하면 나머지 두 문제를 먼저 풀고 나중에 다시 답을 생각해 봐야 한다. 대화가 시작되면 무조건 문제의 보기를 보고 있어야 한다.

W: Even though [41] our company did all the promoting for this theater production and I worked very hard on it, this is the first time I've actually come to see the play.

M: Yeah, me, too. I read in some online reviews that the lead actors in the play are outstanding. That's why I thought we should bring our new clients here first before we discuss their upcoming project.

W: Good idea! So they can enjoy the performance and also get to see a lot of our promotional work inside the venue. It might inspire them to choose us to promote their own theater production.

W: [41] 비록 **저희 회사가 이 연극 제작을 위한 모든 홍보를 했고,** 저도 아주 열심히 노력했지만, 제가 실제로 연극을 보러 온 것은 이번이 처음입니다.

M: 네, 저도 그래요. 저는 이 연극의 주연급 배우들이 훌륭하다는 온라인 논평들을 읽었습니다. 그래서 새 고객들의 향후 프로젝트에 대해 논의하기 전에 그분들을 이곳으로 먼저 모셔야겠다고 생각했습니다.

W: 좋은 생각이에요! 그러면 그들이 공연을 즐길 수 있고, 또 극장 내부에 있는 우리의 많은 홍보물들을 접할 수 있겠네요. 그러면 그들이 연극 작품을 홍보하는 데 우리를 선택하도록 자극을 줄지 모릅니다.

표현 정리

even though 비록 ～이지만
actually 실제로
review 비평, 평론
lead actor 주연배우
outstanding 뛰어난, 훌륭한
discuss 논의하다, 토론하다
upcoming 다가오는, 곧 있을
performance 공연, 연주
venue 개최 장소, (일하는) 장소
inspire 고무하다, 고취하다

문제 해설

대화의 첫 번째 문장에서 our company did all the promoting for this theater production이라는 힌트 문장이 등장한다. 보기를 보고 있었다면 근무하는 회사가 홍보 회사임을 알 수 있다. 만약 힌트를 놓쳤다면 42번, 43번 문제의 답을 찾는 데 집중한다. 정답은 (D)

TIP
장소와 직업 문제의 답을 좀 더 쉽고 확실하게 찾기 위해서는 평상시 대화 스크립트를 공부하면서 장소 및 직업 관련 단어들을 꼼꼼히 파악해 두어야 한다.

의도 찾기 문제

의도를 찾는 문제는 초반부 문제로 주로 **첫 번째 문제**에 많이 등장한다.

`의도 찾기 문제에 대한 답의 형태` I'd like to ~, I want to ~, I need to ~가 가장 많이 사용되며 I'll ~, I'm going to ~, I must/should/have to ~도 등장한다.

`의도 찾기 질문` What is the man doing?, What is the man trying?, What does the man want?, What does the man need?, Where is the man going?, Where is the man planning to go? 등이 등장한다.

`주의사항` 의도를 찾는 문제가 3문제 중 두 번째 문제로 등장하더라도 대화의 초반부나 후반부에 답이 있다. 3문제 중 두 번째 문제는 질문의 내용에 따라 답의 위치를 예상해야 하므로 질문의 내용을 먼저 파악한다. What is the man doing?은 의도를 묻는 문제이고 의도를 묻는 문제는 대화 초반부에 답이 등장하는 유형이므로 여전히 대화 초반부에 답이 있다.

대화의 Turn(반복 횟수)이 3회~4회짜리 대화 유형

문제 확인

질문에서 힌트를 찾아라!

42. What does the man need ?

(A) A business card
(B) A new lawyer
(C) A printer
(D) A day off

남자가 필요로 하는 것은 무엇인가?

(A) 명함 (B) 새 변호사 (C) 프린터 (D) 휴가

What ~ the man need?
남자가 필요로 하는 것, 즉 의도 관련 문제이다. 대화 초반부에 특히 집중!

남자가 필요로 하는 것을 묻는 문제로 대화 초반부나 후반부 중 한 곳에 답이 있다. 가운데 문제인 42번은 항상 질문의 내용을 듣고 글의 흐름을 파악해서 답을 찾아야 한다. 현재 무엇을 원하는지, 무엇을 하고자 하는지를 묻는 의도 관련 문제는 대화의 초반부에 답이 등장한다. 따라서 대화 초반부 남자의 말에 답이 있다는 것을 예측하고 의도를 나타내는 표현 I'd like to ~, I want to ~, I need to ~, I'll ~, I'm going to ~, I must/should/have to ~가 나오면 잘 캐치해야 한다.

W: Good afternoon. How may I assist you today?

M: Hi. [42] I'd like to have some business cards printed for my real estate agency. I saw the cards you printed for the law firm nearby and was very impressed. How much do you charge for your services?

W: Well, I need a few details. I need you to tell me what you'd like printed on each card and how many cards you require in total. Then, I can give you an accurate price estimate. Unfortunately, due to our busy schedule, I won't be able to print them for you right away. I can get them to you in two weeks though.

M: No problem. That sounds fine. I'll get back to you with those details tomorrow. Thanks.

W: 안녕하세요. 오늘은 어떻게 도와드릴까요?

M: 안녕하세요. [42] 제 부동산 중개소에서 쓸 명함을 인쇄하고 싶은데요. 당신이 인근 법무법인을 위해 인쇄한 명함이 인상 깊었거든요. 명함 제작에 얼마나 드나요?

W: 글쎄요, 몇 가지 세부 사항이 필요합니다. 각 카드에 인쇄될 내용이 무엇이며, 전부 얼마나 필요하신지 말씀해 주세요. 그러면 정확한 비용 견적서를 드릴 수 있습니다. 유감스럽게도, 일정이 빠듯해서 지금 당장은 인쇄해 드릴 수가 없습니다. 그렇지만 2주 후에는 명함을 드릴 수 있습니다.

M: 괜찮아요. 좋습니다. 내일 세부 사항들을 가지고 다시 오겠습니다. 감사합니다.

 **표현 정리**

assist 돕다, 원조하다
business card 업무용 명함
real estate agency 부동산 중개소
law firm 법무법인
impress (깊은) 인상을 주다, 감동시키다
charge 청구하다, 과하다
details 세부 사항
require 필요로 하다
accurate 정확한
price estimate 비용 견적
unfortunately 유감스럽게도
due to ~때문에

 **문제 해설**

남자의 첫 번째 대사 I'd like to have some business cards printed for my real estate agency.에서 I'd like to가 답을 유도하고 있다. 보기를 미리 보면서 답을 체크할 준비를 하고 있어야 한다. 보기만 잘 봐도 답을 쉽게 찾을 수 있다. 정답은 (A)

주제 및 문제점 찾기 문제

주제와 문제점은 대부분 대화 첫 번째 문장에서 답을 찾아라!

주제를 찾는 문제 약 80% 이상 첫 번째 문장 속에 답이 나온다. 첫 번째 문장이 전화를 받는 상황이라면 간혹 두 번째 문장에 답이 나오는 경우도 있다.

문제점을 찾는 문제 약 70% 이상 첫 번째 문장 속에 답이 나온다. 간혹 두 번째 문장 속에 답이 나올 때는 보통 반전 표현 But ∼, I'm sorry ∼, Actually ∼, So ∼, I'm afraid ∼, Unfortunately ∼, However ∼ 등이 답을 유도한다.

대화의 Turn(반복 횟수)이 3회∼4회짜리 대화 유형

문제 확인

질문에서 힌트를 찾아라!

41. What problem does the man mention?

(A) He missed a flight.
(B) He is late for a dental appointment.
(C) He has to return to work.
(D) His coworker is late.

What problem ∼? 문제점을 묻는 문제이다. 남자의 대화 첫 문장에 특히 집중!

남자가 언급한 문제점은 무엇인가?

(A) 그는 비행기를 놓쳤다.
(B) 치과 예약에 늦었다.
(C) 직장으로 돌아가야 한다.
(D) 그의 직장 동료가 늦었다.

문제점을 묻는 문제 유형으로 거의 대화의 첫 번째 문장에 답이 나온다. 간혹 두 번째 문장에 답이 나올 경우는 반전 표현 But ∼, I'm sorry ∼, Actually ∼, So ∼, I'm afraid ∼, Unfortunately ∼, However ∼ 등을 잘 들어야 한다. Part 3에서 가장 중요한 것은 대화를 듣기 전에 문제 3개를 꼭 먼저 읽고 답의 위치와 답의 형태를 예상하고 미리 준비해야 한다는 것이다.

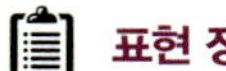

M: Hi, Sally! It's Peter. I'm in the conference room and am ready for my meeting with Mary, [41]**but she isn't here.** And she isn't answering her cell phone. Did she mention anything about arriving late?

W: Mary thought the meeting was at 2 p.m.. She must still be at the dentist.

M: When is she expected back? If she doesn't return soon, I might have to reschedule the meeting.

W: Hold on! Mary just got back. I'll let her know that you are waiting for her. She'll be there as soon as possible.

M: 안녕하세요, Sally! Peter예요. 저는 회의실에 있는데 Mary와 회의할 준비가 되었어요. 그런데 [41]**그녀가 이곳에 없군요.** 그리고 휴대전화도 받지 않네요. **그녀가 늦게 도착한다고 말했나요?**

W: Mary는 회의가 오후 2시에 있는 걸로 알고 있던데요. 아직 치과에 있을 거예요.

M: 언제 돌아올까요? 그녀가 곧 돌아오지 않으면, 회의 일정을 다시 잡아야 할 것 같네요.

W: 잠시만요! Mary가 막 도착했어요. 당신이 기다리고 있다고 말해 줄게요. 그녀는 가능한 한 빨리 그곳에 도착할 거예요.

 **표현 정리**

answer (전화를) 받다, 응답하다
cell phone 휴대전화
mention 간단히 말하다, 언급하다
late 늦게
dentist 치과의사, 치과(진료소)
expect 기대하다, 예상하다
return 돌아오다
reschedule 다시 세우다, 일정을 변경하다
get back 돌아오다
as soon as possible 가급적 빨리

문제 해설

대화의 첫 번째 문장을 들으면서 문제의 보기를 주시해야 한다. but she isn't here. ~ Did she mention anything about arriving late?에서 Mary와 회의를 해야 하는데 Mary가 늦었다는 것을 알 수 있으므로 정답은 (D)이다. 정답 문장을 이해하지 못했더라도 보기에서 눈을 떼지 말아야 한다. 정답을 유도하는 문장에 쓰인 단어가 반복 사용된 보기가 정답인 경우가 많기 때문이다. 따라서 문장을 이해하지 못해 답을 찍는 경우에 대비해 정답 단서가 나오는 위치의 문장을 들을 때 해당 문제의 보기에서 눈을 떼면 안 된다.

Ask/Suggest/ Offer 문제

언제나 대화 속에서 **요청/제안 표현**을 찾아라!

이 세 가지 유형은 3개의 다른 질문이지만 실제 내용이 서로 비슷하므로 같은 유형으로 분류한다.

요청 표현 명령문(Please + 동사원형), Could you ~?, Can you ~?, I want you to ~, I need you to ~ 등

제안 표현 You/We should ~, You/We could ~, You/We can ~, You'd better ~, Let ~, Would you like me to ~?, Do you want me to ~?, How about ~?, Why don't you ~? 등이 등장한다.

추가 요청/제안의 답을 주로 이끄는 동사를 기억하자. ex) ask, suggest, recommend, invite, advise, request, require

주의사항 Ask/Suggest/Offer 문제들은 초반부, 후반부 신경 쓰지 말고 답을 이끄는 힌트가 되는 문장을 찾아야 한다.

대화의 Turn(반복 횟수)이 3회~4회짜리 대화 유형

문제 확인

질문에서 힌트를 찾아라!

43. What does the woman ask the man to do?

(A) Replace the old computer with new one
(B) Ask the technician to repair the computer system quickly
(C) Ask the personnel manager for a pay raise
(D) Place an online order

What ~ ask ~ to do? 요청(Ask) 문제이다. 여자의 요청 내용에 주목!

여자가 남자에게 요청한 것은 무엇인가?

(A) 구형 컴퓨터를 신형으로 교체한다.
(B) 기술자에게 컴퓨터 시스템을 빨리 수리하도록 요청한다.
(C) 인사과 부장에게 급여 인상을 요청한다.
(D) 온라인 주문을 한다.

세 번째 문제로 Ask 문제가 등장했다. 세 번째 문제는 답이 대화 후반부에 나온다. 여자가 요청한 것이 무엇인가를 물었으니 여자의 답변에 답이 있다. 따라서 **대화 후반부 여자의 말에서 요청/제안 관련 답변을 찾는다.**

W: Phil, did the monthly pay slips get sent out yet? Last month's were late, so I want to be sure our employees receive them on time this month.

M: I'm sorry, but there'll be a small delay due to the computer system crashing last night. The computer technician will repair the system today, so the pay slips should be ready to go out by tomorrow.

W: That's later than I expected. [43]**You'd better** tell the computer technician to rush the repairs. Then, we may still be able to send out the pay slips today.

W: Phil, 급여 명세서를 보내셨나요? 지난달에는 명세서가 늦게 나와서 이번 달에는 우리 직원들이 제때에 받았으면 해요.

M: 죄송하지만 어젯밤 컴퓨터 시스템 오류 때문에 약간 지체될 겁니다. 컴퓨터 기술자가 오늘 시스템을 수리할 테니 급여 명세서는 내일까지 발송 준비가 끝날 겁니다.

W: 제가 예상했던 것보다는 늦네요. [43]**컴퓨터 기술자에게 수리를 서둘러 달라고 말하는 편이 좋겠어요.** 그러면 오늘 급여 명세서를 보낼 수 있을지 모르잖아요.

 **표현 정리**

pay slip 급여 명세서
employee 직원
due to ～ 때문에
crashing (기계 따위의) 고장, 파손
repair 수리하다, 수리
later than ～ 보다 늦은
rush 서두르다

 **문제 해설**

남자의 첫 번째 대사가 끝날 때쯤 43번 문제의 보기에 시선을 고정하고 답을 찾을 준비를 한다. 예상한 요청/제안 표현에 주목한다. 간혹 답을 이끄는 표현이 나오지 않을 경우도 있지만 여전히 답은 여자의 두 번째 대사에 등장하므로 보기만 잘 보면 답을 찾을 수 있다. 정답을 이끄는 문장이 나오면 답을 찾기가 더 수월하다. You'd better tell the computer technician to rush the repairs.에서 답을 이끄는 표현 중 하나인 you'd better가 등장했다. 정답은 (B)

TIP
Ask/Suggest/Offer 문제 유형은 평상시 스크립트를 공부할 때 다양한 답을 이끄는 문장들을 익숙하게 암기해 두자.

유형 05

미래 행동을 묻는 문제

대화의 Turn(반복 횟수)이 3회~4회짜리 대화 유형

미래 행동을 묻는 문제는 전형적인 **세 번째 문제**로 **대화 후반부**에 답이 있다.

질문 형태 What will the man do next?, When will the man leave for the airport?, How will they finish the project on time?과 같이 미래 행동을 묻는다.

답변 형태 I'll ~, I'm going to ~, I must/should/have to ~, I'd like to ~, I want to ~, I need to ~

주의사항 미래 행동을 묻는 문제는 후반부에 답이 등장하는데, 간혹 정답 문장만 들었을 때 정보가 부족한 경우가 있다. 예를 들어, 3문제 중 세 번째 문제로 What will the man do next?라고 묻는다면 남자의 두 번째 대사에 답이 나와야 한다. 하지만 남자의 두 번째 대사에 I'll do it!(그 럴게)라고 답변이 나올 경우 무엇을 하겠다는 것인지 알 수 없다. 이런 경우는 바로 앞 사람의 말에 요청/제안 문장이 나온다. 예를 들어, 여자가 먼저 You should send us a fax on Monday.라고 요청/제안을 하고, 남자가 I'll do it! 이렇게 말하고 끝난다는 것! 미래 행동을 묻는 문제는 간혹 나오는 이런 문제에 대처하기 위해 반드시 바로 앞 사람의 대사에서부터 답을 찾을 준비를 해야 하며, 이때 역시 요청/제안 문장을 들어야 한다.

문제 확인

질문에서 힌트를 찾아라!

43. What does the woman say she will do?

(A) Work overtime
(B) Book a venue
(C) Arrange the company party
(D) Help the man finish his reports

What ~ she will do?
여자의 미래 행동 답변에 주목!

여자는 무엇을 할 것이라고 말하나?

(A) 초과근무를 한다.
(B) 개최지를 예약한다.
(C) 회사 파티를 준비한다.
(D) 남자가 보고서 작성 끝내는 것을 도와준다.

전형적인 세 번째 문제인 미래 행동을 묻는 문제이다. 여자가 답변할 것이므로 대화 후반부 여자의 말에 답이 등장할 것이다. 미래 행동에 대한 답변이 정답으로 나올 것임을 예상하고 듣는다.

답변 형태: I'll ~, I'm going to ~, I must/should/have to ~, I'd like to ~, I want to ~, I need to ~ 등

W: Are you going to the firm's Christmas party on Wednesday? It sounds like it will be very fun.

M: I hope I can make it, but I have so many reports to finish this week. I have several tasks to finish by Thursday and some by Friday, too. I might have to work all day Wednesday.

W: Well, most of my work will be due on Tuesday, and I'm nearly done already. [43]I could give you a hand with some of your reports if you'd like.

M: You'd really do that? Thanks! Maybe I'll make it to the party after all.

W: 수요일에 있을 회사 크리스마스 파티에 가실 거예요? 매우 재미있을 것 같던데요.

M: 저도 갈 수 있으면 좋겠지만, 이번 주에 끝내야 할 보고서들이 너무 많아서요. 목요일까지 마쳐야 할 작업이 몇 개 있고, 금요일까지 마쳐야 할 것도 몇 개 있어요. 아마 수요일에는 온 종일 일해야만 할 것 같아요.

W: 제가 할 일은 대부분 화요일이 마감이거든요. 이미 거의 마쳤고요. [43]원한다면 보고서 몇 개를 제가 도와드릴 수 있어요.

M: 정말 그렇게 해주시겠어요? 고마워요! 아마 결국에는 파티에 갈 수 있겠는걸요.

 표현 정리

make it (장소에) 이르다, 해내다
due (언제) ~하기로 되어 있는
give a hand 돕다
after all 결국, 마침내

 문제 해설

기본 규칙에서 언급했듯이 요청/제안/반전 표현은 대단히 중요하며 답변에 정답의 단서가 제시된다. 이 문제의 경우 미래 행동이지만 미래 행동에 대한 직접적인 답변 대신 I could give you a hand with some of your reports if you'd like. 라고 답해 제안 표현인 I could가 답을 이끌어 준다. 여자의 두 번째 대사가 나올 때 보기에 집중하고 답을 찾는다. 미래 행동 답변은 아니지만 I could를 듣자마자 정답 문장임을 알아야 한다. 정답은 (D)

3

Probably/ Likely 문제

미래 행동 문제에 Probably/Likely가 등장하면 무조건 **대화 마지막 문장**에 답이 있다.

유형 05의 변형이다. 요청/제안 문장이나 미래 행동 문장이 답을 이끈다.

질문 형태 What will the man probably do next? What will the man most likely do next? 등

답변 형태 요청/제안 또는 미래 행동

요청 표현 명령문(Please＋동사원형), Could you ∼?, Can you ∼?, I want you to ∼, I need you to ∼ 등

제안 표현 You/We should ∼, You/We could ∼, You/We can ∼, You'd better ∼, Let ∼, Would you like me to ∼?, Do you want me to ∼?, How about ∼?, Why don't you ∼? 등이 등장한다.

미래 행동 I'll ∼, I'm going to ∼, I must/should/ have to ∼, I'd like to ∼, I want to ∼, I need to ∼ 등

주의사항 이 유형의 문제는 대화의 세 번째 대사부터 답을 찾을 준비를 하되 요청/제안 또는 미래 행동의 답을 찾으면 된다.

대화의 Turn(반복 횟수)이 3회∼4회짜리 대화 유형

문제 확인

질문에서 힌트를 찾아라!

43. What will the woman probably do next?

(A) Start cooking
(B) Contact a hotel
(C) Request an estimate
(D) Send an updated menu

> What will ∼ probably do next? 여자의 미래 행동 표현에 집중!

여자는 다음에 무엇을 할 것인가?

(A) 요리를 시작한다.
(B) 호텔에 연락한다.
(C) 견적을 요청한다.
(D) 최신 메뉴를 보낸다.

세 번째 문제이고, 질문에 Probably/Likely가 등장했으므로 마지막 문장에서 답을 찾는다. 대화의 세 번째 대사부터 집중하며 요청/제안/미래 행동 답변을 기다리자.

M: Sarah, the manager at the Tricolor Corporation is calling. He wants to check that the lunch order for the company's Christmas party at the Harriot Hotel is correct.

W: Well, the company ordered roast turkey, smoked salmon, roast ham, vegetables, chicken Caesar salad, and a selection of cakes and ice cream.

M: That's great. He would also like to add vegetable curry to the order for the company's vegetarian employees.

W: No problem. [43]Well, I'll add that to the menu and send an updated copy to him. I'll do that right now.

M: Sarah, Tricolor 사의 부장님 전화입니다. Harriot 호텔에서 있을 회사 크리스마스 파티 오찬 주문이 잘 되었는지 확인하고 싶어 합니다.

W: 글쎄요, 회사에서 구운 칠면조와 훈제 연어, 구운 햄과 채소, 치킨 시저 샐러드, 그리고 케이크와 아이스크림을 주문했어요.

M: 훌륭합니다. 부장님이 그 회사의 채식주의자인 직원들을 위해 채소 카레를 추가하고 싶어 합니다.

W: 문제없어요. [43]메뉴에 그것을 더해서 업데이트된 사본을 그분께 보낼게요. 지금 바로 하겠습니다.

 표현 정리

order 주문
correct 정확한, 올바른
roast 구운
turkey 칠면조
smoked 훈제한
salmon 연어
vegetable 채소
vegetarian 채식주의자

 문제 해설

역시 대화의 마지막 문장 Well, I'll add that to the menu and send an updated copy to him. I'll do that right now.에서 요청/제안/미래 행동의 표현 중 하나인 I'll ~이 답을 이끌어 준다. 정답은 (D)

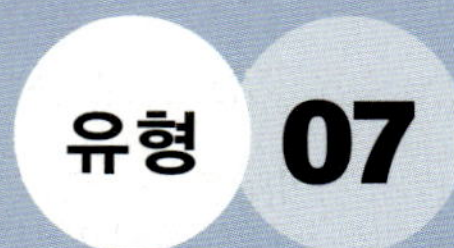

해결책 및 동의 문제

대화 속에서 **요청/제안/반전** 표현을 노려라!

해결책과 동의 문제는 대체로 대화의 중·후반부에 요청/제안/반전 표현으로 답이 제시되고 바로 이어지는 문장에서 동의하는 구조이다.

문제 형태 What does the man agree to do?, How will they solve the problem? 등

답변 형태 요청/제안/반전 표현

반전 표현 But ~, I'm sorry ~, Actually ~, So ~, I'm afraid ~, Unfortunately ~, However ~ 등

요청 표현 명령문(Please＋동사원형), Could you ~?, Can you ~?, I want you to ~, I need you to ~ 등

제안 표현 You/We should ~, You/We could ~, You/We can ~, You'd better ~, Let ~, Would you like me to ~?, Do you want me to ~?, How about ~?, Why don't you ~? 등이 등장한다.

주의사항 보통 대화의 세 번째 대사에 요청/제안/반전 표현으로 답이 제시되고 네 번째 대사에서 그 의견에 동의하는 구조가 일반적이지만, 간혹 네 번째 대사에서 동의를 하지 않는 경우도 있다. 이 경우 네 번째 대사에서 다시 한번 요청/제안/반전 표현이 나오면서 답을 제시한다.

문제 확인

질문에서 힌트를 찾아라!

43. What does the man agree to do ?

(A) Provide identification
(B) Visit a clinic on time
(C) Postpone an appointment
(D) Bring his insurance card

What ~ the man agree to do? 남자가 동의하는 것? 요청/제안/반전 표현에 주목!

남자는 무엇을 하기로 동의하는가?

(A) 신분증을 제시한다.
(B) 정시에 진료소에 방문한다.
(C) 약속을 연기한다.
(D) 보험증을 가져간다.

동의 문제이다. 대화의 세 번째(여자의 두 번째) 대사에 요청/제안/반전 표현으로 정답이 나올 거라는 것을 예상하고 있어야 한다. 정답을 이끄는 요청/제안/반전 표현들에 익숙해져야 한다.

W: Hello. This is Mandy from the Wellspring Health Clinic. I'm calling you back because we had a cancellation today, and I know that you really want an appointment.

M: Thanks. You're very kind. I'd like to see a doctor as soon as possible because I fell down some stairs, so my leg is in a lot of pain.

W: Well, I'm happy to tell you that we can fit you in today at 3 o'clock. I'd be happy to make an appointment for you right now, ⁴³**but** will you be able to make it here on time? I realize that it's already 2 o'clock. **Can you** make it?

M: ⁴³Sure, no problem. My friend is here, and he will drive me over right now. Thanks again.

W: 안녕하세요, 저는 웰스프링 건강 클리닉의 Mandy입니다. 오늘 취소 건이 있었는데요, 고객님께서 예약을 꼭 원하셨던 것을 알고 전화 드렸습니다.

M: 감사합니다. 무척 친절하시군요. 가능한 한 빨리 진찰을 받고 싶었어요. 제가 계단에서 넘어졌는데, 다리의 통증이 심해서요.

W: 오늘 오후 3시에 진료 받을 수 있게 해드릴 수 있겠어요. 지금 예약을 해드려 좋긴 한데요, ⁴³제시간에 병원에 도착하실 수 있으시겠어요? 벌써 두 시네요. 오실 수 있으신가요?

M: ⁴³물론이죠, 괜찮습니다. 여기 제 친구가 있는데 걔가 저를 지금 태워다 줄 거예요. 다시 한 번 감사합니다.

 표현 정리

cancellation 취소
appointment 약속, 예약
fall down 넘어지다, 굴러 떨어지다
pain 고통, 통증
make it 시간(약속)을 맞추다
on time 제시간에

 문제 해설

대화의 세 번째 대사 but will you be able to make it here on time? I realize that it's already 2 o'clock. Can you make it?에 반전 표현 But과 요청 표현 Can you ~?에 의해 답이 제시되었다. 그리고 네 번째 대사에서 동의하고 대화가 마무리된다. 정답은 (B)

예상치 못한 자리에 답이 나오는 예외 문제 대처

예외 문제의 경우라도 답을 이끄는 표현이 등장한다.

답의 위치가 간혹 공식에 맞지 않게 뒤죽박죽 나오는 경우가 있다. 예를 들어, 3개 문제 중 세 번째 문제의 답이 대화 후반부가 아닌 초반부에 등장하는 경우이다. 세 번째 문제 질문으로 What will the man present at the meeting?이 나온다면 남자의 대화 후반부에 I'll ~.의 형태로 답이 나올 거라 예상할 수 있는데, 대화 초반부 남자의 말에 답이 나오는 경우이다.

이런 경우는 대부분 대화의 Turn이 3회짜리일 때가 많다. 대화의 흐름이 여자1-남자1-여자2 이렇게 3회짜리 대화라면 후반부 남자의 말 즉, 남자2가 존재하지 않으므로 남자의 첫 번째 대사에 나올 수밖에 없는데, 이런 경우가 예외 문제이다. 예외 문제가 자주 등장하지는 않는다. 비록 답의 위치가 엉뚱한 남자1에 나오지만 여전히 답을 이끄는 표현이 등장한다. 미래 행동 표현(I'll ~, I'm going to ~, I must/should/have to ~, I'd like to ~, I want to ~, I need to ~), 반전 표현 등이 답을 이끌어 준다. 답이라는 힌트를 분명히 제시해 주기 때문에 조금만 주의를 기울이면 충분히 맞힐 수 있는 문제이다.

SECTION 2

유형 **08-11**

대화의 Turn이 많은 대화, Implication, 3자 대화,
Graphic이 포함된 문제 유형

▶ 토익 신 유형

유형 08

대화의 Turn이 많아지는 대화 문제

지금까지 연습했던 대화의 Turn이 3회~4회인 대화와 큰 차이는 없다. 답의 범위를 조금 넓게 봐야 한다는 것과 정답을 이끄는 중요 표현들을 좀 더 적극 활용해야 한다는 것이 포인트이다. 새로 추가된 신 유형 문제들은 직접 풀어 보면서 풀이 방식에 적응해 보자.

주의사항

정답을 이끄는 표현들과 문두의 시점 표현, 기간 표현, 키워드 등은 정답 찾기에 유용하므로 정확히 암기해서 듣는 연습이 필요하다.

문제 확인 1

38. Why does the woman talk to the man?

(A) To ask about a specific time
(B) To remind him of a meeting
(C) To give an opinion
(D) To schedule a conference

39. What does the woman say is important?

(A) That a meeting is held
(B) That accommodations are booked
(C) That employees travel together
(D) That lunch is included

40. What does the man agree to do?

(A) Order lunch for the office
(B) Book a conference room
(C) Send out a memo to the staff
(D) Arrange some transportation

---

38. Why does the woman talk to the man?

첫 번째 문제이므로 답이 도입부에 등장할 것이다. 질문의 대상이 여자이므로 대화 도입부 여자의 말에 집중한다. 그리고 내용으로 봐도 전화 목적, 방문 목적과 같은 문제는 당사자의 첫 번째 대사에 답이 나오는 경우가 대부분이다.

---

39. What does the woman say is important?

두 번째 문제이므로 대화 중반부 여자의 말에 집중하자. 세부 정보를 찾는 문제는 주로 반전 표현이나 키워드가 등장한다. 반전 표현으로 But ~, I'm sorry ~, Actually ~, So ~, I'm afraid ~, Unfortunately ~, However ~ 등이 있다. 키워드는 대화에 나온 단어가 질문에 반복 사용된다. 질문에 나온 important가 키워드가 될 것이다.

---

40. What does the man agree to do?

남자가 동의하는 것이 무엇인지 묻는 문제이다. 후반부 남자의 말에서 답을 찾아야 한다. 동의 문제는 언제나 바로 앞의 상대방 대화에 나오는 요청/제안 문장을 들어야 한다. 즉, 후반부 여자의 말에서 요청/제안 문장이 들리면 그것이 답이다. 다음 남자의 말에서 남자가 여자의 요청/제안에 동의하고 끝나는 형태의 대화가 된다.

Questions 38 through 40 refer to the following conversation

W: Gus, you're just the person I was looking for. **³⁸Could you** tell me exactly when the annual sales conference begins on Thursday?

M: Absolutely. We are all supposed to meet at the conference hall to register at 10 a.m. The opening speeches will be given shortly after 11.

W: Great, thanks. **³⁹**I believe it's **important** that everyone from our department goes there together this year. That will give some of the new employees an opportunity to get to know each other.

M: Good idea. I know some employees were already talking about carpooling together. Maybe we should try to organize transportation for everyone?

W: Absolutely. **⁴⁰Would you mind** calling the bus company to arrange transportation for everyone? I'll tell everyone to arrive here at 9 a.m., and then we can all leave together.

M: Yes, for sure. I'll make the call when I get back to my office.

38번에서 40번은 다음 대화를 참조 하시오.

W: Gus, 당신을 찾고 있었어요. ³⁸연례 영업 회의가 정확히 목요일 언제 시작하 는지 말해 줄 수 있나요?

M: 물론이죠. 우리 모두 등록을 하기 위 해 오전 10시에 회의장에서 만나기로 했 어요. 개회 연설이 바로 11시 후에 시작할 거예요.

W: 좋아요, 고마워요. ³⁹올해는 우리 부 서 모든 직원들이 다 함께 참석하는 것이 중요하다고 생각해요. 신입사원들이 서로 잘 알 수 있게 되는 기회가 될 거예요.

M: 좋은 생각이군요. 제가 알기로는 일부 직원들이 이미 같이 차를 타고 가자고 이 야기하고 있더군요. 모든 직원들을 위해 교통편을 마련해 줘야 할까요?

W: 그래야죠! ⁴⁰버스 회사에 전화해서 모 든 직원들을 위한 교통편을 마련해 주시 겠어요? 모두에게 여기에 오전 9시까지 오라고 할게요. 다 같이 출발할 수 있도 록요.

M: 알겠습니다. 사무실에 돌아가서 전화 를 하겠습니다.

 **표현 정리**

register 등록하다　**opening speech** 개회 연설　**shortly** 곧, 얼마 안 있어　**opportunity** 기회
get to know each other 서로 친해지다, 알게 되다　**carpool** 카풀, 승용차 함께 타기

38. 문제를 읽고 분석했다면 이제는 지문을 들으면서 답을 캐치해야 한다. 대화 도입부에 답이 나온다는 것을 알고 있으니 여자의 첫 번째 대사를 들으며 보기에 집중하자. 여자의 첫 대사 Could you tell me exactly when the annual sales conference begins on Thursday?에서 정답이 정확히 등장한다. 여자는 지금 남자에게 시간을 묻고 있다. 또 하나의 힌트는 '정답을 이끄는 표현'은 언제나 중요하다는 것! 말했듯이 정답 문장이 대표적인 요청의 답을 이끄는 Could you ~?로 등장했다는 것 역시 중요한 포인트이다. 따라서 정답은 (A)

여자가 왜 남자에게 말을 하는가?

(A) 특정 시간을 묻기 위해서
(B) 그에게 미팅을 상기시키기 위해서
(C) 의견을 주기 위해서
(D) 컨퍼런스 일정을 잡기 위해서

39. 대화 중반부 여자의 말에서 반전 표현이나 키워드 important를 캐치하자! I believe it's important that everyone from our department goes there together this year.에서 모든 직원들이 함께 가는 것이 중요하다고 강조하고 있다. 정답은 (C)

여자가 중요하다고 한 것은 무엇인가?

(A) 미팅이 개최되는 것
(B) 숙박시설이 예약되는 것
(C) 직원들이 함께 이동하는 것
(D) 점심이 포함되는 것

40. 대화 후반부 여자의 말에서 요청/제안 문장이 들리면 그게 답이 된다는 점을 다시 한번 상기하면서 대화에 집중한다. Would you mind calling the bus company to arrange transportation for everyone?에서 남자에게 여자가 교통편을 마련해 달라고 요청하고 있다. Would you mind와 같은 전형적인 요청 문장이 등장했다. 정답은 (D)

남자가 하기로 동의한 것은 무엇인가?

(A) 사무실 점심을 주문하는 것
(B) 회의실을 예약하는 것
(C) 스텝들에게 메모를 발송하는 것
(D) 교통편을 마련하는 것

표현 정리

remind A of B: A에게 B를 상기시키다 **give an opinion** 의견을 주다 **schedule** 일정을 잡다
accommodation 숙박시설 **book** 예약하다 **employee** 직원 **include** 포함시키다
arrange some transportation 교통편을 마련하다

41. What are the speakers discussing?

(A) An office renovation
(B) A company outing
(C) A budget increase
(D) A contract revision

42. What does the man say about the advertising department?

(A) It will advertise in newspapers.
(B) It will change offices.
(C) It will hire new employees.
(D) It will place more online ads.

43. According to the speakers, what will employees be asked to do?

(A) Prepare a presentation
(B) Attend a training session
(C) Create an advertisement
(D) Recommend web sites

41. What are the speakers discussing?

주제를 묻는 문제의 답은 언제나 대화의 도입부에 등장한다. 대화의 Turn이 3~4개짜리라면 거의 첫 번째 대사에 답이 등장하지만, 대화의 Turn 수가 많아지면 도입부에 집중한다. 물론 여전히 첫 번째 대사의 비중이 가장 크다고 할 수 있다. 보기에 집중하며 답을 찾는다.

42. What does the man say about the advertising department?

세부 정보를 찾는 문제로 남자의 말에 답이 나온다는 것을 알 수 있다. 세부 정보를 찾는 문제는 키워드나 반전 표현 등을 적극적으로 활용해야 한다. 키워드는 the advertising department 이다.

43. According to the speakers, what will employees be asked to do?

세 번째 문제는 일단 대화의 후반부에 집중해야 한다. be asked to 문제는 요청/제안 답변 형태를 찾는 문제이다. 요청/제안 형태의 답변 형태를 기억하자.

요청 표현 : 명령문(Please + 동사원형), Could you ~?, Can you ~?, I want you to ~, I need you to ~ 등
제안 표현 : You/We should ~, You/We could ~, You/We can ~, You'd better ~, Let ~, Would you like me to ~?, Do you want me to ~?, How about ~?, Why don't you ~? 등이 등장한다.
요청/제안의 답을 이끄는 동사 : ask, suggest, recommend, invite, advise, request, require

Questions 41 through 43 refer to the following conversation.

W: Hi, James. ⁴¹What do you think about the company's decision to expand the advertising department's budget this year?

M: I think it was a great idea. Sales were down last year, so increasing spending on advertising makes a lot of sense.

W: Agreed. Has there been any word on how the funds will be allocated?

M: ⁴²I was just in a meeting with **the advertising department** and the budget plan was brought up. It has been decided that we will double the number of Internet ads we run this year.

W: Good idea. Have they decided which web sites to focus on?

M: Not yet. ⁴³**They want** our staff members to **suggest** some sites that are popular with our target market.

W: Alright, then I'll schedule a meeting for later on in the week and find out their ideas.

41번에서 43번은 다음 대화를 참조하시오.

W: 안녕하세요, James. ⁴¹올해 광고 부서의 예산을 확대하기로 한 회사의 결정에 대해 어떻게 생각하세요?

M: 좋은 생각인 것 같습니다. 작년에 매출이 저조해서 광고에 더 많은 지출을 하는 것이 충분히 납득이 갑니다.

W: 동의해요. 혹시 자금을 어떻게 할당할지에 대해 뭐 들은 것이 있나요?

M: ⁴²이제 막 광고 부서와 미팅이 있었는데 예산 계획 이야기가 나왔어요. 올해 우리가 운용하는 인터넷 광고 갯수를 두 배로 늘린다고 결정되었대요.

W: 좋은 아이디어군요. 광고 부서가 어느 웹 사이트에 집중적으로 광고를 할지 정했답니까?

M: 아직이요. ⁴³광고 부서는 우리 고객층에게 인기 있는 사이트들을 직원들이 제안하길 원해요.

W: 좋아요. 그렇다면 제가 이번 주 후반에 미팅을 잡아서 직원들 의견을 수렴할게요.

 **표현 정리**

expand 확장하다, 넓히다   **budget** 예산   **spending** 지출   **make sense** 이해할 수 있다, 이치에 맞다
allocate 할당하다, 배분하다   **bring up** (의제, 주제)를 내놓다, 제기하다   **focus on** 집중하다

41. 도입부에서 특히 첫 번째 대사에 집중하며 답을 찾아야 한다. What do you think about the company's decision to expand the advertising department's budget this year?에서 주제가 정확히 언급되었다. 예산 증가를 언급한 (C)가 정답이다.

화자들이 무엇에 관해 이야기하는가?

(A) 사무실 개조
(B) 회사 야유회
(C) 예산 증대
(D) 계약 수정

42. 세부 정보 찾기 문제로 키워드 the advertising department를 활용하는 문제이다. 남자의 말 I was just in a meeting with the advertising department and the budget plan was brought up. It has been decided that we will double the number of Internet ads we run this year.에서 키워드가 정확히 언급된 후 인터넷 광고 수를 두 배로 늘릴 것이라고 말하고 있다. 정답은 (D)

남자는 광고 부서에 대해 무엇을 언급했나?

(A) 광고 부서가 신문에 광고를 할 것이다.
(B) 광고 부서가 사무실을 변경할 것이다.
(C) 광고 부서가 직원을 새로 고용할 것이다.
(D) 광고 부서가 더 많은 온라인 광고를 할 것이다.

43. 후반부에서 요청/제안 정답 표현이나 요청/제안의 답을 이끄는 동사에 집중해야 한다. They want our staff members to suggest some sites that are popular with our target market. 이 문장에서 요청/제안의 답을 이끄는 동사 suggest가 언급되며 답이 등장한다. 또한 they want, I want와 같은 답을 이끄는 정답 5형제 중 하나가 등장하면서 이 문장이 중요하다는 힌트 역시 제시하고 있다. 정답은 (D)

화자들에 따르면 직원들이 어떤 요청을 받게 될 것인가?

(A) 발표 준비하기
(B) 훈련 과정에 참석하기
(C) 광고 만들기
(D) 웹 사이트를 추천하기

📋 **표현 정리**

renovation 개조　**outing** 야유회　**revision** 수정　**advertise** 광고하다　**hire** 고용하다
place an advertisement 광고를 내다　**attend** 참석하다

대화의 Turn이 같거나 많아지고 구어체 표현이 포함된 Implication (글의 의도/맥락) 문제

지금까지 연습했던 대화의 Turn이 3회~4회짜리인 대화와 비교해 보면 답의 범위를 조금 넓게 봐야 한다는 것과 정답을 이끄는 중요 표현들을 좀 더 적극 활용해야 한다는 것이 포인트이다. 구어체 표현의 의미를 묻는 Implication 문제의 경우 ETS 의도대로 대화의 흐름을 파악해야 한다. 특히 바로 앞뒤 문장의 흐름이 중요하다. 따라서 그만큼 더 어려워졌다고 볼 수 있다. Implication 문제 유형을 포함한 새로 추가되는 신 유형 문제들은 문제를 통해 풀이 방식을 직접 적용해 보자.

주의사항

항상 정답을 이끄는 표현, 문두의 시점 표현이나 기간 표현, 키워드를 정확히 암기해서 듣는 연습이 필요하다. 구어체 표현의 의미를 묻는 Implication 문제는 평상시 다양한 구어체 표현들을 암기하는 것이 더 효과적이다. 듣기 실력은 단기간에 급상승하는 것이 현실적으로 불가능하지만 출제 가능성이 높은 표현 목록을 단기간에 많이 암기하는 것은 충분히 가능하다.

문제 확인 1

53. Why does the man postpone the meeting?

(A) Some employees can't attend.
(B) A presentation isn't ready.
(C) Travel arrangements have not been made.
(D) Some materials have not been delivered.

54. What does the woman offer to do?

(A) Order lunch for the attendees
(B) Call the supervisor
(C) Write up a report
(D) Notify the department head

55. Why does the woman say "If it's alright with you?"

(A) She would like the man to make a call.
(B) She is asking the man a question.
(C) She wants some time to consider a proposal.
(D) She wants to know how the man is feeling.

53. Why does the man postpone the meeting?

문제점이나 사건은 언제나 대화 도입부에 등장한다. 따라서 남자의 첫 번째 대사에 집중한다. 키워드로 적절한 단어는 meeting이다.

---

54. What does the woman offer to do?

여자의 말에서 요청/제안/제공(Offer) 형태의 답을 찾아야 한다. 한 가지 기억할 것은 offer 문제의 유형은 본인이 무엇인가를 해 준다고 하는 문장이므로 의도/미래 행동의 답변 형태가 나올 수도 있다. 다시 말해 정답 5형제인 반전/요청/제안/의도/미래 행동 표현을 항상 기억해야 한다.

---

55. Why does the woman say "If it's alright with you?"

제시된 구어체 표현의 의미를 묻는 문제는 문맥을 파악해야 한다. 따라서 앞뒤 문장의 흐름을 파악하는 것이 중요하다. 특히 제시된 표현의 앞 문장을 잘 들어야 한다. if it's alright with you의 원래 의미는 "당신이 괜찮다면요"의 뜻으로 상대방의 요청/제안 등에 동의하는 표현임을 안다면 더욱 도움이 될 것이다.

Questions 53 through 55 refer to the following conversation.

M: [53]It seems the **meeting** I scheduled for tomorrow morning will have to be delayed until Wednesday. The team hasn't gotten its slides ready to present yet.

W: That's too bad. [54]I'll tell the other department head about the delay. I have to go upstairs in a bit anyway, so I'll stop by his office and inform him.

M: Okay. We also have to reach our trade partners and tell them about the delay. I will be downtown on Wednesday so I can pick them up and drop them off afterwards. [55]Do you want me to call them and offer them a ride?

W: [55]If it's alright with you. I don't have enough time today to arrange everything. Let me know how that goes.

M: Sounds good.

53번에서 55번은 다음 대화를 참조하시오.

M: [53]내일 아침으로 예정된 미팅을 수요일까지 연기해야 할 것 같아요. 팀에서 슬라이드 발표 준비가 아직 안 됐어요.

W: 그거 유감이군요. [54]제가 다른 부서장에게 연기하는 것에 대해 말할게요. 어차피 잠시 후 위층에 가야 하니까 제가 그분 사무실에 들러 알릴게요.

M: 좋아요, 거래 파트너들에게도 전화 연락을 해서 지연된 것을 알려야 합니다. 수요일에 시내에 있을 거라서 제가 그분들을 모시러 갔다가 미팅 끝나고 다시 모셔다 드릴 수 있습니다. [55]제가 그분들에게 전화해서 차편을 제공하겠다고 말할까요?

W: [55]당신이 괜찮으시다면요. 제가 오늘 모든 것을 처리할 시간이 없어요. 어떻게 일이 진행되는지 알려주세요.

M: 좋습니다.

 **표현 정리**

inform 통보하다, 알리다　　**pick up** 데리러 가다　　**drop off** 데려다 주다　　**afterwards** 나중에, 이후
arrange 준비하다, 마련하다

53. 도입부 남자의 말에 집중하며 보기를 보고 있어야 한다. 남자의 첫 번째 대사에서 meeting이라는 키워드가 나오면서 답이 등장한다. It seems the meeting I scheduled for tomorrow morning will have to be delayed until Wednesday. The team hasn't gotten its slides ready to present yet. 보기를 보고 있었다면 ready와 present가 등장했으므로 (B)가 정답임을 쉽게 알 수 있다. 정답은 (B)

남자가 미팅을 연기한 이유는 무엇인가?

(A) 일부 직원들이 참석할 수가 없다.

(B) 발표가 준비되지 않았다.

(C) 여행 준비가 되지 않았다.

(D) 일부 자재가 배달되지 않았다.

54. 여자의 말에서 요청/제안/제공(Offer) 답변이나 직접 무엇을 해 준다고 말하는 의도/미래 행동 답변을 캐치해야 한다. I'll tell the other department head about the delay. 이 문장에서 I'll 즉, 미래 행동을 이끄는 답변이 등장하며 답을 제시하고 있다. 정답은 (D)

여자가 제안하는 것은 무엇인가?

(A) 참석자들을 위해 점심 주문하기

(B) 상사에게 전화하기

(C) 보고서 작성하기

(D) 부서장에게 알리기

55. 제시된 문장 바로 앞 문장이 중요한데, 문제는 바로 앞 문장이 언제 등장할 것이냐가 관건이다. 이런 경우 정답 5형제, 시점, 기간, 부사구 등이 단서가 된다. Do you want me to ～?와 같은 제안 표현이 등장하면 이 문장이 중요하다는 힌트를 제공한다. 이 문장을 듣자마자 제시된 문장인 If it's alright with you가 등장한다. 그 뜻은 남자가 제안한 문장에 동의한다는 것이다. Do you want me to call them and offer them a ride?에서 남자가 전화해서 ride를 제공하겠다고 한다. 즉, 여자는 그에 동의하고 있으며 추가로 I don't have enough time today to arrange everything. 에서 본인이 시간이 없다고 부연 설명까지 하고 있다. 정답은 (A)

왜 여자가 "If it's alright with you"라고 말하는가?

(A) 여자는 남자가 전화하기를 원한다.

(B) 여자는 남자에게 질문을 하고 있다.

(C) 그녀는 제안을 고려해 볼 시간을 원한다.

(D) 여자는 남자의 기분이 어떤지 알고 싶어 한다.

📋 **표현 정리**

postpone 연기하다　　**travel arrangements** 여행 준비　　**attendee** 참석자　　**supervisor** 상사
notify 알리다　　**alright** 괜찮은　　**make a call** 전화를 걸다　　**proposal** 제안

59. Why did the man come to the Philadelphia office?

(A) To carry out an inspection
(B) To lead a training session
(C) To pick up some documents
(D) To deliver some computers

60. What does the woman mean when she says, "We could use another pair of hands in here"?

(A) She is impressed with the man's performance.
(B) She would appreciate the man's assistance.
(C) Some employees require further explanation.
(D) Some equipment should be handled delicately.

61. What will the woman do next?

(A) Go to a different floor
(B) Speak with a colleague
(C) Pack up some items
(D) Assign a task to the man

59. Why did the man come to the Philadelphia office?

도입부 남자의 첫 번째 대사에 집중해야 한다. 고유명사는 언제나 최고의 키워드이므로 Philadelphia office가 키워드가 될 것이다.

60. What does the woman mean when she says, "We could use another pair of hands in here"?

의도를 묻는 문제는 대화의 흐름을 이해해야 한다. 무엇보다 제시된 문장 바로 앞 문장이 가장 중요하다. 따라서 바로 앞 문장이 언제 등장할지 파악하는 것이 관건이다. 정답 5형제, 반전 표현, 시점, 기간, 부사구가 힌트 표현이다. 여자의 말에 제시된 문장이 등장한다는 것은 바로 앞 문장이 남자의 말이라는 것이므로 남자의 말에 집중하며 힌트를 노린다.

61. What will the woman do next?

대화 후반부 여자의 말에서 미래 행동/의도를 나타내는 답변을 찾는다. 정답이 등장할 때쯤 보기에 집중해야만 정답을 찾기 쉽다.

Questions 59 through 61 refer to the following conversation.

M: Hi, my name's Tom Wilson. ⁵⁹I was sent down here to the **Philadelphia office** to teach some of your staff how to use some new computer software. I finished early, and I notice that you all seem to be busy in your office. ⁶⁰Is there anything I can do?

W: Actually, ⁶⁰**we could use another pair of hands in here**, since we need to pack up all the computers and furniture and move them up to the fourth floor by 5 p.m. But do you mind some heavy lifting?

M: Not at all. I worked in the warehouse department for a few years at our Boston branch. And, I'd say I'm in pretty good shape.

W: Perfect. George Slattery is organizing everything. ⁶¹I'll have a word with him, and then he'll let you know which items you should move upstairs.

59번에서 61번은 다음 대화를 참조하시오.

M: 안녕하세요. 저는 Tom Wilson입니다. ⁵⁹저는 새로운 컴퓨터 소프트웨어의 사용법을 귀사 직원들에게 교육시키기 위해 이곳 필라델피아 지점에 파견되었습니다. 제가 일찍 마쳤는데 사무실에서 굉장히 바빠 보이시는군요. ⁶⁰혹시 제가 도와드릴 게 있을까요?

W: 사실 ⁶⁰이곳에 도움이 필요합니다. 모든 컴퓨터들과 가구들 짐을 싸서 오후 5시까지 4층으로 옮겨야 하거든요. 혹시 무거운 걸 좀 들어주실 수 있나요?

M: 물론이요. 제가 몇 년간 보스턴 지점 창고 부서에서 근무를 했습니다. 그리고 제가 한 몸매 하거든요.

W: 좋아요. George Slattery가 모든 것을 맡아 처리 중입니다. ⁶¹제가 그에게 말해 둘게요. 그가 위층으로 무엇을 옮겨야 할지 알려드릴 거예요.

 **표현 정리**

be sent 파견되다　　**use a hand** 도움을 받다　　**pack up** 짐을 싸다　　**heavy lifting** 무거운 것을 들기
be in good shape (운동 등을 통해) 몸매가 좋다　　**have a word with** ~와 이야기 나누다

59. 남자의 첫 번째 대사에 집중하며 답을 찾자. I was sent down here to the Philadelphia office to teach some of your staff how to use some new computer software.에서 컴퓨터 소프트웨어 교육을 위해 파견되었음을 밝히고 있다. 키워드가 등장한 후 바로 답이 제시되므로 키워드를 놓치지 말자. 정답은 (B)

남자는 왜 필라델피아 지점에 왔는가?

(A) 조사를 하기 위해

(B) 교육 과정을 이끌기 위해

(C) 서류를 가지러

(D) 컴퓨터를 배달하기 위해

60. 제시된 문장의 바로 앞 문장을 찾는 것이 중요하다. 독해가 아니고 LC이다! 답을 이끄는 표현을 빨리 캐치해야 한다. Is there anything I can do?(제가 도와드릴 일이 없을까요?)라고 남자가 요청/제안을 하고 있다는 것이 포인트이다. 여자가 짐을 옮겨야 하는데 무거운 것을 들어줄 수 있는지 묻는 것으로 미루어 보아 제시된 문장인 we could use another pair of hands in here는 남자의 제안에 동의하는 것이다. 정답은 (B)

여자가 "We could use another pair of hands in here"라고 말하는 의도는 무엇인가?

(A) 여자는 남자의 성과에 깊은 인상을 받았다.

(B) 여자는 남자의 도움에 감사해 할 것이다.

(C) 일부 직원은 추가 설명을 요구한다.

(D) 일부 장비는 아주 섬세하게 취급되어야 한다.

61. 대화 후반부 여자의 말 I'll have a word with him.에서 미래 행동을 이끄는 표현을 캐치해야 한다. 미래 행동을 이끄는 대표 표현인 I'll이 등장하며 답을 이끌고 있다. 정답은 (B)

여자는 다음에 무엇을 할 것인가?

(A) 다른 층에 간다.

(B) 동료와 이야기한다.

(C) 물건들 짐을 싼다.

(D) 남자에게 작업을 할당한다.

 **표현 정리**

carry out 수행하다　**inspection** 검사　**lead** 이끌다
use another pair of hands 남의 손을 빌리다　**be impressed with** ~에 깊은 인상을 받다
assistance 도움　**explanation** 설명　**handle** 취급하다　**delicately** 섬세하게
colleague 동료　**assign a task** 일을 맡기다

대화의 Turn이 많아지고 등장인물이 세 명인 3자 대화 문제

지금까지 연습했던 대화의 Turn이 3회~4회짜리인 대화와 큰 차이는 없다. 가장 큰 차이라면 화자의 변화가 많아 좀 더 집중력이 필요하고 답의 범위를 조금 더 넓게 봐야 한다는 것이다. 또 정답을 이끄는 중요 표현들을 좀 더 적극 활용해야 한다는 것이 포인트이다. 3자 대화는 구어체 표현이 등장하지 않는 문제와 등장하는 문제가 둘 다 나온다. 새로 추가된 신 유형 문제들은 문제를 통해 직접 풀이 방식에 적응해 보자.

주의사항

항상 정답을 이끄는 표현, 문두의 시점 표현이나 기간 표현, 키워드를 정확히 암기해서 듣는 연습이 필요하다. 3자 대화는 좀 더 집중력이 필요하다는 것과 답의 범위가 좀 더 넓다는 것을 기억하자.

문제 확인 1

53. What are the speakers mainly discussing?

(A) A plan to build a shopping mall
(B) A proposal to cut salaries
(C) The closure of a company
(D) The relocation of a firm

54. Why does the woman say, "Rumor has it that the local council is furious"?

(A) She discussed the topic earlier.
(B) She feels that the information might be true.
(C) She read an article in a newspaper.
(D) She feels extremely disappointed.

55. What is expected to happen on Monday?

(A) A construction project will start.
(B) A site will be inspected.
(C) A property will be sold.
(D) A meeting will be held.

53. What are the speakers mainly discussing?

주제를 묻는 문제는 도입부에 답이 등장한다. 첫 번째 대사가 가장 중요하지만 3자 대화의 경우 최대 세 번째 대사까지 지켜봐야 하는 문제도 있다.

54. Why does the woman say, "Rumor has it that the local council is furious"?

제시된 문장의 의도 찾기 문제는 대화의 흐름을 파악하는 것이 중요하다. 특히 바로 앞 문장의 힌트를 캐치하는 것이 중요하다. 그리고 평상시 다양한 구어체 표현의 의미를 암기해 두는 것이 효과적이다. 제시된 문장은 'that 이하라는 소문이 있다'는 뜻이다.

55. What is expected to happen on Monday?

시간 표현은 언제나 최고의 키워드이다. Monday를 키워드로 활용하고 세 번째 문제이므로 대화의 후반부에서 답을 찾는다.

Questions 53 through 55 refer to the following conversation and information.

M1: [53]The business section in the newspaper this morning featured the closure of the Peterborough Plastics factory.

W: Yes. [54]**Rumor has it that the local council is furious.** It's quite understandable that the council is mad considering that the company is one of the major employers here in town.

M2: I read about that, too. The company has been bought by a multinational corporation that plans on demolishing all of the buildings and redeveloping the site.

M1: Has an official closure date been announced yet?

W: Well, my sister is a member of the council's Planning and Development Committee, and she says [55]there is a meeting with the property developers on **Monday**.

M2: Are they likely to be granted planning permits?

W: It all depends on how they plan on developing the site.

M1: I see. I just hope they're not planning on building another shopping mall.

53번에서 55번 문제는 다음 대화와 정보를 참조하시오.

M1: [53]오늘 아침 신문의 경제면에 Peterborough Plastics 공장 폐쇄가 특집으로 실렸어요.

W: 맞아요. [54]**지방 의회가 매우 화가 났다는 소문이 있어요.** 그 회사가 이 도시에서 주요 고용주들 중 하나라는 것을 고려해 볼 때 의회가 화가 났다는 게 이해가 돼요.

M2: 저도 그것에 관해 읽었어요. 그 회사는 다국적 기업에 매각됐는데 모든 건물들을 철거하고 그 부지를 재개발할 계획이래요.

M1: 공식 폐쇄일이 아직 발표되지 않았나요?

W: 음, 제 여동생이 의회의 기획개발위원회 일원인데요, 그녀가 말하길 [55]**부동산 개발업자들과 월요일에 미팅이 있대요.**

M2: 그들이 건축 허가를 받을 것 같나요?

W: 그건 전부 그들이 어떻게 그 부지를 개발할 계획인지에 달려 있어요.

M1: 그렇군요. 저는 그냥 그들이 또 다른 쇼핑몰을 지을 계획이 아니기를 바래요.

 **표현 정리**

business section (신문) 경제면　**feature** ~을 특집으로 하다, 대서특필하다　**closure** 폐쇄　**local council** 지방 의회
furious 몹시 화가 난　**employer** 고용주　**multinational** 다국적의　**corporation** 기업　**demolish** 철거하다
redevelop 재개발하다　**site** 현장, 부지　**official** 공식적인　**property developer** 부동산 개발업자
be likely to ~할 것 같다, ~할 모양이다　**grant** 승인하다, 허락하다　**permit** 허가(증)　**depend on** ~에 달려 있다

53. 대화의 주제를 파악하려면 대화 초반부에 나오는 중심 소재에 집중해야 한다. 남자1의 첫 번째 대사 The business section in the newspaper this morning featured the closure of the Peterborough Plastics factory.에서 Peterborough Plastics 공장 폐쇄를 신문에서 대서특필했다고 했으므로 회사 폐쇄에 대해 이야기하고 있다는 것을 알 수 있다. 정답은 (C)

화자들은 주로 무엇에 관해 논의하는가?

(A) 쇼핑몰을 지으려는 계획
(B) 급여 삭감 제안
(C) 회사 폐쇄
(D) 회사 이전

54. 대화 중에 등장하는 특정 표현의 의미를 묻는 문제는 대화의 흐름을 이해해야 한다. 특히 바로 앞 문장이 중요하다. 남자1이 Peterborough Plastics 공장 폐쇄에 관한 이야기를 하자, 여자는 Rumor has it that the local council is furious.라고 하면서 자신이 들은 소문에 관한 이야기를 덧붙이고 있다. 대화의 흐름상 여자는 이 말이 사실일 거라 생각하고 있으므로 (B)가 정답이다.

여자는 왜 "Rumor has it that the local council is furious"라는 말을 하는가?

(A) 그녀는 전에 그 주제를 논의했다.
(B) 그녀는 그 정보가 사실일지 모른다고 느낀다.
(C) 그녀는 신문에서 기사를 읽었다.
(D) 그녀는 극히 실망스러워한다.

55. 월요일에 일어날 일을 묻는 마지막 질문이므로 대화 후반부의 구체적인 시점이 제시되는 부분에 집중해야 한다. 특히 이 문제는 시간 키워드인 Monday에 유의해서 답을 찾아야 한다. 대화 후반부 여자의 말에 there is a meeting with the property developers on Monday라고 했으므로 월요일에는 부동산 개발업자들과 회의가 있다. 정답 (D)

월요일에 무슨 일이 일어날 것으로 예상되는가?

(A) 건설 사업이 시작될 것이다.
(B) 부지가 점검될 것이다.
(C) 건물이 팔릴 것이다.
(D) 회의가 열릴 것이다.

 **표현 정리**

proposal 제안　**salary** 급여　**relocation** 이전　**firm** 회사
unsure 확신하지 못하는, 의심스러워 하는　**extremely** 극도로, 극히　**construction** 건설, 공사
inspect 검사하다, 점검하다　**property** 재산, 건물

62. What are the speakers mainly discussing?

(A) A restaurant renovation
(B) A menu change
(C) A store opening
(D) A closed business

63. Why does the man say, "Seriously"?

(A) He agrees with a suggestion.
(B) He wants to visit a location.
(C) He is shocked about a bill.
(D) He is surprised by some news.

64. What do the women suggest about the owner of Marty's Cafe?

(A) He deserves all of his success.
(B) He has just opened a new establishment.
(C) He lacked business experience.
(D) He should hire more employees.

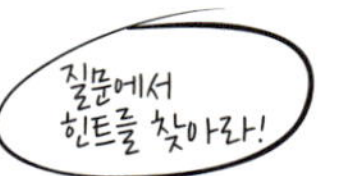

62. What are the speakers mainly discussing?

주제를 묻는 문제이다. 대화의 도입부, 특히 첫 번째 대사에 집중해야 한다.

63. Why does the man say, "Seriously"?

남자의 말에 제시된 표현의 의도를 묻는 문제이다. 바로 앞 여자의 말에 집중해야 한다. seriously가 대화 속에서 어떤 의미로 사용되는지 기억한다면 더욱 도움이 된다. Seriously?는 대화 속에서 상대방의 말이 "정말이야?", "진심인 거야?" 라고 놀라거나 되묻는 표현이다.

64. What do the women suggest about the owner of Marty's Cafe?

대화 후반부 여자의 말에 제시된 고유명사 owner of Marty's Café를 키워드로 활용하는 문제이다. 질문에 suggest라는 동사가 등장하지만 요청/제안 문제가 아니라 owner of Marty's Café에 대해 무엇을 언급하는지 묻는 문제이다.

Questions 62 through 64 refer to the following conversation with three speakers.

W1: [62][63]Have you heard about Marty's Café on Deakins Street? The place seems to be permanently closed.

M: [63]Seriously? Well, maybe it's because it was so overpriced.

W2: I agree! The food was good, but the prices for the entrees on the menu and baked goods were far too high.

M: Do either of you know what happened? I wonder why the owner closed it.

W1: There's a rumor that he hadn't paid rent in several months. I think he had no choice but to close the place.

M: That makes sense. But, it's a shame, because it was a good place when it first opened.

W2: [64]I know, but **the owner** wasn't experienced in running a business. He made some poor decisions.

W1: You're right. Hopefully he learns from his mistakes.

62에서 64번 문제는 세 화자가 나누는 다음 대화를 참조하시오.

W1: [62] [63]Deakins Street에 있는 Marty's Café에 대해 들었어요? 그 장소가 영구히 문을 닫는 모양인가 봐요.

M: [63]정말로요? 흠, 아마 가격이 너무 비쌌기 때문일 거예요.

W2: 맞아요! 음식은 좋았지만, 메뉴에 있는 주요리와 구운 음식들의 가격이 너무 높았어요.

M: 무슨 일이 일어났는지 둘 중에 아는 사람 있어요? 왜 주인이 문을 닫았는지 궁금해요.

W1: 그가 몇 달 동안 임대료를 내지 않았다는 소문이 있어요. 제 생각에는 그 장소를 닫을 수밖에 없었던 것 같아요.

M: 그거 말 되네요. 하지만, 안타까워요, 처음에 열었을 때는 좋은 장소였잖아요.

W2: [64]맞아요, 하지만 주인이 사업을 하는 것에 경험이 별로 없었죠. 나쁜 결정도 몇 개 내렸고요.

W1: 당신 말이 옳아요. 그가 실수로부터 배우기를 바래요.

📋 **표현 정리**

seem to be ~한 모양이다　**permanently** 영구히　**overprice** ~에 너무 비싼 값을 매기다　**price** 가격
entree 주요리　**baked** 구운　**goods** 상품, 제품　**either of** ~ 중 어느 한 쪽　**owner** 주인　**rumor** 소문
pay rent 임대료를 내다　**several** 몇몇의　**have no choice but to** ~할 수밖에 없다
experienced 경험이 풍부한, 능숙한　**run a business** 사업을 하다　**decision** 결정　**hopefully** 바라건대
mistake 실수

62. 대화 주제를 찾는 문제로 주제문은 도입부에 주로 등장한다. 대화 도입부 Have you heard about Marty's Café on Deakins Street? The place seems to be permanently closed.를 통해 Marty's Café가 문을 닫은 것에 대해 이야기함을 알 수 있다. 정답 (D)

화자들이 주로 논의하는 것은 무엇인가?

(A) 레스토랑 수리
(B) 메뉴 변경
(C) 가게 개업
(D) 문을 닫은 사업

63. 특정 표현의 의도를 찾는 문제로 이러한 문제 유형은 대화 전반의 흐름을 파악해야 한다. 특히 그 표현이 나오기 바로 전 대화와 제시된 표현이 포함된 문장이 특히 중요하다. 대화 도입부 여자1이 Marty's Café가 문을 닫은 것에 대해 이야기를 하자, 남자가 Seriously?라고 말하며 놀라는 흐름이 알맞다. 정답 (D)

남자는 왜 "Seriously"라는 말을 하는가?

(A) 그는 제안에 동의한다.
(B) 그는 장소에 방문하고 싶어 한다.
(C) 그는 계산서에 충격을 받았다.
(D) 그는 몇몇 소식에 놀랐다.

64. 세부 정보 찾기 문제이다. 키워드인 the owner가 등장하는 부분에 유의하여 듣는다. 대화 후반부 the owner wasn't experienced in running a business.에서 주인이 사업에 경험이 많지 않았다고 말하고 있다. 정답 (C)

여자들이 Marty's Café 주인에 관해 암시하는 것은 무엇인가?

(A) 그는 그의 모든 성공을 누릴 자격이 있다.
(B) 그는 막 새로운 시설을 열었다.
(C) 그는 사업 경험이 부족했다.
(D) 그는 더 많은 직원들을 고용해야 한다.

표현 정리

renovation 수리　**agree with** ~에 동의하다　**suggestion** 제안, 제의　**location** 장소, 위치
be shocked 충격을 받다　**bill** 계산서　**deserve** ~을 받을 만하다, 누릴 자격이 있다　**success** 성공
establishment 시설　**lack** 부족하다　**experience** 경험　**hire** 고용하다　**employee** 직원

대화의 Turn이 기존과 같거나 약간 길어지고 Graphic이 포함된 대화 문제

Graphic 문제의 경우 제공된 각종 도표나 서식을 보고 답을 찾아야 한다. 이때 정답을 찾는 기본 규칙은 대화에서 제공하는 간접 정보에 유의해야 한다는 것이다. 예를 들어, 도표에 제품명, 가격과 개수가 주어지고 보기에 제품명을 찾는 문제가 나온다면 대화 속에 직접적으로 제품명이 제시되지 않고 가격이나 개수 등의 간접적인 정보가 제공된다. 간접 정보를 힌트로 사용하여 답을 찾는 문제 역시 반전 표현이나 정답을 이끄는 중요 표현들이 포함되는 경우가 대부분이다. 직접 문제를 풀어 보면서 적응해 보자.

주의사항

Graphic 문제의 경우 가장 중요한 것은 문제를 미리 읽고 무엇을 들어야 할지, 어떤 정보를 들어야 할지 예측하는 것이다. 항상 정답을 이끄는 표현들과 문두의 시점 표현이나 기간 표현, 또는 키워드를 정확히 암기해서 듣는 연습이 필요하다. 정답은 언제나 간접 정보로 제시된다는 것도 꼭 기억하자.

문제 확인 1

Poster Size(cm)	Printing Cost(Per Item)
27 x 42	$4.50
40 x 50	$7.00
45 x 60	$8.95
55 x 70	$11.95

65. What are the speakers mainly discussing?

(A) A sports event
(B) A concert
(C) A play
(D) A street parade

66. Why is the woman concerned?

(A) Some poster designs are disappointing.
(B) An event venue is unavailable.
(C) Tickets have been selling poorly.
(D) An advertising budget is limited.

67. Look at the graphic. What size of posters will the man most likely have printed?

(A) 27 x 42　(B) 40 x 50　(C) 45 x 60　(D) 55 x 70

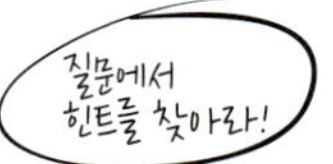

65. What are the speakers mainly discussing?

주제문은 언제나 대화의 초반부, 특히 첫 번째 문장에 집중해야 한다.

66. Why is the woman concerned?

여자의 말에 답이 등장한다는 것을 알 수 있으며, concern은 '걱정거리' 또는 '우려사항' 다시 말해 '문제점' 등을 의미한다. 이러한 문제점은 대화 초반부에 답이 등장하므로 여자의 첫 번째 대사를 집중해서 들어야 한다.

67. Look at the graphic. What size of posters will the man most likely have printed?

Graphic 문제는 항상 제시된 표나 지도 등을 눈여겨봐야 한다. 포스터의 사이즈와 가격을 제시하고 있으며 질문은 사이즈를 묻고 있다. 세 번째 문제이므로 대화 후반부에서 가격 관련 정보를 듣고 이와 matching되는 사이즈를 찾는다. 항상 간접 정보를 들어야 하며 간혹 약간의 계산을 요구하는 경우도 있다.

Questions 65 through 67 refer to the following conversation and list.

M: Well, Cindy, I think we should be proud of ourselves. **⁶⁵We've both done a great job in organizing the musical festival in Fairfax Park.**

W: We're not finished yet, though. Even though we've organized the band and the venue, we still need to promote the event. And, ⁶⁶we have far less money for that than I expected.

M: That's true. I'll be taking the finished poster design to the printing shop this afternoon to get 10 copies printed. Can we afford to get the largest size?

W: I wish we could, **⁶⁷but** for ten posters, **I'd like you to** stay below 90 dollars in total.

Poster Size(cm)	Printing Cost(Per Item)
27 x 42	$4.50
40 x 50	$7.00
45 x 60	$8.95
55 x 70	$11.95

65번에서 67번은 다음 대화와 리스트를 참조하시오.

M: 저기, Cindy, 전 우리가 참 대견한 것 같아요. ⁶⁵우리 둘이 Fairfax 공원에서 열리는 음악 축제 준비를 완전히 잘 해냈잖아요.

W: 아직 끝나지 않았어요. 밴드랑 개최지 준비는 끝냈지만 여전히 이벤트 홍보를 해야 해요. 그리고 ⁶⁶제가 예상한 것보다 우리 돈 많이 부족해요.

M: 맞아요. 오늘 오후에 완성된 포스터 디자인을 출력 업체에 가져가서 10장을 출력할 거예요. 제일 큰 사이즈를 구매할 수 있나요?

W: 그러면 좋겠지만 ⁶⁷10장에 총 90달러 미만으로 했으면 해요.

포스터 크기 (cm)	출력 가격 (품목 당)
27 x 42	4.5달러
40 x 50	7달러
45 x 60	8.95달러
55 x 70	11.95달러

 **표현 정리**

be proud of ~을 자랑스러워하다   **venue** 개최지   **far less** 훨씬 적은   **get S/T printed** 무엇을 출력하다
afford (금전) 여유가 있다

65. 주제문이므로 역시 첫 번째 대사 We've both done a great job in organizing the music festival in Fairfax Park. 에서 답이 등장한다. 음악 축제에 대해 이야기하고 있다는 것을 알 수 있다. 정답 (B)

화자들은 무엇에 관해 이야기하는가?

(A) 스포츠 이벤트
(B) 콘서트
(C) 연극
(D) 거리 행진

66. 문제점을 찾는 문제로 여자의 첫 번째 대사에 답이 등장한다. we have far less money for that than I expected에서 돈이 예상보다 많이 부족함을 언급하고 있다. 정답 (D)

왜 여자가 걱정을 하고 있는가?

(A) 일부 포스터 디자인이 실망스럽다.
(B) 이벤트 개최지 이용이 불가하다.
(C) 티켓 판매가 저조하다.
(D) 광고 예산이 제한적이다.

67. 대화 후반부에서 간접 정보인 가격 정보를 들어야 하는 문제로 계산 작업이 필요할 수 있다는 것을 명심해야 한다. but for ten posters, I'd like you to stay below 90 dollars in total에서 반전 표현인 but과 정답을 이끄는 정답 5형제 중 하나인 I'd like가 등장하며 정답을 제시하고 있다. 정답 (C)

그래픽을 보시오. 남자가 어떤 사이즈 포스터를 출력할 것인가?

(A) 27 x 42
(B) 40 x 50
(C) 45 x 60
(D) 55 x 70

parade 행진   **concerned** 걱정하는   **disappointing** 실망스러운   **venue** 장소, 공연장
unavailable 이용할 수 없는   **poorly** 저조하게   **limited** 제한된, 한정된

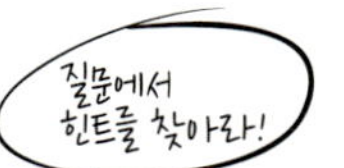

Cell Phone Model	Front Camera	Rear Camera
Solo GX 2	5–megapixel	13–megapixel
Asteria Z450	8–megapixel	13–megapixel
Muvo S7	5–megapixel	13–megapixel
Primus 4 Mini	8–megapixel	8–megapixel

68. Where is the conversation most likely taking place?

(A) In an electronics store
(B) In a restaurant
(C) In an office
(D) In a cafeteria

69. Look at the graphic. Which cell phone will the woman most likely purchase?

(A) Solo GX 2
(B) Asteria Z450
(C) Muvo S7
(D) Primus 4 Mini

70. What will the man most likely do next?

(A) Check some product details
(B) Accompany the woman
(C) Show the woman his cell phone
(D) Dispose of some trash

68. Where is the conversation most likely taking place?

대화가 이루어지는 장소나 직업을 묻는 문제는 일반적으로 대화의 첫 번째 대사를 노려야 한다.

69. Look at the graphic. Which cell phone will the woman most likely purchase?

Graphic에 제시된 정보를 빨리 파악하고 어떤 정보를 들어야 할지 준비해야 한다. Graphic에는 핸드폰 모델별 카메라 전면, 후면 픽셀이 제시되었다. 질문은 카메라 모델을 묻고 있다. 따라서 대화에 나오는 카메라 전면 또는 후면 픽셀 정보를 듣고 모델과 매칭시켜야 한다.

70. What will the man most likely do next?

남자의 미래 행동이다. 남자의 마지막 대사에 답이 등장하며 항상 요청/제안 표현이나 미래 행동 표현의 문장이 답을 이끈다.

Questions 68 through 70 refer to the following conversation and list.

M: Hi, Rita. [68]I don't often see you in the company cafeteria. Don't you normally have lunch outside our office building?

W: Yes, but I just wanted to grab a quick sandwich here before going out to buy a new cell phone. The problem is, I can't decide between these four models.

M: Well, they're all pretty similar, apart from the cameras. Do you take a lot of pictures on your phone?

W: I do, yes. [69]I want the best rear camera possible, but the front camera should be at least 8-megapixels, too.

M: Well, it looks like one of these phones would suit you perfectly. [70]I'd like to join you, if you don't mind. I could use a new phone.

W: Sure. Just let me put this wrapper in the trash can.

Cell Phone Model	Front Camera	Rear Camera
Solo GX 2	5–megapixel	13–megapixel
Asteria Z450	8–megapixel	13–megapixel
Muvo S7	5–megapixel	13–megapixel
Primus 4 Mini	8–megapixel	8–megapixel

68번에서 70번은 다음 대화와 목록을 참조하시오.

M: 안녕하세요, Rita. [68]회사 구내 식당에서 잘 보이지 않네요. 보통 회사 밖에서 점심을 드시지 않나요?

W: 맞아요, 그런데 핸드폰 새로 구매하러 나가기 전에 여기서 간단히 샌드위치나 먹고 나가려고요. 문제는, 이 네 가지 모델 중 어떤 것을 골라야 할지 모르겠어요.

M: 어, 카메라를 제외하고 전부 비슷하네요. 전화로 사진을 많이 찍나요?

W: 네. [69]후방 카메라 성능은 제일 좋았으면 하구요, 전면 카메라는 최소 8메가 픽셀 이상이었으면 해요.

M: 이 전화들 중 하나가 딱 맞을 것 같군요. [70]괜찮으시면 저도 같이 가요. 저도 새 전화가 필요해요.

W: 좋아요. 이 포장지 좀 쓰레기통에 버리고요.

핸드폰 모델	전면 카메라	후면 카메라
Solo GX 2	5메가 픽셀	13메가 픽셀
Asteria Z450	8메가 픽셀	13메가 픽셀
Muvo S7	5메가 픽셀	13메가 픽셀
Primus 4 Mini	8메가 픽셀	8메가 픽셀

 **표현 정리**

grab a sandwich 간단히 샌드위치를 먹다　**rear** 뒤　**apart from** ~ 이외에　**suit** 어울리다, 적합하다
wrapper 포장지

68. 대화가 이루어지는 장소를 찾는 문제로 대화 도입부에 집중해야 한다. I don't often see you in the company cafeteria.에서 구내 식당에 있다는 것을 알 수 있다. 정답 (D)

대화가 이루어지는 장소는 어디인가?

(A) 전자제품 가게
(B) 음식점
(C) 사무실
(D) 구내식당

69. Graphic 문제는 반드시 간접 정보가 제시된다는 것을 알아야 한다. 즉, 픽셀 정보를 듣고 카메라 모델과 매칭시켜야 한다. 정답을 이끄는 문장인 I want가 답을 제시하고 있다. 또 반전 표현인 but도 문장 중간에 등장한다. I want the best rear camera possible, but the front camera should be at least 8-megapixels, too.에서 최고 화질의 후방 카메라와 8메가 이상의 전면 카메라를 원한다는 것을 알 수 있다. 이 조합에 맞는 것은 Asteria Z450이다. 정답 (B)

그래픽을 보시오. 어떤 핸드폰을 여자가 구매할 것인가?

(A) Solo GX 2
(B) Asteria Z450
(C) Muvo S7
(D) Primus 4 Mini

70. 남자의 마지막 대사에서 미래 행동 답변을 찾는 문제이다. 미래 행동 답변에는 의도를 나타내는 답변도 가능하다. I'd like to join you, if you don't mind. I could use a new phone.에서 대표적인 의도(미래 행동)의 답을 이끄는 표현 I'd like to와 조건절 if 문장이 쓰여 정답을 제시하고 있다. 정답 (B)

남자가 다음에 무엇을 할 것인가?

(A) 제품 세부 사항을 확인한다.
(B) 여자와 동행한다.
(C) 여자에게 자신의 핸드폰을 보여준다.
(D) 쓰레기를 버린다.

표현 정리

purchase 구매하다　　**accompany** 동행하다　　**dispose of** ~을 없애다

SET 1

실전 형식의 문제를 풀면서
실전 감각을 키워 보세요.

Listen to the following conversation and select the best response to each question.

1. What is the woman's problem?

(A) She has not received an e-ticket.
(B) She has lost a book.
(C) She was late for work.
(D) She missed the bus.

2. What did the woman do last Monday?

(A) She printed a ticket.
(B) She ordered a magazine.
(C) She reserved an online ticket.
(D) She sent a package by express mail.

3. What does the man suggest the woman do?

(A) Check the mailbox
(B) Visit the ticket desk
(C) Make a reservation
(D) Check the baggage claim area

4. What problem does the man mention?

(A) He missed a flight.
(B) He is late for a dental appointment.
(C) He has to return to work.
(D) His coworker is late.

5. Where is Peter?

(A) In a conference room
(B) At a dentist's office
(C) In a café
(D) At a convenience store

6. What will Sally do next?

(A) Visit the dentist
(B) Wait for a bus
(C) Arrange a seminar
(D) Talk to Mary

7. What does the man need?

(A) A business card
(B) A new lawyer
(C) A printer
(D) A day off

8. Where does the man work?

(A) A real estate agency
(B) A printing store
(C) A charity
(D) A law firm

9. What problem does the woman have?

(A) The man will not pay the entire
   amount.
(B) She cannot begin the work right away.
(C) Prices have gone down very much.
(D) She can't find a supplier.

10. Who most likely is the man?

(A) A secretary
(B) A client
(C) A factory inspector
(D) A superintendent

11. What did Mr. Hanlon and Mr. Danson do?

(A) Submitted a proposal
(B) Inspected the factory
(C) Left some messages
(D) Designed a factory

12. What does the woman say about the construction?

(A) It is behind schedule.
(B) It is ahead of schedule.
(C) It is on schedule.
(D) It has been postponed.

13. Who is the man talking to?

(A) A receptionist

(B) A dentist

(C) A student

(D) A professor

14. What is Dr. Singh doing right now?

(A) Talking to a patient

(B) Writing a letter of recommendation

(C) Getting a physical checkup

(D) Visiting a university friend

15. How did the man know about Dr. Singh?

(A) He read an article about Dr. Singh.

(B) Dr. Singh went to college with him.

(C) A friend recommended Dr. Singh to him.

(D) He was Dr. Singh's patient.

16. Where is the conversation most likely taking place?

(A) In a manager's office

(B) At a sales counter

(C) In a restaurant

(D) At a reception desk

17. In which room is the seminar being held?

(A) Room 401

(B) Room 402

(C) Room 201

(D) Room 202

18. What information does the woman ask for?

(A) The man's social security number

(B) The man's appointment time

(C) The man's contact information

(D) The man's entrance fee

19. Where is the conversation most likely taking place?

(A) At a shopping mall
(B) At a museum
(C) At a movie theater
(D) At a restaurant

20. Why does the woman say, "What a deal"?

(A) She is inquiring about special offers.
(B) She is answering a question.
(C) She is disappointed and annoyed.
(D) She is pleased about some
information.

21. What does the man say will happen later this afternoon?

(A) A meal will be offered.
(B) A performance will be held.
(C) A speech will be given.
(D) A documentary will be shown.

22. Who most likely is the woman?

(A) The men's receptionist
(B) The men's assistant
(C) The men's security guard
(D) The men's supervisor

23. What do the men inquire about?

(A) The venue for an event
(B) The date of an office party
(C) The phone number of a client
(D) The office hours of an employee

24. What will the woman probably do next?

(A) Make a reservation
(B) Write an e-mail
(C) Make a conference call
(D) Hold a meeting

25. What are the speakers mainly discussing?

(A) A business closure
(B) A travel itinerary
(C) Vacation plans
(D) Restaurant reservations

26. Who is the woman planning to meet?

(A) Her business associates
(B) Her parents
(C) Her new employer
(D) Her friends from college

27. Why does the woman say, "Take it easy"?

(A) She is welcoming another friend.
(B) She is answering a question.
(C) She is saying goodbye.
(D) She would like to hear some suggestions.

Redbridge University Meeting (February 2)

Name	Position
Bernie Matthews	President
Giles O'Keefe	Dean of the Business School
Sandra Livingstone	Dean of the School of Arts
Roger Stainrod	Dean of the Science School
John Bartholemew	Professor (Mathematics)
Mary Cunningham	Professor (English)

28. Why does the man speak to the woman?

(A) To ask about an exam schedule
(B) To check a meeting time
(C) To request her assistance
(D) To confirm her attendance

29. What problem does the woman mention?

(A) She requires a deadline extension.
(B) She may be late for a meeting.
(C) She has misplaced a schedule.
(D) She needs to take some time off.

30. Look at the graphic. Who will most likely not attend the meeting on February 2?

(A) Giles O'Keefe
(B) Roger Stainrod
(C) John Bartholemew
(D) Mary Cunningham

SET 2

실전 형식의 문제를 풀면서
실전 감각을 키워 보세요.

Listen to the following conversation and select the best response to each question.

1. Where does the woman most likely work?

(A) At a theater
(B) At a magazine.
(C) At a newspaper
(D) At a promotion company

2. What does the man say about the play?

(A) The performance was canceled.
(B) Tickets need to be booked in advance.
(C) The lead actors are great.
(D) His friends strongly recommended it.

3. What does the woman want the clients to see at the venue?

(A) Theater history
(B) The table arrangements
(C) Some promotional work
(D) The actors' costumes

4. What will be held on Wednesday?

(A) An awards' ceremony
(B) A film festival
(C) A company's Christmas party
(D) A New Year's party

5. What does the man have to do this weekend?

(A) He has to finish checking the inventory.
(B) He has to finish many reports.
(C) He has to collect customer feedback.
(D) He has to make a reservation.

6. What does the woman say she will do?

(A) Work overtime
(B) Book a venue
(C) Arrange the company party
(D) Help the man finish his reports

7. What problem does the woman mention?

(A) The customer service representatives are rude.
(B) Some items didn't arrive.
(C) She can't get a hold of the service manager.
(D) A package was damaged.

8. What will the man do next?

(A) Send a new product
(B) Deliver a parcel in person
(C) Have the manager call the woman
(D) Hire some new drivers

9. According to the woman, what should be done with the delivery drivers?

(A) They should get a raise.
(B) They should have to work overtime.
(C) They should have to apologize.
(D) They should get proper training.

10. Where is the woman working?

(A) A DVD rental shop
(B) A movie theater
(C) An Internet company
(D) A bookstore

11. Why is the man calling?

(A) To confirm a reservation
(B) To check on a store's business hours
(C) To reschedule a meeting
(D) To ask about the installation of a book system

12. What will happen when the store closes?

(A) The security alarm will be set.
(B) Its web page will be tested.
(C) The list of its DVDs will be updated.
(D) Its booking system will not work.

13. What does the woman want?

(A) To install a new computer system
(B) To request a pay raise
(C) To send out pay slips in time
(D) To get ready for the system check

14. What problem does the man mention?

(A) An error was found in a calculation.
(B) Some pay slips were missing.
(C) All of the technicians are off duty.
(D) A computer system has crashed.

15. What does the woman ask the man to do?

(A) Replace the old computer with new one
(B) Ask the technician to repair the computer system quickly
(C) Ask the personnel manager for a pay raise
(D) Place an online order

16. What is the woman's problem?

(A) She is unable to do some work.
(B) She is behind schedule.
(C) She is uncomfortable in her office.
(D) She is feeling sick.

17. What will the woman do this morning?

(A) Attend a meeting
(B) Review some resumes
(C) Check some data
(D) Make some phone calls

18. What does the man suggest?

(A) Requesting an extension
(B) Doing some work at home
(C) Asking an intern for assistance
(D) Staying late at the office

19. Where are the speakers?

(A) In a restaurant
(B) In a grocery store
(C) In an office supplies store
(D) In a coffee shop

20. Why does the woman say, "There's no time like the present"?

(A) She is emphasizing a point.
(B) She is agreeing to do something.
(C) She is making a request.
(D) She is accepting a free gift.

21. What will the woman probably do next?

(A) Order some food
(B) Fill out a form
(C) Collect some coupons
(D) Read a brochure

22. Where are the speakers?

(A) In a coffee shop
(B) In a restaurant
(C) In a convenience store
(D) In a shopping mall

23. What is the man asked to do?

(A) Recommend a product
(B) Explain a process
(C) Describe an item
(D) Print out a bill

24. What will the women probably do next?

(A) Use a coupon
(B) Order beverages
(C) Leave the business
(D) Eat a meal

25. Where does the woman most likely work?

(A) At a bank
(B) At a sporting goods store
(C) At a restaurant
(D) At an electronics store

26. Why does the woman say, "That's more like it"?

(A) She is pleased to help the men.
(B) She recommends looking around.
(C) She is demonstrating a product.
(D) She is too busy to assist the men.

27. What do the men decide to do?

(A) Buy a cheaper item
(B) Cancel a delivery
(C) Visit another store
(D) Order a product

Rucksack Type	Color
Pinnacle	Red/Black
Matterhorn	Green/Blue
Ridgeway	Green/Red
Sherman	Red/Blue

28. Where most likely is the conversation taking place?

(A) At a campsite
(B) In a hiking store
(C) At a convention
(D) In a cafeteria

29. What is indicated about the woman?

(A) She is unable to go on an excursion.
(B) She cannot afford some equipment.
(C) She recently lost some belongings.
(D) She works in the marketing department.

30. Look at the graphic. What type of rucksack would the woman most likely prefer?

(A) Pinnacle
(B) Matterhorn
(C) Ridgeway
(D) Sherman

실전 연습 문제
해설

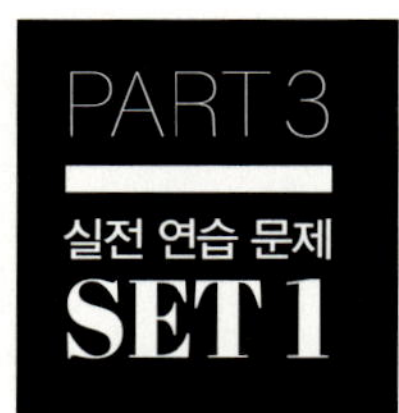

PART 3

실전 연습 문제
SET 1

Questions 1 through 3 refer to the following conversation.

> **M:** Good morning. Trenton Express Terminal. May I help you?
>
> **W:** Hello. ²**Last Monday,** I booked tickets online for the 5 p.m. bus to Bristow tomorrow. ¹**However,** I still haven't received a confirmation e-mail or e-ticket, and I'm beginning to feel a little worried.
>
> **M:** Oh, that is strange. Well, if the e-mail doesn't arrive by tomorrow morning, ³just come to the ticket desk an hour before your bus is due to leave. We can print you a ticket here.

M: 안녕하세요. Trenton 고속터미널입니다. 무엇을 도와드릴까요?

W: 안녕하세요. ²제가 지난 월요일에 내일 출발하는 브리스토 행 오후 5시 버스표를 온라인으로 예약했습니다. ¹그런데, 아직 아무런 확인 이메일이나 전자 티켓을 받지 못했습니다. 약간 걱정되기 시작하는군요.

M: 어, 이상하네요. 만일 내일 아침까지 이메일이 도착하지 않으면, ³내일 버스 출발 예정 시간보다 한 시간 전에 매표소로 바로 오세요. 저희가 이곳에서 고객님께 티켓을 발부해 드리겠습니다.

표현 정리

book 예약하다　　**receive** 받다, 수취하다
confirmation 확인　　**arrive** 도착하다

by ~까지
be due to ~할 예정이다, ~하기로 되어 있다

1. What is the woman's problem?
(A) She has not received an e-ticket.
(B) She has lost a book.
(C) She was late for work.
(D) She missed the bus.

여자의 문제점은 무엇인가?
(A) 전자 티켓을 받지 못했다.
(B) 책을 분실했다.
(C) 직장에 늦었다.
(D) 버스를 놓쳤다.

▶ **문제 해설**

여자의 문제점은 초반부 여자의 말에 등장한다. 지문에서는 반전 표현이 먼저 나와 힌트를 제시한다. 여자의 첫 번째 대사 However, I still haven't received a confirmation e-mail or e-ticket을 통해 여자가 예약한 버스의 전자 티켓을 받지 못했음을 짐작할 수 있다.

정답 (A)

2. What did the woman do last Monday?
(A) She printed a ticket.
(B) She ordered a magazine.
(C) She reserved an online ticket.
(D) She sent a package by express mail.

여자는 지난 월요일에 무엇을 했는가?
(A) 티켓을 출력했다.
(B) 잡지를 주문했다.
(C) 온라인 티켓을 예약했다.
(D) 속달 우편으로 패키지를 발송했다.

▶ **문제 해설**

질문에 등장하는 시간 키워드 last Monday를 집중해서 듣는다. 여자가 Last Monday, I booked tickets online for the 5 p.m. bus to Bristow tomorrow.라고 말한 내용을 통해 여자는 지난 월요일에 티켓을 예약했음을 알 수 있다.

정답 (C)

3. What does the man suggest the woman do?

(A) Check the mailbox
(B) Visit the ticket desk
(C) Make a reservation
(D) Check the baggage claim area

남자가 여자에게 제안한 것은 무엇인가?
(A) 우편함을 확인하라고
(B) 매표소에 방문하라고
(C) 예약을 하라고
(D) 짐 찾는 곳을 확인하라고

▶ 문제 해설

마지막 문제의 단서는 대화의 후반부에 등장한다. 남자의 두 번째 대사 just come to the ticket desk an hour before your bus is due to leave에서 여자에게 매표소에 오라고 제안하고 있다.

정답 (B)

표현 정리

lose 분실하다   miss 놓치다   reserve 예약하다
package 소포   by express mail 속달 우편으로
make a reservation 예약하다
baggage claim area 수화물 찾는 곳

Questions 4 through 6 refer to the following conversation.

M: Hi, Sally! [5]It's Peter. I'm in the conference room and am ready for my meeting with Mary, [4]but she isn't here. And she isn't answering her cell phone. Did she mention anything about arriving late?

W: Mary thought the meeting was at 2 p.m.. She must still be at the dentist.

M: When is she expected back? If she doesn't return soon, I might have to reschedule the meeting.

W: Hold on! Mary just got back. [6]I'll let her know that you are waiting for her. She'll be there as soon as possible.

M: 안녕하세요, Sally! [5]저는 Peter입니다. 저는 회의실에 있고 Mary와 회의할 준비가 돼 있는데, [4]그녀가 이곳에 없군요. 그리고 그녀는 휴대전화도 받지 않네요. 그녀가 늦게 도착한다고 말했나요?

W: Mary는 회의가 오후 2시에 있는 걸로 알고 있던데요. 아직 치과에 있을 거예요.

M: 그녀가 언제 돌아올까요? 곧 돌아오지 않으면, 회의 일정을 다시 잡아야 할 것 같네요.

W: 잠시만요! Mary가 막 도착했어요. [6]당신이 기다리고 있다고 그녀에게 말해 줄게요. 그녀는 가능한 한 빨리 그곳에 도착할 거예요.

표현 정리

answer (전화를) 받다, 응답하다
cell phone 휴대 전화
mention 간단히 말하다, 언급하다   **late** 늦게
dentist 치과 의사   **expect** 기대하다, 예상하다
return 돌아오다
reschedule 다시 세우다, 일정을 변경하다
get back 돌아오다
as soon as possible 가급적 빨리

4. What problem does the man mention?

(A) He missed a flight.
(B) He is late for a dental appointment.
(C) He has to return to work.
(D) His coworker is late.

남자가 언급한 문제점은 무엇인가?
(A) 비행기를 놓쳤다.
(B) 치과 예약에 늦었다.
(C) 회사로 돌아가야 한다.
(D) 동료가 늦었다.

남자의 문제점은 남자의 첫 번째 대사에서 찾는다. 남자의 첫 대사 but she isn't here. And she isn't answering her cell phone. Did she mention anything about arriving late?에서 Mary가 늦는다고 했으므로 (D)가 정답임을 알 수 있다.

정답 (D)

5. Where is Peter?

(A) In a conference room
(B) At a dentist's office
(C) In a café
(D) At a convenience store

Peter는 어디에 있나?

(A) 회의실에
(B) 치과에
(C) 카페에
(D) 편의점에

문제 해설

고유명사(사람 이름)는 질문의 중요한 키워드로 지문에서 사람의 이름을 잘 듣고 정답의 단서를 찾는다. 남자가 It's Peter. I'm in the conference room and am ready for my meeting with Mary,라고 말한 부분에서 정답을 알 수 있다.

정답 (A)

6. What will Sally do next?

(A) Visit the dentist
(B) Wait for a bus
(C) Arrange a seminar
(D) Talk to Mary

Sally가 무엇을 할 것인가?

(A) 치과에 방문한다.
(B) 버스를 기다린다.
(C) 세미나를 준비한다.
(D) Mary와 이야기한다.

▶ 문제 해설

Sally는 대화에 나온 여자의 이름으로 여자의 두 번째 대사에서 힌트를 찾는다. I'll let her know that you are waiting for her.에서 Mary에게 Peter가 기다린다고 전해 줄 것임을 알 수 있다.

정답 (D)

표현 정리

flight 비행편   **dental appointment** 치과 예약
coworker 동료   **dentist's office** 치과
convenience store 편의점
visit the dentist 치과에 가다
arrange 준비하다, 정리하다

Questions 7 through 9 refer to the following conversation.

W: Good afternoon. How may I assist you today?

M: Hi. [7][8]I'd like to have some business cards printed for my real estate agency. I saw the cards you printed for the law firm nearby and was very impressed. How much do you charge for your services?

W: Well, I need a few details. I need you to tell me what you'd like printed on each card and how many cards you require in total. Then, I can give you an accurate price estimate. [9]Unfortunately, due to our busy schedule, I won't be able to print them for you right away. I can get them to you in two weeks though.

M: No problem. That sounds fine. I'll get back to you with those details tomorrow. Thanks.

W: 안녕하세요. 오늘은 어떻게 도와드릴까요?

M: 안녕하세요. [7][8]제 부동산 중개소에서 쓸 명함을 인쇄하고 싶은데요. 당신이 인근 법무법인을 위해 인쇄한

명함이 인상 깊었거든요. 명함 제작에 얼마나 드나요?

W: 글쎄요, 몇 가지 세부 사항이 필요한데요. 각 카드에 인쇄될 내용이 무엇이며, 전부 얼마나 필요하신지 말씀해 주세요. 그러면 정확한 비용 견적서를 드릴 수 있습니다. **[9]유감스럽게도, 일정이 빠듯해서 지금 당장은 인쇄해 드릴 수가 없습니다.** 그렇지만 2주 후에는 명함을 당신에게 드릴 수 있습니다.

M: 괜찮아요, 좋습니다. 내일 세부 사항들을 가지고 다시 오겠습니다. 감사합니다.

표현 정리

assist 돕다, 원조하다　　**business card** 업무용 명함
real estate agency 부동산 중개소
law firm 법률 회사　　**impress** (깊은) 인상을 주다, 감동시키다　　**charge** 청구하다, 과하다
details 세부 사항　　**require** 필요로 하다
accurate 정확한　　**price estimate** 비용 견적
unfortunately 유감스럽게도　　**due to** ～ 때문에

7. What does the man need?

(A) A business card
(B) A new lawyer
(C) A printer
(D) A day off

남자가 필요로 하는 것은?

(A) 명함
(B) 새 변호사
(C) 프린터
(D) 휴가

▶ 문제 해설

남자가 필요한 것을 물었으므로 남자의 말에서 힌트를 찾는다. 남자의 첫 번째 대사 I'd like to have some business cards printed for my real estate agency.에서 정답을 알 수 있다.

정답 (A)

8. Where does the man work?

(A) A real estate agency
(B) A printing store
(C) A charity
(D) A law firm

남자가 일하는 곳은 어디인가?

(A) 부동산
(B) 인쇄소
(C) 자선 단체
(D) 법무법인

▶ 문제 해설

남자가 근무하는 장소를 물었으므로 남자의 말에서 힌트를 찾는다. 남자의 대화 I'd like to have some business cards printed for my real estate agency.에서 남자가 부동산에서 일함을 알 수 있다.

정답 (A)

9. What problem does the woman have?

(A) The man will not pay the entire amount.
(B) She cannot begin the work right away.
(C) Prices have gone down very much.
(D) She can't find a supplier.

여자의 문제는 무엇인가?

(A) 남자가 전액을 지불하지 않을 것이다.
(B) 바로 작업을 시작할 수 없다.
(C) 가격이 많이 하락했다.
(D) 공급업체를 찾을 수가 없다.

▶ 문제 해설

여자의 문제는 여자의 첫 번째 대사에서 찾는다. 문제는 주로 Unfortunately ～, I'm afraid ～와 같은 표현들과 함께 나온다. 여자의 말 Unfortunately, due to our busy schedule, I won't be able to print them for you right away.에서 여자가 바쁜 일정으로 바로 작업할 수 없음을 알 수 있다.

정답 (B)

표현 정리

business card 명함　　**day off** 휴일
real estate agency 부동산중개업소
charity 자선 단체　　**law firm** 법무법인
entire amount 전액　　**right away** 바로
go down 하락하다　　**supplier** 공급 업체

> **W:** Hello, John. I'm back from inspecting the new factory. [10]Did anyone leave a message while I was out?
>
> **M:** [10][11]Yes, Mrs. Sinclair, Mr. Hanlon, and Mr. Danson called and left messages for you. They were inquiring about the construction of the new factory. How did the inspection go?
>
> **W:** Extremely well. Thanks. [12]Construction has progressed at a very fast rate. I'm thrilled. The building project is running smoothly, and I'm sure the factory will be completed before the deadline.

W: 안녕하세요, John. 저는 새 공장을 점검하고 왔습니다. [10]제가 외출한 동안 누가 메시지를 남겼나요?
M: [10][11]네, Mrs. Sinclair와 Mr. Hanlon 그리고 Mr. Danson이 전화를 했고 당신에게 메시지를 남겼습니다. 그들은 새 공장의 공사에 관해서 물었어요. 점검은 어땠나요?
W: 매우 좋았어요. 감사합니다. [12]공사는 아주 빠른 속도로 진행되었습니다. 완전 기대되네요. 건설 계획이 순조롭게 진행되고 있고, 마감일 전에 공장이 완공되리라 확신합니다.

표현 정리

inspect 점검하다, 검열하다   **inquire** 묻다, 알아보다
construction 건축, 건설 공사
extremely 매우, 몹시
progress 진행되다, 진척되다
at a fast rate 빠른 속도로, 급속도로
run smoothly 순조롭게 되어가다
deadline 마감 기한, 최종 기한

10. Who most likely is the man?
(A) A secretary
(B) A client
(C) A factory inspector
(D) A superintendent

남자는 누구일 것 같은가?
(A) 비서
(B) 고객
(C) 공장 감독관
(D) 현장 관리인

▶ **문제 해설**
남자의 직업을 묻는 문제로 대화 초반부에 메시지를 남긴 사람이 있는지 묻는 여자의 질문에 Yes, Mrs. Sinclair, Mr. Hanlon and Mr. Danson called and left messages for you.라고 남자가 답하고 있으므로 남자가 비서임을 알 수 있다.
정답 (A)

11. What did Mr. Hanlon and Mr. Danson do?
(A) Submitted a proposal
(B) Inspected the factory
(C) Left some messages
(D) Designed a factory

Mr. Hanlon과 Mr. Danson은 무슨 일을 했나?
(A) 제안서를 제출했다.
(B) 공장을 점검했다.
(C) 메시지를 남겼다.
(D) 공장을 디자인했다.

▶ **문제 해설**
질문에 사람 이름이 등장하면 단서를 찾는 중요한 키워드가 되므로 대화 속에서 잘 들어야 한다. 남자의 말 Yes, Mrs. Sinclair, Mr. Hanlon and Mr. Danson called and left messages for you.에서 전화를 하고 메시지를 남겼음을 알 수 있다.
정답 (C)

12. What does the woman say about the construction?

(A) It is behind schedule.
(B) It is ahead of schedule.
(C) It is on schedule.
(D) It has been postponed.

여자가 공사에 대해 뭐라고 말하는가?
(A) 예정보다 지체되고 있다.
(B) 예정보다 빨리 진행되고 있다.
(C) 예정대로 진행하고 있다.
(D) 공사가 연기되었다.

▶ 문제 해설
여자의 말 Construction has progressed at a very fast rate. I'm thrilled. The building project is running smoothly, and I'm sure the factory will be completed before the deadline.에서 공사가 예정보다 빨리 진행됨을 알 수 있다.
정답 (B)

표현 정리

client 고객　**inspector** 감독관
superintendent 관리자　**submit** 제출하다
leave a message 메시지를 남기다
construction 공사
behind schedule 예정보다 늦은
ahead of schedule 일정보다 이른
on schedule 예정대로　**postpone** 연기하다

Questions 13 through 15 refer to the following conversation.

M: Hello! I'm Richard Dawkins. [13]I have an appointment with Dr. Singh to discuss my blood test results.
W: [14]Dr. Singh is with a patient right now, but please take a seat in the waiting room and feel free to browse the medical information pamphlets. Are you a new patient?

M: Yes, [15]my friend Rita Hughes recommended Dr. Singh to me.
W: Oh, I went to university with Rita! I haven't seen her for such a long time. How is she these days?

M: 안녕하세요! Richard Dawkins입니다. [13]제 혈액 검사 결과에 대해 Dr. Singh과 얘기하기로 약속이 되어 있는데요.
W: [14]Dr. Singh은 지금 환자분과 함께 계십니다. 대기실에 편히 앉아 계시면서 의학 정보 팸플릿을 보고 계세요. 초진 환자신가요?
M: 네, [15]제 친구 Rita Hughes가 Dr. Singh을 제게 추천했습니다.
W: 저는 Rita와 대학을 같이 다녔어요! 오랫동안 그녀를 보지 못했는데, 요즘 그녀는 어떻게 지내나요?

표현 정리

have an appointment 약속이 있다
patient 환자　**take a seat** 앉다
feel free to + 동사원형 편히 ~하다
browse 훑어보다　**recommend** 추천하다

13. Who is the man talking to?
(A) A receptionist
(B) A dentist
(C) A student
(D) A professor

남자가 대화를 나누는 사람은 누구인가?
(A) 접수계원
(B) 치과의사
(C) 학생
(D) 교수

▶ 문제 해설
대화를 나누는 장소나 사람의 직업에 대한 단서는 대화의 초반부에서 찾는다. 남자의 첫 번째 대사 I have an appointment with Dr. Singh to discuss my blood test results.에서 상대방 여자의 직업이 접수계원임을 알 수 있다.
정답 (A)

14. What is Dr. Singh doing right now?

(A) Talking to a patient

(B) Writing a letter of recommendation

(C) Getting a physical checkup

(D) Visiting a university friend

Dr. Singh은 지금 무엇을 하고 있는가?

(A) 환자와 이야기 중

(B) 추천서 작성 중

(C) 신체검사를 받는 중

(D) 대학 친구를 방문 중

▶ **문제 해설**

질문에 등장하는 사람 이름에 집중하며 듣는다. 대화의 초반부 Dr. Singh is with a patient right now에서 환자와 이야기 중임을 알 수 있다. 또 질문 속 right now 역시 중요한 키워드가 될 수 있다.

정답 (A)

15. How did the man know about Dr. Singh?

(A) He read an article about Dr. Singh.

(B) Dr. Singh went to college with him.

(C) A friend recommended Dr. Singh to him.

(D) He was Dr. Singh's patient.

남자는 Dr. Singh을 어떻게 알았나?

(A) Dr. Singh에 대한 기사를 읽었다.

(B) Dr. Singh이 남자와 같은 대학을 다녔다.

(C) 친구가 남자에게 Dr. Singh을 추천했다.

(D) Dr. Singh의 환자였다.

▶ **문제 해설**

남자의 말에서 답을 찾을 수 있다. my friend Rita Hughes recommended Dr. Singh to me에서 친구의 추천으로 Dr. Singh을 알게 되었음을 알 수 있다.

정답 (C)

표현 정리

receptionist 접수계원　　**patient** 환자

recommendation 추천

physical checkup 신체검사

recommend 추천하다

Questions 16 through 18 refer to the following conversation.

W: Welcome to the Dayton Group Building. How can I help you today?

M: Hi, [16]I'm here for the management training seminar.

W: Okay, great. You're here for the 2:30 seminar, right?

M: Yes. The person I talked to on the phone said it would be held in Meeting Room 402.

W: Let me check. [17]**Actually**, the seminar has been moved to 201. [16]That's fairly close to the reception area here. [18]**Can you** write down your name and telephone number here, please?

M: No problem. Is the seminar going to start on time? I'm afraid I might be late.

W: You're okay. You still have five minutes.

W: Dayton Group Building에 오신 것을 환영합니다. 오늘 무엇을 도와드릴까요?

M: 안녕하세요. [16]저는 경영진 교육 세미나에 참석하기 위해 왔습니다.

W: 알겠습니다, 좋습니다. 2시 30분에 열리는 세미나에 오신 것이 맞으시죠?

M: 네. 제가 전화상으로 이야기를 나눴던 분께서 402호 회의실에서 열릴 것이라고 말씀해 주셨어요.

W: 확인해 보겠습니다. [17]실은 그 세미나가 **201호**로 변경되었습니다. [16]여기 접수 구역에서 상당히 가까이 있는 곳입니다. [18]성함과 전화번호를 여기에 적어 주시겠습니까?

M: 알겠습니다. 세미나가 정시에 시작되는 건가요? 제가 좀 늦을 것 같아서요.

W: 괜찮습니다. 아직 시간이 5분 더 있습니다.

표현 정리

How can I help you? 무엇을 도와드릴까요?
management 경영(진), 운영(진)
training 교육, 훈련　　**on the phone** 전화상으로
be held in ~에서 열리다
let A do A가 ~하게 하다　　**actually** 실은, 사실은
be moved to (장소 등이) ~로 옮겨지다, 변경되다
fairly 상당히, 꽤　　**close to** ~와 가까운
reception area 접수 구역
write down ~을 적다, 기재하다
No problem 좋습니다, 괜찮습니다, 문제없습니다
on time 정시에, 제때
I'm afraid (부정적인 일에 대해) ~인 것 같습니다

16. Where is the conversation most likely taking place?

(A) In a manager's office
(B) At a sales counter
(C) In a restaurant
(D) At a reception desk

대화가 어디에서 이뤄지고 있을 가능성이 큰가?
(A) 부서장의 사무실에서
(B) 판매대에서
(C) 식당에서
(D) 접수 데스크에서

▶ **문제 해설**
대화 장소를 묻는 문제이므로 화자들의 대화에서 제시되는 특정 어휘나 표현을 통해 파악해야 한다. 대화 초반에 남자가 말하는 I'm here for the management training seminar.라는 문장에서 부사 here를 통해 세미나 장소에 와 있다는 것을 알리고 있고, 뒤이어 여자가 세미나 시간 및 장소를 확인해 주는 내용으로 대화가 진행되고 있으므로 '접수 데스크'를 뜻하는 (D)가 대화 장소로 적절하다. 대화 후반부로 가면서 여자가 That's fairly close to the reception area here.라는 직접 장소를 언급하는 부분을 통해서도 정답을 찾을 수 있다.
정답 (D)

17. In which room is the seminar being held?

(A) Room 401
(B) Room 402
(C) Room 201
(D) Room 202

어느 회의실에서 세미나가 열리는가?
(A) 401호실
(B) 402호실
(C) 201호실
(D) 202호실

▶ **문제 해설**
세미나가 열리는 회의실 번호를 찾는 문제이다. 대화 중반에 회의실 장소와 관련해 여자가 Actually라는 반전 표현과 함께 the seminar has been moved to 201.라는 말로 201호실로 변경되었다고 알리고 있다.
정답 (C)

18. What information does the woman ask for?

(A) The man's social security number
(B) The man's appointment time
(C) The man's contact information
(D) The man's entrance fee

여자는 무슨 정보를 요청하는가?
(A) 남자의 사회보장번호
(B) 남자의 예약 시간
(C) 남자의 연락처
(D) 남자의 입장료

▶ **문제 해설**
질문에 쓰인 woman과 ask for가 키워드이므로 여자의 말에서 언급되는 요청 표현을 통해 단서를 파악해야 한다. 대화 후반부의 Can you write down your name and telephone number here, please?에서 여자가 Can you ~?라는 요청 표현과 함께 이름과 전화번호를 적어 달라고 요청하고 있으므로 이를 contact information으로 바꿔 제시하고 있다.
정답 (C)

표현 정리

take place 일어나다, 발생되다
sales counter 판매대　　**ask for** ~을 요청하다
social security number 사회보장번호

appointment 예약, 약속
contact information 연락처
entrance fee 입장료

Questions 19 through 21 refer to the following conversation.

M: Good afternoon. [19]Welcome to Harman Hall.

W: Hello. [19]I'm looking for a ticket that will allow me to see all of the hall's exhibits over the next few days.

M: Okay, I can offer you the Harman Gold Pass. [20]This will allow you to visit every exhibit, at your own leisure, over the next 3 days. It will cost you $8.

W: [20]What a deal! Also, is there anything special taking place here during that time?

M: Let me check. [21]Yes, there will be a special talk by a famous art historian, Steven Piper, at 3 p.m. this afternoon.

W: Wonderful. I'll be sure to check it out.

M: 안녕하세요. [19]Harman Hall에 오신 것을 환영합니다.

W: 안녕하세요. [19]앞으로 며칠 동안 행사장 내 모든 전시물을 관람할 수 있는 입장권을 찾고 있습니다.

M: 알겠습니다. Harman Gold Pass를 제안해 드릴 수 있습니다. [20]이 입장권은 앞으로 3일 동안 시간 되실 때 모든 전시회장을 방문하실 수 있습니다. 가격은 8달러입니다.

W: [20]좋은 조건이네요! 그리고 그 기간 동안 여기서 열

리는 특별한 행사가 있나요?

M: 확인해 보겠습니다. [21]네, 오늘 오후 3시에 유명 미술 역사가이신 Steven Piper께서 진행하시는 특별 강연이 있을 예정입니다.

W: 좋네요. 꼭 확인해 보도록 할게요.

표현 정리

look for ~을 찾다
allow A to do A가 ~할 수 있게 하다
exhibit 전시(회), 전시품 **over** ~에 걸쳐, ~ 동안
at one's leisure ~가 시간이 날 때, 한가할 때
cost A B A에게 B의 비용을 들게 하다
deal 거래(조건), 제공 서비스
take place 일어나다, 개최되다 **famous** 유명한
historian 역사가 **be sure to do** 꼭 ~하다
check out ~을 확인해 보다

19. Where is the conversation most likely taking place?
(A) At a shopping mall
(B) At a museum
(C) At a movie theater
(D) At a restaurant

대화가 어디에서 이뤄지고 있을 가능성이 큰가?
(A) 쇼핑몰에서
(B) 박물관에서
(C) 영화관에서
(D) 식당에서

▶ 문제 해설

대화 장소를 묻는 문제이므로 화자들의 말에서 언급되는 특정 어휘나 표현을 통해 단서를 찾아야 한다. 대화를 시작하면서 남자는 Welcome to Harman Hall.이라는 말로 특정 장소를 말하고 있는데, 이어지는 말 I'm looking for a ticket that will allow me to see all of the hall's exhibits over the next few days.에서 여자가 며칠 동안 모든 전시회를 볼 수 있는 입장권에 관해 이야기하고 있으므로 대화 장소가 박물관임을 알 수 있다.

정답 (B)

20. Why does the woman say, "What a deal"?

(A) She is inquiring about special offers.
(B) She is answering a question.
(C) She is disappointed and annoyed.
(D) She is pleased about some information.

여자는 왜 "What a deal"이라고 말하는가?
(A) 특별 제공 서비스에 관해 문의하고 있다.
(B) 질문에 답변하고 있다.
(C) 실망스럽고 짜증이 난다.
(D) 정보에 대해 기쁘게 생각한다.

▶ 문제 해설

질문을 먼저 읽어서 해당 표현을 확인해 둔 후 대화 속에서 그 표현이 제시될 때 앞뒤에 함께 언급되는 말을 통해 상황에 어울리는 의미를 찾아야 한다. 이 대화에서 여자는 남자가 알려주는 입장권 정보에 대해 What a deal! 이라고 반응하고 있는데, 이는 좋은 거래 조건에 대한 반응이다.

정답 (D)

21. What does the man say will happen later this afternoon?

(A) A meal will be offered.
(B) A performance will be held.
(C) A speech will be given.
(D) A documentary will be shown.

남자는 오늘 오후에 무슨 일이 있을 거라고 말하는가?
(A) 식사가 제공될 것이다.
(B) 공연이 열릴 것이다.
(C) 연설이 있을 것이다.
(D) 다큐멘터리가 상영될 것이다.

▶ 문제 해설

질문에 제시된 시점 표현 this afternoon을 통해 단서를 찾아야 한다. 대화 후반부에 남자는 Yes, there will be a special talk by a famous art historian, Steven Piper, at 3 p.m. this afternoon.이라는 말로 해당 시점 표현과 함께 special talk에 대해 언급하고 있으므로 이를 speech로 바꿔 제시하고 있다.

정답 (C)

표현 정리

inquire about ~에 관해 문의하다
disappointed 실망한   **annoyed** 짜증이 난
be pleased about ~에 대해 기쁘게 생각하다
meal 식사   **performance** 공연
give a speech 연설하다
documentary 다큐멘터리

Questions 22 through 24 refer to the following conversation.

W: Hey, guys. Thanks for stopping by my office. What can I do for you?

M1: Hi, Ms. Garland. [22][23]**We were just wondering if** you had picked a place for the company's annual Christmas party this year.

M2: Yes, [23]have you decided on where we will be going?

W: I have. This year, our party will be held at Rico's Italian Restaurant on 8th Avenue.

M1: Okay, great. I'll call and make a reservation when I get back to my office.

M2: And I suppose I should let the other employees know the details.

W: Oh, don't worry about it. [24]I will send a message to the staff. Tell them to check their inboxes before they go home.

M2: Okay. Thanks, Ms. Garland.

W: 여러분, 안녕하세요. 제 사무실에 들러 주셔서 감사합니다. 무엇을 도와드릴까요?

M1: 안녕하세요, Ms. Garland. [22][23]올해 열릴 사내 연례 크리스마스 파티 장소를 선정하셨는지 궁금했어요.

M2: 맞아요, ²³**저희가 어디로 가는지 결정하셨어요?**

W: 했습니다. 올해는, 파티가 8번 가에 있는 Rico's 이탈리아 식당에서 열릴 거예요.

M1: 네, 좋습니다. 제 사무실로 돌아가면 전화를 걸어서 예약하겠습니다.

M2: 그리고 저는 다른 직원들에게 상세 정보를 알려주어야 할 것 같습니다.

W: 아, 그건 걱정하지 마세요. ²⁴**제가 직원들에게 메시지를 보낼게요. 직원들에게 퇴근 전에 수신함을 확인해 보라고 얘기해 주세요.**

M2: 알겠습니다. 감사합니다, Ms. Garland.

표현 정리

stop by ~에 들르다   **wonder if** ~인지 궁금하다
pick ~을 고르다, 정하다   **annual** 연례의, 해마다의
decide on ~을 결정하다
be held at ~에서 열리다, 개최되다
make a reservation 예약하다
get back to ~로 돌아가다
suppose (that) ~라고 생각하다
let A know: A에게 알리다
details 상세 정보
worry about ~에 관해 걱정하다
tell A to do: A에게 ~하라고 말하다
inbox (이메일 등의) 수신함

22. Who most likely is the woman?
(A) The men's receptionist
(B) The men's assistant
(C) The men's security guard
(D) The men's supervisor

여자는 누구일 가능성이 큰가?
(A) 남자들의 접수 담당자
(B) 남자들의 조수
(C) 남자들의 보안 담당자
(D) 남자들의 상사

▶ 문제 해설
여자의 신분을 파악하는 문제이므로 화자들 간의 관계를 먼저 확인해 봐야 한다. 대화 초반부 남자1의 말 We were just wondering if you had picked a place for the company's annual Christmas party this year.에서 We were just wondering if ~라는 표현으로 단서를 제시하며 파티 장소를 정했는지 확인하는 말을 하고 있으므로 여자가 결정권자임을 알 수 있다. 따라서 (D)가 여자의 신분으로 가장 적절하다.
정답 (D)

23. What do the men inquire about?
(A) The venue for an event
(B) The date of an office party
(C) The phone number of a client
(D) The office hours of an employee

남자들은 무엇에 관해 문의하는가?
(A) 행사 장소
(B) 사무실 파티 날짜
(C) 한 고객의 전화번호
(D) 한 직원의 근무 시간

▶ 문제 해설
the men과 inquire가 질문의 키워드이므로 남자들의 말에서 언급되는 질문이나 문의 관련 표현에서 단서를 찾아야 한다. 대화 초반부에 두 남자는 We were just wondering if ~라는 표현과 have you decided on ~이라는 말로 여자에게 묻는 부분이 있는데, 여기서 공통적으로 '파티를 여는 장소'에 관해 궁금해 하고 있다.
정답 (A)

24. What will the woman probably do next?
(A) Make a reservation
(B) Write an e-mail
(C) Make a conference call
(D) Hold a meeting

여자는 곧이어 무엇을 할 것 같은가?
(A) 예약을 한다.
(B) 이메일을 쓴다.
(C) 전화 회의를 연다.
(D) 회의를 개최한다.

▶ 문제 해설
여자가 곧이어 할 일을 묻는 문제이므로 대화 후반부에 제시되는 여자의 말에 나타난 미래 표현이나 의지 관련

표현에서 단서를 찾아야 한다. 파티 장소와 관련해 여자는 대화 후반부에 I'll ~이라는 표현과 함께 자신이 미래 시점에 할 일을 알리고 있다. I will send a message to the staff. Tell them to check their inboxes before they go home.에서 여자는 이메일을 이용해 메시지를 보낼 생각이라는 것을 알 수 있다.

정답 (B)

표현 정리

receptionist 접수 담당자　　**assistant** 조수, 비서
supervisor 상사, 책임자
venue (개최) 장소　　**conference call** 전화 회의

Questions 25 through 27 refer to the following conversation.

W: Hi, guys. ²⁵What are you going to do during the holiday? Now that we have a four-day weekend, ²⁵I imagine you have some exciting plans.

M1: Not me. I'm just going to stay home and do some work around the house. However, Bill's going to Jamaica tomorrow morning.

W: Wow! Sounds like you're going to have a lot of fun.

M2: Yeah, I'm really excited to get away for a week. Do you have any plans, Rachel?

W: Actually, I'm just about to leave. ²⁶I'm going to drive up to New Haven and visit my old college roommates for a few days. It should be fun.

M1: Nice. Do you think you'll be able to get there tonight? I imagine traffic will be horrible.

W: You're right. ²⁷I had better get going. Take it easy.

W: 여러분, 안녕하세요. ²⁵여러분은 휴일 동안 무엇을 할 예정이세요? 주말에 4일 동안 쉬게 되니까, ²⁵뭔가 신나는 계획들이 있을 것 같아서요.

M1: 저는 아니에요. 저는 그저 집에 있으면서 집 주변을 정리할 생각입니다. 하지만 Bill은 내일 아침에 Jamaica로 갈 계획이에요.

W: 와우! 정말 즐거운 시간이 되실 것 같아요.

M2: 네, 일주일 동안 멀리 떠나는 게 정말로 신나요. 무슨 계획이라도 있으세요, Rachel?

W: 실은, 지금 막 떠나려던 참이에요. ²⁶저는 New Haven 지역으로 차를 몰고 가서 예전에 대학생이었을 때의 룸메이트들을 며칠 동안 방문할 겁니다. 재미있을 거예요.

M1: 잘됐네요. 오늘 밤에 그곳에 도착할 수 있을 것 같으신가요? 교통량이 끔찍할 것 같아서요.

W: 맞아요. ²⁷어서 빨리 가야겠어요. 연휴 잘 보내세요.

표현 정리

during ~ 동안　　**now that** ~이므로
imagine (that) ~라고 생각하다
exciting 신나게 하는, 흥분되게 하는　　**plan** 계획
stay home 집에 머무르다　　**around** ~의 주변에
however 하지만　　**sound like** ~인 것 같다
have a lot of fun 정말 즐거운 시간을 보내다
be excited to do ~해서 신나다, 흥분돼다
get away 멀리 떠나다　　**actually** 실은, 사실은
be about to do 막 ~하려 하다　　**leave** 떠나다
drive up to ~까지 쭉 차를 몰고 가다
be able to do ~할 수 있다　　**get there** 거기로 가다
traffic 교통(량)　　**horrible** 끔찍한
had better + 동사원형: ~하는 게 낫다
get going 출발하다
take it easy 잘 가세요, 또 봐요

25. What are the speakers mainly discussing?
(A) A business closure
(B) A travel itinerary
(C) Vacation plans
(D) Restaurant reservations

화자들은 주로 무엇에 관해 이야기하고 있는가?
(A) 한 업체의 폐쇄
(B) 여행 일정표
(C) 휴가 계획
(D) 식당 예약

▶ **문제 해설**

대화 주제를 묻는 문제이므로 초반부에 집중해 들어야
한다. 대화를 시작하면서 여자가 휴가 기간에 무엇을
할 것인지 What are you going to do during the
holiday?라고 묻고 있고, 뒤이어 다른 화자들이 뭔가
신나는 걸 계획하는 일이 있는지 I imagine you have
some exciting plans.라고 언급하고 있으므로 휴가
계획에 대해 얘기하고 있음을 알 수 있다.

정답 (C)

26. Who is the woman planning to meet?

(A) Her business associates
(B) Her parents
(C) Her new employer
(D) Her friends from college

여자는 누구를 만날 계획인가?
(A) 사업상 동업자
(B) 부모님
(C) 새 고용주
(D) 대학 시절의 친구들

▶ **문제 해설**

여자가 만나려고 계획하는 사람이 질문의 핵심이므
로 여자의 말에서 미래 행동 표현과 함께 제시되는 정
보를 파악해야 한다. 대화 중반부에, 여자의 계획을 묻
는 한 남자의 질문에 대해 여자는 I'm going to drive
up to New Haven and visit my old college
roommates for a few days.라고 언급하며 I'm
going to ~라는 미래 행동 표현을 통해 대학 시절의 룸
메이트들을 만나러 간다고 알리고 있으므로 (D)가 정답
이다.

정답 (D)

27. Why does the woman say, "Take it easy"?

(A) She is welcoming another friend.
(B) She is answering a question.
(C) She is saying goodbye.
(D) She would like to hear some suggestions.

여자는 왜 "Take it easy"라고 말하는가?
(A) 또 다른 친구를 환영하고 있다.
(B) 질문에 답변하고 있다.
(C) 작별 인사를 하고 있다.
(D) 몇 가지 제안 사항을 듣고자 한다.

▶ **문제 해설**

Take it easy.라는 표현은 대화 마지막에 제시되는 여
자의 말에서 들을 수 있는데, 이 말에 앞서 I had better
get going.이라는 말로 지금 출발해야 한다고 알리고
있으므로 헤어질 때 하는 인사로 Take it easy.라는 표
현을 사용했다는 것을 알 수 있다.

정답 (C)

표현 정리

closure 폐쇄　**itinerary** 여행 일정(표)
reservation 예약　**associate** 동업자
would like to do ~하고자 하다, ~하고 싶다
suggestion 제안

Questions 28 through 30 refer to the following conversation and information.

M: Excuse me, Sandra. [28]I'm just checking that you'll be coming to our meeting tomorrow.

W: Yes, Mr. Matthews, [29]but I'm not sure I'll be there at 9 a.m. I'll need to finish preparing the exam schedule tomorrow.

M: That should be fine, as long as you get there by around 9:10.

W: No problem. I have some important points to discuss with the business school dean.

M: Well, that's why we are holding the meeting. We all need to coordinate our schedules for the next few months.

W: Exactly. So, is everyone planning to join the meeting?

M: All of the deans will be attending, [30]but the math professor is unable to make it due to a heavy workload.

W: I see. No problem. I'll see you tomorrow then.

Redbridge University Meeting (February 2)	
Name	**Position**
Bernie Matthews	President
Giles O'Keefe	Dean of the Business School
Sandra Livingstone	Dean of the School of Arts
Roger Stainrod	Dean of the Science School
[30]**John Bartholemew**	**Professor (Mathematics)**
Mary Cunningham	Professor (English)

M: 실례합니다, Sandra. [28]내일 있을 저희 회의에 오시는지 확인하려고 합니다.

W: 네, Mr. Matthews, [29]하지만 오전 9시에 갈수 있을지는 확실하지 않아요. 시험 일정 준비를 내일 끝마쳐야 해요.

M: 대략 오전 9시 10분쯤까지 오시기만 하면 괜찮으실 거예요.

W: 좋습니다. 경영대학원 학장님과 논의해야 할 몇 가지 중요한 사안들이 있어요.

M: 저, 그게 우리가 회의를 여는 이유입니다. 우리 모두 앞으로 몇 달 동안은 일정을 조정해야 해요.

W: 맞습니다. 그래서 모든 분들이 회의에 참석하실 계획이신가요?

M: 모든 학장님들께서 참석하실 예정이지만, [30]수학과 교수님은 과중한 업무로 인해 오시지 못할 겁니다.

W: 알겠습니다. 괜찮아요. 그럼 내일 뵙도록 하겠습니다.

Redbridge 대학 회의(2월 2일)	
성명	**직위**
Bernie Matthews	총장
Giles O'Keefe	경영 대학원 학장
Sandra Livingstone	미술 대학 학장
Roger Stainrod	이과 대학 학장
[30]**John Bartholemew**	교수(수학과)
Mary Cunningham	교수(영어학과)

표현 정리

check that ~인지 확인하다
be sure (that) ~임이 확실하다
need to do ~해야 하다　**prepare** ~을 준비하다
exam 시험　**as long as** ~하기만 한다면, ~하는 한
get there 그곳에 가다　**by** (기한) ~까지
around 대략, 약　**point** 사안, 요점
discuss ~을 논의하다　**dean** 학장
hold ~을 열다, 개최하다
coordinate ~을 조정하다
Exactly. 맞습니다, 그렇습니다.
plan to do ~할 계획이다　**join** ~에 함께하다
attend ~에 참석하다
be unable to do ~할 수 없다
make it 가다, 도착하다　**due to** ~로 인해

workload 업무량   **then** 그럼, 그렇다면

28. Why does the man speak to the woman?
(A) To ask about an exam schedule
(B) To check a meeting time
(C) To request her assistance
(D) To confirm her attendance

남자는 왜 여자와 이야기를 하는가?
(A) 시험 일정에 관해 묻기 위해
(B) 회의 시간을 확인하기 위해
(C) 도움을 요청하기 위해
(D) 참석 여부를 확인하기 위해

▶ **문제 해설**

남자는 대화를 시작하면서 자신이 원하는 바를 I'm just checking that you'll be coming to our meeting tomorrow.와 같이 알리고 있다. 이는 상대방이 회의에 오는지를 확인하려고 한다는 뜻이므로 confirm her attendance로 바꿔 표현한 (D)가 정답이다.

정답 (D)

29. What problem does the woman mention?
(A) She requires a deadline extension.
(B) She may be late for a meeting.
(C) She has misplaced a schedule.
(D) She needs to take some time off.

여자는 무슨 문제점을 언급하는가?
(A) 마감 시한 연장을 요청하고 있다.
(B) 회의에 늦을 수도 있다.
(C) 일정표를 잃어버렸다.
(D) 얼마간의 휴식을 취해야 한다.

▶ **문제 해설**

problem과 woman이 질문의 핵심이므로 여자의 말에서 언급되는 문제점을 파악해야 한다. 회의 참석 여부와 관련된 남자의 말에 대해 여자는 참석한다고 밝히면서 but이라는 반전 표현을 이용해 문제점이 있다는 것을 알리고 있다. 이때 제시되는 but I'm not sure I'll be there at 9 a.m.이라는 말은 제시간에 가지 못한다는

의미이므로 (B)가 정답이다.
정답 (B)

30. Look at the graphic. Who will most likely not attend the meeting on February 2?
(A) Giles O'Keefe
(B) Roger Stainrod
(C) John Bartholemew
(D) Mary Cunningham

도표를 보시오. 누가 2월 2일 회의에 참석하지 않을 가능성이 큰가?
(A) Giles O'Keefe
(B) Roger Stainrod
(C) John Bartholemew
(D) Mary Cunningham

▶ **문제 해설**

대화 후반부에 회의 참석자와 관련된 정보가 언급되는 남자의 말에서 반전 표현 but 다음에 제시되는 단서를 확인할 수 있다. 참석자에 관해 상대방에게 이야기한 남자는 but 다음에 참석할 수 없는 사람에 관해 the math professor is unable to make it due to a heavy workload와 같이 알리고 있으므로 도표에 제시된 수학 교수의 이름인 (C) John Bartholemew가 정답이다.

정답 (C)

표현 정리

ask about ~에 관해 묻다   **request** ~을 요청하다
confirm ~을 확인하다, 확정하다
attendance 출석, 참석   **extension** 연장
misplace ~을 잃어버리다, ~을 둔 곳을 잊다
take some time off 얼마간의 휴식을 취하다

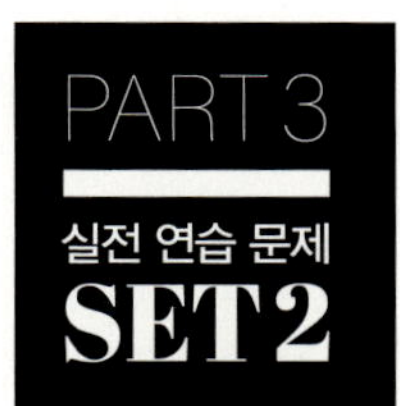

Questions 1 through 3 refer to the following conversation.

> **W:** Even though [1]our company did all the promoting for this theater production and I worked very hard on it, this is the first time I've actually come to see the play.
> **M:** Yeah, me, too. [2]I read in some online reviews that the lead actors in the play are outstanding. That's why I thought we should bring our new clients here first before we discuss their upcoming project.
> **W:** Good idea! [3]So they can enjoy the performance and also get to see a lot of our promotional work inside the venue. It might inspire them to choose us to promote their own theater production.

W: 비록 [1]저희 회사가 이 연극 제작을 위한 모든 홍보를 했고, 저도 아주 열심히 노력했지만, 제가 실제 연극을 보러 온 것은 이번이 처음입니다.

M: 네, 저도 그래요. [2]저는 이 연극의 주연급 배우들이 훌륭하다는 온라인 논평들을 읽었습니다. 그래서 새 고객들의 향후 프로젝트에 대해 논의하기 전에 그분들을 이곳으로 먼저 모셔야겠다고 생각했습니다.

W: 좋은 생각이에요! [3]그러면 그들이 공연을 즐길 수 있고, 또 극장 내부에 있는 우리의 많은 홍보물들을 접할 수 있겠네요. 그게 그들의 연극 작품을 홍보하는 데 우리를 선택하도록 자극을 줄지 모릅니다.

표현 정리

even though 비록 ~이지만   **actually** 실제로
review 비평, 평론   **lead actor** 주연 배우
outstanding 뛰어난, 훌륭한
discuss 논의하다, 토론하다
upcoming 다가오는, 곧 있을
performance 공연, 연주
venue 개최 장소, (일하는) 장소
inspire 고무하다, 고취하다

1. Where does the woman most likely work?
(A) At a theater
(B) At a magazine company
(C) At a newspaper
(D) At a promotion company

여자는 어디에서 근무할 것 같은가?
(A) 극장에서
(B) 잡지사에서
(C) 신문사에서
(D) 홍보 회사에서

▶ 문제 해설
여자가 근무하는 장소를 물었으므로 여자의 말에서 힌트를 찾는다. our company did all the promoting for this theater production에서 여자가 홍보 회사에서 일하고 있음을 알 수 있다.
정답 (D)

2. What does the man say about the play?
(A) The performance was canceled.
(B) Tickets need to be booked in advance.
(C) The lead actors are great.
(D) His friends strongly recommended it.

연극에 대해 남자가 뭐라고 말하는가?
(A) 공연이 취소됐다.
(B) 티켓을 미리 예약해야 한다.
(C) 주연 배우들이 뛰어나다.
(D) 친구들이 그 연극을 강력히 추천했다.

► 문제 해설

질문의 키워드는 play이다. 남자가 연극에 대해 언급한 것을 묻는 문제이므로 남자의 대사에 초점을 맞춰 듣는다. 남자의 대사 I read in some online reviews that the lead actors in the play are outstanding. 에서 주연 배우들이 훌륭하다는 논평을 읽었다고 언급하고 있다.

정답 (C)

3. What does the woman want the clients to see at the venue? (A) Theater history
(B) The table arrangements
(C) Some promotional work
(D) The actors' costumes

여자는 고객들이 무엇을 보기를 원하는가?
(A) 극장의 역사
(B) 테이블 배치
(C) 홍보물
(D) 배우들의 의상

► 문제 해설

여자의 마지막 대사 So they can enjoy the performance and also get to see a lot of our promotional work inside the venue.에서 여자는 고객들이 극장 내에 있는 많은 홍보물을 보기를 기대한다는 것을 알 수 있다.

정답 (C)

표현 정리

promotion company 홍보 업체
performance 공연   **in advance** 미리
lead actor 주연 배우   **venue** 장소, 공연장
arrangements 채비, 준비   **promotional** 홍보의
costume 의상, 복장

Questions 4 through 6 refer to the following conversation.

W: ⁴Are you going to the firm's Christmas party on Wednesday? It sounds like it will be very fun.
M: I hope I can make it, ⁵but I have so many reports to finish this week.
I have several tasks to finish by Thursday and some by Friday, too.
I might have to work all day Wednesday.
W: Well, most of my work will be due on Tuesday, and I'm nearly done already. ⁶I could give you a hand with some of your reports if you'd like.
M: You'd really do that? Thanks! Maybe I'll make it to the party after all.

W: ⁴수요일에 있을 회사 크리스마스 파티에 가실 거예요? 매우 재미있을 것 같던데요.
M: 저도 갈 수 있으면 좋겠지만, ⁵이번 주에 끝내야 할 보고서들이 너무 많아서요. 목요일까지 마쳐야 할 작업이 몇 개 있고, 금요일까지 마쳐야 할 것도 몇 개 있어요. 아마 수요일에는 온 종일 일해야만 할 것 같아요.
W: 제가 할 일은 대부분 화요일이 마감이거든요. 이미 거의 마쳤고요. ⁶원한다면 보고서 몇 개를 제가 도와드릴 수 있어요.
M: 정말 그렇게 해주시겠어요? 고마워요! 아마 결국에는 파티에 갈 수 있겠는걸요.

표현 정리

make it (장소에) 이르다, 해내다
due (언제) ~하기로 되어 있는   **give a hand** 돕다
after all 결국, 마침내

4. **What will be held on Wednesday?**
(A) An awards' ceremony
(B) A film festival
(C) A company's Christmas party

(D) A New Year's party

수요일에 무엇이 열릴 것인가?
(A) 시상식
(B) 영화제
(C) 회사 크리스마스 파티
(D) 신년 파티

▶ 문제 해설

Wednesday가 질문의 키워드이며, 대화 초반부 여자의 말 Are you going to the firm's Christmas party on Wednesday?에서 수요일에 크리스마스 파티가 있다는 것을 알 수 있다.

정답 (C)

5. What does the man have to do this weekend?

(A) He has to finish checking the inventory.
(B) He has to finish many reports.
(C) He has to collect customer feedback.
(D) He has to make a reservation.

남자는 이번 주말에 무엇을 해야 하는가?
(A) 재고 확인을 마무리해야 한다.
(B) 많은 보고서들을 마무리해야 한다.
(C) 고객 의견을 수집해야 한다.
(D) 예약을 해야 한다.

▶ 문제 해설

this weekend가 질문의 키워드이다. 또 남자의 말에 나오는 반전 표현인 but에 주의한다. but I have so many reports to finish this week라는 말에서 남자가 이번 주말에 보고서를 마무리해야 함을 알 수 있다.

정답 (B)

6. What does the woman say she will do?

(A) Work overtime
(B) Book a venue
(C) Arrange the company party
(D) Help the man finish his reports

여자는 무엇을 할 것이라고 말하는가?
(A) 초과 근무를 한다.
(B) 장소를 예약한다.
(C) 회사 파티를 준비한다.
(D) 남자가 보고서 작성 끝내는 것을 도와준다.

▶ 문제 해설

미래 행동을 묻는 문제는 주로 대화 후반부에 답이 나온다. 여자의 말 I could give you a hand with some of your reports if you'd like.에서 여자가 남자를 도울 것임을 알 수 있다.

정답 (D)

표현 정리

award 상, 수여   **film festival** 영화제
inventory 재고   **feedback** 의견
work overtime 초과 근무하다

Questions 7 through 9 refer to the following conversation.

M: Good afternoon. Rapid Pack Delivery Service. How may I help you?

W: [7]The package I received today was handled badly, so the contents inside were broken. I'd like to be compensated for it.

M: Oh, I'm sorry to hear that, but I can't deal with this directly. [8]If you leave me a contact number, I'll have the customer service manager call you to discuss the matter.

W: Okay, it's 555-7934. But, you know, this is the second time that your company has failed to handle a parcel of mine with care. [9]I recommend that the delivery drivers be retrained.

M: 안녕하세요. Rapid Pack 택배 회사입니다. 어떻게 도와드릴까요?

W: ⁷**오늘 제가 받은 소포가 심하게 취급되어 안에 있는 내용물이 망가졌습니다.** 그것에 대해 보상을 받고 싶어서요.

M: 죄송합니다. 그렇지만 제가 이것을 직접 처리할 수는 없습니다. ⁸**연락처를 제게 남겨 주시면, 고객 서비스 매니저가 고객님께 전화 드려 이 문제를 상의하도록 하겠습니다.**

W: 알겠습니다. 연락처는 555-7934입니다. 하지만, 알다시피, 귀사가 제 소포를 부주의하게 다룬 것이 이번이 두 번째입니다. ⁹**배달 기사를 재교육하시기를 권합니다.**

표현 정리

handle 다루다, 취급하다　**contents** 내용물
compensate 보상하다　**deal with** 처리하다, 다루다
directly 즉시, 바로, 직접　**contact number** 연락처
fail to + 동사원형 ~하지 않다
with care 주의 깊게, 신중히
recommend 권하다, 충고하다
retrain 재교육하다, 재훈련하다

7. What problem does the woman mention?

(A) The customer service representatives are rude.
(B) Some items didn't arrive.
(C) She can't get a hold of the service manager.
(D) A package was damaged.

여자가 언급한 문제점은 무엇인가?
(A) 고객 서비스 직원들이 무례하다.
(B) 물건 몇 개가 도착하지 않았다.
(C) 서비스 매니저에게 연락을 할 수 없다.
(D) 소포가 손상되었다.

▶ 문제 해설
문제점을 묻는 문제는 대화 도입부에 답이 나오므로 여자의 첫 번째 대사를 집중해서 듣는다. The package I received today was handled badly, so the contents inside were broken.에서 여자가 받은 소

포가 손상되었음을 알 수 있다.
정답 (D)

8. What will the man do next?

(A) Send a new product
(B) Deliver a parcel in person
(C) Have the manager call the woman
(D) Hire some new drivers

남자는 다음에 무슨 행동을 할까?
(A) 새 제품을 발송한다.
(B) 소포를 직접 배달한다.
(C) 매니저에게 여자한테 전화하게 한다.
(D) 새 운전사들을 고용한다.

▶ 문제 해설
미래 행동에 대한 언급은 주로 대화 후반부에 답이 나오며 I'll로 시작하는 경우가 많다. 남자가 I'll have the customer service manager call you to discuss the matter.라고 말하고 있으므로 매니저가 여자에게 전화하도록 할 것임을 알 수 있다.
정답 (C)

9. According to the woman, what should be done with the delivery drivers?

(A) They should get a raise.
(B) They should have to work overtime.
(C) They should have to apologize.
(D) They should get proper training.

여자 대화에 따르면 배송 기사들에게 어떻게 해야 하나?
(A) 월급을 인상해 줘야 한다.
(B) 초과 근무를 해야 한다.
(C) 사과를 해야 한다.
(D) 적절한 훈련이 필요하다.

▶ 문제 해설
여자가 I recommend that the delivery drivers be retrained.라고 말하고 있으므로 기사들을 재교육시키기를 권하고 있음을 알 수 있다.
정답 (D)

표현 정리

customer service representative 고객 서비스 상담원 **rude** 무례한
get a hold of ～에게 연락을 취하다
damaged 손상된 **parcel** 소포
in person 직접 **get a raise** 월급이 올라가다
work overtime 초과 근무하다

해 고객님께서 온라인으로 예약을 하셔야 합니다. [12]**죄송하지만, 점포의 예약 시스템은 저희가 문을 닫을 때 자동적으로 폐쇄가 되거든요.**

표현 정리

rental store 대여점
reserve 예약하다 **unfortunately** 유감스럽게도
automatically 자동적으로

Questions 10 through 12 refer to the following conversation.

> **M:** Hi. [10][11]I'm calling to check what time the DVD rental store closes tonight.
>
> **W:** I'm afraid we just closed ten minutes ago. We always close at 6 o'clock on Sundays. However, we'll be open from 11 a.m. until 8 p.m. tomorrow.
>
> **M:** Well, I don't finish work until 7:30 p.m. tomorrow. Could I possibly reserve a movie so that it isn't rented by someone else during the day?
>
> **W:** Sure, no problem. But you'll have to do it online through our homepage. [12]Unfortunately, the store's booking system shuts down automatically when we close.

M: 안녕하세요, [10][11]**오늘 밤 몇 시에 DVD 대여점이 문을 닫는지 확인하려고 전화했습니다.**
W: 10분 전에 막 문을 닫았는데요. 저희가 일요일에는 항상 6시에 문을 닫습니다. 그렇지만, 내일은 오전 11시부터 오후 8시까지 문을 엽니다.
M: 흠, 내일은 저녁 7시 30분까지 일이 안 끝나거든요. 낮 동안에 다른 사람이 빌려가지 않도록 영화를 예약할 수 있을까요?
W: 물론이죠, 괜찮습니다. 하지만 저희 홈페이지를 통

10. Where is the woman working?

(A) A DVD rental shop
(B) A movie theater
(C) An Internet company
(D) A bookstore

여자가 일하는 장소는 어디인가?
(A) DVD 대여점
(B) 극장
(C) 인터넷 회사
(D) 서점

▶ 문제 해설
근무하는 장소에 대한 단서는 대화 초반부에서 찾는다. 남자의 대사 I'm calling to check what time the DVD rental store closes tonight.에서 여자가 일하는 장소를 알 수 있다.
정답 (A)

11. Why is the man calling?

(A) To confirm a reservation
(B) To check on a store's business hours
(C) To reschedule a meeting
(D) To ask about the installation of a booking system

왜 남자가 전화를 걸고 있는가?
(A) 예약을 확인하기 위해
(B) 대여점의 영업시간을 확인하기 위해
(C) 미팅 시간을 다시 잡기 위해
(D) 예약 시스템 설치에 관해 물어보기 위해

▶ 문제 해설

남자의 첫 번째 대사 I'm calling to check what time the DVD rental store closes tonight.에서 남자가 전화를 건 목적을 이야기하고 있다.

정답 (B)

12. What will happen when the store closes?

(A) The security alarm will be set.
(B) Its web page will be tested.
(C) The list of its DVDs will be updated.
(D) Its booking system will not work.

가게 문이 닫히면 무슨 일이 일어나는가?
(A) 보안 경보가 설정된다.
(B) 홈페이지가 점검된다.
(C) DVD 목록들이 갱신된다.
(D) 가게 예약 시스템이 작동하지 않는다.

▶ 문제 해설

대화 후반부 여자의 말 Unfortunately, the store's booking system shuts down automatically when we close.에서 가게 문이 닫히면 예약 시스템이 작동하지 않음을 알 수 있다.

정답 (D)

`표현 정리`

business hours 영업시간
reschedule 일정을 다시 잡다
installation 설치   **set** 설정하다
update 갱신하다

Questions 13 through 15 refer to the following conversation.

W: Phil, did the monthly pay slips get sent out yet? Last month's were late, [13]so I want to be sure our employees receive them on time this month.

M: [14]I'm sorry, but there'll be a small delay due to the computer system crashing last night. The computer technician will repair the system today, so the pay slips should be ready to go out by tomorrow.

W: That's later than I expected. [15]You'd better tell the computer technician to rush the repairs. Then, we may still be able to send out the pay slips today.

W: Phil, 급여 명세서를 보내셨나요? 지난달에는 명세서가 늦게 나와서 [13]이번 달에는 우리 직원들이 제때에 받았으면 해요.
M: [14]죄송하지만 어젯밤 컴퓨터 시스템 오류 때문에 약간 지체될 겁니다. 컴퓨터 기술자가 오늘 시스템을 수리할 테니, 급여 명세서는 내일까지 발송 준비가 끝날 겁니다.
W: 제가 예상했던 것보다는 늦네요. [15]컴퓨터 기술자에게 수리를 서둘러 달라고 말하는 편이 좋겠어요. 그러면 오늘 급여 명세서를 보낼 수 있을지도 모르잖아요.

`표현 정리`

pay slip 급여 명세서   **employee** 직원
due to ~ 때문에   **crashing** (기계 따위의) 고장, 파손
repair 수리하다   **later than** ~보다 늦은
rush 서두르다

13. What does the woman want?

(A) To install a new computer system
(B) To request a pay raise
(C) To send out pay slips in time
(D) To get ready for the system check

여자가 원하는 것은 무엇인가?
(A) 새로운 컴퓨터 시스템 설치
(B) 월급 인상 요청
(C) 시간 내 급여 명세서 발송
(D) 시스템 점검 준비

▶ 문제 해설

여자가 원하는 것을 묻는 문제이므로 I'd like to ~,
I want ~, I need to ~ 등의 표현을 주의해서 듣는
다. 여자의 첫 번째 대사 so I want to be sure our
employees receive them on time this month에
서 급여 명세서가 제때 보내지기를 바라고 있다는 것을
알 수 있다.

정답 (C)

14. What problem does the man mention?

(A) An error was found in a calculation.
(B) Some pay slips were missing.
(C) All of the technicians are off duty.
(D) A computer system has crashed.

남자가 어떤 문제점을 언급하는가?
(A) 계산상의 오류가 발견되었다.
(B) 일부 급여 명세서가 분실되었다.
(C) 모든 기술자들이 휴가 중이다.
(D) 컴퓨터 시스템이 고장 났다.

▶ 문제 해설

남자가 언급한 문제를 묻는 문제이므로 남자의 말에
서 단서를 찾는다. 남자의 말 I'm sorry, but there'll
be a small delay due to the computer system
crashing last night.에서 시스템 고장이 있다는 것을
알 수 있다.

정답 (D)

15. What does the woman ask the man to do?

(A) Replace the old computer with new one
(B) Ask the technician to repair the computer system quickly
(C) Ask the personnel manager for a pay raise
(D) Place an online order

여자가 남자에게 무엇을 요청하는가?
(A) 구 컴퓨터를 새것으로 교체하기
(B) 기술자에게 서둘러 시스템을 수리하라고 요청하기
(C) 인사과 부장에게 월급 인상 요청하기
(D) 온라인 주문하기

▶ 문제 해설

여자의 마지막 대사 You'd better tell the computer
technician to rush the repairs.에서 여자는 남자에
게 기술자에게 빨리 수리하라고 말할 것을 요청하고 있
다.

정답 (B)

표현 정리

get ready for ~을 준비하다   **off duty** 휴가 중
crash 고장 나다   **technician** 기술자
place an order 주문하다

Questions 16 through 18 refer to the following conversation.

W: Hi, Dwayne. Have you talked to the guys from the IT department? [16]I'm trying to finish up this report by the evening deadline, but I don't have Internet access.

M: Yes, I talked to them earlier and they said that they'll have the Internet working again this afternoon.

W: Well, that doesn't help me. If I can't access the information I need, I won't have the report done on time.

M: I see. I'll call them and see if they can come this morning then.

W: Great. In the meantime, [17]I will go over the data in these documents.

M: Good idea. [18]You can always stay here until you finish the report. I know it's not ideal, but you will receive good overtime pay.

W: 안녕하세요, Dwayne. IT 담당 부서 직원들과 얘기해 보셨어요? [16]오늘 저녁 마감 시한까지 이 보고서를 끝마치려고 노력 중인데, 인터넷이 연결되어 있지 않아요.

M: 네, 아까 얘기했었는데 오늘 오후에 인터넷이 다시 연결되도록 할 거라고 말했어요.

W: 그럼, 제게는 도움이 되지 않겠네요. 제가 필요한 정보를 이용할 수 없다면, 보고서를 제때 완료할 수 없을 거예요.

M: 알겠어요. 그럼 제가 전화를 걸어서 오늘 아침에 올 수 있는지 알아볼게요.

W: 좋아요. 그러는 동안, [17]저는 이 서류에 들어 있는 자료를 검토할게요.

M: 좋은 생각입니다. [18]보고서를 완료할 때까지 여기 계속 있으셔도 됩니다. 아주 이상적인 일이 아니라는 것은 알지만 괜찮은 추가 근무 수당을 받으실 거예요.

표현 정리

IT department IT 담당 부서, 정보 기술 담당 부서
try to do ~하려고 노력하다
finish up ~을 끝마치다, 완료하다   **by** (기한) ~까지
deadline 마감 시한
access n. 이용, 접근 v. ~을 이용하다, ~에 접근하다
have A -ing: A가 ~하게 하다
work (기계 등이) 작동하다
have A p.p A가 ~되도록 하다
on time 제때, 제시간에
see if ~인지 알아보다, 확인하다
then 그럼, 그렇다면
in the meantime 그러는 동안, 그 사이에
go over ~을 검토하다
document 서류, 문서   **until** (지속) ~까지
ideal 이상적인, 알맞은   **receive** ~을 받다
overtime pay 추가 근무 수당

16. What is the woman's problem?

(A) She is unable to do some work.
(B) She is behind schedule.
(C) She is uncomfortable in her office.
(D) She is feeling sick.

여자의 문제점이 무엇인가?
(A) 일을 할 수 없다.
(B) 일정보다 뒤쳐졌다.
(C) 자신의 사무실이 편하지 않다.
(D) 몸이 아픈 상태이다.

▶ 문제 해설

질문에 쓰인 woman과 problem이 키워드이다. 따라서 여자의 말에서 언급되는 문제점을 찾아야 한다. 대화 도입부 여자의 말 I'm trying to finish up this report by the evening deadline, but I don't have Internet access.에서 but이라는 반전 표현과 함께 인터넷 접속이 안 되어 보고서 작업을 끝낼 수 없다는 문제점을 언급하고 있으므로 이에 대해 언급한 (A)가 정답이다.
정답 (A)

17. What will the woman do this morning?

(A) Attend a meeting
(B) Review some resumés
(C) Check some data
(D) Make some phone calls

여자는 오늘 아침에 무엇을 할 것인가?
(A) 회의에 참석할 것이다.
(B) 이력서들을 검토할 것이다.
(C) 자료를 확인할 것이다.
(D) 전화를 걸 것이다.

▶ 문제 해설

미래 행동을 묻는 질문이므로 미래 시점 표현과 함께 여자가 할 일을 나타내는 부분을 찾아야 한다. 여자는 자신이 겪고 있는 문제점에 관해 이야기하면서 후반부에 I will ~이라는 미래 표현과 함께 I will go over the data in these documents.라고 말하고 있는데 이는 '자료를 살펴보겠다'는 는 뜻이므로 (C)가 정답이다.
정답 (C)

18. What does the man suggest?

(A) Requesting an extension
(B) Doing some work at home
(C) Asking an intern for assistance
(D) Staying late at the office

남자가 제안하는 일은 무엇인가?

(A) 마감 연장을 요청할 것
(B) 자택에서 근무할 것
(C) 인턴에게 도움을 요청할 것
(D) 사무실에 늦게까지 머무를 것

▶ **문제 해설**

man과 suggest가 키워드이므로 남자의 말에서 제시되는 제안이나 당부 등을 나타내는 표현과 함께 단서를 찾아야 한다. 대화 후반부에 남자는 You can ∼이라는 제안 표현과 함께 You can always stay here until you finish the report.라는 말로 원하는 만큼 머무를 수 있다는 것을 제안하고 있으므로 이를 간략히 바꿔 표현한 (D)가 정답이다.

정답 (D)

표현 정리

be unable to do ∼할 수 없다
behind schedule 일정보다 뒤쳐진
uncomfortable 불편한　**feel sick** 몸이 아프다
attend ∼에 참석하다　**review** ∼을 검토하다
resumé 이력서　**make a phone call** 전화를 걸다
request ∼을 요청하다
extension (기간 등의) 연장
ask A for B A에게 B를 요청하다
assistance 도움　**stay late** 늦게까지 머무르다

Questions 19 through 21 refer to the following conversation.

M: [19]Welcome to the grand opening of P&G Foodmart. Did you find everything you were looking for?
W: Yes, I did. This new store is wonderful. [19]You have quite a diverse selection of produce.
M: Thank you. [20]Would you be interested in joining our frequent shopper rewards program? The points you accumulate will give you store discounts in the future.
W: There's no time like the present. What do I need to do?
M: Well, [21]you can enter your information onto this form while I ring through your purchases.
W: [21]Alright, great! Do you have a pen?
M: Absolutely. Here you are.

M: [19]P&G Foodmart의 개장식에 오신 것을 환영합니다. 원하시는 물품은 모두 찾으셨습니까?
W: 네, 찾았어요. 이 새로운 매장은 정말 좋네요. 상당히 [19]다양한 종류의 농산물이 있어요.
M: 감사합니다. [20]저희 매장의 단골 고객 보상 프로그램 가입에 관심이 있으신가요? 적립하시는 포인트로 나중에 매장에서 할인을 받으실 수 있습니다.
W: 지금 같은 기회는 없겠죠. 제가 뭘 하면 될까요?
M: 저, 손님께서 구입하신 제품들을 제가 기계로 찍는 동안 [21]이 양식에 정보를 기입하시면 됩니다.
W: [21]알겠어요, 좋아요! 펜 가지고 계세요?
M: 물론입니다. 여기 있습니다.

표현 정리

find ∼을 찾아내다　**look for** ∼을 찾다
quite 상당히, 꽤
a diverse selection of 다양한 종류의
produce 농산물
be interested in ∼에 관심이 있다
join ∼에 가입하다　**frequent shopper** 단골 고객
reward 보상　**accumulate** ∼을 적립하다
in the future 나중에, 앞으로　**present** n. 현재, 지금
enter ∼을 입력하다, 기입하다　**form** 양식
while ∼하는 동안
ring through (상점에서 금전 등록기 등에 제품을) 찍다, 입력하다　**purchase** 구입(품)
Absolutely. 물론입니다

19. Where are the speakers?
(A) In a restaurant

(B) In a grocery store
(C) In an office supplies store
(D) In a coffee shop

화자들은 어디에 있는가?
(A) 식당에
(B) 식료품 매장에
(C) 사무용품 매장에
(D) 커피숍에

▶ 문제 해설
대화 장소를 묻는 문제이므로 특정 어휘나 표현 등
을 통해 단서를 찾아야 한다. 대화 시작 부분에 남
자가 Welcome to the grand opening of P&G
Foodmart.라는 말로 매장 이름을 밝히고 있고 뒤이어
여자도 구입 가능한 제품과 관련해 You have quite a
diverse selection of produce.라는 말을 하고 있으
므로 대화 장소는 (B) 식료품 매장이다.
정답 (B)

20. Why does the woman say, "There's no time like the present"?

(A) She is emphasizing a point.
(B) She is agreeing to do something.
(C) She is making a request.
(D) She is accepting a free gift.

여자는 왜 "There's no time like the present"라고
말하는가?
(A) 한 가지 요점을 강조하고 있다.
(B) 무언가를 하는 것에 동의하고 있다.
(C) 한 가지 요청을 하고 있다.
(D) 무료 선물을 받아들이고 있다.

▶ 문제 해설
해당 표현을 그대로 해석해 보면 '지금 같은 시간/기회
는 없다'라는 의미이다. 이는 앞서 남자가 Would you
be interested in ~이라는 제안 표현을 통해 언급하는
'단골 고객 보상 프로그램 가입 joining our frequent
shopper rewards program'에 대해 긍정적인 반응으
로 사용한 표현이다. 따라서 이를 '동의하다'라는 의미로
쓰이는 agreeing to do something으로 바꿔 표현한 (B)
가 정답이다.
정답 (B)

21. What will the woman probably do next?

(A) Order some food
(B) Fill out a form
(C) Collect some coupons
(D) Read a brochure

여자는 곧이어 무엇을 할 것 같은가?
(A) 음식을 주문한다.
(B) 양식을 작성한다.
(C) 쿠폰을 모은다.
(D) 소책자를 읽어 본다.

▶ 문제 해설
여자가 곧이어 할 일을 묻는 문제이므로 대화 후반부에
서 여자가 말하는 미래 시점 표현이나 의지 관련 표현
과 함께 제시되는 단서를 찾아야 한다. 여자는 남자가
you can ~이라는 제안 표현과 함께 언급한 '양식에 정
보를 기입하는 일 enter your information onto this
form'에 대해 Alright, great! Do you have a pen?
이라는 말로 동의하고 있으므로 양식을 작성할 것임을
알 수 있다. 따라서 이에 대해 언급한 (B)가 정답이다.
정답 (B)

표현 정리

emphasize ~을 강조하다
agree to do ~하는 데 동의하다
make a request 요청하다
accept ~을 받아들이다   **free** 무료의
fill out ~을 작성하다   **collect** ~을 모으다
brochure 소책자, 안내책자

Questions 22 through 24 refer to the following conversation.

M: Welcome to Dino's Grill. Can I take your order today?
W1: Hi. Not yet, ²²we're just browsing the menu. This is our

first time here, and it seems a little confusing.

W2: [22] [23]Could you please explain how the lunch special works?

M: No problem. Basically, when you order the lunch special, you get a main course of your choice, along with unlimited non-alcoholic beverages and access to the salad bar.

W2: Oh, okay. Every option looks so good. I'm not really sure what to get.

W1: Same here. [24]Please give us a minute to decide before we order.

M: No problem. [24]Let me take your drink orders now and I'll go get them while you're deciding.

M: Dino's Grill에 오신 것을 환영합니다. 주문하시겠습니까?
W1: 안녕하세요. 아직이요. [22]지금 막 메뉴를 훑어 보고 있는 중입니다. 여기에 처음 오는 거라서 약간 헷갈리네요.
W2: [22] [23]점심 특선이 어떻게 제공되는 건지 설명해 주시겠어요?
M: 알겠습니다. 기본적으로, 점심 특선을 주문하시면, 원하시는 메인 코스 한 가지를 드실 수 있으시며, 무알코올 음료가 무제한으로 제공되고 샐러드 바도 함께 이용하실 수 있습니다.
W2: 아, 알겠습니다. 모든 옵션이 좋아 보이네요. 뭘 먹어야 할지 확실하지가 않네요.
W1: 저도요. [24]주문하기 전에 결정할 수 있도록 잠깐만 시간을 주세요.
M: 좋습니다. [24]지금 음료 주문을 하시면 결정하시는 동안 준비해 드리도록 하겠습니다.

표현 정리

take one's order 주문을 받다
browse ~을 훑어보다, 둘러보다
it seems + 형용사 ~인 것 같다
a little 약간, 조금   **confusing** 혼란스럽게 하는
explain ~을 설명하다   **work** 작용하다, 효과가 있다
basically 기본적으로

of one's choice ~의 선택에 따라
along with ~와 함께   **unlimited** 무제한의
beverage 음료   **access to** ~의 이용, ~로의 접근
option 선택(권)   **look + 형용사:** ~한 것 같이 보이다
sure 확실한   **what to do** 무엇을 ~할지
Same here 나도 그렇다
give A a minute: A에게 잠깐 시간을 주다
decide 결정하다   **go get** 가서 ~을 가져오다
while ~하는 동안

22. Where are the speakers?

(A) In a coffee shop
(B) In a restaurant
(C) In a convenience store
(D) In a shopping mall

화자들은 어디에 있는가?
(A) 커피숍에
(B) 식당에
(C) 편의점에
(D) 쇼핑몰에

▶ 문제 해설
대화 장소를 묻는 문제이므로 특정 어휘나 표현을 통해 장소를 파악해 내야 한다. 대화 시작 부분에 여자들 중의 한 명이 menu를 보고 있다고 알리고 있으며, 이때 다른 여자가 Could you please ~라는 요청 표현과 함께 the lunch special이라는 중요한 단서를 제시하고 있다. 즉 식사를 할 수 있는 장소인 식당에 와 있다는 것을 나타낸다.
정답 (B)

23. What is the man asked to do?

(A) Recommend a product
(B) Explain a process
(C) Describe an item
(D) Print out a bill

남자는 무엇을 하도록 요청을 받는가?
(A) 제품을 추천한다.
(B) 과정을 설명한다.
(C) 품목을 설명한다.
(D) 청구서를 출력한다.

▶ 문제 해설

'남자가 요청 받는 일(man, is asked to do)'이 질문의 핵심이다. 따라서 대화 상대인 여자들의 말에서 언급되는 요청 표현과 함께 제시되는 일을 파악해야 한다. 대화 초반부에 여자들 중의 한 명이 요청 표현을 사용해 Could you please explain how the lunch special works?라고 말하며 점심 특선이 제공되는 방식에 대해 설명해 줄 것을 요청하고 있으므로 이를 process라는 하나의 단어로 압축해 표현한 (B)가 정답이다.

정답 (B)

24. What will the women probably do next?

(A) Use a coupon
(B) Order beverages
(C) Leave the business
(D) Eat a meal

여자들은 곧이어 무엇을 할 가능성이 있는가?
(A) 쿠폰을 사용한다.
(B) 음료를 주문한다.
(C) 매장을 떠난다.
(D) 식사를 한다.

▶ 문제 해설

여자들이 곧이어 할 일을 묻는 문제이므로 대화 후반부에 제시되는 미래 시점 표현이나 제안 표현 등을 통해 단서를 파악해야 한다. 메뉴 선택과 관련해 여자들 중의 한 명이 Please give us a minute to decide before we order.라고 부탁하자 남자는 Let me take your drink orders now and I'll go get them while you're deciding.이라는 말로 음료를 먼저 주문하면 결정하는 동안 준비해 주겠다고 알리고 있으므로 (B)가 정답이다.

정답 (B)

표현 정리

recommend ～을 추천하다
process 과정, 절차
describe ～을 설명하다, 묘사하다　　**item** 제품, 물품
print out ～을 출력하다, 인쇄하다　　**bill** 청구서
leave ～를 떠나다, ～에서 나가다
business 매장, 업체, 회사

Questions 25 through 27 refer to the following conversation.

W: Welcome to Techtronics. How can I help you today?

M1: Hi, my friend and I are just browsing for the moment.

M2: ²⁵Actually, what do you have for stereo mixing consoles?

W: ²⁶That's more like it. Come this way and I can show you some of our models.

M1: Okay, great. We're specifically looking for the new Digi DB5 model. It's been getting great reviews.

W: Oh, we don't actually have that model in stock. Would you like to look at some older models, or we can put in an order for you?

M2: ²⁷Well, as long as it can be delivered by next Wednesday, we'll place an order.

W: Alright, just come this way and I'll get the paperwork ready.

W: Techtronics에 오신 것을 환영합니다. 오늘 무엇을 도와드릴까요?

M1: 안녕하세요. 제 친구와 제가 일단은 둘러보는 중이에요.

M2: ²⁵실은, 스테레오 믹싱 콘솔 제품으로 어떤 게 있나요?

W: ²⁶바로 그겁니다. 이쪽으로 오시면 저희 제품 모델들을 보여드릴 수 있습니다.

M1: 네, 좋아요. 저희는 특히 새로 나온 Digi DB5 모델을 찾고 있어요. 계속 뛰어난 평가를 받고 있더라고요.

W: 아, 사실 그 모델은 현재 재고가 없습니다. 좀 더 이전에 나온 모델들을 살펴보시겠습니까, 아니면 제품을 주문해 드릴까요?

M2: ²⁷저, 다음 주 수요일까지 배송될 수만 있다면, 주문하겠습니다.

W: 좋습니다. 이쪽으로 오시면 작성하실 서류를 준비해
드리겠습니다

표현 정리

browse 둘러보다

for the moment 일단은, 당장은

mixing console 믹싱 콘솔, 음향 조정 콘솔

That's more like it 바로 그거예요, 그래 그거야

specifically 특히

have A in stock: A의 재고가 있다

Would you like to do ~? ~하시겠습니까?

put in an order 주문하다(= place an order)

as long as ~하는 한, ~하기만 하면

get A ready: A를 준비하다

paperwork 서류(작업), 문서

25. Where does the woman most likely work?

(A) At a bank
(B) At a sporting goods store
(C) At a restaurant
(D) At an electronics store

여자는 어디에서 일하고 있을 가능성이 큰가?
(A) 은행에서
(B) 스포츠 용품 매장에서
(C) 식당에서
(D) 전자 제품 매장에서

▶ 문제 해설

여자의 근무 장소를 묻는 문제이므로 대화 속에 제시
되는 특정 어휘나 표현에 집중해야 한다. 대화 시작 부
분에 화자들이 인사를 나눈 후에, 남자들 중의 한 명이
Actually라는 부사 표현을 통해 단서가 제시될 것임을
알리고 있으며, 이때 뒤따르는 질문에 stereo mixing
consoles라는 제품 종류가 등장하고 있으므로 전자 제
품 매장에 화자들이 있다는 것을 알 수 있다.
정답 (D)

26. Why does the woman say, "That's more like it"?

(A) She is pleased to help the men.
(B) She recommends looking around.
(C) She is demonstrating a product.
(D) She is too busy to assist the men.

여자는 왜 "That's more like it"이라고 말하는가?
(A) 남자들을 돕게 되어 기쁘다.
(B) 둘러보는 것을 권하고 있다.
(C) 한 제품을 시연하고 있다.
(D) 남자들을 돕기에 너무 바쁘다.

▶ 문제 해설

That's more like it이라는 말 자체만으로는 명확한
의미를 파악하기 쉽지 않으므로 해당 표현이 제시되
는 부분의 앞뒤에 함께 언급되는 말들을 귀 기울여 들
어야 한다. 남자들 중의 한 명이 특정 제품 종류에 관해
물은 다음에 여자가 이와 같이 반응하고 있는데, 뒤이
어 Come this way and I can show you some of
our models.라는 말을 덧붙여 제품 모델을 보여주겠다
고 알리고 있다. 이는 남자들의 제품 구매를 돕겠다는 뜻
이므로 (A)가 정답임을 알 수 있다.
정답 (A)

27. What do the men decide to do?

(A) Buy a cheaper item
(B) Cancel a delivery
(C) Visit another store
(D) Order a product

남자들은 무엇을 하기로 결정하는가?
(A) 더 싼 제품 구매하기
(B) 배송 취소하기
(C) 다른 매장 방문하기
(D) 제품 주문하기

▶ 문제 해설

남자들이 어떤 결정을 하는지를 묻는 문제이므로 남자들
의 말에서 언급되는 의지 관련 표현이나 미래 행동 관련
표현을 바탕으로 단서를 파악해야 한다. 대화 후반부에
남자들 중의 한 명이 제품 구매와 관련해 we'll ~이라는
말로 의지를 나타내는 부분이 있으며, 뒤이어 place an
order라는 말로 제품 구매 의사가 있다는 것을 밝히고
있으므로 (D)가 정답임을 알 수 있다.
정답 (D)

표현 정리

electronics 전자제품
be pleased to do ~해서 기쁘다
recommend -ing ~하기를 권하다
demonstrate ~을 시연하다
too A to do ~하기에는 너무 A한   **assist** ~을 돕다
cheaper 더 싼   **cancel** ~을 취소하다
delivery 배송

Rucksack Type	Color
Pinnacle	Red/Black
Matterhorn	Green/Blue
30Ridgeway	Green/Red
Sherman	Red/Blue

Questions 28 through 30 refer to the following conversation and list.

W: Hi, Alan. Thanks for agreeing to meet me. I know you're busy up in Marketing.

M: No problem, Amy. 28It's been a while since I tried the food down here! I brought the list of rucksacks you asked for.

W: Great! I really need to get a new one before the company hiking trip. 29I can't believe I left my old one at a campsite last week. It had a lot of valuable things in it.

M: Yes, I am really sorry to hear that! Have a look at the list… They're all excellent rucksacks, but I really recommend the Pinnacle one.

W: Hmm… 30To be honest, I want one that really matches my hiking outfit, which is red and green.

M: Oh, then I think there's a perfect rucksack for you! And, it's not as expensive as some of the other ones.

W: 안녕하세요, Alan. 저와 만나는 데 동의해 주셔서 감사합니다. 마케팅 부에서 바쁘게 지내고 계신 것 알고 있어요.

M: 별말씀을요, Amy. 28여기로 내려와서 음식을 먹어 본 게 참 오랜만이네요! 요청하신 배낭 목록을 가져왔습니다.

W: 좋아요! 회사 하이킹 여행을 가기 전에 새 배낭이 정말로 필요해요. 29지난주에 캠프장에서 제가 원래 쓰던 배낭을 놓고 왔다는 게 믿기지 않아요. 그 안에 귀중품들이 많이 들어 있었거든요.

M: 네, 그 말을 들으니 참 유감입니다! 목록을 한번 보세요… 전부 아주 좋은 배낭들이지만 저는 Pinnacle 배낭을 정말로 추천하고 싶어요.

W: 흠… 30솔직히, 저는 붉은색과 녹색으로 된 제 하이킹 의류에 잘 어울리는 것을 원해요.

M: 아, 그렇다면 정말 딱 맞는 배낭이 있는 것 같아요! 그리고 일부 다른 배낭들만큼 비싸지도 않고요.

배낭 종류	색상
Pinnacle	붉은색/흑색
Matterhorn	녹색/청색
30Ridgeway	녹색/붉은색
Sherman	붉은색/청색

표현 정리

agree to do ~하는 데 동의하다
It's been a while since ~한 지 오랜만이다
rucksack 배낭   **ask for** ~을 요청하다
can't believe (that) ~라는 것을 믿을 수 없다
leave ~을 놓다, 두다   **campsite** 캠프장
valuable 귀중한
I'm sorry to hear that 그 말을 들으니 유감입니다

have a look at ~을 한번 보다
recommend ~을 추천하다
to be honest 솔직히　**match** ~와 어울리다
outfit 옷, 복장　**as A as B:** B만큼 A한

28. Where most likely is the conversation taking place?

(A) At a campsite
(B) In a hiking store
(C) At a convention
(D) In a cafeteria

대화가 어디에서 이뤄지고 있을 가능성이 큰가?
(A) 캠프장에서
(B) 하이킹 용품 매장에서
(C) 컨벤션 개최 장소에서
(D) 구내식당에서

▶ 문제 해설
대화 장소를 묻는 문제이므로 화자들의 말에서 언급되는 특정 표현이나 어휘 등을 잘 찾아 들어야 한다. 대화 초반부에 남자는 here라는 부사를 사용해 화자들이 있는 장소를 가리키고 있는데, 이 부사가 쓰인 문장 It's been a while since I tried the food down here!로 보아 식사 공간에 두 사람이 있다는 것을 알 수 있으므로 (D)가 정답이다.
정답 (D)

29. What is indicated about the woman?

(A) She is unable to go on an excursion.
(B) She cannot afford some equipment.
(C) She recently lost some belongings.
(D) She works in the marketing department.

여자에 관해 알 수 있는 것은 무엇인가?
(A) 야유회에 갈 수 없다.
(B) 장비를 구입할 여유가 되지 않는다.
(C) 최근에 소지품을 잃어버렸다.
(D) 마케팅 부서에서 근무한다.

▶ 문제 해설
대화 중반부에 여자는 자신이 최근에 겪은 일과 관련해 I

can't believe I left my old one at a campsite last week. It had a lot of valuable things in it.이라고 알리고 있는데, 이는 물건을 잃어버린 경험을 말하는 것이므로 이에 대해 lost some belongings라는 말로 줄여 표현한 (C)가 정답이다.
정답 (C)

30. Look at the graphic. What type of rucksack would the woman most likely prefer?

(A) Pinnacle
(B) Matterhorn
(C) Ridgeway
(D) Sherman

도표를 보시오. 여자는 어느 타입의 배낭을 선호할 가능성이 큰가?
(A) Pinnacle
(B) Matterhorn
(C) Ridgeway
(D) Sherman

▶ 문제 해설
각 보기에 배낭 타입이 제시되어 있으므로 도표에 함께 나타나 있는 색상 관련 정보를 통해 단서를 찾아야 한다. 이와 관련된 단서를 제시하기 위해 대화 후반부에 여자는 To be honest라는 부사구를 사용하고 있고 뒤이어 I want one that really matches my hiking outfit, which is red and green.이라는 말로 '붉은색과 녹색'을 단서로 제시하고 있으므로 이 색상들이 들어가 있는 (C) Ridgeway가 정답임을 알 수 있다.
정답 (C)

표현 정리

excursion 야유회　**afford** ~을 살 여유가 있다
equipment 장비　**recently** 최근에
belongings 소지품　**prefer** ~을 선호하다

PART 4

PART 4 핵심 전략
지문의 기본 흐름 파악
&정답 찾기 Know-how

Part 3과 Part 4의 답을 이끄는 표현들은 비슷하다. 단, 어떤 표현이 더 자주 쓰이는지 빈출 정도가 다를 뿐이다. Part 4는 주제별로 글의 흐름이 정해져 있기 때문에 대략적으로 지문 어디쯤에 답이 어떤 형태로 나올 것이라는 예상을 할 수 있다. 따라서 Part 4는 주제별 글의 기본 구조를 먼저 정확히 알아야 한다. 새로 추가된 Graphic 문제와 구어체 표현의 의도를 묻는 Implication 문제의 경우 반드시 지문을 듣기 전에 Graphic과 문제를 읽고 무엇을 묻게 될지 알아야 한다. 특히 구어체 표현의 의도를 묻는 Implication 문제는 등장하는 표현 앞뒤 문장의 흐름을 정확히 파악해야 한다. 그리고 구어체 표현들이 자주 등장하므로 평상시 구어체 표현을 많이 익혀 두는 것이 좋다.

지시문	**Questions 83 through 85 refer to the following talk.**	
도입부	W: Hello, everybody. I would just like to remind all of you that GK Automotive will hold a party this Thursday evening to welcome the employees who have recently been hired	1. 환영 인사 2. 주제문
중반부	We have a private room booked at Carl's Bar and Grill, and invite everybody to come after work, at 6 p.m. If you need directions, or any extra information, please ask Ms. Hopper at the front desk.	• if 조건절 • 요청/제안 문장 • 키워드 • 세부 정보 문제
후반부	One last thing before I let you go, I just want to mention that attendance to the party will be mandatory for all staff. Because the party is on a Thursday, we've decided to close the offices on Friday and give everyone a well-deserved long weekend. See you all there.	• 추론 문제 • 미래 행동 문제 • 키워드

PART 4
기본 틀 암기하기

도입부

1. 환영 인사 대체로 초반부의 이벤트명이나 장소명에서 청자에 대한 정보와 이벤트의 목적, 개최 시기 등의 정보를 얻는다. 광고글의 경우 도입부에 환영 인사 대신 의문문이나 조건절 문장이 나오며 이 문장에서 청자와 광고 대상을 유추할 수 있다. Welcome to ~, Thank you for ~ 등

2. 화자 소개 화자의 이름과 부서 및 직책 등이 제시된다. This is ~, My name is ~, I'm ~

3. 주제문 알림 사항 즉, 글의 목적이나 공지의 내용이 등장한다. announce, present, introduce, inform, remind, report, let you know와 같은 동사들과 I'd like to ~, I'm here to ~, I want to ~, I need to ~, I will ~, I'm going to ~, I must/should/have to ~ 등의 표현들이 답을 이끈다.

중반부

글의 중반부는 서론에 등장한 주제문에 대한 부연 설명이 이루어지는 부분으로 세부 정보를 찾는 문제가 등장한다. 세부 정보를 찾는 문제는 질문 속의 키워드를 이용할 수 있고 반전 표현 또는 글의 흐름을 잠시 끊어 주는 부사구들이 답을 제시해 주기도 한다.

반전 표현 However ~, By the way ~, So ~, I'm afraid ~, Unfortunately ~, I'm sorry ~, Actually ~, But ~ 등

키워드 동사보다는 주로 명사가 질문의 키워드가 된다. 시간 관련 표현, 숫자, 고유명사, 최상급 표현들이 항상 키워드로 사용된다. 또한 질문 속의 전치사 about 뒤에 나오는 명사도 좋은 키워드로 활용된다. 질문의 If절 문장도 최고의 키워드로 활용된다.

부사구 Most of all ~, In addition to ~, Also ~, Lastly ~, Finally ~ 등 다양한 표현들이 있다.

후반부

Offer 문제 available, free of charge, complimentary, discount, coupon, special offer, given, provided, offered 등의 표현들이 등장한다. 또한 If 조건절 문장도 같이 등장하는 경우가 많다.

Ask/Suggest/Recommend 문제 If 조건절/To 동사원형/For 명사, + please 명령문 형태의 문장 또는 ask, suggest, recommend, invite, urge, encourage, advise, require 등의 동사들이 답을 이끌어 준다.

Offer/Ask/Suggest/Recommend 공통적으로 요청/제안 문장 역시 답을 이끌 수 있다. If 조건절/To 동사원형/For 명사, + please 명령문 형태의 문장 또는 요청 표현 Could you ~?, Can you ~?, You/We should ~, You/We could ~, You/We can ~, Let ~ 등이 등장한다.

미래 행동을 묻는 문제 시간 표현(Now ~, Today ~, Tonight ~ 등), 제안 표현(Let ~)이 먼저 등장하면서 힌트를 제시하고, I'll ~, I'm going to ~, I must/should/have to ~, I'm here to ~, I'd like to ~, I want to ~, I need to ~ 등이 답을 이끈다. 미래 행동 문제는 언제나 마지막 문장에 답이 등장한다.

> **정답 단서 표현을 찾아라!**
> 지문 전반적으로 시점 표현(~ 부터, ~ 후에, ~ 전에)과 Also는 중요한 단서를 이끈다는 것을 기억하자.

1. Why will the company hold a party?

(A) To celebrate its anniversary
(B) To thank its management team
(C) To boost company morale
(D) To welcome new staff

2. Why does the woman say, "One last thing before I let you go"?

(A) She will fire some workers.
(B) She is giving directions.
(C) She will make a final point.
(D) She is requesting input.

3. What will employees receive?

(A) An increase in salary
(B) A complimentary meal
(C) A cash bonus
(D) An extra vacation day

4. What is the main purpose of the call?

(A) To discuss a payment plan
(B) To establish a delivery time
(C) To confirm an order
(D) To announce a special sale

5. Why does the man say, "You really can't afford to miss it"?

(A) He is changing the subject.
(B) He is confirming a price.
(C) He is emphasizing the importance of an event.
(D) He is informing the listener of a sale.

6. What will the speaker most likely do next?

(A) Ship some items
(B) Place an order
(C) Mail a catalog
(D) Confirm a payment

ModernoMeals(Cream Pasta Menu)		
Meal 1	Pasta Alfredo	$12.95
Meal 2	Pasta Carbonara	$13.95
Meal 3	Pasta Alfredo(with Garlic Bread)	$15.95
Meal 4	Pasta Carbonara(with Garlic Bread)	$16.95

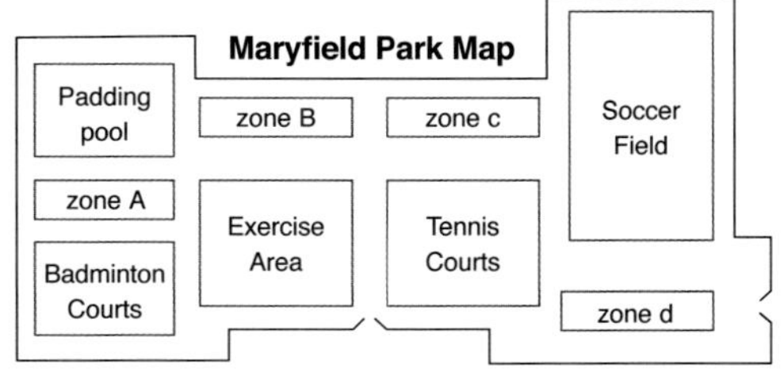

7. What is the purpose of the man's call?

(A) To cancel a food delivery service
(B) To complain about product quality
(C) To inquire about meal options
(D) To discuss an error with an order

10. Where does the speaker most likely work?

(A) In a park office
(B) At a gardening store
(C) In a fitness center
(D) At a landscaping firm

8. Look at the graphic. Which meal did the man most likely order?

(A) Meal 1
(B) Meal 2
(C) Meal 3
(D) Meal 4

11. Look at the graphic. In which zone will new trees be planted?

(A) Zone A
(B) Zone B
(C) Zone C
(D) Zone D

9. What does the man request?

(A) A refund
(B) A menu
(C) A free sample
(D) A coupon

12. What does the speaker request that the listener do?

(A) Visit a government building
(B) Sign an agreement
(C) Send a list of costs
(D) Purchase some items

유형 01 전화 메시지 남기기

1. 상대방 이름 및 자기 소개(이름, 직책, 부서, 회사, 회사 업종, 회사 위치 정보)
2. 전화 건 목적
3. 세부 사항: 키워드, 반전 표현, 부사구 등에 답이 있다.
4. Offer/Ask/Suggest 유형 문제 등장(정보 요청 방법, 주문 방법, 연락 방법 질문)

유형 02 자동 응답 메시지

1. 자동 응답기 안내 멘트
2. 녹음 목적
3. 부재중 이유
4. 세부 사항(날짜/요일, 세일 관련 문제)
5. Offer/Ask/Suggest 유형 문제 등장

유형 03 제품/회사 광고

의문문 또는 If 조건절 등이 자주 등장하며 이 부분에서 청자와 광고 대상을 유추해야 할 때가 많다.
1. 광고 대상(광고하는 상품명, 홍보하려는 회사명)
2. 세부 사항(특이 사항, 회사의 장점, 할인 시작일/종료일)
3. 구입 방법, 신청 방법, 정보 요청 방법

유형 04 공지글

1. 환영 인사
2. 화자 소개(화자를 묻는 문제)
3. 주제문(공지의 목적을 묻는 문제)
4. 주제문에 대한 부연 설명
5. Offer/Ask/Suggest/Recommend 문제 유형 등장

유형 05 지시 사항(여행/관광/견학)

1. 장소 힌트
2. 화자 소개(화자의 직업을 묻는 문제)
3. 주제문
4. 세부 사항(여행 일정 소개)
5. 후반부에 Offer/ Ask/ Suggest 문제 유형 등장
6. 마지막에 다음 행동을 언급

유형 06 공항 안내 방송(공항/버스 터미널/기차역 공통)

1. 청자와 장소 힌트 제공(공지 장소를 묻는 문제)
2. 알림 사항(문제점과 원인을 묻는 문제)
3. 세부 사항(문제점으로 인해 초래된 변동 사항 언급)
4. Offer/Ask/Suggest 문제 유형 등장

유형 07 기내 방송

1. 환영 인사(장소를 묻는 문제)
2. 기장의 안내 멘트
3. 기내 방송 주제문(글의 목적, 비행 정보, 목적지, 출발지, 날씨, 총 소요 시간, 현지 날씨 정보 제공)
4. 주의 사항 언급(도착/이륙 방송)
– 이륙 방송의 경우 다음에 있을 일을 묻는 문제
– 화자가 언급한/언급하지 않은 것을 묻는 문제

유형 08 일기 예보

1일치 일기 예보
1. 청자 힌트
2. 방송명 및 진행자 소개(방송 종류/화자를 묻는 질문)
3. 과거 날씨 및 피해 상황(과거/현재/미래 날씨를 찾는 문제)
4. 다음 방송 정보

1주일치 일기 예보
1. 청자 힌트
2. 방송명 및 진행자 소개(방송 종류/화자를 묻는 질문)
3. 월요일부터 주말까지의 날씨 소개(요일별 날씨 문제)
4. 다음 방송 정보

유형 09 교통 방송

1. 청자 힌트(방송 시간, 방송 종류)
2. 주제문(문제점과 원인)
3. 변동 사항(도로명, 시간 표현)
4. Ask/Suggest 문제 유형 등장
5. 다음 방송 정보

유형 10 초대 손님이 나오는 방송

1. 방송명 및 진행자 소개
2. 초대 손님 소개(인물 소개)
3. 세부 사항(초대 손님의 경력 소개, 미래 행동 언급)
4. 다음 방송 정보

유형 11 인물 소개글 및 연설문

1. 화자 소개
2. 주제문(인물 소개글, 구체적인 장소 힌트)
3. 인물 경력 소개
4. 지원 동기 및 인품 소개
5. 다음 행동 언급

SECTION 1

유형 01-11

필수 상황별 지문의 흐름 정리

Part 4의 문제 분석은 Part 3과 큰 차이가 없다. 단, 답의 위치를 찾기 위해 상황별 글의 흐름을 파악하는 것이 중요하다. 유형 01-11을 통해 상황별 지문의 흐름을 파악하고 자주 출제되는 문제 유형과 정답을 찾기 위한 Know-how에 대해서도 알아 보자.

전화 메시지 남기기

1. 상대방 이름 및 자기 소개(이름, 직책, 부서, 회사, 회사 업종, 회사 위치 정보)

2. 전화 건 목적
- **일반적인 전화 메시지 남기기** I'm calling + 전화 목적
- **회신하는 전화 메시지** I've received ~, I'm returning ~, I'm calling back ~과 같은 표현이 약간의 부대 설명을 이끈다. 부대 설명에는 상대방이 요청한 사항이나 상대방이 언급한 문제점 또는 요청 사항이 등장하고 반전 표현과 함께 전화 건 목적을 제시한다.

3. 세부 사항: 키워드, 반전 표현, 부사구 등에 답이 있다.
- **반전 표현** However ~, By the way ~, So ~, I'm afraid ~, Unfortunately ~, I'm sorry ~, Actually ~, But ~ 등
- **키워드** 동사보다는 주로 명사가 질문의 키워드가 된다. 시간 관련 표현, 숫자, 고유명사, 최상급 표현들이 항상 키워드로 사용된다. 또한 질문 속의 전치사 about 뒤에 나오는 명사도 좋은 키워드로 활용된다. 질문의 If절 문장도 최고의 키워드로 활용된다.
- **부사구** Most of all ~, In addition to ~, Also ~, Lastly ~, Finally ~ 등 다양한 표현들이 있다.

4. Offer/Ask/Suggest 유형 문제가 등장한다.
정보 요청 방법, 주문 방법, 연락 방법 등이 등장하며 다음의 형태로 답이 나온다.
- If 조건절/To 동사원형/For 명사 + available, free of charge, complimentary, discount, coupon, special offer, given, provided, offered 등의 표현
- If 조건절/To 동사원형/For 명사, + please 명령문 형태의 문장 또는 ask, suggest, recommend, invite, urge, encourage, advise, require 등의 동사들이 답을 이끌어 준다.
- Offer/Ask/Suggest/Recommend: 공통적으로 요청/제안 문장 역시 답을 이끌 수 있다.
If 조건절/To 동사원형/For 명사, + please 명령문 형태의 문장 또는 요청 표현 Could you ~?, Can you ~?, You/We should ~, You/We could ~, You/We can ~, Let ~ 등이 등장한다.

전화 녹음 메시지 빈출 질문 & 정답 찾기 Know-how

1. 전화 건 화자의 정보를 묻는 문제가 자주 출제된다.
   ▶ **주의사항!** 청자를 묻는 문제가 나오면 대화의 도입부, 즉 전화 건 목적에서 내용을 유추해야 하므로 어렵게 느낄 수 있다. 하지만 자주 등장하지는 않는다.
2. 전화 건 목적을 묻는 문제가 자주 출제된다.
   ▶ **주의사항!** 회신하는 메시지의 경우는 배경 설명 후에 나오는 반전 표현이 정답을 이끈다.
3. 화자가 청자들에게 요청/제안(Offer/Ask/Suggest)하는 것은 무엇인지 묻는 문제가 출제되며, 주로 정보 요청 방법, 주문 방법, 연락 방법을 묻는다.

유형 02 자동 응답 메시지

1. 자동 응답기 안내 멘트
- You've reached ~, Thank you for calling ~ + 녹음 주체
- 업체명에서 청자 정보와 업종, 위치 정보 등을 찾는다.

2. 녹음 목적
- 생략될 경우가 많지만 보통 영업시간 안내나 가게 이전 또는 몇 주년 기념식에 따른 세일 안내가 나온다.

3. 부재중 이유
- 상담원이 바쁘다. → 대기 시간, 대기 순서 언급
- 영업시간이 끝났다.
- 사무실에 현재 없다.

4. 세부 사항
- **작은 회사** 예약 방법, 영업시간 안내
- **큰 회사** 이벤트 안내, 주로 할인(sale) 안내(할인율, 할인 품목, 할인 기간, 할인 장소 듣기)

5. Offer/Ask/Suggest 유형 문제가 등장한다.
정보 요청 방법, 주문 방법, 연락 방법 등이 등장하며 다음의 형태로 답이 나온다.
- If 조건절/To 동사원형/For 명사 + available, free of charge, complimentary, discount, coupon, special offer, given, provided, offered 등의 표현
- If 조건절/To 동사원형/For 명사, + please 명령문 형태의 문장 또는 ask, suggest, recommend, invite, urge, encourage, advise, require 등의 동사들이 답을 이끌어 준다.
- Offer/Ask/Suggest/Recommend: 공통적으로 요청/제안 문장 역시 답을 이끌 수 있다.
If 조건절/To 동사원형/For 명사, + please 명령문 형태의 문장 또는 요청 표현 Could you ~?, Can you ~?, You/We should ~, You/We could ~, You/We can ~, Let ~ 등이 등장한다.

전화 녹음 메시지 빈출 질문 & 정답 찾기 Know-how

1. "메시지의 청자가 누구인가?, 메시지의 대상은 누구인가?, 녹음한 회사의 업종은 무엇인가?" 또는 질문에 회사명을 제시하고 "회사의 업종은 무엇인가?" 등을 묻는 문제 등장 → 〈You've reached ~, Thank you for calling ~ + 녹음 주체〉에서 답을 찾는다.
2. 전화를 받지 못하는 이유를 묻는 문제가 출제된다.
3. 키워드를 찾는 세부 정보 찾기 문제는 날짜나 요일 등을 제시하고 세일 관련 질문을 한다.
4. 청자들에게 요청/제안(Offer/Ask/Suggest)하는 것은 무엇인지 묻는 문제로 주로 정보 요청 방법, 주문 방법, 연락 방법을 묻는다.

제품/회사 광고

의문문 또는 If 조건절 등이 자주 등장하며 이 부분에서 청자와 광고 대상을 유추해야 할 때가 많다.

1. 광고 대상: 광고하는 상품명이나 홍보하려는 회사명이 등장한다.
- 제품명이 나올 경우는 바로 다음 세부 정보로 이어져 제품 특징을 열거한다.
- 회사 이름이나 가게 이름이 나올 경우는 가게 이전이나 몇 주년 기념식으로 세일을 하는지를 알리고, 세부 정보에서 세일에 관한 세부 사항이 열거된다. 세일은 언제나 세일의 시작 또는 끝을 알리는 시점이나 기간이 등장한다.

2. 세부 사항
- 세부 정보로서 키워드 찾기 문제가 나온다. 이곳에서는 이 제품의 특징이나 업체만의 차이점과 장점, 그리고 업체의 경우 세일에 관한 내용이 등장하며 세일 관련 내용이 등장할 때는 날짜나 기간 표현이 중요하다.
- 특히 세부 정보 부분에서는 **반전 표현이나 부사구가 답을 찾는 데 유용하다.**

3. 마지막으로 구입 방법, 신청 방법, 정보 요청 방법이 나온다. Offer/Ask/Suggest 유형 문제로 다음과 같은 답의 형태가 잘 나온다.
- If 조건절/To 동사원형/For 명사 + available, free of charge, complimentary, discount, coupon, special offer, given, provided, offered 등의 표현
- If 조건절/To 동사원형/For 명사, + please 명령문 형태의 문장 또는 ask, suggest, recommend, invite, urge, encourage, advise, require 등의 동사들이 답을 이끌어 준다.
- Offer/Ask/Suggest/Recommend: 공통적으로 요청/제안 문장 역시 답을 이끌 수 있다.

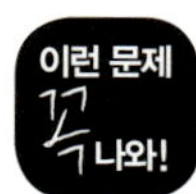

제품/회사 광고 빈출 질문 & 정답 찾기 Know-how

1. 청자가 누구인지 묻는 문제: **ex.** "광고는 누구를 대상으로 하는가?" → 지문 도입부에서 답을 찾는다.
2. 광고 대상을 묻는 문제 → 도입부 첫 지문에서 유추가 가능하며 그 다음 문장에 정확히 답이 등장한다.
3. 세부 정보를 찾는 문제로 제품의 특이 사항이나 회사의 장점을 묻는다. 또는 특정 날짜를 언급하고 그 날짜가 무엇인지 묻는다. (대체로 할인의 시작일 또는 종료일)
4. 정보 요청, 주문 방법, 신청 방법 등을 묻는다.

유형 **04** 공지글

1. 환영 인사 - 대체로 초반부의 이벤트명이나 장소명에서 청자와 이벤트의 목적, 개최 시기 등의 정보를 얻는다.
ex. Welcome to ～, Thank you for ～ 등

2. 화자 소개 - 화자의 이름과 부서 및 직책 등이 제시된다. **ex.** This is ～, My name is ～, I'm ～

3. 주제문 - 알림 사항, 즉 글의 목적이나 공지의 내용이 등장한다. announce, present, introduce, inform, remind, report, let you know와 같은 동사들과 I'd like to ～, I'm here to ～, I want to ～, I need to ～, I will ～, I'm going to ～, I must/should/have to ～ 등의 표현들이 답을 이끈다.

4. 글의 중반부
- 서론에 등장한 주제문에 대한 부연 설명이 이루어지는 부분으로 세부 정보를 찾는 문제가 등장한다. 세부 정보를 찾는 문제는 질문 속의 키워드를 이용하거나 반전 표현 또는 글의 흐름을 잠시 끊어 주는 부사구들이 답을 이끈다.
- **반전 표현** However ～, By the way ～, So ～, I'm afraid ～, Unfortunately ～, I'm sorry ～, Actually ～, But ～ 등
- **키워드** 주로 명사가 질문의 키워드이며, 시간 관련 표현, 숫자, 고유명사, 최상급 표현들이 늘 키워드로 쓰인다. 또 질문의 전치사 about 뒤에 나오는 명사와 If절 문장도 최고의 키워드로 활용된다.
- **부사구** Most of all ～, In addition to ～, Also ～, Lastly ～, Finally ～ 등 다양한 표현들

5. 문제 유형
- **Offer 문제** available, free of charge, complimentary, discount, coupon, special offer, given, provided, offered 등의 표현들이 등장한다. 또한 If 조건절 문장이 같이 등장할 경우가 많다.
- **Ask/Suggest/Recommend 문제** If 조건절/To 동사원형/For 명사, + please 명령문 형태의 문장 또는 ask, suggest, recommend, invited, urge, encourage, advise, require 등의 동사들이 답을 이끌어 준다.
- **Offer/Ask/Suggest/Recommend** 공통적으로 요청/제안 문장 역시 답을 이끌 수 있다.
If 조건절/To 동사원형/For 명사, + please 명령문 형태의 문장 또는 요청 표현 Could you ～?, Can you ～?, You/We should ～, You/We could ～, You/We can ～, Let ～ 등이 등장한다.

공지글 빈출 질문 & 정답 찾기 **Know-how**

1. 화자가 누구인지 묻는 문제 → 문제 속의 사람 이름을 듣는 문제로 답의 형태가 This is ～, My name is ～, I'm ～ 등으로 제시된다.
2. 공지의 목적을 묻는 문제 → 주제문에 답이 등장하므로 주제문을 이끄는 표현들을 생각해야 한다. 주제문은 자기 소개 문장 다음에 나온다.
3. 세부 정보 문제도 등장하며 보통 키워드를 적절히 사용하는 문제가 나온다. 물론 반전 표현이나 부사구들도 답을 찾는 데 도움을 준다.
4. 요청/제안하는 것을 묻는 문제 **ex.** "화자가 청자에게 무엇을 하라고 하는가?"
→ Part 4에서 가장 많이 등장하는 답의 형태이므로 익숙하게 연습해 둬야 한다.

지시 사항 (여행/관광/견학)

1. 장소 힌트 - **ex.** Welcome to ~, Thank you for ~ 등

2. 화자 소개 - 화자는 가이드, (공장) 직원인 경우가 대부분이다. **ex.** This is ~, My name is ~, I'm ~

3. 주제문 - 주제문으로 소요 시간, 주의사항 등을 언급한다. 다음과 같은 주의사항이 언급된다.

> **ex.** 공연장이라면 "전화기를 꺼두세요."
> **ex.** 박물관이나 전시장이라면 "사진 찍지 마세요."
> **ex.** 동물원이라면 "먹이 주지 마세요."

4. 세부 사항

- **여행 일정 소개** first, next, then, after, following, finally, lastly 등의 표현에 유의하여 듣는다. lastly와 finally는 특히 중요하다.
- lunch라는 것이 중요 키워드로 사용된다.

5. 후반부에 들어가서 Offer/Ask/Suggest 문제가 등장한다.

- **Offer 문제** available, free of charge, complimentary, discount, coupon, special offer, given, provided, offered 등의 표현들이 등장한다. 또한 If 조건절 문장이 같이 등장할 경우가 많다.
- **Ask/Suggest/Recommend 문제** If 조건절/To 동사원형/For 명사, + please 명령문 형태의 문장 또는 ask, suggest, recommend, invite, urge, encourage, advise, require 등의 동사들이 답을 이끌어 준다.
- **Offer/Ask/Suggest/Recommend** 공통적으로 요청/제안 문장 역시 답을 이끌 수 있다.

If 조건절/To 동사원형/For 명사, + please 명령문 형태의 문장 또는 요청 표현 Could you ~?, Can you ~?, You/We should ~, You/We could ~, You/We can ~, Let ~ 등이 등장한다.

6. 마지막에 다음 행동을 언급한다.

- 시간 표현이나 Let's ~, Why don't we ~? 등과 같은 제안 표현이 자주 등장한다.

지시 사항(여행/관광/견학) 빈출 질문 & 정답 찾기 Know-how

1. 청자가 누구인지 묻는 문제 → 첫 문장 장소명에서 답을 유추한다. Welcome to ~, Thank you for ~ 등
2. 화자의 직업을 묻는 문제 → 자기 소개 문장 This is ~, My name is ~, I'm ~ 뒤의 사람 이름을 잘 듣는다.
3. 화자가 언급한 사항이나 주의사항 등이 무엇인지 묻는 문제 → 주제문에서 답을 찾는다.
4. 일정 소개 부분에서 세부 정보를 묻는 문제 → 키워드나 반전 표현, 부사구를 이용한다. 단, 여행/관광/견학 지문에서는 시점 표현들이 특히 중요하다.
5. 요청/제안하는 것을 묻는 문제 **ex.** "화자가 청자에게 무엇을 하라고 하나?"
6. 다음 행동을 묻는 문제 **ex.** "다음에 화자와 청자는 무엇을 할 것인가?" → 시점 또는 제안 표현이 자주 등장한다.

공항 안내 방송(공항/버스 터미널/기차역 공통)

상황별 지문의 흐름과 출제 경향을 꿰뚫어라!

1. 청자와 장소 힌트 제공
- **ex.** Attention, passengers. ~

2. 알림 사항
- 문제점과 원인 등장. 문제점은 언제나 교통수단의 결항(cancel)이나 지연(delay)이 등장한다.
- 문제점을 나타내는 표현으로 due to + 악천후(inclement, deteriorating, poor weather conditions) 또는 due to + 원인(icy runway, accident) 등이 등장한다. 이 부분에서 공항인지 버스 터미널인지 기차역인지 알 수 있다.

3. 세부 사항
주제문에서 언급된 문제점으로 인해 초래된 변동 사항들이 언급되며 키워드 찾기 문제가 등장한다. 반전 표현과 부사구, 시점 표현이 중요하다.

4. Offer 문제가 등장한다.
- 여러 가지 변동 사항으로 인해 손님들에게 불편을 주어 미안하다는 말이 자주 나온다.
- **Offer 문제의 기본 답변 형태** available, free of charge, complimentary, discount, coupon, special offer, given, provided, offered 등의 표현들이 등장한다. 또한 If 조건절 문장이 같이 등장할 경우가 많다.
- Offer 답변과 더불어 새로운 소식이 들어오면 즉시 알려드리겠다는 표현들로 keep S/O informed/posted/updated라는 표현도 자주 나온다.

5. Ask/Suggest 문제가 등장한다.
- 요청 부분으로 환불이나 시간 변경에 대한 내용이 언급될 때가 많다.
- 역시 If 조건절/To 동사원형/For 명사, + please 명령문 형태의 문장 또는 요청 표현 Could you ~?, Can you ~?, You/We should ~, You/We could ~, You/We can ~, Let ~ 등이 등장한다.

공항 안내 방송(공항/버스 터미널/기차역 공통) 빈출 질문 & 정답 찾기 Know-how
1. 공지 장소를 묻는 문제 → 주제문의 문제점과 원인 부분에서 답을 찾는다. 특히 원인 부분에서 답이 잘 나온다.
2. 문제점과 문제를 묻는 문제 → 주제문에서 답을 찾는다. 문제점과 원인이 동시에 같은 문장으로 제시된다.
3. 키워드를 이용해 세부 정보를 찾는 문제 → 공항의 경우 보통 비행편 이름이나 도시명, 게이트 번호 등이 키워드로 쓰인다.
4. Offer 문제 → If 조건절 문장이 중요하다.
5. Ask/Suggest 문제 → If 조건절/To 동사원형/For 명사, + please 명령문 형태의 문장에 집중한다. 시간 변경이나 환불 이야기 등의 내용이 자주 나온다.

기내 방송

1. 환영 인사
– Welcome a board + 비행편 이름, 이 부분에서 현재 장소가 비행기라는 것을 알 수 있다.

2. 기장의 안내 멘트
– 본인이 기장임을 밝히고 이름을 제시한다.

3. 기내 방송 주제문
– 기내 방송은 글의 목적 즉, 주제문에 다양한 비행 정보를 제공하며 각종 키워드를 활용하는 문제가 등장한다.
– 목적지, 출발지, 날씨, 총 소요 시간, 현지 날씨 정보 제공
– **ex.** We're scheduled/planning to arrive/land in 목적지 in about 예상 시간

4. 주의 사항
– **도착 방송** 안전벨트 착용(fasten your seat belt), 세관 보고서 작성(fill out customs declaration card), 개인 소지품(personal belongings and effects)에 관한 주의사항들을 언급하고 필요한 것이 있다면 승무원을 호출하라는 멘트가 나온다.
– **이륙 방송** 각종 전자 기기 전원을 끄고, 안전벨트를 하고, 좌석을 세우고, 도움이 필요하면 역시 승무원을 불러 달라고 한다.
– 도착 방송이라면 "다음에 또 이용해 주세요."라는 안내 방송으로 끝나고, 이륙 방송이라면 "이륙 후 스낵 및 음료를 제공합니다."라는 안내 방송이 나오고 끝난다.

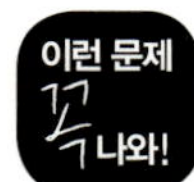

기내 방송 빈출 질문 & 정답 찾기 Know-how
1. 장소를 묻는 문제 → 도입부 첫 지문에서 답을 찾는다.
2. 화자가 누구인지 묻는 문제 → 화자는 언제나 기장이다.
3. 글의 목적을 묻는 문제 → 비행 정보를 제공한다.
4. 화자가 무엇을 말하는지 묻는 문제 → 역시 글의 목적 부분의 비행 정보에 답이 있다. 주로 날씨 관련 문제가 자주 나온다.
5. 화자가 언급한/언급하지 않은 것을 묻는 문제 → 주의사항 열거하는 부분을 잘 듣자.
6. 다음에 있을 일을 묻는 문제 → 이륙 방송에서만 나온다. 스낵이나 음료 제공(refreshment)

유형 08 일기 예보

상황별 지문의
흐름과 출제 경향을
꿰뚫어라!

1일치 일기 예보

1. 청자 힌트
- 라디오 청취자 또는 TV 시청자

2. 방송명 및 진행자 소개
- 방송의 종류와 방송 시간 등의 정보를 알 수 있다.

3. 과거 날씨 및 피해 상황
- 현재 날씨나 향후 날씨 변화 또는 요청/제안(Ask/Suggest): If 조건절, + please 명령문 형태로 등장

4. 다음 방송 정보
- 다음 방송 시간, 다음 방송 내용
- Stay tune ~, Now ~, Let's ~, We'll be back ~, I'll be back ~과 같은 표현들에 답이 있다.

1주일치 일기 예보

1. 청자 힌트, 방송명 및 진행자 소개, 다음 방송 정보는 1일치 일기 예보와 동일

2. 월요일부터 주말까지의 날씨 소개
- 요일로 날씨 찾기, 날씨 표현으로 요일 찾기 문제가 주로 등장
- 주말까지의 날씨 소개 및 요청/제안(Ask/Suggest): If 조건절, + please 명령문 형태로 정답 등장
- 주말에 날씨가 좋을 경우 가족과 피크닉 또는 공원에 가라는 내용이 주로 등장

일기 예보 빈출 질문 & 정답 찾기 Know-how

1. 방송 종류나 화자를 묻는 문제 → 방송명 및 진행자 소개 부분에서 답을 찾는다.
2. 1일치 일기 예보는 시간 키워드를 이용해 과거/현재/미래 날씨를 찾는 문제가 등장한다. 1주일치 일기 예보는 요일별로 날씨를 찾는 문제나 날씨 표현을 키워드로 요일을 찾는 문제가 등장한다.
3. Ask/Suggest 문제 → 1일치 일기 예보는 요청/제안(Ask/Suggest)이 두 번 등장한다. 1주일치 일기 예보는 주로 주말에 날씨가 좋을 경우에만 요청/제안(Ask/Suggest) 문제가 나오며 항상 공원이나 피크닉을 가라고 한다. If 조건절, + please 명령문 형태로 정답이 등장한다.
4. 다음 방송 정보를 묻는 문제(언제 다시 방송을 하는지, 일기 예보 후 어떤 내용의 방송이 진행되는지 묻는 문제) → 보통 답은 Stay tune ~, Now ~, Let's ~, We'll be back ~, I'll be back ~과 같은 표현들에 답이 있다. 일기 예보 후 광고가 나오거나 비즈니스 뉴스가 뒤따른다는 내용이 자주 나온다.

교통 방송

1. 청자 힌트

- Attention drivers!로 시작하는 경우가 많다. 교통 방송이기에 운전자들을 대상으로 방송한다.
- 진행자 이름과 방송명이 등장한다. 방송 시간 및 방송 종류 등을 알 수 있다.

2. 주제문으로 문제점과 원인이 등장

- 날씨 때문에 도로 사정이 좋지 않다.
- 사고가 나서 도로가 밀린다.
- 특정 이벤트 때문에 도로가 밀린다.
- 공사 때문에 도로가 밀린다.

3. 변동 사항

- 키워드 찾기 문제가 등장한다. 도로명이나 시간 표현 등을 키워드로 이용한 문제가 자주 나온다.

4. 요청/제안(Ask/Suggest) 문제

- If 조건절, + please 명령문 형태로 정답 등장한다.
- **주로 나오는 표현** 대중교통(public transportation)을 이용해라, 다른 길(alternate route)을 찾아라, 우회해라(detour)

5. 다음 방송 정보

- 다음 방송 시간 및 다음 프로그램 소개
- Stay tune ~, Now ~, Let's ~, We'll be back ~, I'll be back ~과 같은 표현들에 답이 있다.

교통 방송 빈출 질문 & 정답 찾기 Know-how

1. 청자를 묻는 문제 → 첫 문장에서 답을 찾는다.
2. 방송 종류를 묻는 문제 → 진행자 이름과 방송명이 등장한다.
3. 문제점과 원인을 묻는 문제 **ex.** "왜 도로가 밀리는가?, 방송 목적이 무엇인가?"
4. 특정 도로명이나 시간 표현을 가지고 답을 찾는 세부 정보 문제가 등장한다.
5. 요청/제안(Ask/Suggest) 유형: If 조건절, + please 명령문으로 정답이 등장한다. 답으로는 언제나 "대중 교통을 이용해라, 다른 길을 찾아봐라, 우회해라" 등의 내용이 등장한다.
6. 다음 방송 정보를 묻는 문제 **ex.** "이 방송이 끝나면 무엇을 듣게 되나?" → 다음 방송 정보에서 답을 찾는다.

초대 손님이 나오는 방송

상황별 지문의 흐름과 출제 경향을 꿰뚫어라!

1. 방송명 및 진행자 소개

2. 초대 손님 소개(인물 소개)
- 이름 등 간략하게 인물 소개를 한다. 인물 소개는 **초대 손님의 이름이 먼저 나오고 이름 뒤에는 직업이나 직책** 등이 언급된다. 대체로 유명한 음악가와 같은 예술인, 영화배우, 운동선수 등이 자주 소개된다.

3. 세부 사항
- 세부 사항으로 **초대 손님의 경력 소개가** 나온다. 언제부터 시작했고 어떻게 성공하게 되었는지를 이야기한다. 키워드를 이용하거나 시점 표현, 반전 표현을 이용해 답을 찾자.
- **초대 손님이 오늘 무엇을 하게 될지에 대한 미래 행동을 언급한다.** 보통 "성공 스토리를 들려주기 위해 나왔다, 질문 답변 시간을 갖는다, 특정 주제에 대해 강의를 한다" 등의 내용이 나온다.

4. 다음 방송 정보
- 다음 방송 시간, 다음 방송 내용
- Stay tune ~, Now ~, Let's ~, We'll be back ~, I'll be back ~과 같은 표현들에 답이 있다.

초대 손님이 나오는 방송 빈출 질문 & 정답 찾기 Know-how

1. 이름을 주고 직업을 묻는 문제 → 이름만 들으면 이름 앞뒤에 답이 등장한다.
2. 세부 정보를 찾는 문제 → 연도, 나이, 지역 등을 키워드로 이용한 문제가 등장한다.
3. 어떻게 커리어를 시작하게 되었는지 묻는 문제
   → 세부 정보 부분에서 답을 찾아야 한다.
4. 초대 받은 사람이 무엇을 할 것이지 묻는 문제나 강의 주제를 묻는 문제가 나온다.
5. 다음 방송 정보는 모든 방송 글에서 가장 자주 묻는 문제 중 하나이다.

유형 11 인물 소개글 및 연설문

1. 화자 소개
이렇게 인물을 소개하는 글은 보통 회사 내에서 이루어진다. This is ~, My name is ~, I'm ~

2. 주제문에는 인물 소개글이 등장한다. 또한 구체적인 장소 힌트가 등장한다.
- **좋은 소식** 신규 직원, 초대 연사 소개 **ex.** I'm happy/proud/pleased to introduce[announce, present, inform, report, remind, let you know]
- **나쁜 소식** 은퇴 직원 소개 **ex.** I'm sorry to/I regret to/I am saddened to announce[present, inform, report, remind, let you know]
- 특정 인물의 이름이 등장한다. 이름 뒤엔 간략한 소개 문장이 나온다. 주로 직업, 직책, 근무 회사 등의 정보가 언급된다.

3. 인물 경력 소개
- 시간순 소개로 이 부분이 키워드 찾기 문제이다.
- 주로 시점이나, 지역, 반전 표현, 부사구를 이용해 답을 찾는다.

4. 지원 동기(신규 직원의 경우) 및 인품 소개

5. 다음 행동
- 시점 표현(~하기 전에), 시간 표현(Now ~, Tonight ~), 제안 표현(Let ~), He is here to, He would like to 등이 답을 이끈다.
- "연설을 한다, 연설 전후에 식사를 한다, 자료를 같이 본다, 질문 답변 시간이 있다" 등의 내용이 자주 나온다.

이런 문제 나와!

인물 소개글 빈출 질문 & 정답 찾기 Know-how
1. 화자가 누구인지 묻는 문제 → 자기 소개 문장에서 답을 찾는다. **ex.** This is ~, My name is ~, I'm ~
2. 글의 목적을 묻는 문제 → 답은 언제나 인물을 소개하는 글에 있다. 단, 좋은 소식과 나쁜 소식을 구별해야 한다.
3. 이름을 주고 직업 등을 묻는 문제 → 소개 받는 인물의 직업은 언제나 이름 전후에 등장한다. 따라서 주제문을 잘 듣는다.
4. 경력 소개 부분에서 키워드를 이용하는 문제가 등장한다.
5. 미래 행동을 묻는 문제 → 마지막 문장 속에 답이 등장하며 내용은 항상 "연설을 한다, 연설 전후에 식사를 한다, 자료를 같이 본다, 질문 답변 시간이 있다" 등이 나온다.

214

SECTION 2

문제 **01-07**

실전 문제 풀이 연습

Part 4는 Part 3의 연장선상에 있다고 보면 된다. 일단 구 유형들(문제 01~03)은 간단히 질문을 보고 답을 찾는 데 필요한 정보를 찾고, 찾은 정보를 바탕으로 지문 속에서 정답이 어떻게 등장하는지 살펴 보자. 신 유형들(문제 04~07)은 실제 문제를 가지고 답을 찾는 연습을 해 보자.

문제 01 — 요청/제안 문제

토익 기존 유형의 문제로 질문에서 힌트를 찾고, 지문 속에서 정답 단서 표현을 찾는 연습을 해 보자.

문제 확인

> **71. What does the speaker encourage listeners to do?**
>
> **72. What can listeners receive if they sign up before December 15th?**
>
> **73. According to the speaker, why should listeners go to the service desk?**

71. What does the speaker encourage listeners to do?

첫 번째 문제이고 질문 내용이 청자에게 무엇을 하도록 독려하는지 묻는 내용이므로 주제문에 답이 나온다. 요청/제안 문제이므로 If 조건절, + please 명령문 형태로 답이 나온다.

72. What can listeners receive if they sign up before December 15th?

질문이 복문(2개의 절)이고 그 중 조건절이 들어 있다면 이 표현 전체가 아주 좋은 키워드로 사용된다. if they sign up before December 15th 이 표현 자체가 키워드이다. Part 4에서 시점 표현들(~부터, ~ 전에, ~ 후에)은 무조건 키워드로 사용되는 중요한 힌트이다. 따라서 before December 15th는 특히 중요하다. 또 하나 무엇을 받는지 묻고 있으므로 Offer 문제 유형이며 Offer 문제 관련 표현들(available, free of charge, complimentary, discount, coupon, special offer, given, provided, offered)이 등장한다. If 조건절 문장이 같이 등장하는 경우도 많다.

73. According to the speaker, why should listeners go to the service desk?

청자에게 the service desk로 가라고 한 이유를 묻고 있으므로 요청/제안 문제이다. 키워드로 the service desk가 사용될 확률이 높다. If 조건절/To 동사원형/For 명사 + please 명령문 형태의 문장과 Could you ~?, Can you ~?, You/We should ~, You/We could ~, You/We can ~, Let ~ 등이 등장한다.

이 정도 힌트를 찾아 냈다면 이제 지문을 들으면서 각 문제의 보기를 보며 답을 찾는다.

Questions 71 through 73 refer to the following announcement.

Attention, Salford Supermarket shoppers. Have you heard about our new membership card? [71]**If not, now is a great time to sign up.** As a holder of our membership card, you can receive further discounts on selected items within the supermarket. [72]**If you join before December 15th, you will receive a free turkey for Christmas,** as well as a free bottle of wine from our beverages department. [73]**To sign up, just ask a member of our staff for an application form and submit the completed form to our customer service desk** by the main entrance. We hope you will take advantage of this amazing offer.

71번에서 73번은 다음 공지를 참조하시오.

Salford Supermarket 고객 여러분, 안내 말씀드립니다. 저희의 새로운 회원 카드에 대해 들어 보셨나요? [71]**아직 들어 보시지 못했다면, 지금이 등록하실 절호의 기회입니다.** 회원권을 소지하시면, 슈퍼마켓 내의 엄선된 품목에 대해 더 많은 할인을 받으실 수 있습니다. [72]**12월 15일 이전에 가입하시면, 저희 음료 부서에서 와인 한 병을 드릴 뿐 아니라, 크리스마스용 칠면조 고기를 무료로 받으실 수 있습니다.** [73]**등록하시려면, 저희 직원 중 한 명에게 신청서를 달라고 하셔서 작성한 서류를 출입구 옆에 있는 고객 서비스 창구로 제출해 주시면 됩니다.** 고객님들께서 이 놀라운 제안을 잘 이용하시길 바랍니다.

 **표현 정리**

sign up 등록하다
holder 소지자, 보유자
receive 받다
A as well as B B뿐만 아니라 A도
submit 제출하다
take advantage of ~을 이용하다

문제 해설

71. 화자는 청자들에게 무엇을 하라고 독려하는가?

예상대로 주제문 If not, now is a great time to sign up.에서 답이 등장한다.

72. 12월 15일 이전에 신청하는 청자들은 무엇을 받을 수 있는가?

If you join before December 15th, you will receive a free turkey for Christmas에서 If 조건절 문장과 시점 표현이 키워드로 사용되고 또 Offer 문제의 전형적인 답변 free, receive가 등장하면서 답이 제시됨을 알 수 있다.

73. 화자에 따르면, 청자들은 왜 서비스 창구로 가야 하는가?

요청/제안 문장답게 To sign up, just ask a member of our staff for an application form and submit the completed form to our customer service desk에서 To 동사원형, + 명령문 형태로 답이 제시되고 있음을 알 수 있다. 또한 키워드로 service desk가 사용되었다.

화자/장소/미래 행동을 묻는 문제

토익 기존 유형의 문제로 질문에서 힌트를 찾고, 지문 속에서 정답 단서 표현을 찾는 연습을 해 보자.

문제 확인

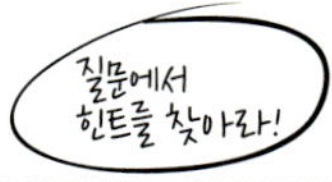

74. Who is the speaker?

75. Where does the talk most likely take place?

76. What will happen next?

74. Who is the speaker?

화자를 묻는 질문이므로 화자 소개 부분에서 답을 찾는다. This is ~, My name is ~, I'm ~ 등의 형태로 답이 등장한다.

75. Where does the talk most likely take place?

장소를 묻는 질문이다. 장소는 글의 가장 도입부의 장소명이나 이벤트명에서 알 수 있다. 그런데 질문에 talk라고 했으므로 연설문임을 알 수 있다. 연설문은 자기 소개 문장 다음에 나오는 주제문("오늘 이 자리에 뭔가를 축하하러 오게 되었다")에 장소 힌트가 제시된다.

76. What will happen next?

미래 행동을 묻는 질문이다. 연설문에서 미래 행동은 언제나 마지막 문장에 언급되고 시점 표현(~하기 전에), 시간 표현(Now ~, Tonight ~), 제안 표현(Let ~), He is here to ~, He would like to ~ 등이 답을 이끈다. "연설을 한다, 연설 전후에 식사를 한다, 자료를 같이 본다, 질문 답변 시간이 있다" 등의 내용이 주로 나온다.

 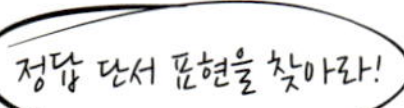

Questions 74 through 76 refer to the following talk.

Good evening everybody. I'm happy to see so many of you could attend tonight's event. [74]**I'm Rachel Dawes, the manager of the Little Village Theater.** [75]**It's my pleasure to** welcome you all to the Ritz Plaza Hotel which has generously offered to host tonight's fundraiser event to benefit the theater. Any money raised tonight will allow us to renovate and repair the theater and to finance future theatrical productions. I hope you can all help us by making a generous donation. [76]**But first, let's** all enjoy the fantastic catering services of Grant's Catering and the music provided by a few local singers.

74번에서 76번은 다음 담화를 참조하시오.

좋은 저녁입니다, 여러분. 오늘 밤 행사에 이렇게 많은 분들께서 참석해 주셔서 기쁩니다. [74]**저는 Little Village 극장의 관리인인 Rachel Dawes입니다.** [75]**Ritz Plaza 호텔에 오신 여러분 모두를 환영합니다.** 이 호텔은 극장에 참 유용하게 될 오늘 밤 기금 모금 행사 주최를 너그러이 제안했습니다. 오늘 밤 모인 기금은 전액 극장을 수리하고 보수하는 데 쓰일 것이며 앞으로의 연극 공연 작품을 위한 재원으로 쓰일 것입니다. 여러분 모두 후한 기부로 저희들을 도와주시길 바랍니다. [76]**하지만 먼저, Grant's 출장 연회업체의 환상적인 음식과 지역 가수들이 들려주는 음악을 같이 즐깁시다.**

 **표현 정리**

generously 관대하게, 너그러이
host 주최하다, 접대하다
fundraiser 기금 모금 행사
make a donation 기부하다
catering 출장 연회업/음식

문제 해설

74. 화자는 누구인가?

화자 소개 부분에 이름과 함께 답이 나온다. I'm Rachel Dawes, the manager of the Little Village Theater.에서 답을 이끄는 표현이 I'm ~으로 등장하고 있다.

75. 담화는 어디에서 이루어지고 있을 것 같은가?

연설문에서 장소 힌트는 주제문에 나오는데 주제문은 자기 소개 다음 문장이다. It's my pleasure to welcome you all to the Ritz Plaza Hotel에서 현재 있는 장소 Ritz Plaza Hotel이 제시되어 있다.

76. 다음에 무슨 일이 있을 것인가?

미래 행동은 항상 마지막 문장에 제시되고 시점 표현, 제안 표현 등으로 답이 등장한다. 마지막 문장 But first, let's all enjoy the fantastic catering services of Grant's Catering and the music provided by a few local singers.에서 행사 전에 연회를 즐기자는 내용이 정답임을 알 수 있다.

문제 03 공지 목적과 문제점을 묻는 문제

토익 기존 유형의 문제로 질문에서 힌트를 찾고, 지문 속에서 정답 단서 표현을 찾는 연습을 해 보자.

문제 확인

77. What is the reason for the announcement?

78. According to the speaker, why will the train stop at Liverpool?

79. What are listeners advised to do?

77. What is the reason for the announcement?

공지의 목적을 묻는 문제이므로 주제문을 들어 봐야 한다. 77번만 읽고 알 수 있는 정보는 많지 않다.

78. According to the speaker, why will the train stop at Liverpool?

문제에 the train이 등장하므로 교통 수단 관련(공항/기차역) 안내 방송 문제임을 알 수 있다. 공항/기차역 등의 안내 방송은 자기 소개 문장 없이 바로 주제문에 문제점과 원인이 등장한다. 또한 문제에 나온 고유명사 Liverpool 이 중요한 정답 찾기 키워드임을 예상할 수 있다.

79. What are listeners advised to do?

요청/제안 문제이므로 요청/제안에 대한 답변이 나올 것을 예상하고 기다려야 한다. 후반부에 If 조건절/To 동사원형/For 명사, + please 명령문 형태의 문장과 Could you ~?, Can you ~?, You/We should ~, You/We could ~, You/We can ~, Let ~ 등의 형태로 답이 등장한다.

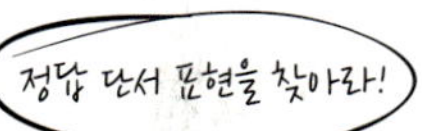

Questions 77 through 79 refer to the following announcement.

[77]**Attention, all passengers** traveling to Manchester. Southbound trains have been delayed due to heavy snow. At the next station, [78]in Liverpool, we will stop to pick up some of the passengers from these trains, which will result in a 20-minute delay. During this time, you will be able to exit the train to purchase refreshments and stretch your legs. [79]However, **if you choose to exit the train, we recommend** that you keep your ticket with you as we will be checking your tickets again before we resume our journey. We apologize for this delay, and we can assure you that there will be no more delays between Liverpool and Manchester.

77번에서 79번은 다음 공지를 참조하시오.

[77]맨체스터로 가시는 모든 승객 여러분들께 안내 말씀드립니다. 남쪽 방향 열차가 폭설로 인해 지연되었습니다. 다음 역인 [78]리버풀에서, 그 열차 승객들 중 일부를 승차시키기 위해 정차하게 될 것이고, 그로 인해 20분 가량 지연될 것입니다. 이 시간 동안, 여러분들께서는 열차 출구로 나가셔서 간식을 구매하시거나 다리를 쭉 펴실 수 있습니다. [79]하지만 열차 밖으로 나가시려면, 다시 출발하기 전에 고객 여러분의 표를 다시 확인할 것이므로, 열차 표를 소지하고 나가시길 권합니다. 열차가 지연되어 사과 드리고, 리버풀과 맨체스터 간 지연은 더 이상 없을 것을 확신합니다.

 **표현 정리**

delay 지연시키다, 연기하다, 지연
due to ~ 때문에
heavy snow 폭설
resume 다시 시작하다
assure 확신하다, 확실히 ~라고 말하다

 **문제 해설**

77. 공지의 이유는 무엇인가?

주제문을 묻는 문제이다. 기차역 관련 내용이니 방송 앞 부분에 공지의 이유가 바로 등장할 것임을 알고 준비해야 한다. all passengers traveling to Manchester. Southbound trains have been delayed due to heavy snow에서 문제점과 원인이 제시된다.

78. 화자에 따르면, 리버풀에 기차가 왜 멈출 것인가?

키워드인 Liverpool이 들어간 문장을 노려 듣자. in Liverpool, we will stop to pick up some of the passengers from these trains에서 기차가 멈추는 이유를 제시하고 있다.

79. 청자들에게 제안된 것은 무엇인가?

요청/제안에 대한 답변을 찾는다. 예상대로 후반부 문장 However, if you choose to exit the train, we recommend that you keep your ticket with you as we will be checking your tickets again before we resume our journey.에서 If 조건절 + we recommend ~의 형태로 답이 제시된다.

문제 04 제시된 구어체 표현의 의도를 묻는 Implication 문제

신 유형의 실전 문제로 답을 찾는 연습을 해 보자.

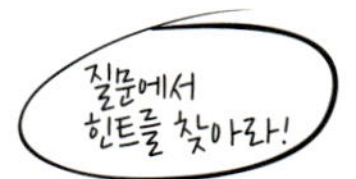

문제 확인

83. Why will the company hold a party?

(A) To celebrate its anniversary
(B) To thank its management team
(C) To boost company morale
(D) To welcome new staff

84. Why does the woman say, "One last thing before I let you go"?

(A) She will fire some workers.
(B) She is giving directions.
(C) She will make a final point.
(D) She is requesting input.

85. What will employees receive?

(A) An increase in salary
(B) A complimentary meal
(C) A cash bonus
(D) An extra vacation day

Part 4의 문제 분석은 Part 3과 큰 차이가 없다. 단, 답의 위치를 찾기 위해 상황별 글의 흐름을 파악해야 한다. 질문에서 얼마나 많은 정보를 찾을 수 있는지가 관건이다.

---

83. Why will the company hold a party?

회사가 파티를 개최하는 이유를 묻는 문제로 특정 행사의 개최를 알리는 글임을 알 수 있다. 주제문에서 행사 개최를 알리고 이유를 설명하므로 지문 도입부의 주제문을 노려야 하는 문제이다. 주제문을 이끄는 표현들을 기억하자.

84. Why does the woman say, "One last thing before I let you go"?

제시된 표현의 의도를 묻는 문제는 지문의 흐름을 파악해야 하는 문제이다. 특히 바로 앞 문장이 중요함을 기억해야 한다. 그리고 제시된 표현 자체의 의미도 파악해야 한다. 제시된 문장의 뜻은 '여러분을 보내 주기 전 마지막으로'의 뜻으로 뭔가 마지막으로 당부할 것 또는 확인할 것이 있을 때 사용하는 표현이다.

85. What will employees receive?

문제에 receive가 등장한다. 화자가 뭔가를 제공한다는 것으로 Offer 문제로 볼 수 있다. 따라서 후반부 지문에서 요청/제안/제공(Offer) 표현을 들어야 한다. 요청/제안/제공(Offer)의 답을 이끄는 동사 표현도 기억하자.

지문 보기

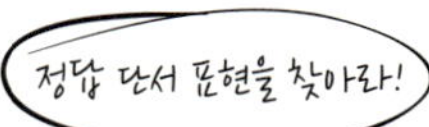

Questions 83 through 85 refer to the following talk.

W: Hello, everyone. [83]**I would just like to remind** all of you that GK Automotive will hold a party this Thursday evening to welcome the employees who have recently been hired. We have a private room booked at Carl's Bar and Grill, and invite everyone to come after work, at 6 p.m. [84]**If you need** directions, or any extra information, please ask Ms. Hopper at the front desk. One last thing before I let you go. I just want to mention that attendance to the party will be mandatory for all staff. Because the party is on a Thursday, we've decided to close the offices on Friday [85]and give everyone a well-deserved long weekend. See you all there.

83번에서 85번은 다음 담화를 참조하시오.

안녕하세요, 여러분. [83]**GK Automotive**는 이번 주 목요일 저녁에 최근에 입사한 신입 사원들을 환영하기 위한 파티를 개최할 것임을 여러분에게 상기시키고자 합니다. Carl's Bar and Grill에 특실을 예약했으니 오후 6시 퇴근 후 여러분 모두를 초대합니다. [84]찾아오시는 길이나 추가 정보가 필요하시면 안내 데스크의 **Ms. Hopper**에게 질문해 주세요. 여러분을 보내드리기 전에 마지막으로, 파티 참석이 필수라는 것을 말씀드리고 싶습니다. 파티가 목요일이기에 금요일에 사무실을 닫고 [85]여러분에게 만족스러운 긴 주말을 제공하기로 결정했습니다. 파티에서 뵙겠습니다.

 **표현 정리**

remind 상기시키다　**hold a party** 파티를 개최하다　**book** 예약하다　**direction** 길 안내
attendance 참석　**mandatory** 의무의

83. 주제문에서 행사 목적을 찾자. 주제문을 이끄는 '좋은 소식, 나쁜 소식, 의도, 미래 행동' 등의 표현을 노려야 한다. I would just like to remind all of you that GK Automotive will hold a party this Thursday evening to welcome the employees에서 I would like to와 동사 remind가 사용되어 답을 이끌고 있다. 정답 (D)

왜 회사가 파티를 개최할 것인가?

(A) 기념일을 축하하기 위해서
(B) 운영진에 감사하기 위해
(C) 회사의 사기를 진작시키기 위해
(D) 신입 사원을 환영하기 위해

84. 제시된 표현 바로 전 문장이 If 조건절 문장이다. If you need directions, or any extra information, please ask Ms. Hopper at the front desk.에서 정보가 필요하면 Ms. Hopper 에게 연락하라고 요청한다. 그리고 제시된 표현인 One last thing before I let you go 가 나오고 that 이하에 대해 언급하고 싶다(I just want to mention that ~)고 한다. 마지막으로 무엇을 요청하거나 당부할 때 쓰는 표현임을 알 수 있다. 정답 (D)

여자가 "One last thing before I let you go"라고 말한 의도는?

(A) 그녀가 일부 직원을 해고할 것이다.
(B) 그녀가 길 안내를 하고 있다.
(C) 그녀가 최종 사항을 언급할 것이다.
(D) 그녀가 의견을 요청하고 있다.

85. 후반부에 나오는 요청/제안/제공(Offer)의 답을 이끄는 표현이나 동사를 기억해야 한다. and give everyone a well-deserved long weekend에서 Offer에 대한 답을 이끄는 '주다, 받다' 계열의 동사 give가 쓰이고 있다. 정답 (D)

직원들은 무엇을 제공받게 되는가?

(A) 급여 인상   (B) 무료 식사   (C) 현금 보너스   (D) 추가 휴일

📋 **표현 정리**

anniversary 기념일   **boost** 신장시키다, 북돋우다   **morale** 사기, 의욕   **fire** 해고하다
give directions 길 안내하다   **make a final point** 최종 사항을 언급하다
request input 의견을 요청하다   **complimentary** 무료의   **extra** 추가의

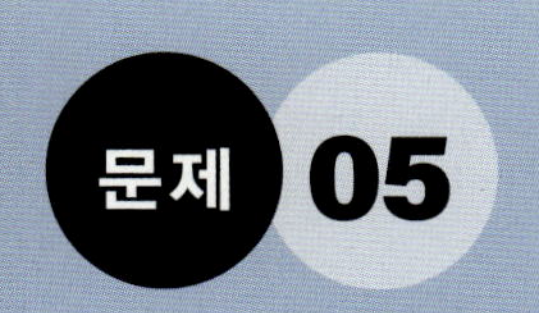

제시된 구어체 표현의 의도를 묻는 Implication 문제

신 유형의 실전 문제로 답을 찾는 연습을 해 보자.

문제 확인

89. What is the main purpose of the call?

(A) To discuss a payment plan
(B) To establish a delivery time
(C) To confirm an order
(D) To announce a special sale

90. Why does the man say, "You really can't afford to miss it"?

(A) He is changing the subject.
(B) He is confirming a price.
(C) He is emphasizing the importance of an event.
(D) He is informing the listener of a sale.

91. What will the speaker most likely do next?

(A) Ship some items
(B) Place an order
(C) Mail a catalog
(D) Confirm a payment

89. What is the main purpose of the call?

전화 메시지의 목적을 묻는 문제이다. 메시지의 목적은 언제나 자기 소개 다음 문장에 등장한다. 전화 녹음 메시지 글의 흐름을 기억해야 한다.

90. Why does the man say, "You really can't afford to miss it"?

제시된 문장은 '절대 놓치면 안 된다'는 의미이다. 제시된 표현의 앞뒤 문장의 흐름을 파악해야 한다. 특히 바로 앞 문장이 중요하다는 것을 기억하자.

91. What will the speaker most likely do next?

미래 행동을 묻는 문제이다. 이러한 문제의 답은 언제나 마지막 문장에 등장하며 의도/미래 행동과 관련된 답변 표현을 캐치해야 한다.

Questions 89 through 91 refer to the following telephone message.

M: Hi, Ms. Stevenson. [89]This is Jim Hartley from Fay's Shoes calling. I just wanted to inform you as a frequent shopper at Fay's that we'll be having a year-end clearance sale starting on the 12th of this month. All of last year's models will be available for between 30 and 80% off the marked prices. [90]It's the event of a lifetime, and you really can't afford to miss it. Also, the store has just received the new catalog for next year's models. I have your address here, [91]so I'll send one off to you right now and you can expect that in your mailbox by next week. Have a lovely day.

89번에서 91번은 다음 전화 메시지를 참조하시오.

Mr. Stevenson, 안녕하세요. [89]저는 **Fay's Shoes**에 근무하는 **Jim Hartley**입니다. Fay's의 단골 고객인 당신께 **이번 달 12일에 연말 창고 정리 세일을 한다는 것을 알려드리고자 합니다.** 모든 작년 모델들이 정가에서 30%에서 80% 할인될 것입니다. [90]**일생일대의 기회입니다.** 그리고 **절대 이 기회를 놓치시면 안 될 겁니다.** 또한 가게에 내년 모델 카탈로그가 입수되었습니다. 귀하의 주소가 있어서 [91]지금 카탈로그 한 부를 발송할 것입니다. 다음 주면 귀하의 우편함에 카탈로그가 도착해 있을 겁니다. 좋은 하루 보내세요.

 **표현 정리**

frequent shopper 단골 고객　**let S/O know** ~에게 알리다
year-end clearance 연말 창고 정리 세일　**afford** ~할 여유가 있다, ~할 수 있다
send S/T off ~ 을 전송하다, 발송하다

89. 전화 메시지의 목적은 자기 소개 문장 다음에 등장한다. 자기 소개 문장은 언제나 This is ~, My name is ~, I'm ~과 같은 문장으로 제시된다. I just wanted to inform you ~ that we'll be having a year-end clearance sale starting on the 12th of this month.에서 대표적인 주제문(전화 메시지의 목적)을 이끄는 표현인 I want와 inform you가 쓰이고 있음을 알 수 있다. 정답 (D)

전화 메시지의 목적은 무엇인가?

(A) 지불 방법을 논의하기 위하여
(B) 배송 시점을 정하기 위하여
(C) 주문을 확인하기 위하여
(D) 특가 할인을 알리기 위하여

90. 제시된 표현 바로 앞 문장에 It's the event of a lifetime(일생 일대의 기회)라고 언급하고 있으며 you really can't afford to miss it(절대 놓쳐서는 안 된다)고 말한다. 언급한 세일의 중요성을 강조하고 있음을 알 수 있다. 정답 (C)

남자가 "You can't afford to miss it"라고 말한 의도는 무엇인가?

(A) 주제를 변경하고 있다.
(B) 가격을 확인하는 중이다.
(C) 이벤트의 중요성을 강조하고 있다.
(D) 청자에게 세일을 알리고 있는 중이다.

91. 화자의 미래 행동은 항상 지문의 가장 후반부에 등장하며 보통 마지막 문장이라는 힌트가 반전 표현이나 시점 표현 등으로 제시된다. so I'll send one off to you right now and you can expect that in your mailbox by next week에서 so라는 반전 표현과 더불어 미래 행동의 대표 표현인 I'll이 등장하며 답을 제시한다. 정답 (C)

화자가 다음에 무엇을 할 것인가?

(A) 물건들을 배송한다.
(B) 주문을 한다.
(C) 카탈로그를 발송한다.
(D) 지불을 확인한다.

📋 **표현 정리**

payment 지불　**establish** 설정하다　**confirm** 확인하다　**miss** 놓치다
emphasize 강조하다　**ship** 배송하다　**place an order** 주문하다

문제 06 Graphic을 확인해 가며 푸는 문제

문제 분석의 중요성을 기억하자. 특히 Graphic 문제는 제시된 정보가 무엇인지 파악한 후 어떤 정보를 들어야 할지 미리 파악해야 한다.

문제 확인

ModernoMeals(Cream Pasta Menu)		
Meal 1	Pasta Alfredo	$12.95
Meal 2	Pasta Carbonara	$13.95
Meal 3	Pasta Alfredo(with Garlic Bread)	$15.95
Meal 4	Pasta Carbonara(with Garlic Bread)	$16.95

95. What is the purpose of the man's call?

(A) To cancel a food delivery service
(B) To complain about product quality
(C) To inquire about meal options
(D) To discuss an error with an order

96. Look at the graphic. Which meal did the man most likely order?

(A) Meal 1
(B) Meal 2
(C) Meal 3
(D) Meal 4

97. What does the man request?

(A) A refund
(B) A menu
(C) A free sample
(D) A coupon

95. What is the purpose of the man's call?

전화 목적은 늘 This is ∼, My name is ∼, I'm ∼과 같은 표현들 뒤에 등장한다. 단, 목적은 두 가지 유형이 있다. 자기 소개 다음에 바로 나오는 경우와 배경 설명 후 나오는 경우가 있다. 후자의 경우 언제나 반전 표현 뒤에 답이 온다는 것을 기억해야 한다.

96. Look at the graphic. Which meal did the man most likely order?

Graphic 문제에서는 질문에서 묻는 답을 간접 정보를 통해 찾아야 한다. 제시된 표에는 음식(meal) 종류와 가격이 등장한다. 답변으로 음식 종류를 찾아야 한다는 것은 지문 속에서 음식 종류나 가격 정보를 찾아야 한다는 것이다.

97. What does the man request?

요청/제안 문장을 찾는 문제이다. 후반부에 집중하고 요청/제안 표현을 이끄는 표현들과 동사 표현을 기억하자.

지문 보기

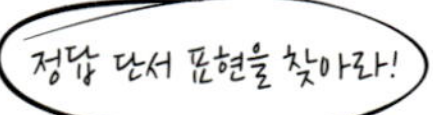

Questions 95 through 97 refer to the following telephone message and menu.

M: Hi, this is George Mills calling regarding the food I had delivered this evening. I order food from Moderno Meals quite frequently, and this is the first time I've ever had a reason to complain about anything. I'm a big fan of your pasta alfredo, [96]**so** I ordered your pasta alfredo tonight. [95] [96]As expected, it was delicious, **but** I didn't receive any garlic bread with my order. It's only three dollars, so it's not a big deal, I suppose. A refund isn't necessary, [95]but I just wanted to **let you know** about the mistake and [97]**ask** that you send me a coupon for free garlic bread. I could use it when I next order food from Moderno Meals. Thank you.

ModernoMeals (크림 파스타 메뉴)		
메뉴1	파스타 알프레도	12.95달러
메뉴2	파스타 까르보나라	13.95달러
메뉴3	파스타 알프레도 (마늘빵 포함)	15.95달러
메뉴4	파스타 까르보나라 (마늘빵 포함)	16.95달러

95번에서 97번은 다음 전화 메시지와 메뉴를 참조하시오.

안녕하세요. George Mills입니다. 오늘 저녁 배달시킨 음식과 관련하여 전화 드렸습니다. 제가 Moderno Meals에서 꽤 자주 음식 주문을 합니다. 그리고 이번에 처음으로 뭔가 불평을 하는군요. 저는 귀하의 식당에서 만든 alfredo 파스타를 무척 좋아합니다. [96]그래서 오늘 저녁 alfredo 파스타를 주문했죠. [95] [96]예상한 대로 맛은 좋았지만 제가 주문한 마늘빵을 받지 못했어요. 겨우 3달러 짜리여서 대단한 건 아니지만요. 환불은 필요 없습니다. [95]단지 배송 실수를 알려 드리고자 하며 [97]무료 마늘빵 쿠폰을 보내 주세요. 다음에 Moderno Meals에서 주문할 때 사용할 수 있도록요. 감사합니다.

 **표현 정리**

regarding ~에 관하여　　**frequently** 자주, 빈번하게　　**as expected** 예상대로

95. 전화 목적은 자기 소개 문장 바로 다음에 나올 경우와 배경 설명이나 부연 설명이 한참 나오고 나서 나올 경우가 있다. 후자의 경우 반드시 반전 표현 등으로 힌트가 제시된다. As expected, it was delicious, but I didn't receive any garlic bread with my order. ~ but I just wanted to let you know about the mistake.에서 두 번에 걸친 반전 표현 but을 통해 답을 제시하고 있다. 정답 (D)

남자가 전화한 목적은 무엇인가?

(A) 음식 배달을 취소하기 위해
(B) 제품 품질에 대해 불평하기 위해
(C) 식사 옵션에 대해 요청하기 위해
(D) 주문에 있어 실수를 논의하기 위해

96. 간접 정보, 즉 음식 이름이나 가격 정보를 듣고 답을 찾아야 한다. so I ordered your pasta alfredo tonight에서 반전 표현 so가 등장하며 힌트가 한 번 제시되고, but I didn't receive any garlic bread with my order.에서 또 다시 반전 표현인 but이 등장하며 답을 제시하고 있음을 알 수 있다. 정답 (C)

그래픽을 보시오. 어떤 식사를 남자가 주문할 것인가?

(A) Meal 1
(B) Meal 2
(C) Meal 3
(D) Meal 4

97. 후반부에서 요청/제안 관련 표현이나 관련 동사를 듣는 문제이다. but I just wanted to let you know about the mistake and ask that you send me a coupon for free garlic bread에서 반전 표현 but과 알림 사항을 이끄는 중요 표현인 let you know와 같은 힌트가 등장하고 결정적으로 요청/제안 동사 ask가 등장하여 답을 제시하고 있다. 정답 (D)

남자가 무엇을 요청하나?

(A) 환불
(B) 메뉴
(C) 무료 샘플
(D) 쿠폰

📋 **표현 정리**

delivery service 배송 서비스　**product quality** 제품 품질　**inquire** 문의하다
option 선택사항　**request** 요청하다　**refund** 환불

Graphic을 확인해 가며 푸는 문제

문제 분석의 중요성을 기억하자. 특히 Graphic 문제는 제시된 정보가 무엇인지 파악한 후 어떤 정보를 들어야 할지 미리 파악해야 한다.

문제 확인

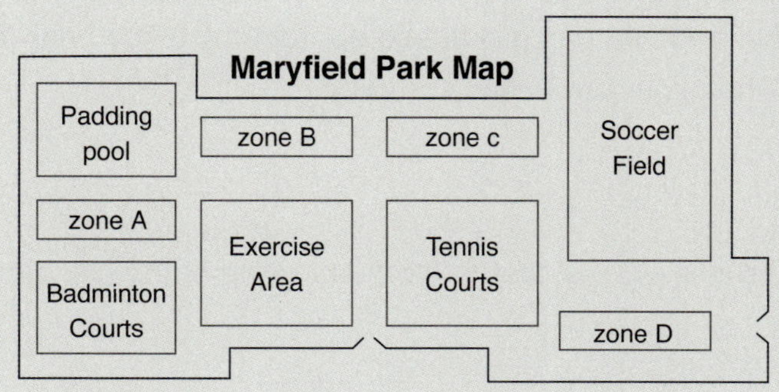

98. Where does the speaker most likely work?

(A) In a park office
(B) At a gardening store
(C) In a fitness center
(D) At a landscaping firm

99. Look at the graphic. In which zone will new trees be planted?

(A) Zone A
(B) Zone B
(C) Zone C
(D) Zone D

100. What does the speaker request that the listener do?

(A) Visit a government building
(B) Sign an agreement
(C) Send a list of costs
(D) Purchase some items

98. Where does the speaker most likely work?

화자의 근무 장소를 묻는 질문이다. 화자가 근무하는 장소는 항상 자기 소개 문장에 등장하거나 전화하는 목적을 말하는 도입부에서 유추할 수 있다.

99. Look at the graphic. In which zone will new trees be planted?

간접 정보를 활용해야 하는 Graphic 문제이다. 질문에서 묻는 것은 지역 번호이고 지도상에 제시된 정보는 지도이다. 지도 문제이므로 길 안내 표현을 잘 들어야 한다. 질문에서 요구하는 세부 정보는 질문의 키워드를 활용해 찾는다. 이 문제의 키워드는 new trees이다.

100. What does the speaker request that the listener do?

요청/제안 내용을 찾는 문제로 전화 메시지의 후반부에 답이 제시된다.

Questions 98 through 100 refer to the following telephone message and map.

W: Good morning. This is Lisa Maynard calling for Nigel Andrews. [98]I got your message confirming that you are available to perform the landscaping work here at Maryfield Park from April 12th to April 14th. As we discussed, we'd like you to plant roses and tulips in the area marked as Zone D on the map. We have already purchased the flower bulbs, and you can pick these up from my office near the tennis courts when you arrive. And, [99]we decided that we would like to have **new trees** planted in between the pool and the badminton courts. [100]I'd appreciate it **if you could** send me a final breakdown of expenses for the entire landscaping service. I will need to send a copy of that to the head office of the city parks department.

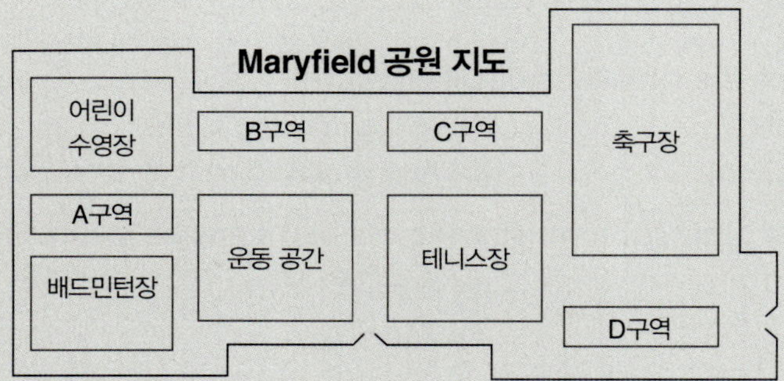

98번에서 100번은 다음 전화 메시지와 지도를 참조하시오.

안녕하세요. Lisa Maynard입니다. Nigel Andrews에게 전화드립니다. [98]이곳 **Maryfield Park**에서 4월 12일에서 14일까지 조경 작업을 하실 수 있다고 확인해 주신 메시지를 받았습니다. 저희가 논의했던 대로 당신이 장미와 튤립을 지도에 D구역으로 표시된 곳에 심어 주셨으면 합니다. 저희가 이미 꽃 구근(묘목)은 구매했으며 오시면 테니스 코트 옆 제 사무실에서 가져가시면 됩니다. 그리고 [99]저희가 새로운 나무들을 수영장과 배드민턴 코트 사이에 심으면 좋겠다고 결정을 했습니다. [100]전체 조경 서비스 최종 비용 내역을 보내주시면 감사하겠습니다. 제가 도시공원과 본사에 사본을 보내야 합니다.

 **표현 정리**

confirm 확인하다　**landscaping** 조경　**purchase** 구매하다　**bulb** (식물) 구근　**plant** 심다
breakdown 명세서　**expense** 비용　**zone** 구역　**paddling pool** 어린이 수영장
exercise area 운동 공간

98. 근무 장소는 자기 소개 문장이나 전화 목적 도입부에 등장한다. I got your message confirming that you are available to perform the landscaping work here at Maryfield Park를 들으면 공원 사무실에서 근무하고 있음을 알 수 있다. 정답 (A)

화자가 근무하는 장소는 어디인가?

(A) 공원 사무실에서
(B) 원예 가게에서
(C) 헬스 클럽에서
(D) 조경 회사에서

99. 길 안내 표현과 더불어 키워드 new trees를 활용한 문제이다. we decided that we would like to have new trees planted in between the pool and the badminton courts.를 통해 새 나무가 심어질 장소는 수영장과 배드민턴 코트 사이임을 알 수 있고, 지도에서 이 구역을 찾는 것이 핵심이다. 정답 (A)

그래픽을 보시오. 어떤 지역에 새 나무들이 심어질 예정인가?

(A) A 구역
(B) B 구역
(C) C 구역
(D) D 구역

100. 후반부에서 요청/제안 표현이나 관련 동사를 찾는다. I'd appreciate it if you could send me a final breakdown of expenses for the entire landscaping service.에서 대표적인 요청 표현 If you could가 등장하며 정답을 제시하고 있다. 정답 (C)

화자가 청자에게 요청한 것은?

(A) 관공서에 방문하기
(B) 합의서에 서명하기
(C) 비용 리스트 보내기
(D) 물품 구매하기

📋 **표현 정리**

gardening store 원예 가게   **government building** 관공서   **agreement** 합의(서)
item 물품, 품목

SET 1

실전 형식의 문제를 풀면서
실전 감각을 키워 보세요.

Listen to short talks given by
a single speaker and select the
best response to each question.

1. What's the purpose of the message?

(A) To notify Ms. Jones that a washing
machine is out of stock

(B) To inform the applicants that some
documents are missing

(C) To remind a customer that a payment
has not been received

(D) To let a buyer know that the wrong
item was delivered

**2. Why does the caller suggest
the Zanova 525WX model to the
listener?**

(A) Because it will be delivered free of
charge

(B) Because it is available now

(C) Because it is on sale

(D) Because it was recently released

**3. What does the caller ask the
listener to do?**

(A) Call back later today

(B) Pick up an item

(C) Pay for a product

(D) Return a damaged product

**4. Where is the speaker calling
from?**

(A) A flower shop

(B) A research lab

(C) A web design company

(D) A boutique

5. Why did the speaker call?

(A) To schedule an interview

(B) To offer an accounting job

(C) To apply for a job

(D) To request an estimate

**6. What does the speaker suggest
Mr. Allenby do?**

(A) Attend a staff meeting

(B) Complete an online application form

(C) Provide a letter of reference

(D) Make a telephone call

7. Where does the speaker most likely work?

(A) A health club
(B) A bus company
(C) A stadium
(D) A restaurant

8. What is the purpose of the advertisement?

(A) To announce a grand opening
(B) To describe a special offer
(C) To offer a free workout book
(D) To release a new product

9. How can tickets be purchased?

(A) By phone
(B) By visiting the club
(C) Online
(D) By mail order

10. Why are the listeners gathered?

(A) To celebrate the opening of a store
(B) To present an award
(C) To recognize the hard work of employees
(D) To discuss some renovations

11. According to the talk, what will be offered to listeners this evening?

(A) Free installation
(B) Free delivery
(C) Special discounts
(D) Gift certificates

12. How will the proceeds from book sales be used?

(A) To buy some gifts for loyal customers
(B) To help a charity
(C) To promote a campaign
(D) To replace the old computers with new ones

13. According to the news, what is mentioned about Richmond Starr, Inc.?

(A) It will cut down on its labor costs.

(B) It has changed its logo.

(C) It had record high profits last year.

(D) A merger is in progress.

14. What does the financial report show?

(A) Declining profits

(B) Unnecessary overhead expenses

(C) A dramatic sales increase

(D) Increased investments

15. Who is Brian Sidwell?

(A) A company chairman

(B) A news reporter

(C) An accountant

(D) A chemist

16. Who most likely is the speaker?

(A) A government official

(B) A historian

(C) A TV actor

(D) A realtor

17. Why does the man say, "Feel free to have your fill"?

(A) He advises the listeners to take a look around.

(B) He wants the listeners to enjoy some food.

(C) He thinks the listeners should have a seat.

(D) He believes the listeners are interested in a property.

18. What are the listeners reminded to do?

(A) Join a mailing list

(B) Take a brochure

(C) Leave their contact details

(D) Fill out a survey

WKRP Maxx Radio Early Morning Radio Shows (6:00 a.m. – 8:00 a.m.)	
Sports Chat	Every Saturday
Breakfast News	Every Monday/Wednesday
News Plus!	Every Tuesday/Thursday
Cooking With Jane	Every Friday
Entertainment Now	Every Thursday

19. What is the speaker mainly discussing?

(A) The launch of a new radio station

(B) A popular radio show

(C) The appointment of a new host

(D) A decrease in listeners

20. What does the speaker mention about WKRP Maxx Radio?

(A) It plans to broadcast new radio shows.

(B) It is the most popular station in the country.

(C) It has been purchased by a company.

(D) It plans to hire new employees.

21. Look at the graphic. Which radio show will be canceled next year?

(A) Sports Chat

(B) News Plus!

(C) Cooking With Jane

(D) Entertainment Now

4

실전 연습 문제
SET 2

1. What type of business is being advertised?

(A) A catering company
(B) A fast-food restaurant
(C) A theater
(D) A hotel

2. What does the company offer first-time customers?

(A) A special discount
(B) Free delivery
(C) A cleaning service
(D) A free consultation

3. What should the listener do to get more information?

(A) Call the party planner
(B) Visit an offline store
(C) Grab a brochure
(D) Visit a web site

4. What does the speaker announce?

(A) A new plant will be built.
(B) Customer survey forms will be sent out.
(C) A conference will take place.
(D) A new security system will be installed.

5. What will happen on Monday?

(A) Passwords will be issued.
(B) A store will reopen.
(C) Computers will be delivered.
(D) A company will relocate.

6. What does the speaker ask the listeners to do by the end of the week?

(A) Renew a contract
(B) Complete a survey form
(C) Provide a budget report
(D) Install some new lighting

7. What is the purpose of this report?

(A) To inform people of road conditions
(B) To announce the construction of a bridge
(C) To promote a new bus line
(D) To update the local business news

8. What is causing delays at the intersection of Main and Ridgemount?

(A) A stalled truck
(B) A broken traffic signal
(C) Wet road conditions
(D) Road maintenance

9. What will the listeners hear next?

(A) A weather report
(B) Business news
(C) A music chart
(D) A commercial

10. Who most likely are the listeners?

(A) Computer manufacturers
(B) Job applicants
(C) College students
(D) Web designers

11. According to the announcement, what happened this week?

(A) Some last-minute web security problems occurred.
(B) Some supplies arrived in time.
(C) The system failure was fixed.
(D) A new director was appointed.

12. When will the web site be completely finished?

(A) By the end of next week
(B) In three hours
(C) By the end of next month
(D) In three months

13. What is the event about?

(A) Robotics
(B) A cultural fair
(C) New marketing strategies
(D) Software

14. Why does the speaker require people to register for the discussion groups?

(A) There's an early-bird discount.
(B) Information booklets need to be sent out in time.
(C) Space is limited.
(D) The seating arrangement needs to be done.

15. According to the speaker, what can listeners find at the information desk?

(A) Demonstration schedules
(B) Product samples
(C) Registration forms
(D) Convention programs

16. What is the main purpose of the call?

(A) To request some additional information
(B) To place an order for a product
(C) To arrange a meeting
(D) To inform a customer about a sale

17. Why does the speaker say, "We can get to that later"?

(A) He is inquiring about some information.
(B) He is postponing a conversation.
(C) He is delaying a delivery.
(D) He is offering to reschedule a payment.

18. What does the speaker ask the listener to do?

(A) Return the call
(B) Visit the store
(C) Make a deposit
(D) Write an e-mail

SPORTS APPAREL ORDER FORM		
ITEM	REQUEST	QUANTITY
Soccer Shirts	×	–
Soccer Shorts	×	–
Soccer Socks(pair)	∨	20

19. Look at the graphic. Which soccer team submitted the order form?

(A) Downfield Dodgers
(B) Greentown Stars
(C) Plymouth Jaguars
(D) Midtown Tigers

20. What does the speaker say will happen next month?

(A) Free shipping will be offered.
(B) Teams will recruit new players.
(C) A sports season will begin.
(D) Merchandise will be discounted.

21. What does the speaker request that the listener do?

(A) Contact team coaches
(B) Revise a work schedule
(C) Cancel a delivery
(D) Visit a sports venue

실전 연습 문제
해설

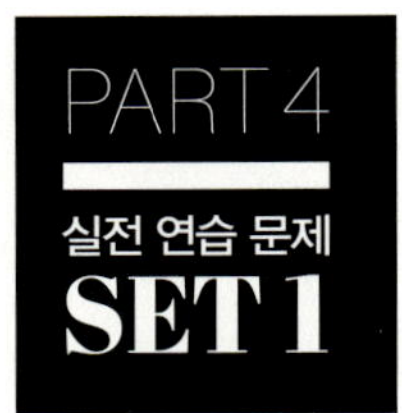

Questions 1 through 3 refer to the following telephone message.

M: Hi, Ms. Jones. My name is Steve, and I'm a sales representative for Proline Kitchen Appliances. I'm calling about the washing machine you ordered from us a few days ago. [1]I'm afraid that the Zanova 600W model you requested is currently out of stock. We can order it for you, but I must advise you that it may take up to 4 weeks to arrive. [2]However, the popular Zanova 525WX model is available now. I'd like to know if you would be interested in the Zanova 525WX washing machine or if you would prefer to wait for the Zanova 600W washing machine. I would appreciate it [3]if you could call me back before 5 p.m. today. Thanks and have a nice day.

M: 안녕하세요, Ms. Jones. 제 이름은 Steve이고 저는 Proline 주방기기 회사의 판매 사원입니다. 며칠 전에 고객님께서 주문하셨던 세탁기 때문에 전화 드립니다. **죄송하지만 [1]고객님께서 요청하신 Zanova 600W 모델이 현재 품절입니다.** 고객님을 위해서 주문해 드릴 수 있지만, 도착하려면 4주까지 걸릴 수 있다는 것을 알려드립니다. **[2]그렇지만, 인기 있는 Zanova 525WX 모델은 현재 구매 가능합니다.** 고객님께서 Zanova 525WX 세탁기 모델에 관심이 있으신지, 아니면 Zanova 600W 세탁기 모델을 기다리는 게 낫다고 하

실지 알고 싶어서요. **[3]오늘 오후 5시 이전에 다시 전화 주시면** 감사하겠습니다. 고맙습니다, 좋은 하루 보내세요.

표현 정리

washing machine 세탁기   **currently** 현재
out of stock 품절된, 매진의
advise 권하다, 충고하다
take up to (시일이) ~까지 걸리다

1. What's the purpose of the message?

(A) To notify Ms. Jones that a washing machine is out of stock
(B) To inform the applicants that some documents are missing
(C) To remind a customer that a payment has not been received
(D) To let a buyer know that the wrong item was delivered

메시지의 목적은 무엇인가?
(A) Ms. Jones에게 세탁기 재고가 없음을 통보하기
(B) 지원자들에게 서류 몇 개가 빠져 있음을 알리기
(C) 고객에게 납부금이 납입되지 않았음을 알리기
(D) 구매자에게 잘못된 물건이 배달되었음을 알리기

▶ **문제 해설**
메시지의 목적은 지문 초반에 또는 But ~, Unfortunately ~, I'm afraid ~, However ~와 같은 표현들과 같이 제시된다. I'm afraid that the Zanova 600W model you requested is currently out of stock.에서 요청한 상품의 재고가 없음을 알려주고 있다.
정답 (A)

2. Why does the caller suggest the Zanova 525WX model to the listener?

(A) Because it will be delivered free of charge
(B) Because it is available now
(C) Because it is on sale
(D) Because it was recently released

왜 화자는 청자에게 Zanova 525WX 모델을 제안하는가?
(A) 무료 배송이 되기에

(B) 지금 구매가 가능하기에
(C) 할인 중이기 때문에
(D) 새로 출시되어서

▶ **문제 해설**
질문 속 모델명이 단서를 찾는 중요한 키워드이다. 지
문 중반의 However, the popular Zanova 525WX
model is available now.에서 구매 가능한 모델임을
말하고 있다.
정답 (B)

3. What does the caller ask the listener to do?

(A) Call back later today
(B) Pick up an item
(C) Pay for a product
(D) Return a damaged product

화자는 청자에게 무엇을 하라고 요청하는가?
(A) 오늘 오후에 전화 회신
(B) 물건 수령
(C) 물건값 지불
(D) 손상된 물건 반품

▶ **문제 해설**
요청/제안에 대한 단서는 지문 후반 조건절 문장이나
to 부정사 구문 등과 함께 제시된다. 지문 후반 if you
could call me back before 5 p.m. today에서 전화
해 줄 것을 요청하고 있다.
정답 (A)

표현 정리

notify 통보하다   **applicant** 지원자
payment 납부금   **free of charge** 무료로
release 출시하다   **call back** 회신 전화하다
pay for 지불하다   **damaged** 손상된

Questions 4 through 6 refer to the following telephone message.

M: Good morning. This message is for Mr. Allenby. **4My name is** Kevin Stewart. I'm the human resources manager for Edelweiss Digital Design. It's 11 o'clock on Monday morning right now. I just received your application for the web designer position, and **5**I'd like to arrange an interview with you for Thursday at 3 p.m. if possible. **6Please contact** my assistant at 555-8947 to let her know if this date and time are suitable. I hope to see you then.

M: 좋은 아침입니다. Mr. Allenby에게 남기는 메시지
입니다. **4제 이름은 Kevin Stewart이고, Edelweiss
디지털 디자인의 인사부장입니다.** 지금 딱 월요일 11시
정각입니다. 웹 디자이너 직에 대한 귀하의 지원서를 방
금 받았고, **5가능하다면 목요일 오후 3시에 면접 일정을
잡으려고 합니다. 6제 비서에게 555-8947로 연락하셔
서 이 날짜와 시간이 적합한지 그녀에게 알려주세요.** 그
때 뵙겠습니다.

표현 정리

human resources 인사부
position (일)자리, ~직
arrange 조정하다, 일정을 잡다
suitable 적절한, 적합한

4. Where is the speaker calling from?
(A) A flower shop
(B) A research lab
(C) A web design company
(D) A boutique

화자가 어디에서 전화하는가?

(A) 꽃집

(B) 연구실

(C) 웹 디자인 회사

(D) 양품점

▶ 문제 해설

화자에 대한 소개는 This is ~, My name is ~, I'm ~ 등의 표현으로 지문 초반에 제시된다. 지문 초반의 My name is Kevin Stewart. I'm the human resources manager for Edelweiss Digital Design.을 통해 디자인 회사 인사부장임을 알 수 있다.

정답 (C)

5. Why did the speaker call?

(A) To schedule an interview

(B) To offer an accounting job

(C) To apply for a job

(D) To request an estimate

왜 화자가 전화를 걸었는가?

(A) 면접 시간을 잡기 위해

(B) 회계직을 제안하기 위해

(C) 일자리에 지원하기 위해

(D) 견적을 요청하기 위해

▶ 문제 해설

지문 초반의 I'd like to arrange an interview with you for Thursday at 3 p.m. if possible.을 통해 면접 시간을 정하기 위해 전화했음을 알 수 있다.

정답 (A)

6. What does the speaker suggest Mr. Allenby do?

(A) Attend a staff meeting

(B) Complete an online application form

(C) Provide a letter of reference

(D) Make a telephone call

화자가 Mr. Allenby에게 제안한 것은 무엇인가?

(A) 직원 회의 참석하기

(B) 온라인 지원서 작성 완료하기

(C) 추천서 제공하기

(D) 전화하기

▶ 문제 해설

요청/제안에 대한 단서는 지문 후반 조건절이나 명령문으로 제시된다. 지문 후반 Please contact my assistant at 555-8947 to let her know if this date and time are suitable.에서 면접이 가능한지 확인 전화를 요청하고 있다.

정답 (D)

표현 정리

research lab 연구실　　**accounting job** 회계직
estimate 견적(서)　　**application form** 지원서
a letter of reference 추천서

Questions 7 through 9 refer to the following advertisement.

W: Hello. [7]I'm Sarah Cusack, the manager of the Olympia Fitness Center. [8]To celebrate Chicago's annual health week, we're offering discounts on admission to our gym and swimming pool this week. We've teamed up with the restaurant Presto Chievo to provide a special offer to all health and fitness enthusiasts. For the low price of ten dollars, you can enjoy a healthy lunch at Presto Chievo and then use our fitness center facilities for the entire afternoon. A special shuttle bus will be running between the locations. [9]Tickets for this special offer can be purchased online at www.olympiacenter.com. We suggest ordering quickly as demand will be high.

W: 안녕하세요. **7저는 Olympia Fitness Center의 관리자 Sarah Cusack입니다. 8시카고 연례 건강의 주를 경축하기 위해, 저희가 이번 주에 체육관과 수영장의 입장료를 할인해 드리고 있습니다.** 저희는 건강과 피트니스에 열정적인 분들께 특별한 것을 제공해드리기 위해 Presto Chievo 레스토랑과 협력했습니다. 10달러의 저렴한 가격으로, 여러분은 Presto Chievo 레스토랑에서 건강에 좋은 점심을 즐기실 수 있고 그러고 나서 저희 피트니스 센터의 시설들을 오후 내내 이용하실 수 있습니다. **9특별 셔틀 버스가 지역마다 운행될 것입니다. 특별 제공 티켓은 www.olympiacenter.com에서 온라인으로 구매하실 수 있습니다.** 수요가 많기 때문에 빨리 주문하실 것을 권합니다.

표현 정리

celebrate 기념하다　**annual** 해마다의, 연례의
admission 입장료　**gym** 체육관
team up with ~와 협력하다
enthusiast 열성적인 사람, 열광자
entire afternoon 오후 내내　**demand** 수요

7. Where does the speaker most likely work?
(A) A health club
(B) A bus company
(C) A stadium
(D) A restaurant

화자가 일하는 곳은 어디일 것 같은가?
(A) 헬스 클럽
(B) 버스 회사
(C) 경기장
(D) 음식점

▶ **문제 해설**
지문 초반 I'm Sarah Cusack, the manager of the Olympia Fitness Center.에서 자기 소개를 통해 화자는 피트니스 센터에서 일하고 있다는 것을 알 수 있다.
정답 (A)

8. What is the purpose of the advertisement?
(A) To announce a grand opening
(B) To describe a special offer
(C) To offer a free workout book
(D) To release a new product

광고의 목적은 무엇인가?
(A) 개장식을 알리기 위해
(B) 특가 할인을 설명하기 위해
(C) 무료 운동 책자를 제공하기 위해
(D) 신제품을 출시하기 위해

▶ **문제 해설**
지문 초반 To celebrate Chicago's annual health week, we're offering discounts on admission to our gym and swimming pool this week.에서 이번 주 체육관과 수영장 입장료 할인을 제공하고 있다는 것을 알 수 있다.
정답 (B)

9. How can tickets be purchased?
(A) By phone
(B) By visiting the club
(C) Online
(D) By mail order

티켓은 어떻게 구매할 수 있는가?
(A) 전화로
(B) 클럽을 방문하여
(C) 온라인으로
(D) 우편 주문으로

▶ **문제 해설**
주문 방법, 연락 방법, 정보 요청 방법 등은 지문 후반부에 제시된다. 지문 후반 Tickets for this special offer can be purchased online at www.olympiacenter.com.을 통해 온라인으로 티켓 구매가 가능함을 알 수 있다.
정답 (C)

표현 정리

grand opening 개장, 개점
special offer 특가 할인　**workout** 운동
release 출시하다

inform O that S V O에게 S가 V하다고 알리다
proceeds 수익금 **donate** 기부하다
charity 자선 단체

Questions 10 through 12 refer to the following announcement.

M: Welcome, ladies and gentlemen. **10**Thank you for coming to Waterstone Bookstore. This evening, we are celebrating the opening of our third bookstore in Toronto. We have invited many of Canada's most famous authors and poets to be with us as our special guests tonight. They will discuss their past work and read excerpts from some of their most popular books released in the past few years. **11**I'm also pleased to inform you that all of the books in the store will be discounted by 10% this evening. **12**In addition, all proceeds from sales tonight will be donated to the local children's charity Help a Friend. Thank you for coming, and we hope you enjoy the readings.

M: 신사 숙녀 여러분, 환영합니다. **10Waterstone 서점에 와 주셔서 감사합니다. 오늘 저녁, 토론토에 3호점을 개장하게 된 것을 축하합니다.** 저희는 캐나다에서 가장 유명한 많은 작가들과 시인들을 오늘 밤 특별 손님으로 초청하였습니다. 그 분들은 자신의 지난 작품에 대해 이야기할 것이고, 지난 몇 년간 발간된 그들의 가장 인기 있는 서적들 중 일부를 발췌하여 읽을 것입니다. **11오늘 밤에는 이 서점의 모든 책들이 10퍼센트 할인된다는 것을 알려드리게 되어 기쁩니다. 12또 오늘 밤 판매 수익금은 모두 이 지역 아동 자선 단체인 Help a Friend에 기부될 것입니다.** 와 주셔서 감사드리고 여러분들이 독서를 즐기시길 바랍니다.

표현 정리

author 작가 **poet** 시인 **excerpt** 발췌문
released 출간된 **be pleased to** ~하게 되어 기쁘다

10. Why are the listeners gathered?

(A) To celebrate the opening of a store
(B) To present an award
(C) To recognize the hard work of employees
(D) To discuss some renovations

왜 청자들이 모여 있는가?
(A) 가게 개장식을 축하하기 위해
(B) 상을 수여하기 위해
(C) 직원들의 노고를 표창하기 위해
(D) 보수 공사를 논의하기 위해

▶ 문제 해설

모임의 목적은 지문 초반부 업체명이나 이벤트명과 함께 제시된다. 지문 초반 Thank you for coming to Waterstone Bookstore. This evening, we are celebrating the opening of our third bookstore in Toronto.를 통해 개장을 축하함을 알 수 있다.
정답 (A)

11. According to the talk, what will be offered to listeners this evening?

(A) Free installation
(B) Free delivery
(C) Special discounts
(D) Gift certificates

담화문에 따르면, 오늘 저녁 청자들에게 제공되는 것은 무엇인가?
(A) 무료 설치
(B) 무료 배송
(C) 특가 할인
(D) 상품권

▶ 문제 해설

지문 중반 I'm also pleased to inform you that all of the books in the store will be discounted by 10% this evening.에서 할인이 제공될 것임을 언급하였다.
정답 (C)

12. How will the proceeds from book sales be used?

(A) To buy some gifts for loyal customers

(B) To help a charity

(C) To promote a campaign

(D) To replace the old computers with new ones

책 판매에서 나온 수익금은 어떻게 사용될 것인가?

(A) 단골 고객을 위한 선물 구매하기

(B) 자선 단체를 돕기

(C) 캠페인 홍보하기

(D) 낡은 컴퓨터를 새것으로 교체하기

▶ 문제 해설

질문 속의 단어 proceeds가 키워드이다. 지문 후반 In addition, all proceeds from sales tonight will be donated to the local children's charity Help a Friend.에서 수익금이 지역 자선 단체에 기부될 것임을 알 수 있다.

정답 (B)

표현 정리

hard work 공로　**recognize** 인정하다, 치하하다
renovation 개조, 수리　**gift certificate** 상품권
proceeds 수익금　**loyal customer** 단골 고객

Questions 13 through 15 refer to the following news report.

W: In a recent press release, ¹³Richmond Starr, Inc. confirmed that its merger with the Garret Petroleum Company will not proceed as quickly as the company had expected. ¹⁴Richmond's financial report was publicly released last week and showed that the chemical engineering company had experienced a dramatic decrease in its annual revenues. In a statement released last Wednesday, ¹⁵Richmond chairman Brian Sidwell admitted that the decision to delay the merger was influenced by the company's worrying drop in profits.

W: 최근의 보도 자료에서, ¹³Richmond Starr 주식회사는 Garret Petroleum 주식회사와의 합병이 그들이 기대했던 것만큼 빠르게 진행되지 않을 것이라고 밝혔습니다. ¹⁴Richmond 사의 재정 보고가 지난주 공개적으로 발표되었고, 화학 엔지니어링 회사가 엄청난 연간 수익 감소를 경험했음을 보여주었습니다. 지난 수요일에 발표된 성명에서, ¹⁵Richmond 사의 Brian Sidwell 회장은 합병을 지연시키기로 한 결정이 우려를 자아내는 회사 수익의 감소에 영향을 받은 것이라고 시인했습니다.

표현 정리

press release 보도 자료　**merger** 합병
as quickly as ~만큼 빨리　**proceed** 진행되다
financial 재정의　**publicly** 공개적으로, 공적으로
chemical 화학의　**dramatic** 극적인
revenue 세입, 수익　**statement** 진술, 성명(서)
chairman 회장　**admit** 시인하다, 인정하다
be influenced by ~의 영향을 받다　**drop** 감소
profits 수익

13. According to the news, what is mentioned about Richmond Starr, Inc.?

(A) It will cut down on its labor costs.

(B) It has changed its logo.

(C) It had record high profits last year.

(D) A merger is in progress.

뉴스에 의하면 Richmond Starr 주식회사에 대해 언급된 것은 무엇인가?

(A) 인건비를 삭감할 것이다.

(B) 로고를 변경했다.

(C) 지난해 최고의 매출을 기록했다.

(D) 합병을 진행하고 있다.

▶ 문제 해설

질문 속 회사명이 키워드이다. 지문 초반 Richmond Starr, Inc. confirmed that its merger with the Garret Petroleum Company will not proceed as quickly as the company had expected.를 통해 합병을 진행하고 있음을 알 수 있다.

정답 (D)

14. What does the financial report show?

(A) Declining profits

(B) Unnecessary overhead expenses

(C) A dramatic sales increase

(D) Increased investments

재정 보고서에서 보여주는 것은 무엇인가?

(A) 이윤 감소

(B) 불필요한 고정 지출 비용

(C) 급격한 매출 감소

(D) 증가한 투자액

▶ 문제 해설

질문 속 the financial report가 정답을 찾는 키워드이다. Richmond's financial report was publicly released last week and showed that the chemical engineering company had experienced a dramatic decrease in its annual revenues.를 통해 지난주 발표된 재정 보고서에 수익 감소에 대한 내용이 있다는 것을 알 수 있다.

정답 (A)

15. Who is Brian Sidwell?

(A) A company chairman

(B) A news reporter

(C) An accountant

(D) A chemist

Brian Sidwell은 누구인가?

(A) 회장

(B) 뉴스 기자

(C) 회계사

(D) 화학자

▶ 문제 해설

질문 속 사람의 이름을 주의해서 듣고 이름 전후에서 직업을 찾는다. Richmond chairman Brian Sidwell admitted that the decision to delay the merger was influenced by the company's worrying drop in profits.를 통해 회장임을 알 수 있다.

정답 (A)

표현 정리

labor costs 인건비   **in progress** 진행 중인

decline 감소하다

overhead expenses 일반 경비, 간접비

investments 투자   **chemist** 화학자

Questions 16 through 18 refer to the following talk.

M: Welcome to 232 Water Street, and [16]welcome to our open house. Before you go in and look around, I'd like to tell you about this historic home. It was built in 1855 by eccentric millionaire John Arthur, who lived here until he died at the age of 98. Numerous famous individuals have lived here since, including Byron Dickson, from the TV show *Money Shot*. Anyway, [17]there is some food set up in the dining room down the hall. **Feel free to have your fill.** If you have any further questions about the house, please do not hesitate to ask. Oh, and [16] [18]don't forget to pick up one of our free property brochures before you leave the house today!

M: Water Street 232번지에 오신 것을 환영하며, ¹⁶**저희 주택 공개 행사에 오신 것을 환영합니다.** 안으로 들어가서 둘러보시기 전에, 이 역사적인 주택에 관해 말씀드리고자 합니다. 이 주택은 1855년에 별난 백만장자인 John Arthur에 의해 지어졌으며, 그분은 98세의 나이로 돌아가시기 전까지 이곳에서 거주하셨습니다. 그 이후로는 TV쇼 Money Shot에 출연했던 Byron Dickson을 포함해 수많은 유명 인사들이 이곳에 거주했습니다. 어쨌든, ¹⁷**복도를 따라 주방으로 가시면 음식이 준비되어 있습니다. 주저하지 마시고 마음껏 드시기 바랍니다.** 이 주택에 관해 추가 질문이 있으신 분은 언제든지 물어보시기 바랍니다. 아, 그리고 ^{16 18}**오늘 행사를 마치고 가시기 전에 무료로 나눠드리는 저희 부동산 안내 책자 한 부를 가져가는 것을 잊지 마시기 바랍니다!**

표현 정리

open house 주택 공개　　**look around** 둘러보다
historic 역사적인　　**eccentric** 별난, 기이한
millionaire 백만장자　　**at the age of** ～의 나이에
numerous 수많은　　**individual** n. 개인, 사람
since ad. 그 이후로　　**including** ～을 포함해
anyway 어쨌든　　**set up** ～을 준비하다
down (길 등) ～을 따라
feel free to do 마음껏 ～하세요
have one's fill 실컷 먹다　　**further** 추가의
do not hesitate to do 주저 말고 ～하세요
forget to do ～하는 것을 잊다
pick up ～을 가져가다　　**property** 부동산, 건물
leave ～에서 떠나다, 나가다

16. Who most likely is the speaker?
(A) A government official
(B) A historian
(C) A TV actor
(D) A realtor

화자는 누구일 가능성이 큰가?
(A) 정부 관리
(B) 역사가
(C) TV 탤런트
(D) 부동산 중개인

▶ **문제 해설**
화자는 담화를 시작하면서 welcome to our open house라는 말로 자신이 속한 단체에서 진행하는 주택 공개 행사에 온 것을 환영한다고 알리고 있다. 뒤이어 해당 주택에 관한 설명이 이어지고 있어서 화자의 신분이 명확하게 드러나진 않는데, 담화 마지막 부분에 가서 명령문을 이용한 문장 don't forget to pick up one of our free property brochures before you leave the house today!에서 one of our free property brochures를 가져가라고 알리는 부분을 통해 부동산 관련 일을 하는 사람이라는 것을 알 수 있다.
정답 (D)

17. Why does the man say, "Feel free to have your fill"?
(A) He advises the listeners to take a look around.
(B) He wants the listeners to enjoy some food.
(C) He thinks the listeners should have a seat.
(D) He believes the listeners are interested in a property.

남자는 왜 "Feel free to have your fill"이라고 말하는가?
(A) 청자들에게 한번 둘러보도록 조언한다.
(B) 청자들이 음식을 즐기기를 원한다.
(C) 청자들이 자리에 앉아야 한다고 생각한다.
(D) 청자들이 건물에 관심이 있다고 생각한다.

▶ **문제 해설**
질문에 제시된 Feel free to have your fill.이라는 표현이 등장하는 부분의 앞뒤에 함께 언급되는 말을 통해 의미를 파악해야 한다. 화자는 이 말에 앞서 there is some food set up in the dining room down the hall이라는 말을 하고 있으므로 제시된 표현이 준비된 음식을 마음껏 먹으라는 의미로 사용했다는 것을 알 수 있다.
정답 (B)

18. What are the listeners reminded to do?
(A) Join a mailing list
(B) Take a brochure
(C) Leave their contact details
(D) Fill out a survey

청자들은 무엇을 하도록 상기되는가?
(A) 우편물 수신자 명단에 이름을 올릴 것
(B) 안내 책자를 가져갈 것
(C) 상세 연락 정보를 남길 것
(D) 설문지를 작성할 것

▶ **문제 해설**

listeners와 are ～ reminded to do가 질문의 핵심
이므로 담화에서 화자가 청자들을 대상으로 요청하거나
당부하는 표현과 함께 제시되는 정보를 찾아야 한다. 특
정 주택에 관한 설명을 마친 화자는 담화의 마지막 부
분에 don't forget to ～라는 명령문 형태의 당부 표현
을 통해 정답 단서가 제시될 것임을 나타내고 있고, 여기
서 '무료 부동산 안내 책자를 가져가라 pick up one of
our free property brochures before you leave
the house today!'라고 말하고 있다.
정답 (B)

표현 정리

official n. 관리, 공무원   **historian** 역사가
realtor 부동산 중개인
advise A to do: A에게 ～하도록 조언하다
take a look around 한번 둘러보다
want A to do: A가 ～하기를 원하다
have a seat 자리에 앉다
believe (that) ～라고 생각하다
be interested in ～에 관심이 있다
mailing list 우편물 수신자 명단   **leave** ～을 남기다
contact details 상세 연락 정보
fill out ～을 작성하다   **survey** 설문지

Questions 19 through 21 refer to the following talk and list.

M: Thanks for coming everyone. [19]As I'm sure you all can guess, the thing we need to discuss at today's meeting is the sharp drop in popularity that some of our shows are experiencing. Fewer and fewer people are tuning in to our early morning shows especially. [20]After we were bought by Brightday Broadcasting earlier this year, they asked that we consider changing our show schedule. After looking at our early morning shows, I have decided what we should do. Our news shows continue to be fairly popular, so they will continue as scheduled. But, starting from next January, we will begin airing Sports Chat, the show hosted by Sam Ryan, on Fridays as well. [21]The show we currently air on Fridays will no longer be aired from January onwards. This should result in an overall higher number of people tuning in to our station.

WKRP Maxx Radio Early Morning Radio Shows (6:00 a.m. – 8:00 a.m.)	
Sports Chat	Every Saturday
Breakfast News	Every Monday/Wednesday
News Plus!	Every Tuesday/Thursday
[21]Cooking With Jane	Every Friday
Entertainment Now	Every Thursday

M: 참석해 주신 여러분께 감사드립니다. [19]여러분 모두 예상하실 수 있으리라 확신합니다만, 오늘 회의에서 논

의하고자 하는 일은 우리 프로그램들 중의 일부가 겪고 있는 심각한 인기 하락입니다. 특히 점점 더 적은 사람들이 오전 프로그램을 청취하고 있습니다. ²⁰**우리가 올해 초에 Brightway 방송사에 매각된 후로** 그쪽에서는 우리가 프로그램 일정을 변경하는 것에 대해 고려해봐야 한다고 요청했습니다. 이른 아침에 방송되는 프로그램들을 살펴본 결과, 전 우리가 무엇을 해야 하는지 결정했습니다. 우리 뉴스 프로그램들은 계속해서 상당히 인기가 있기 때문에 일정대로 지속될 것입니다. 하지만 내년 1월부터는, Sam Ryan이 진행하는 Sports Chat 또한 금요일마다 방송되기 시작할 것입니다. ²¹**현재 우리가 금요일마다 방송하는 프로그램은 1월 이후로는 더 이상 방송되지 않을 것입니다.** 이렇게 하면 우리 방송을 듣는 청취자의 숫자가 전반적으로 더 많아지는 결과를 낳게 될 것입니다.

WKRP Maxx Radio 이른 아침 라디오 프로그램 (오전 6:00–오전 8:00)	
Sports Chat	매주 토요일
Breakfast News	매주 월요일/수요일
News Plus!	매주 화요일/목요일
²¹Cooking With Jane	**매주 금요일**
Entertainment Now	매주 목요일

표현 정리

be sure (that) ~임을 확신하다

discuss ~을 논의하다　**sharp** 급격한

drop in ~의 하락, 감소　**popularity** 인기

fewer and fewer 점점 더 적은

tune in to ~에 채널을 맞추다, ~을 청취하다

ask that ~해야 한다고 요청하다

consider -ing ~하는 것을 고려하다

continue to do 계속 ~하다　**fairly** 상당히, 꽤

as scheduled 일정대로, 예정대로

starting from ~부터, ~ 부로　**air** v. 방송하다

hosted by ~가 진행하는　**as well** 또한, 마찬가지로

currently 현재　**onwards** 이후로, 앞으로, 계속

result in ~의 결과를 낳다　**overall** 전반적인

a higher number of 더 많은 숫자의

station 방송국

19. What is the speaker mainly discussing?
(A) The launch of a new radio station
(B) A popular radio show
(C) The appointment of a new host
(D) A decrease in listeners

화자는 주로 무엇에 관해 이야기하고 있는가?
(A) 새로운 라디오 방송국의 개국
(B) 인기 있는 라디오 프로그램
(C) 새로운 진행자의 선임
(D) 청취자의 감소

▶ **문제 해설**

화자는 담화를 시작하면서 As I'm sure you all can guess라는 표현을 통해 핵심 주제와 관련된 내용을 말할 것임을 알리고 있다. 뒤이어 the thing we need to discuss at today's meeting is the sharp drop in popularity that some of our shows are experiencing이라는 말로 몇몇 프로그램의 인기가 감소하는 것을 알리고 있다.

정답 (D)

20. What does the speaker mention about WKRP Maxx Radio?
(A) It plans to broadcast new radio shows.
(B) It is the most popular station in the country.
(C) It has been purchased by a company.
(D) It plans to hire new employees.

화자는 WKRP Maxx Radio에 관해 무엇을 언급하는가?
(A) 새로운 라디오 프로그램을 방송할 계획이다.
(B) 전국에서 가장 인기 있는 방송국이다.
(C) 한 회사에 의해 매입되었다.
(D) 신입 직원들을 채용할 계획이다.

▶ 문제 해설
질문에 제시된 WKRP Maxx Radio가 키워드이다. 이 명칭은 도표에서 확인할 수 있으며, 이와 관련해 화자는 we라는 대명사를 활용해 자신이 속한 회사가 WKRP Maxx Radio라는 것을 알리고 있다. 따라서 we나 our 등의 대명사가 포함된 문장에서 관련 단서를 찾아야 하는데, 중반부의 After we were bought by Brightday Broadcasting earlier this year에서 최근에 다른 회사에 매각되었음을 알리고 있다.

정답 (C)

21. Look at the graphic. Which radio show will be canceled next year?

(A) Sports Chat
(B) News Plus!
(C) Cooking With Jane
(D) Entertainment Now

도표를 확인하시오. 어느 라디오 프로그램이 내년에 취소될 것인가?

(A) Sports Chat
(B) News Plus!
(C) Cooking With Jane
(D) Entertainment Now

▶ 문제 해설

프로그램 명칭이 각 보기에 쓰여 있으므로 도표에 제시된 요일과 관련해 담화에서 화자가 언급하는 정보에 따라 단서를 찾아야 하며, '내년에 취소되는 것 be canceled next year'에 대해 묻는 문제이므로 이 동사 및 시점 표현을 키워드로 삼아 풀어야 한다. 화자는 담화 후반부에서 취소되는 방송과 관련해 The show we currently air on Fridays will no longer be aired from January onwards.라는 말로 '현재 금요일에 방송되는 것이 1월 이후로 중단된다'고 알리고 있으므로 이에 해당하는 프로그램인 (C)가 정답이다.

정답 (C)

표현 정리

launch 시작, 착수, 출시 **appointment** 선임, 임명
decrease in ~의 감소 **plan to do** ~할 계획이다
purchase ~을 매입하다, 사들이다
hire ~을 채용하다 **cancel** ~을 취소하다

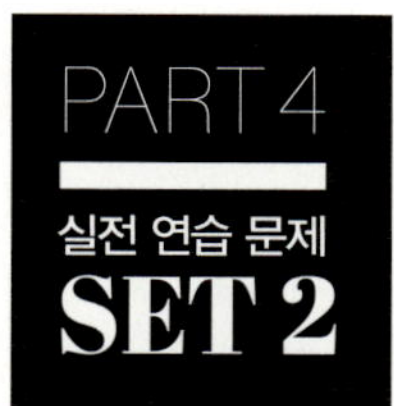

Questions 1 through 3 refer to the following advertisement.

W: ¹Looking for the most professional catering service for your office party or corporate event? Well, stop searching and check out Diamond Catering. Diamond Catering has menus to suit every kind of celebration. We now offer a range of entertainment options to make your event even more enjoyable. You can choose from our range of musical acts and DJs. ²We are also pleased to offer a discount to first-time customers. ³Visit our web site at www.diamondcatering.com for more details. We hope to provide you with quality food and entertainment at your next event!

W: ¹사무실 파티나 회사 행사를 위한 가장 전문적인 출장 연회 서비스를 찾고 계신가요? 검색은 그만하시고 Diamond 출장 연회를 찾아보세요. Diamond 출장 연회는 모든 종류의 축하 행사에 적합한 메뉴가 있습니다. 저희는 현재 여러분의 행사를 훨씬 더 즐겁게 만들기 위해 다양한 오락거리 선택권도 제공하고 있습니다. 고객님께서는 다양한 음악 프로그램과 DJ들 중에서 선택하실 수 있습니다. ²또한, 신규 고객님들께는 할인을 제공해 드립니다. ³더 자세한 사항은 저희 웹 사이트 www.diamondcatering.com을 방문하세요. 고객님의 다음 행사에 고품격 음식과 오락 행사를 제공해 드리겠습니다!

표현 정리

professional 전문적인, 직업의
catering service 출장 연회업　**corporate** 회사의
suit ~에 맞다　**celebration** 기념 행사
a range of 다양한　**quality** 양질의

1. What type of business is being advertised?

(A) A catering company
(B) A fast-food restaurant
(C) A theater
(D) A hotel

어떤 업종의 업체를 광고하고 있나?

(A) 출장 연회
(B) 패스트푸드 레스토랑
(C) 극장
(D) 호텔

▶ **문제 해설**

광고의 대상은 지문 초반부를 주의해서 듣는다. 지문 초반 Looking for the most professional catering service for your office party or corporate event? 에서 출장 뷔페를 광고함을 알 수 있다.
정답 (A)

2. What does the company offer first-time customers?

(A) A special discount
(B) Free delivery
(C) A cleaning service
(D) A free consultation

신규 고객에게 무엇을 제공하는가?

(A) 특별 할인
(B) 무료 배송
(C) 청소 서비스
(D) 무료 상담

▶ **문제 해설**

제공 품목과 관련된 문제는 무료를 의미하는 free, available, complimentary, 할인을 의미하는 discount, special offer 등의 어휘에 집중한다. 지문

중반의 We are also pleased to offer a discount to first-time customers.에서 최초 고객에게 할인을 제공함을 알 수 있다.

정답 (A)

3. What should the listener do to get more information?

(A) Call the party planner
(B) Visit an offline store
(C) Grab a brochure
(D) Visit a web site

더 많은 정보를 원하면 무엇을 해야 하나?
(A) 파티 기획자에게 전화한다.
(B) 매장에 방문한다.
(C) 전단지를 가져간다.
(D) 웹 사이트에 방문한다.

▶ **문제 해설**
추가 정보 요청과 관련된 내용은 지문 후반에 제시된다. 지문 후반 Visit our web site at www.diamondcatering.com for more details.를 통해 웹 사이트에서 추가 정보를 얻을 수 있다는 것을 알 수 있다.

정답 (D)

표현 정리

catering company 출장 뷔페 업체
consultation 상담
get information 정보를 얻다
grab a brochure 전단지를 가져가다

Questions 4 through 6 refer to the following announcement.

W: It's nice to see you all this morning. 4I want to let you know that a new security system will be installed at the main entrance of the main company building next week. I think it will be a much simpler system to use when you need to access the building. This security system will require you to enter a simple identification password to open the door. 5On Monday, the chief security officer will issue each of you an independent password. 6By the end of the week, I would like each of you to complete our online survey form to give us feedback on the new system. Thanks for your cooperation.

W: 오늘 아침에 여러분 모두를 만나게 되어 좋습니다. 4 **다음 주에 새 보안 시스템이 본사 건물 정문에 설치될 것을 알려드립니다.** 제 생각에 건물에 들어갈 때 훨씬 더 사용하기에 간단한 시스템입니다. 이 보안 시스템은 여러분이 간단한 신분 확인 비밀번호를 입력해 문을 열도록 요구할 겁니다. 5**월요일에 보안부장님께서 여러분 각자에게 독자적인 비밀번호를 발행해 주실 것입니다.** 6**주말까지 여러분 온라인 설문지를 작성해 새 시스템에 대한 피드백을 저희에게 주시기 바랍니다.** 협조에 감사드립니다.

표현 정리

main entrance 정문   **access** 접근하다, 출입하다
identification 신원 확인, 신분 증명
issue 발행하다   **independent** 독자적인, 독립의
survey form 설문지   **feedback** 의견
cooperation 협조

4. What does the speaker announce?

(A) A new plant will be built.
(B) Customer survey forms will be sent out.
(C) A conference will take place.
(D) A new security system will be installed.

화자가 무엇을 공지하는가?
(A) 새로운 공장이 건설될 것이다.
(B) 고객 설문지가 발송될 것이다.
(C) 컨퍼런스가 개최될 것이다.
(D) 새 보안 시스템이 설치될 것이다.

▶ 문제 해설

지문 초반 I want to let you know that a new security system will be installed를 통해 화자가 새로운 보안 시스템 설치에 관한 내용을 공지하고 있음을 알 수 있다.

정답 (D)

5. What will happen on Monday?

(A) Passwords will be issued.

(B) A store will reopen.

(C) Computers will be delivered.

(D) A company will relocate.

월요일에 무슨 일이 있을 것인가?

(A) 비밀번호가 발급될 것이다.

(B) 가게를 다시 오픈할 것이다.

(C) 컴퓨터가 배송될 것이다.

(D) 회사가 이전할 것이다.

▶ 문제 해설

질문 속 Monday가 단서를 찾는 키워드이다. 지문 중반 On Monday, the chief security officer will issue each of you an independent password.를 통해 월요일에 비밀번호가 발급될 것임을 알 수 있다.

정답 (A)

6. What does the speaker ask the listeners to do by the end of the week?

(A) Renew a contract

(B) Complete a survey form

(C) Provide a budget report

(D) Install some new lighting

화자가 청자들에게 주말까지 요청한 것은 무엇인가?

(A) 계약 갱신하기

(B) 설문지 작성하기

(C) 예산 보고서 제공하기

(D) 새 조명 설치하기

▶ 문제 해설

지문 후반에 요청하는 표현인 I would like each of you to ~를 집중해서 듣는다. 지문 후반 By the end of the week, I would like each of you to

complete our online survey form to give us feedback on the new system.에서 주말까지 설문지를 작성해 달라고 했다.

정답 (B)

표현 정리

plant 공장   **take place** 개최하다
issue 발급하다   **relocate** 이전하다
renew 갱신하다   **lighting** 조명

Questions 7 through 9 refer to the following traffic report.

M: Good morning. This is Bobby Davies with WXGC's traffic update. [7]I'm happy to inform you all that the roads are relatively clear this morning, with no major traffic jams in the downtown area. Because of the recent opening of the city's new subway line, there is a noticeable decrease in the number of cars. This means that those of you driving to work today should experience no major delays. [8]However, there is about a 15-minute delay at the intersection of Main Street and Ridgemount Avenue. Construction crews are currently working in this area to repair damaged roads. [9]I'll be back in a moment with another update after this commercial break. Remember to drive safely, everyone.

M: 좋은 아침입니다. 저는 WXGC 교통 정보의 Bobby Davies입니다. [7]시내에 커다란 교통 정체 없이, 오늘

아침 도로가 비교적 한산하다고 전해 드리게 되어 기쁩니다. 최근 시의 새로운 지하철 노선 개통으로, 차량 수가 현저히 감소했습니다. 이것은 오늘 운전을 하면서 출근하시는 분들이 심각한 지체를 경험하지 않으실 것을 의미합니다. **8하지만, Main Street와 Ridgemount Avenue 교차로에서는 약 15분 가량 지체가 됩니다.** 공사 관계자들이 현재 손상된 도로를 복구하기 위해 이 지역에서 작업을 하고 있습니다. **9광고 듣고 바로 새로운 소식으로 다시 찾아뵙지요.** 여러분, 안전 운전 하세요.

relatively 비교적, 상대적으로
traffic jam 교통 체증, 정체　**noticeable** 현저한
intersection 교차로
commercial break 광고 시간

7. What is the purpose of this report?

(A) To inform people of road conditions
(B) To announce the construction of a bridge
(C) To promote a new bus line
(D) To update the local business news

글의 목적이 무엇인가?
(A) 도로 상황을 알리기 위해
(B) 다리 공사를 공표하기 위해
(C) 새로운 버스 노선을 홍보하기 위해
(D) 지역 비즈니스 뉴스를 전달하기 위해

▶ 문제 해설
방송의 목적은 첫 문장에 등장하는 진행자와 방송명을 잘 듣는다. 지문 초반 I'm happy to inform you all that the roads are relatively clear this morning, with no major traffic jams in the downtown area.에서 도로 상황을 알리기 위한 것임을 알 수 있다.
정답 (A)

8. What is causing delays at the intersection of Main and Ridgemount?

(A) A stalled truck
(B) A broken traffic signal
(C) Wet road conditions
(D) Road maintenance

Main과 Ridgemount 교차로가 정체되는 이유는?
(A) 오도가도 않고 서 있는 트럭
(B) 고장 난 신호등
(C) 젖은 도로 상태
(D) 도로 보수 공사

▶ 문제 해설
문제점은 반전 표현들과 제시되며 도로명과 같은 고유명사는 중요한 키워드가 된다. 지문 중반 However, there is about a 15-minute delay at the intersection of Main Street and Ridgemount Avenue. Construction crews are currently working in this area to repair damaged roads. 를 통해 도로 공사로 인한 교통 체증이 있다는 것을 알 수 있다.
정답 (D)

9. What will the listeners hear next?

(A) A weather report
(B) Business news
(C) A music chart
(D) A commercial

다음에 청자들이 듣게 될 것은 무엇인가?
(A) 일기 예보
(B) 비즈니스 뉴스
(C) 음악 차트
(D) 광고

▶ 문제 해설
이어질 방송에 대한 정보는 지문 후반부 시점(now ~), 제안(let's ~), I'll be back ~, We'll be back ~, stay tune ~ 등의 표현과 함께 제시된다. 지문 후반 I'll be back in a moment with another update after this commercial break.에서 광고가 이어질 것임을 알 수 있다.
정답 (D)

promote 홍보하다　**delay** 지연, 정체
stalled 정지된, 고장 난　**traffic signal** 신호등
maintenance (점검, 보수하는) 유지
commercial 광고

Questions 10 through 12 refer to the following announcement.

W: **10**I'm very happy with the progress you have all made with our new web page. I've been in the web design department monitoring your work every day. Since the board of directors approved the new homepage, a lot of progress has taken place. The programming has been completed, the search function has been made, and the graphics and interactive features have been expertly implemented. **11**We had hoped to announce the official completion of the web site this week, but a few last-minute problems with the web site's security have forced us to delay doing that. We now think that the security features will be in place within three weeks. **12**If all goes well, the web site will be completely operational for users by the end of next month.

W: **10**저희 새로운 웹 페이지에 여러분이 보여주신 장족의 발전에 저는 무척 기쁩니다. 저는 매일 여러분의 업무를 모니터하며 웹 디자인 부서에 있어 왔습니다. 이사진들이 새로운 홈페이지를 승인한 후로 더 큰 발전이 있었습니다. 프로그래밍이 완료되었고, 검색 기능이 만들어졌고, 그래픽과 대화식 기능들이 능숙하게 이행되었습니다. **11**이번 주에 그것의 공식적인 완료를 발표하게 되기를 기대했으나, 웹 사이트 보안에 관련된 몇 가지 막바지 문제들로 지연되게 되었습니다. 지금 저희는 보안 기능들이 3주 이내에 제자리를 찾을 것으로 생각합니다. **12**모든 것들이 잘 진행되면, 웹 사이트는 다음 달 말까지 모든 사용자에게 완전히 사용 가능해질 것입니다.

progress 발전, 진보　**board of directors** 이사진
interactive 서로 작용하는, 쌍방향의, 대화식의
expertly 능숙하게, 익숙하게
implement 이행하다, 수행하다
go well 잘 되다, 무사하다
operational 사용할 수 있는

10. Who most likely are the listeners?
(A) Computer manufacturers
(B) Job applicants
(C) College students
(D) Web designers

청자들은 누구일 것 같은가?
(A) 컴퓨터 제조업자들
(B) 구직자들
(C) 대학생들
(D) 웹 디자이너들

▶ **문제 해설**
지문 초반 I'm very happy with the progress you have all made with our new web page. I've been in the web design department monitoring your work every day.에서 청자들은 웹 디자인 부서에서 일함을 알 수 있다.
정답 (D)

11. According to the announcement, what happened this week?
(A) Some last-minute web security problems occurred.
(B) Some supplies arrived in time.
(C) The system failure was fixed.
(D) A new director was appointed.

공지에 따르면 이번 주에 무슨 일이 있었는가?
(A) 막바지에 웹 시스템 보안 문제가 발생했다.
(B) 비품들이 시간 내 도착했다.
(C) 시스템 오류가 수정되었다.
(D) 새로운 책임자가 임명되었다.

▶ 문제 해설

질문 속 this week가 키워드이다. 지문 중반 We had hoped to announce the official completion of the web site this week, but a few last-minute problems with the web site's security have forced us to delay doing that.에서 이번 주 새로운 웹 사이트를 발표하려고 했으나 보안 문제가 발생했음을 알 수 있다.

정답 (A)

12. When will the web site be completely finished?

(A) By the end of next week
(B) In three hours
(C) By the end of next month
(D) In three months

언제 웹 페이지가 완성이 될 것인가?
(A) 다음 주말
(B) 3시간 후
(C) 다음 달 말
(D) 3개월 후

▶ 문제 해설

일정의 완성일은 지문 후반에 제시된다. 지문 후반 If all goes well, the web site will be completely operational for users by the end of next month. 를 통해 다음 달 말에 완료될 것임을 알 수 있다.

정답 (C)

표현 정리

manufacturer 제조업자　**last-minute** 급작스런
supplies 비품, 지급품　**fix** 수리하다
appoint 임명하다

Questions 13 through 15 refer to the following talk.

W: Good evening and [13]welcome to this year's International Robotics Convention. We're delighted to bring together representatives from over 50 companies working in various areas of robotics throughout the world. Each representative will be discussing his or her company's recent products and developments and giving demonstrations on advanced robotics technology. Before I introduce our first company representative, I have an important reminder about the discussion groups we are running as a part of the convention. [14]Due to limited space, official registration is required to participate in the discussion groups. If you didn't register in advance on the convention web site, [15]you can still register by filling out a form at the main convention information desk. Now, let's give a warm welcome to our first representative.

W: 좋은 저녁입니다. [13]올해의 국제 로봇 공학 컨벤션에 오신 것을 환영합니다. 전 세계의 다양한 로봇 공학 분야에서 일하고 있는 50개 이상의 회사 대표들을 한 자리에 모시게 되어 기쁩니다. 각 대표들은 자사의 최근 상품들과 개발에 대해서 이야기를 나눌 것이고, 진보된 로봇 공학 기술을 실연해 보일 것입니다. 우리의 첫 번째 회사 대표를 소개하기 전에, 컨벤션의 일부로 우리가 진행할 토론 그룹에 대해 중요하게 알려드릴 게 있습니다. [14]한정된 공간 때문에, 토론 그룹에 참가하려면 공식적인 등록이 필요합니다. 컨벤션의 웹 사이트를 통해 미리 등록하지 않으셨다면, [15]컨벤션 안내소에서 서류를 작성하여 등록하실 수 있습니다. 이제, 우리의 첫 번째 대표를 따

뜻하게 환영합시다.

robotics 로봇 공학　**representative** 대표자
give a demonstration on ~을 보여주다, 실연해 보
이다　**reminder** 기억나게 하는 것, 암시
in advance 미리, 사전에

13. What is the event about?

(A) Robotics
(B) A cultural fair
(C) New marketing strategies
(D) Software

무엇에 관한 이벤트인가?
(A) 로봇 공학
(B) 문화 박람회
(C) 새로운 마케팅 전략들
(D) 소프트웨어

▶ 문제 해설
이벤트명이 등장하는 문장 또는 Welcome to ~,
Thank you for ~ 등의 표현을 주의해서 듣는다. 지
문 초반 welcome to this year's International
Robotics Convention에서 로봇 공학 컨벤션임을 알
수 있다.
정답 (A)

14. Why does the speaker require people to register for the discussion groups?

(A) There's an early-bird discount.
(B) Information booklets need to be sent out
　　in time.
(C) Space is limited.
(D) The seating arrangement needs to be
　　done.

화자는 왜 사람들에게 토론 그룹에 등록을 하라고 요청
하는가?
(A) 조기 등록 시 할인 혜택이 있다.
(B) 안내 책자가 기한 내에 발송되어야 한다.
(C) 공간이 한정돼 있다.

(D) 좌석 배치가 필요하다.

▶ 문제 해설
질문 속 discussion groups가 키워드이다. 지문 중
반 Due to limited space, official registration is
required to participate in the discussion groups.
를 통해 공간이 한정돼 있다는 것을 알 수 있다.
정답 (C)

15. According to the speaker, what can listeners find at the information desk?

(A) Demonstration schedules
(B) Product samples
(C) Registration forms
(D) Convention programs

화자에 따르면 청자들이 안내 데스크에서 찾을 수 있는
것은 무엇인가?
(A) 시연 일정
(B) 제품 샘플
(C) 등록 서류
(D) 컨벤션 프로그램 안내

▶ 문제 해설
질문 속 information desk가 키워드이다. 지문 후반
you can still register by filling out a form at the
main convention information desk에서 안내 데스
크에 등록 서류가 있다는 것을 알 수 있다.
정답 (C)

fair 박람회　**register** 등록하다
early-bird discount 조기 등록/구매 할인
booklet 소책자
seating arrangement 좌석 배치
demonstration 시연　**registration** 등록

M: Good morning. This is Jerry Stringer from Max Health Foods. The supplements you ordered last week when you visited our store have arrived. You requested us to deliver the goods to your home, [16]but we have no way to send the products to you, as you forgot to leave your mailing address. [17]I would also like to inform you about a sale we will be having in our store next month. However, we can get to that later. For now, [18]please visit our web site and send us an e-mail with your address and contact information so that we can deliver the products to you as soon as possible. Thank you.

M: 안녕하세요. 저는 Max Health Foods 사에 근무하는 Jerry Stringer입니다. 귀하께서 지난주에 저희 매장에 방문하셨을 때 주문하셨던 건강 보조제가 도착했습니다. 귀하께서는 저희에게 자택으로 배송해달라고 요청하셨지만 [16]우편물을 보낼 주소 남기는 걸 잊으셔서 귀하께 이 제품을 보내드릴 방법이 없습니다. [17]또 다음 달에 저희 매장에서 실시할 예정인 세일 행사에 관해 알려드리고자 합니다. 하지만 이에 관해서는 나중에 알려드릴 수 있습니다. 현재로서는, [18]저희 웹 사이트에 방문하셔서 귀하의 주소 및 연락 정보를 이메일로 보내주셔야 가능한 한 빨리 귀하께 제품을 보내드릴 수 있습니다. 감사합니다.

표현 정리

supplement 건강 보조제, 건강 보조 식품
request A to do A에게 ~하도록 요청하다
deliver ~을 배송하다   **goods** 상품
have no way to do ~할 방법이 없다

as ~이므로   **forget to do** ~하는 것을 잊다
leave ~을 남기다
mailing address 우편물 발송 주소
inform A about B A에게 B에 관해 알리다
get to ~을 알아보다, 알아내다
contact information 연락 정보
so that (목적) ~할 수 있도록
as soon as possible 가능한 빨리

16. What is the main purpose of the call?

(A) To request some additional information
(B) To place an order for a product
(C) To arrange a meeting
(D) To inform a customer about a sale

전화를 거는 주요 목적은 무엇인가?

(A) 추가 정보를 요청하기 위해
(B) 제품을 주문하기 위해
(C) 회의 준비를 하기 위해
(D) 고객에게 세일에 관해 알리기 위해

▶ 문제 해설

전화 메시지의 목적을 묻는 문제이므로 담화 초반부에 특히 집중해야 한다. 화자는 자기 소개 및 주문 상황에 대한 설명을 간략히 마친 후 반전 표현 but을 이용해 자신이 실제로 말하고자 하는 정보를 언급하고 있다. 즉 '상대방이 주소를 남기지 않아 보낼 방법이 없다 but we have no way to send the products to you, as you forgot to leave your mailing address'는 것이므로 이를 '추가 정보를 요청하는 것'으로 바꿔 표현한 (A)가 정답이다.

정답 (A)

17. Why does the speaker say, "We can get to that later"?

(A) He is inquiring about some information.
(B) He is postponing a conversation.
(C) He is delaying a delivery.
(D) He is offering to reschedule a payment.

화자는 왜 "we can get to that later"라고 말하는가?
(A) 일부 정보에 관해 문의하고 있다.

(B) 대화를 뒤로 미루고 있다.
(C) 배송을 지연시키고 있다.
(D) 지불 일정을 재조정하고자 한다.

▶ **문제 해설**

특정 표현의 의미에 관해 묻는 문제이지만, 이 문제에 대한 정답 단서 역시 I would also like to ~라는 제안 표현의 문장에서 확인할 수 있다. 화자는 자신이 원하는 주요 목적을 먼저 알린 후에 I would also like to inform you about a sale we will be having in our store next month.라는 말로 부가적인 정보를 제시하고 있으며, 그 뒤에 we can get to that later라는 말을 덧붙이고 있는데, 이는 나중에 다시 얘기해도 된다는 뜻을 나타내므로 '대화를 뒤로 미루고 있다'라는 말로 바꿔 표현한 (B)가 정답이다.

정답 (B)

18. What does the speaker ask the listener to do?

(A) Return the call
(B) Visit the store
(C) Make a deposit
(D) Write an e-mail

화자는 청자가 무엇을 하도록 요청하는가?
(A) 회신 전화를 한다.
(B) 매장을 방문한다.
(C) 선금을 지불한다.
(D) 이메일을 쓴다.

▶ **문제 해설**

화자가 요청하는 것(speaker, ask)이 질문의 핵심이므로 화자의 말에서 사용되는 요청이나 제안 관련 표현을 통해 단서를 파악해야 한다. 화자는 담화 후반부에 please + 동사원형의 요청 표현을 사용해 '웹 사이트를 방문해 이메일을 보낼 것(please visit our web site and send us an e-mail with your address and contact information)'을 요청하고 있다.

정답 (D)

표현 정리

additional 추가의
arrange ~을 준비하다, 조정하다

---

postpone ~을 뒤로 미루다, 연기하다
offer to do (기꺼이) ~해주겠다고 하다
reschedule ~의 일정을 재조정하다
payment 지불(금)　　**return a call** 회신전화를 하다
make a deposit 선금을 내다, 보증금을 내다

Questions 19 through 21 refer to the following telephone message and request form.

M: Hi, Theresa… I've been looking at the order forms we've received from local soccer teams. The Downfield Dodgers have recently increased the size of their team, so they need a large number of shirts, socks, and shorts. [19]The Midtown Tigers team only needs more socks, because they want each player to have an extra pair. I'm still waiting for the order forms we're expecting from the Greentown Stars and the Plymouth Jaguars. I think those teams will order soon, because [20]the new season gets underway next month. Theresa, [21]I'd like you to call the coaches of those two teams and ask them to send their uniform orders as soon as possible. That way, we can assemble all the orders at the same time.

SPORTS APPAREL ORDER FORM		
ITEM	REQUEST	QUANTITY
Soccer Shirts	×	−
Soccer Shorts	×	−
[19]Soccer Socks (pair)	∨	20

M: 안녕하세요, Theresa⋯ 제가 지역 축구 팀들에
게서 받은 주문 양식을 보고 있습니다. Downfield
Dodgers 팀은 최근에 팀의 규모를 늘렸기 때문에 많
은 수의 셔츠와 양말, 그리고 반바지를 필요로 합니다.
[19]**Midtown Tigers 팀은 양말만 더 필요로 하는데,
그 팀에서는 각 선수들이 추가로 양말 한 짝을 더 갖고
있기를 원하기 때문입니다.** Greentown Stars 팀과
Plymouth Jaguars 팀에게서 받을 것으로 예상하는
주문 양식을 여전히 기다리고 있습니다. 제 생각에 이 팀
들은 곧 주문을 할 것 같은데요, [20]**다음 달에 새로운 시
즌이 진행되기 때문입니다.** Theresa, [21]**당신이 이 두
팀 코치들에게 전화해서 가능한 한 빨리 유니폼 주문서
를 보내달라고 요청해 주셨으면 합니다.** 그렇게 해야, 동
시에 모든 주문 사항들을 취합할 수 있습니다.

스포츠 의류 주문 양식		
물품명	요청	수량
축구 상의	×	–
축구 반바지	×	–
[19]축구 양말(짝)	∨	20

order form 주문양식　**recently** 최근에
increase ~을 늘리다, 증대하다
a large number of 많은 수의　**extra** 추가의
get underway 진행되다
I'd like you to do 당신이 ~해 주기를 바랍니다
ask A to do: A에게 ~하도록 요청하다
That way 그렇게 해야, 그런 방법으로
assemble ~을 모으다
at the same time 동시에　**apparel** 의류
quantity 양, 수량, 분량

19. Look at the graphic. Which soccer team submitted the order form?

(A) Downfield Dodgers
(B) Greentown Stars
(C) Plymouth Jaguars
(D) Midtown Tigers

도표를 확인하시오. 어느 축구팀이 이 주문 양식을 제출
했는가?

(A) Downfield Dodgers
(B) Greentown Stars
(C) Plymouth Jaguars
(D) Midtown Tigers

▶ 문제 해설

주문 양식을 보면, '축구 양말'만 20개 주문했음을 알
수 있다. 따라서 담화에서 '축구 양말'만 필요로 하는 팀
이 어디인지를 파악하면 된다. 화자는 각 팀의 필요 물
품을 알리는 중반부의 내용에서 The Midtown Tigers
team only needs more socks because they
want each player to have an extra pair.라는 말로
Midtown Tigers 팀이 양말만 필요로 한다고 알리고 있
다.

정답 (D)

20. What does the speaker say will happen next month?

(A) Free shipping will be offered.
(B) Teams will recruit new players.
(C) A sports season will begin.
(D) Merchandise will be discounted.

화자는 다음 달에 무슨 일이 있을 것이라고 말하는가?
(A) 무료 배송이 제공될 것이다.
(B) 팀마다 새로운 선수들을 모집할 것이다.
(C) 스포츠 시즌이 시작될 것이다.
(D) 상품이 할인될 것이다.

▶ 문제 해설

질문에 제시된 next month라는 미래 시점 표현이 키
워드이다. 각 팀 별로 필요한 물품 수요에 대해 소개
한 남자는 담화 후반부에 the new season gets
underway next month라는 말로 해당 시점에 있을 일
을 알리고 있는데, the new season gets underway
라는 말은 새로운 시즌이 시작된다는 말이므로 (C)가 정
답임을 알 수 있다.

정답 (C)

21. What does the speaker request that the listener do?

(A) Contact team coaches
(B) Revise a work schedule

(C) Cancel a delivery
(D) Visit a sports venue

화자는 청자에게 무엇을 하도록 요청하는가?
(A) 팀 코치들에게 연락할 것
(B) 근무 일정을 수정할 것
(C) 배송을 취소할 것
(D) 스포츠 경기장을 방문할 것

▶ 문제 해설
speaker와 request가 질문의 핵심이므로 화자의 말에서 언급되는 요청 관련 표현과 함께 제시되는 단서를 파악해야 한다. 담화 후반부에 화자는 I'd like you to ~라는 요청 표현을 활용해 단서가 제시될 것임을 알리고 있고, 여기서 '코치들에게 전화를 해서 주문서를 보내도록 요청하라(call the coaches of those two teams and ask them to send their uniform orders as soon as possible)'이라고 말하고 있으므로 이를 Contact team coaches라는 말로 간략히 줄여 제시한 (A)가 정답이다.
정답 (A)

표현 정리

submit ~을 제출하다   **free shipping** 무료배송
recruit ~을 모집하다   **merchandise** 상품
contact ~에게 연락하다   **revise** ~을 수정하다
delivery 배송(품)
venue (행사) 장소

PART 5

PART 5 핵심 전략
정답 찾기 | Know-how & 학습법

매번 어렵게 문법책이며 토익책을 공부하고 나서는 알 듯했는데 막상 문제들을 섞어 두고 풀어보면 막막해지는 경우가 많다. 매달 토익에 등장하는 문제 유형을 정리하면 의외로 몇 가지가 안 된다. 이러한 문제 유형을 먼저 정복해야 한다. 그리고 나머지는 평상시 빈출 어휘만 차곡차곡 습득해 둔다면 RC 고득점도 어렵지 않다.

Part 5에서 정리한 출제 유형 29개는 오랜 기간 동안 쌓인 데이터를 바탕으로 반드시 출제되는 유형들만 공식화해 놓은 것이다. 따라서 각각의 유형들을 확실하게 암기해서 문제 풀이에 적용하면 어렵지 않게 Part 5를 정복할 수 있을 것이다.

문제 유형 29개를 정확히 기억하자. 유형별로 정리된 문제 풀이 순서에 따라 예제를 풀면서 암기 포인트를 확실하게 암기해 둔다.

먼저 전체 유형 리스트들을 다시 한 번 머리 속에 정리한 후 연습 문제를 풀어 보는 과정을 거쳐야 한다.

전략 1

문제 유형의 문장 구조 및 정답 관계를 익힌다.

유형 01 주어 + ____________ + 명사/형용사/부사

　　　　주어 + 수식어구 + ____________ + 명사/형용사/부사

전략 2

출제 포인트에 따른 문제 풀이 순서를 익힌다.

문제 풀이 순서

STEP 1
문장에 동사가 없음을 확인한 다음,

STEP 2
보기가 명사/형용사/동사/부사로 구성되어 있으면 동사를 선택한다.

STEP 3
보기가 정동사/동명사/부정사/분사로 구성되어 있으면 동사를 선택한다.

STEP 4
보기에 정동사가 두 개 이상 있으면, 문장에 대입해 수/태/시제를 확인하고 적절한 것을 선택한다.

전략 3

문제 풀이를 하면서 적응 훈련을 한다.

Researchers ____________ that the fashion industry would begin to recover early next year.

(A) prediction
(B) predicted
(C) predictable
(D) predictably

전략 4

전체 유형 리스트를 반복적으로 익힌다.

다음 문제를 풀어 보세요. 그리고 나서 각 유형의 문장 구조의 특징과 정답을 익혀 보세요.

정답은 유형 01-29 문제 참고

1. Researchers __________ that the fashion industry would begin to recover early next year.

(A) prediction
(B) predicted
(C) predictable
(D) predictably

2. All sales representatives should become __________ with products and services before selling them to the customers.

(A) familiarity
(B) familiarly
(C) familiar
(D) familiarize

3. Our membership will give __________ discounts whenever you shop at any of our branches.

(A) you
(B) your
(C) yours
(D) yourself

4. JYP Entertainments is __________ considered to be one of the companies favored by would-be singers.

(A) general
(B) generally
(C) generalized
(D) more general

5. The advertising company is considering __________ additional experienced employees.

(A) to hire
(B) hiring
(C) hire
(D) hired

6. The survey indicates that it is very important to make new customers
___________.

(A) satisfaction
(B) satisfy
(C) satisfying
(D) satisfied

7. ___________ conveniently near the beach, Cloud Nine Hotel is the ideal
place for enjoying summer vacation.

(A) Locate
(B) Located
(C) Locating
(D) Have located

8. We'd like to take this chance ___________ our service, which will maintain
our customer base in this economic depression.

(A) improve
(B) improved
(C) improving
(D) to improve

9. By the time the guest speaker finished his speech, almost all of the
audience

___________.

(A) are disappearing
(B) will have disappeared
(C) disappear
(D) had disappeared

10. Our company has hired three Asian regional managers ___________ will
be responsible for promoting our products and selling them.

(A) who
(B) whom
(C) which
(D) whose

유형 01 · 동사 자리

문제	주어 + (수식어구) + ------------- + 명사/형용사/부사	정답	동사

유형 02 · 주어 자리 · 주어와 동사의 수 일치

문제	------------- + 단수 동사 + 명사/형용사/부사	정답	단수 명사 또는 명사구/명사절
문제	------------- + 복수 동사 + 명사/형용사/부사	정답	복수 명사 또는 복수형 대명사

유형 03 · 동사의 성질 구분

문제	주어 + 동사 + -------------	정답	목적어
문제	주어 + 동사 + 목적어 + -------------	정답	목적격 보어
문제	주어 + 동사 + ------------- + 목적격 보어	정답	목적어

유형 04 · 3/4/5형식 문장의 목적어 확인하고 동사 찾기

문제	주어 + ------------- + 목적어	정답	3형식 동사
문제	주어 + ------------- + 목적어 + 목적어	정답	4형식 동사
문제	주어 + ------------- + 목적어 + 목적격 보어	정답	5형식 동사

유형 05 · 2/5형식 문장의 보어 자리

문제	주어 + 2형식 동사 + -------------	정답	주격 보어
문제	주어 + 5형식 동사 + 목적어 + -------------	정답	목적격 보어

유형 06 · 소유격 대명사 자리

문제	------------- + 명사 + 동사 주어 + 동사 + ------------- + 명사	정답	소유격 대명사

유형 07 · 목적격 대명사/소유대명사/재귀대명사

문제	주어 + 동사 + ------------- (3형식) 주어 + 동사 + ------------- + 직접목적어 (4형식) 주어 + 동사 + ------------- + 목적격 보어 (5형식)	정답	목적격 대명사/소유대명사/ 재귀대명사

유형 08   동사를 수식하는 부사 자리

문제		정답	
문제	주어 + ------------ + 동사 + 목적어/보어	정답	부사
	be + ------------ + -ing/p.p.		
	have + ------------ + p.p.		
	조동사 + ------------ + 동사원형		
	동사 + ------------ + 전치사		

유형 09   4/5형식 특수 동사

문제		정답	
문제	CAR 동사 + ------------ + 목적격 보어	정답	목적어 역할 사람 명사
문제	------------ + 사람 + of + 명사	정답	inform/notify/assure CAR 동사 (convince/advise/remind)
	------------ + 사람 + that + 주어 + 동사		
문제	------------ + 사람 명사 + to부정사	정답	PEAR 동사
문제	PEAR 동사 + 사람 명사 + ------------	정답	to부정사
문제	------------ + 사람 명사 + 동사원형	정답	사역동사
문제	사역동사 + 목적어 + ------------	정답	동사원형
문제	Help + ------------	정답	목적어 (3형식) to부정사 (3형식) 동사원형 (3형식)
문제	Help + 목적어 + ------------	정답	동사원형/to부정사 (5형식)

유형 10   동명사/부정사를 목적어로 취하는 동사

문제		정답	
문제	주어 + MEGAPAS ID 동사 + ------------	정답	동명사
문제	명사 + MT 동사 + ------------	정답	to부정사
문제	주어 + PEAR 동사 + ------------	정답	to부정사

유형 11   명사 수식 분사 vs 보어 자리에 오는 분사

문제		정답	
문제	------------ + 명사/명사 + ------------	정답	분사
	주어 + 2형식 자동사 + ------------		
	주어 + 5형식 타동사 + 목적어 + ------------		

유형 12 문장 앞 부사 또는 분사구문 자리

문제	-------------, 주어 + 동사 ~	정답	부사 또는 분사구문

유형 13 수식어구1_주어와 동사 사이의 -ly/-ing/p.p./to부정사/형용사

문제	주어 + ------------- + 동사	정답	부사/형용사/-ing/p.p./to부정사

유형 14 수식어구2_완전한 문장 끝에 오는 -ing/p.p./형용사

문제	주어 + 동사 ~ (,) -------------	정답	-ing/p.p./형용사

유형 15 시간절 기본 시제 & 시제 특수 구문

문제	시간절 접속사 + 주어 + ------------- ~ 주어 + 미래/미래완료 동사 ~	정답	현재/현재완료 동사
문제	시간절 접속사 + 주어 + 과거/과거완료 동사 ~ , 주어 + ------------- ~	정답	과거/과거완료 동사

유형 16 관계대명사의 선택

문제	주어(선행사) + ------------- + 동사1 ~ + 동사2 + ~	정답	주격 관계대명사 who/which/that
문제	주어(선행사) + 관계대명사 + ----------- + ~ 동사2 + ~	정답	선행사에 맞는 동사
문제	주어 + ------------- + ~ 동사2 + ~	정답	(관계대명사 + be동사가 생략된) 형용사/분사
문제	주어1 + ------------- + 주어2 + 타동사1 + 동사2 ~ 주어1 + ------------- + 주어2 + 동사1 ~ + 전치사 + 동사2 ~	정답	목적격 관계대명사 whom/which/that
문제	주어1 + ------------- + 명사 + 동사1 ~ 주어1 + ------------- + 명사 + 주어2 + 동사1 + 동사2 ~	정답	소유격 관계대명사 whose

유형 17 명사를 수식하는 형용사 자리

문제	------------ + 명사	정답	형용사

유형 18 복합명사

문제	------------ + 명사	정답	명사
	명사 + ------------		

유형 19 형용사를 수식하는 부사 자리

문제	2형식 자동사 + ------------ + 형용사	정답	부사
	타동사 + ------------ + 형용사 + 명사		
	(전치사) + ------------ + 형용사 + 명사		
	전치사 + ------------ + 동명사		

유형 20 전치사/접속사/접속부사 선택

문제	------------ + 완전한 문장 + 완전한 문장	정답	접속사
	완전한 문장 + ------------ + 완전한 문장		
문제	------------ + 명사 + -ed, 주어 + 동사 ~	정답	-ed가 과거 동사면 접속사, -ed가 분사면 전치사
문제	주어 + 동사 + ~ ; ------------, 주어 + 동사	정답	접속부사
	주어 + 동사 + ~ . ------------, 주어 + 동사		
	주어 + 동사 + ~ 접속사 + ------------, 주어 + 동사		

유형 21 등위접속사와 상관접속사

문제	주어 + 동사 ~, ------------ + 주어 + 동사 ~	정답	등위접속사/상관접속사
	명사 + ------------ + 명사		
	to + 동사원형 ~ + ------------ + (to) + 동사원형		
	동명사구 + ------------ + 동명사구		

유형 22 수량 관련 표현들

문제	수량 관련 표현에 빈칸	정답	적절한 수량 표현

유형 23 전치사의 용례

문제	------------- + 명사 + -ed, 주어 + 동사 ~ 주어 + 동사 ~ + ----------- + 명사 + -ed	정답	-ed가 과거 동사면 접속사, -ed가 분사면 전치사
문제	문장 중 전치사가 필요한 자리	정답	해석상, 용례상 적절한 전치사

유형 24 혼동하기 쉬운 가산명사/불가산명사

문제	명사 자리에 빈칸 & 명사 보기	정답	가산명사/불가산명사를 구분하기

유형 25 가정법 구문 6가지(도치 포함)

문제	If + 주어 + -------------, 주어 + 과거형 조동사 (would/could/might) have p.p.	정답	had p.p.
문제	주어 + 과거형 동사/were ~, if + 주어 + -------------	정답	과거형 조동사 (would/could/might) + 동사원형 ~
문제	If + 주어 + 현재형 동사 ~, 주어 + -------------	정답	미래형 동사 (will/should/can/may) + 동사원형 또는 명령문의 동사원형
문제	주어 + ------------- ~, if + 주어 + 미래형 동사 (will/should/can/may + 동사원형) 주어 + ------------- ~, if + 주어 + 명령문	정답	should + 동사원형

문제	------------- + 주어 + p.p., 주어 + 과거형 조동사 + have p.p. ~	정답	Had
문제	------------- + 주어 + ------------- ~, 주어 + 미래형 조동사 + 동사원형 / 명령문	정답	Should / 동사원형

유형 26 특수 부사

문제	부사 자리 빈칸 & 부사 어휘 보기	정답	특수 부사

유형 27 혼동 형용사 및 -in /p.p. 관용표현

문제	형용사 자리 빈칸 & 형용사 어휘 보기	정답	관용표현을 이루는 형용사

유형 28 비교급, 최상급, 원급 비교, 비교급 수식어구

문제	비교급/최상급/원급 형용사나 부사 자리에 빈칸 & 비교급/최상급 보기	정답	비교급, 최상급 표현. 원급비교 표현

유형 29 관계대명사 혼동 유형

문제	주어 + 동사1 + 사람 목적어, 주어2 + of ----------- + 동사2	정답	whom
문제	주어 + 동사1 + 사물 목적어, 주어2 + of ----------- + 동사2	정답	which
문제	삽입절 문제: ~ 선행사 ----------- + 주어 + think/believe/suppose ~ + 동사2	정답	관계대명사

문장의 동사를 찾는 문제이다.

주어로 보이는 명사 다음이 빈칸이고 보기가 명사/형용사/동사/부사로 구성되어 있거나 정동사와 준동사(동명사/부정사/분사)로 구성되어 있으면 동사 자리를 묻는 문제일 수 있다. 따라서 문제로 제시된 문장에 동사가 있는지를 먼저 확인하면 문제 풀이에 용이하다.

유형 01

동사 자리

유형 01

주어 + [   ] + 명사/형용사/부사

주어 + 수식어구 + [   ] + 명사/형용사/부사

문제 풀이 순서

STEP 1
문장에 동사가 없음을 확인한 다음,

STEP 2
보기가 명사/형용사/동사/부사로 구성되어 있으면 동사를 선택한다.

STEP 3
보기가 정동사/동명사/부정사/분사로 구성되어 있으면 동사를 선택한다.

STEP 4
보기에 정동사가 두 개 이상 있으면, 문장에 대입해 수/태/시제를 확인하고 적절한 것을 선택한다.

---

1 | 주어 다음 동사 자리

주어 + **동사** + 명사/형용사/부사

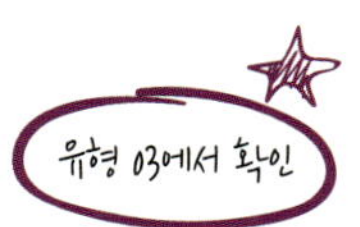

주어와 동사는 문장에 반드시 있어야 하는 기본 요소이다. 동사의 성질에 따라 동사 뒤에 오는 성분들은 명사(목적어), 형용사(보어), 부사(수식어) 등으로 달라지지만, 동사가 없으면 아예 문장이 될 수 없다.

만약 문장에 동사가 없으면 보기에서 바로 동사를 고르면 되는 간단한 문제이다. 이때 보기에 정동사가 두 개 이상 있으면, 주어의 확인(유형 02), 능동/수동의 태 확인, 마지막으로 시제를 확인해서 답을 결정한다.

> **TIP**
>
> **문장에 동사가 있어도 동사 고르기 문제일 수 있다?!**
>
> 절이 하나인 문장은 동사 자리를 파악하기 쉽다. 그러나 문장에 접속사가 있으면 '주어 + 동사'의 절이 하나 더 연결된다는 의미이므로 동사가 총 2개여야 한다. 접속사가 있는데 동사가 하나뿐이라면 빈칸은 동사 자리일 수 있다는 힌트! '문장의 정동사 수 = 접속사 수 + 1'의 원리를 활용하자.

2 | 주어와 동사 사이에 수식어구가 있는 경우

주어 + 수식어구 + 동사 + 명사/형용사/부사

일반적으로 주어 다음에 동사가 오지만 주어와 동사 사이에 형용사나 부사 같은 수식어가 끼어 있는 문장도 자주 볼 수 있다. 주어와 동사 사이에 올 수 있는 수식어의 형태는 다음과 같다. 이런 요소와 주어를 구분해 낼 수 있어야 수 일치 문제를 해결할 수 있다.

- 전치사구(전치사 + 명사)
- 부사(-ly)
- 분사구(-ing/p.p.)
- 부정사구(to + 동사원형)
- 형용사절(관계대명사절/관계부사절)

예제 1

Researchers ___________ that the fashion industry would begin to recover early next year.

(A) prediction
(B) predicted
(C) predictable
(D) predictably

해석 ▶ 연구자들은 패션 업계가 내년 초에 회복되기 시작할 것으로 예측했다.
(A) 예측 (B) 예측했다 (C) 예측할 수 있는 (D) 예상대로

해설 ▶ 먼저 보기를 확인한다. (A)는 명사, (B)는 -ed형이므로 동사의 과거형이거나 과거분사이고, (C)는 형용사, (D)는 부사다. 보기를 빨리 정확하게 파악해야 시간 안에 문제를 풀 수 있다. 이제 문장을 확인한다. 보기에 정동사 형태인 predicted가 있으니, 문장에 정동사가 있는지 확인한다. Reaserchers가 주어이고, 빈칸 뒤에 있는 that은 접속사다. 접속사는 두 개의 절을 연결하므로 정동사가 접속사 수보다 하나 더 많아야 한다. 접속사 that에 표시를 해 두고 그 뒤를 보자. that절의 주어인 명사 the fashion industry가 있고, 동사 would begin이 이어진다. 여기서 would begin에 밑줄! 뒤로는 begin의 목적어 to recover(여기서 recover는 '회복하다'는 의미의 자동사)가 나오고, 부사 early next year로 문장이 마무리 된다.

Researchers _______ that the fashion industry <u>would begin</u> to recover early next year.

이렇게 표시를 하고 보면 문장 구조가 더 쉽게 파악된다. 접속사(that)가 하나 있으므로 이 문장에는 정동사가 두 개 있어야 한다. would begin 외에도 동사가 하나 더 있어야 하므로 빈칸에는 과거형 동사인 predicted가 와야 한다. 정답은 (B)이다.

> 문장이 길지만 답을 찾는 방식은 간단하다. 보기를 파악한 후, 문장에 동사가 있는지 확인하기!

The personal information of WR Bank customers __________ strictly confidential.

(A) is
(B) are
(C) being
(D) been

해석 ▶ WR Bank 고객들의 신상 정보는 철저하게 비밀입니다.

해설 ▶ 가장 먼저 보기를 확인한다. (A)와 (B)는 각각 단수/복수형 정동사이고, (C)와 (D)는 각각 -ing/p.p. 형태의 준동사다. 다음으로 문장에 동사가 있는지 파악한다. The personal information이 문장의 주어, of WR Bank customers는 '전치사(of) + 명사'의 수식어, 빈칸 뒤 strictly는 부사, confidential은 형용사로, 문장에 동사가 없다. 따라서 정동사 형태인 (A)와 (B) 중에 답을 선택해야 한다. 주어가 단수이면 동사는 is, 주어가 복수이면 동사는 are가 된다. of WR Bank customers의 전치사구는 수식어이므로 이를 지우고 보면 주어는 The personal information으로 단수이다. 정답은 (A)이다.

동사도 단수!

The personal information (of WR Bank customers) ______ strictly confidential.
단수 주어　　　　　　　　　수식어구

주어 자리, 주어와 동사의 수 일치

주어 자리의 빈칸에 동사의 수에 일치하는 주어를 찾는 문제이다.

일반적으로 문장은 주어로 시작하며, 주어 다음에 동사가 온다. 따라서 주어 자리는 동사를 확인하면 대체로 금방 찾을 수 있다. 주어로 쓰이는 품사는 명사로, 일반 명사나 대명사의 주격을 고르는 문제는 비교적 쉽게 해결할 수 있다. 주어가 구나 절의 형태일 경우나, 수식어구가 있어 주어 자리 빈칸과 동사 사이가 멀리 떨어져 있는 경우를 주의하자.

유형 02

〔　　　　　　　〕 + 동사 + 명사/형용사/부사

문제 풀이 순서

STEP 1
빈칸이 주어 자리임을 확인한 후 보기 구성을 살펴 본다.

STEP 2
보기가 명사/부사/형용사/동사로 구성되어 있으면 명사가 정답이다.

STEP 3
보기에 주어가 될 수 있는 명사와 동명사(-ing) 둘 다 있으면 빈칸 다음에 동명사의 목적어가 있는지 확인한다. 목적어(명사)가 있으면 동명사가 정답, 없으면 명사가 정답이다.

동명사와 명사의 구분
동명사는 동사의 성질을 가지고 있으므로 필요한 경우 목적어를 취한다.

STEP 4
보기에 명사가 2개 있으면 단수/복수를 구분해야 하는 문제이므로 동사와의 수 일치를 확인하거나 해석해 본다.

주어 자리에는 일반 명사 외에도 대명사, 부정사(구), 동명사(구), 명사절이 올 수 있다. 주어가 부정사(구), 동명사(구), 명사절일 경우는 단수 취급한다. 주어가 단수이면 동사도 단수형을 쓰고, 주어가 복수이면 동사도 복수형을 써야 하므로 동사는 주어를 찾는 중요한 단서이다.
(현재시제일 때에만 구분해 주고 과거시제나 조동사가 올 경우는 구분하지 않음)

1 │ 일반 명사 주어

일반 명사가 주어일 때는 보기에 다양한 명사가 나열되는 어휘 문제이다. 문장의 의미에 맞는 명사를 고르면 된다.

2 | 대명사 주어

주어를 고르는 문제에서 대명사가 정답일 때는 보기에 대명사 이외에 다른 명사류가 같이 나오지 않는다. 주어로 쓸 수 있는 대명사의 주격과 소유대명사('~의 것'이라는 의미)가 둘 다 보기에 있으면 문장의 의미에 맞는 것을 고르면 된다.

3 | 부정사(구), 동명사(구), 명사절 주어는 단수 취급

부정사(구), 동명사(구), 명사절이 주어일 때는 단수로 취급하기 때문에 동사도 단수형을 써야 한다. 특히 보기에 복수형 명사와 이들이 함께 있을 때는 동사의 형태가 단서이다. 동사가 단수형인지 복수형인지만 확인하면 주어의 단수/복수형을 판단할 수 있다.

4 | 주어와 동사 사이에 다른 요소가 있는 경우

주어 + 분사구(-ing 또는 p.p.) + **동사** + 목적어/보어/수식어
주어 + 형용사절(= 관계대명사절) + **동사** + 목적어/보어/수식어

주어와 동사 사이에 수식어구 등이 끼어 들어 문장 구조를 파악하기 어려운 경우가 있으니 주의한다. 이때 주어와 동사 사이에 있는 분사구나 형용사절이 어디에서 어디까지인지를 정확히 구분할 줄 알아야 한다. 그래야 수식어구를 제외하고 동사와의 관계를 파악해 적절한 주어를 고를 수 있다.

예제

__________ **who visit our department store express their satisfaction at the variety of items.**

(A) Shop
(B) A shopper
(C) Shoppers
(D) Shopping

해석 ▶ 저희 백화점을 방문하는 쇼핑객들은 다양한 물건에 만족감을 표현합니다.
(A) 가게, 쇼핑하다 (B) 쇼핑객 (C) 쇼핑객들 (D) 쇼핑

해설 ▶ 보기에 동사, 명사, 동명사의 다양한 형태가 있다. 문장 맨 앞에 빈칸이 있으므로 주어 자리일 가능성이 크다. 방심은 금물! 문장 구조를 확인해 본다. 빈칸 뒤 접속사 who에서부터 두 번째 동사 앞 store까지 괄호로 묶어 보자.

______ *(who visit our department store) express their satisfaction*

빈칸이 문장의 주어 자리이고, express가 문장의 동사임을 알 수 있다. 복수형 동사를 쓰고 있으므로 복수형 명사를 보기에서 찾으면 된다. 정답은 (C)이다.

동사의 성질 구분

동사의 성질에 따라 필요한 문장 성분을 찾는 문제이다.

1/2형식 문장에는 자동사가 쓰이므로 목적어가 없고, 3/4/5 형식 문장에는 타동사가 쓰이므로 뒤에 목적어가 온다. 이러한 동사의 성질을 정확히 구분할 줄 알아야 동사 다음에 오는 성분을 찾는 문제, 문장 구조를 보고 알맞은 동사를 고르는 문제, 수동태의 동사 형태를 묻는 문제, 준동사구의 품사 문제를 해결할 수 있다. 동사의 성질에 따라 달라지는 문장 구조를 정확하게 암기하도록 하자!

유형 03

주어 + 동사 + ▓▓▓▓▓▓▓

주어 + 동사 + 목적어 + ▓▓▓▓▓▓▓

주어 + 동사 + ▓▓▓▓▓▓▓ + 목적격 보어

문제 풀이 순서

STEP 1
문장의 동사를 찾아 문장 형식을 파악한다.

STEP 2
문장 형식에 따라 빈칸에 들어갈 성분을 보기에서 고른다.

---

1 | 1형식 문장

주어 + 동사 + 부사

▶ **1형식 대표 동사(구)**

**go, disappear, proceed, come, appear, arrive,
live, exist, work, labor,
increase, rise, hike, decrease, decline, drop,
happen, occur, take place**

1형식 동사는 동사가 나타내는 동작이나 작용이 주어에만 미치므로 보어나 목적어가 필요하지 않다. 따라서 문장 구조상 더 필요한 요소가 없는데 동사 다음에 빈칸이 있으면 부사 자리이다.

2 | <h2>2형식 문장</h2>

주어 + 동사 + 보어

▶ **2형식 대표 동사**

be, become, remain, seem

2형식 문장에서 주어와 동사 뒤는 보어 자리이다. 보어 자리에 들어갈 것이 명사인지, 형용사인지를 구분해야 하는 문제가 출제되므로 차이를 알아 둬야 한다. 명사 보어는 주어와 동격 관계를 나타내고 형용사 보어는 주어의 상태를 설명한다. 주어와 동격 관계가 성립할 때에만 쓰는 명사보다는 일반적으로 형용사 보어 문제가 많이 출제되며, 일반 형용사 외에도, 분사 형태인 -ing와 p.p., 형용사적 용법의 부정사(to + 동사원형)가 쓰인다.

3 | <h2>3형식 문장</h2>

주어 + 동사 + 목적어

수동태는 능동태 문장의 목적어를 주어로 보내 동사를 'be + p.p.'로 전환한 형태이므로 목적어가 원래 자리에서 사라지기 때문

1/2형식 동사를 제외한 나머지를 타동사라고 한다. 타동사 뒤에는 동작의 대상인 목적어가 필요하다. 만약 동사가 수동태(be + p.p.)라면 목적어는 불필요하다.

4 | <h2>4형식 문장</h2>

주어 + 동사 + 간접목적어 + 직접목적어

▶ **4형식 대표 동사**

give, send, bring, offer, assign, award

타동사 가운데 4형식 동사들은 목적어를 두 개 취하므로 두 개의 명사가 나란히 나오는 것이 특징이다. 4형식 문장을 수동태(be+p.p.)로 전환하면 목적어 하나가 주어가 되므로 동사 뒤에 목적어는 1개만 남는다.

5 | <h2>5형식 문장</h2>

주어 + 동사 + 목적어 + 목적격 보어

▶ **5형식 대표 동사**

make, keep, find, leave, consider, deem, show, prove

동사 뒤에 목적어와 목적격 보어(명사나 형용사)가 나란히 이어지는 구조를 5형식이라고 한다. 이때 명사 보어는 목적어와 동격 관계이고 형용사 보어는 목적어의 상태를 설명한다. 5형식 동사 뒤에 빈칸이 있으면, 목적어 또는 목적격 보어를 고르는 문제가 된다. 그러나 동사가 수동태(be + p.p.)라면 목적어 없이 목적격 보어만 뒤에 남게 된다는 것도 알아 두자.

> **TIP**
>
> **동사 뒤에 있는 빈칸의 주인공은?**
>
> ▸ 2형식 동사이면 빈칸에 보어가 온다. (보어는 명사 or 형용사 구별)
>
> ▸ 3형식이면 빈칸에 목적어가 온다.
>
> ▸ 4형식이면 2개의 목적어 중 하나가 올 수 있다.
>
> ▸ 5형식이면 목적어, 목적격 보어 중 빠진 것을 확인한다.

예제 1

All sales representatives should become __________ with products and services before selling them to the customers.

(A) familiarity
(B) familiarly
(C) familiar
(D) familiarize

해석 ▶ 모든 영업사원들은 고객들에게 물건을 팔기 전에 제품과 서비스에 친숙해져야 한다.
(A) 친숙함   (B) 친숙하게   (C) 친숙한   (D) 친숙하게 하다

해설 ▶ 보기를 먼저 확인하면, 명사, 부사, 형용사, 동사로 품사가 다 다르다. 문장을 살펴 보면, All sales representatives가 주어, should become이 동사, 빈칸은 동사 become의 성질(2형식 자동사)에 따라 보어 자리임을 알 수 있다. 정답은 형용사 (C) familiar이다.

예제 2

Some of our employees reported that they found the new training program very __________ .

(A) benefit
(B) benefits
(C) beneficial
(D) beneficially

해석 ▶ 우리 직원들 중 몇몇은 새로운 훈련 프로그램이 아주 유용했다고 보고했다.
(A) 유용(단수 명사)   (B) 유용(복수 명사)   (C) 유용한(형용사)   (D) 유용하게(부사)

해설 ▶ 보기 (A)와 (B)는 명사 혹은 동사이며 (C)는 형용사, (D)는 부사이다. 문제 문장의 that절 이하를 살펴 보면, 주어가 they, 동사가 found로 5형식임을 알 수 있다. 5형식은 '동사 + 목적어 + 목적격 보어'의 구조를 갖는다. 동사 뒤 the new training program이 목적어이며, 부사 very의 수식을 받는 빈칸이 목적격 보어 자리이므로 형용사인 (C)가 적합하다.

3/4/5형식 문장의 목적어 확인하고 동사 찾기

타동사는 자동사와 달리 목적어를 취하는데, 빈칸 뒤에 이어지는 문장 성분을 파악해 적절한 동사를 찾는 문제이다.

동사에 따라 뒤에 오는 성분이 달라진다. 예를 들어, 3형식 동사가 빈칸에 들어갈 경우 그 뒤에는 명사든, to부정사든 목적어가 하나만 온다. 4형식은 목적어가 2개 오고, 5형식은 목적어 뒤에 목적격 보어가 온다. 5형식 동사가 빈칸에 들어갈 경우 목적어 다음에 목적격 보어로 동사원형이 오기도 한다. 문장 구조에 따라 동사를 선택하게 되므로 이것이 바로 문장 형식을 구분해 알아 둬야 하는 이유다.

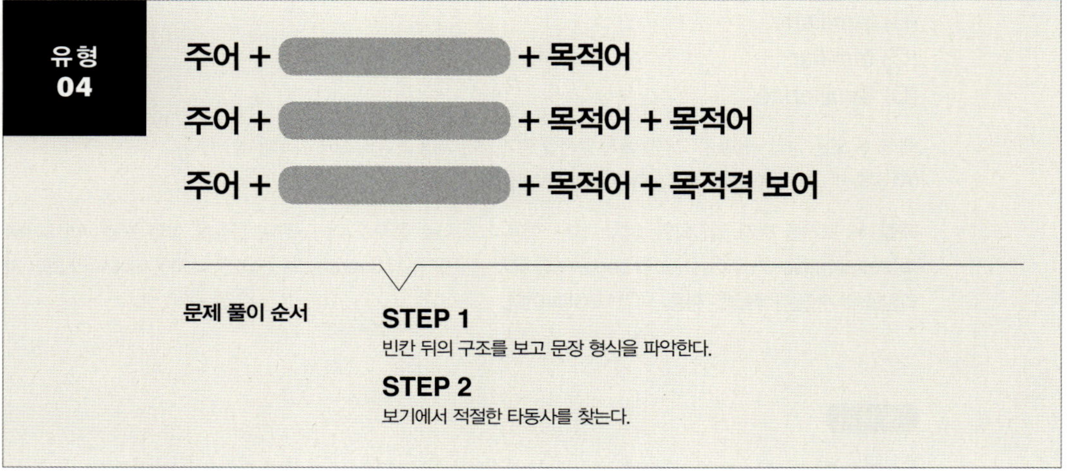

1/2형식의 자동사를 제외한 나머지 동사들은 모두 타동사로 목적어를 취한다. 목적어로는 명사나 대명사, 명사구/절이 올 수 있는데 동사의 종류에 따라 목적어로 명사의 역할을 하는 동명사나 to부정사만 써야 할 경우도 있다(유형 10. 동명사/부정사를 목적어로 취하는 동사 참고).

1 │ 3형식 문장

주어 + 동사 + 목적어(명사류)

3형식 타동사는 목적어를 취하므로 뒤에 '명사류'가 와야 한다. 목적어로 일반 명사, 대명사, 동명사(구), 부정사(구), 명사절의 다양한 성분이 올 수 있다.

2 | 4형식 문장

주어 + 동사 + 간접목적어(명사류) + 직접목적어(명사류)

4형식은 목적어가 두 개! 이렇게 특이한 구조를 갖는 4형식 동사는 많지 않으므로 잘 기억하자.

▶ **4형식 대표 동사**

give, send, bring, offer, assign, award

3 | 5형식 문장

주어 + 동사 + 목적어(명사류) + 목적격 보어(형용사류 또는 명사)

동사 뒤에 두 가지 문장 성분이 온다는 점에서는 4형식과 비슷하지만, 목적어가 2개인 4형식과 달리, 5형식은 목적어(명사류)가 하나만 오고 그 뒤에 목적격 보어가 온다.

▶ **5형식 대표 동사**

make, keep, find, leave, consider, deem, show, prove

예 제

A new line of Nike Blazers which the company launched this year ______ it profits of more than ten million dollars.

(A) created
(B) generated
(C) allowed
(D) brought

해석 ▶ 올해 회사가 출시한 새로운 Nike Blazers 제품군은 천만 달러 이상의 이윤을 회사에 가져다줬다.
(A) 창조했다, 만들었다(3형식)　　(B) 가져다주었다, 발생시켰다(3형식)
(C) 허락했다(5형식)　　(D) 가져다주었다(4형식)

해설 ▶ 동사 자리 뒤로 목적어 두 개(it, profits ~)가 나란히 왔으므로 해석을 해야 하는 어휘 문제가 아니라 구조 문제라는 것을 알 수 있다. 빈칸을 중심으로 문장의 구조를 살펴 보면 빈칸 뒤에 목적어인 대명사 it과 또 다른 명사 profits가 있다. 목적어를 2개 취하는 4형식 동사가 있어야 하므로 정답은 (D)이다. 동사를 단서로 주고 뒤에 오는 문장 성분을 묻는 문제도 있지만, 이처럼 문장 구조를 단서로 주고 해당 동사를 묻는 문제도 출제된다.

2/5형식 문장의 보어 자리

2/5형식 문장의 보어로 적절한 단어를 고르는 문제가 출제된다.

보어 유형 문제는 보어 자리에 명사 또는 형용사/분사를 선택하는 문제와 목적격 보어 자리에 분사나 to부정사가 오는 문제로 나눌 수 있다. 2형식과 5형식 동사 다음에 이어지는 문장 구조를 비교해서 알아 두자. 자동사가 쓰인 2형식 문장에서는 보어가 필요하며, 타동사가 쓰인 5형식 문장에서는 목적어와 목적격 보어가 필요하다.

자동사: 목적어가 필요 없는 1/2형식 문장에 쓰인 동사
타동사: 목적어가 필요한 3/4/5형식 문장에 쓰인 동사

유형 05-1

주어 + 2형식 동사 + ⬛⬛⬛⬛⬛⬛

문제 풀이 순서

STEP 1
문장 형식을 파악한다.

STEP 2
2형식이면 동사 뒤는 보어 자리이므로 명사와 형용사 중에서 정답을 고른다.

STEP 3
감정동사일 경우 주어가 사물 명사이면 -ing가 정답이다. 주어가 동사가 의미하는 동작을 직접 하거나 그 동작에 영향을 받는 사람 명사이면 이론상 -ing/p.p.를 따져야 하지만 토익에서는 항상 p.p.가 정답으로 출제된다.

분사 형태 고르기는 유형 11 참고

유형 05-2

주어 + 5형식 동사 + 목적어 + ⬛⬛⬛⬛⬛⬛

문제 풀이 순서

STEP 1
문장 형식을 파악해 5형식 동사이면 목적격 보어 찾기 문제이다.

STEP 2
보기에 있는 분사가 일반동사인지 감정동사인지를 구별한다.

STEP 3
일반동사라면 자동사, 타동사를 구별한다. 자동사라면 무조건 -ing가 정답이다. 타동사라면 빈칸 뒤에 명사가 있는지 확인한다. 명사가 있으면 -ing가 정답, 명사가 없으면 p.p.가 정답이다.

분사 형태 고르기는 유형 11 참고

STEP 4
감정동사일 경우 목적어가 사물 명사이면 -ing가 정답이다. 사람 명사이면 이론상 -ing/p.p.를 따져야 하지만 토익에서는 항상 p.p.가 정답으로 출제된다.

2/5형식 동사의 보어

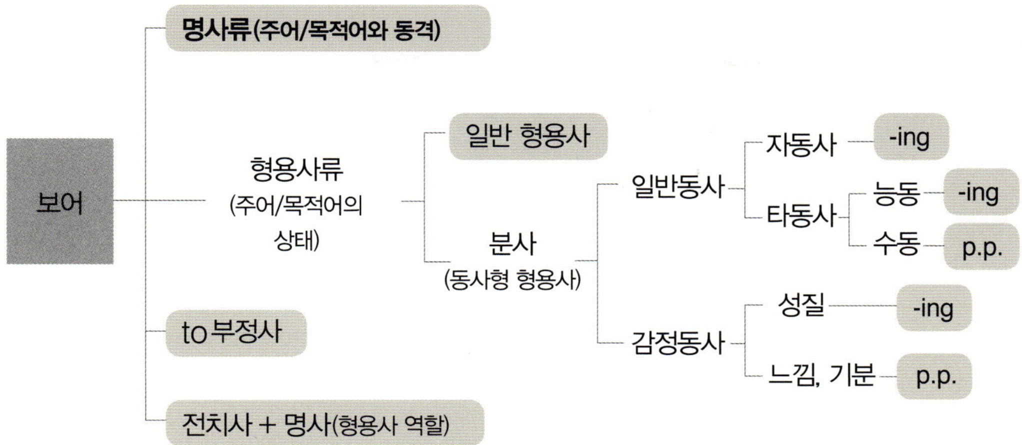

1 | 2형식 문장의 보어

주어 + 동사 + 보어

2형식 문장의 동사는 자동사로, 서술이 완전해지려면 보어가 필요하다. 보어 자리에는 명사, 형용사, -ing, p.p. (과거분사), to부정사 등 다섯 가지 형태가 올 수 있다.

▶ 2형식 대표 동사
be, become, remain, seem

Mr. Kweon is **a new manager**. (주어 Mr. Kweon = 보어 a new manager와 동격)
Mr. Kweon은 새 관리자이다.

Mr. Kweon seems **professional**. (형용사 보어)
Mr. Kweon은 전문가 같다.

Mr. Kweon was **attending** a conference in London. (-ing형 보어)
Mr. Kweon은 런던에서 열린 컨퍼런스에 참석하고 있었다.

Mr. Kweon became very **annoyed** with Ms. Choi because she made a big mistake. (p.p.형 보어)
Mr. Kweon은 Ms. Choi가 큰 실수를 해서 매우 짜증이 나게 됐다.

Mr. Kweon is **to be promoted** to a vice president. (to부정사 보어)
Mr. Kweon은 부사장으로 승진할 것이다.

2 | 5형식 문장의 보어

주어 + 동사 + 목적어 + 목적격 보어

5형식은 타동사이므로, 동사 뒤에 목적어, 목적격 보어가 나란히 온다. 문장의 의미와 쓰임에 따라 이렇게 과거분사가 보어로 오기도 하고 형용사, -ing, to부정사도 올 수 있다. 목적어와 목적격 보어가 동격의 의미이면 목적격 보어로 명사가 온다.

> ▶ **5형식 대표 동사**
>
> **make, keep, find, leave, consider, deem, show, prove**
>
> We always <u>make</u> customers **satisfied** with our products and services.
> 우리는 항상 제품과 서비스로 고객들을 만족시킵니다.
>
> 5형식 동사 make 뒤로 목적어 customers, 목적격 보어 satisfied가 있다.

TIP

보어 자리에 명사가 오는 경우, 2형식은 주어와 보어가 동격이고, 5형식은 목적어와 목적격 보어의 관계가 동격이 성립해야 한다. 동격 관계가 성립되지 않으면 빈칸에는 서술을 보충해 주는 형용사 보어가 와야 한다. 이때 일반 형용사나 형용사 역할을 할 수 있는 분사(-ing/p.p.)가 올 수 있다. 보기에 분사가 있으면 -ing/p.p. 둘 중에서 정답을 골라야 한다. (분사편에서 다시 상세히 다룰 것이다.)

The warranty will remain _________ until the end of the year.

(A) effective
(B) effectively
(C) effect
(D) effects

해석 ▶ 보증이 올해 말까지 유효할 것이다.
(A) 효과적인(형용사) (B) 효과적으로(부사) (C) 효과(명사) (D) 효과(명사)

해설 ▶ 보기가 형용사, 부사, 명사로 구성되어 있다. will remain이 2형식 자동사이므로 빈칸은 보어 자리임을 알 수 있다. 명사 effect(결과, 영향, 효과)는 주어 warranty(보증서)와 의미상 동격이 성립하지 않는다. '보증이 유효하다'는 의미가 적절하므로 정답은 형용사인 (A)가 된다.

To draw more tourists, you'd better _________ the spot attractive to them.

(A) help
(B) give
(C) do
(D) make

해석 ▶ 더 많은 관광객을 유치하기 위해, 당신은 그 장소를 관광객들에게 매력적이게 만들어야 한다.

해설 ▶ 유형 04에서 풀어 본 문제와 같은 형태다. 보기에 각기 다른 동사들이 있지만 어휘 문제로 접근할 것이 아니라 동사의 성질을 먼저 파악해야 한다. 빈칸 뒤에 목적어 the spot, 목적격 보어 attractive가 나란히 있다. 동사 뒤로 '명사 + 형용사' 즉, '목적어 + 목적격 보어'의 구조가 올 수 있는 것은 5형식이다. 정답은 5형식 대표 동사인 (D)이다.

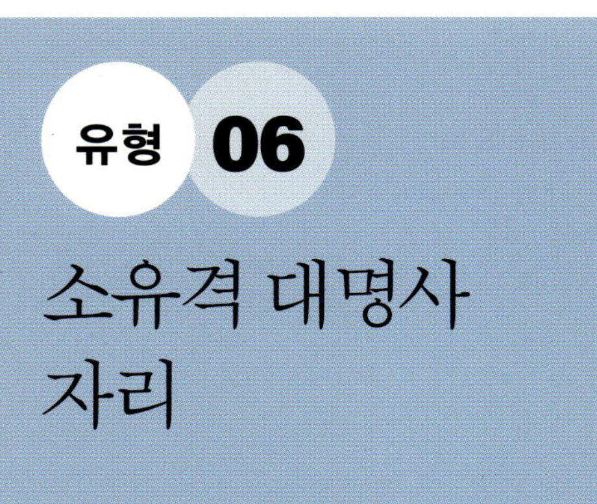

유형 06

소유격 대명사 자리

명사를 수식하는 소유격 인칭대명사를 찾는 문제가 출제된다.

인칭대명사 문제 가운데 매달 빠짐 없이 출제되는 것이 바로 명사 앞에 오는 소유격 대명사 찾기 문제이다. 문장의 뜻을 이루기 위해 필요한 요소를 빠짐 없이 갖춘 문장에서 명사 앞에 빈칸이 있으면 그것은 명사를 수식하는 자리다. 대명사로만 이루어진 보기이면 항상 소유격이 정답이다.

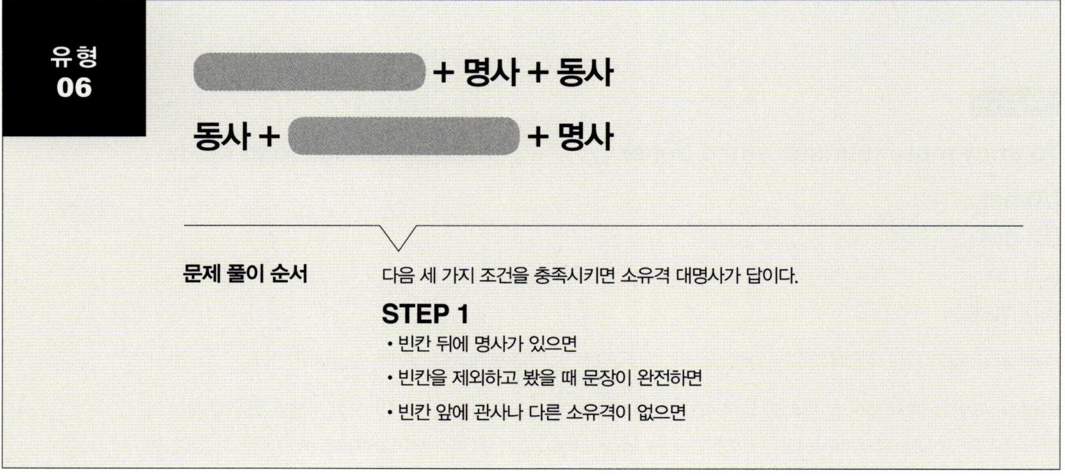

유형 06

　　　　　　　　 + 명사 + 동사

동사 + 　　　　　　　　 + 명사

문제 풀이 순서　　다음 세 가지 조건을 충족시키면 소유격 대명사가 답이다.

STEP 1
- 빈칸 뒤에 명사가 있으면
- 빈칸을 제외하고 봤을 때 문장이 완전하면
- 빈칸 앞에 관사나 다른 소유격이 없으면

---

1 │ 소유격 대명사의 위치

소유격 + 명사 + 동사 + 소유격 + 명사

주격	소유격	목적격	소유대명사	재귀대명사
I	my	me	mine	myself
you	your	you	yours	yourself/yourselves
he	his	him	his	himself
she	her	her	hers	herself
we	our	us	ours	ourselves
they	their	them	theirs	themselves
it	its	it	–	itself

292

앞의 표에서 소유격 대명사를 포함하여 다른 대명사들을 빠짐 없이 정확하게 알고 있어야 한다. **이 가운데 소유격 대명사는 my, your, his, her, our, their, its이다.** 명사 자리에 올 수 있는 나머지 인칭대명사들과는 달리 소유격 대명사는 명사 앞에 와서 소유 관계를 나타낸다. 따라서 명사 앞인 형용사와 같은 자리에 온다.

잠깐 확인! ▶

Everyone must submit ________ applications to the committee.
　　　　　　　　　동사 확인　　　　　　　　목적어가 있다!

3형식 타동사 submit 뒤로 목적어에 해당하는 명사 applications가 있다. 명사 앞 빈칸에는 명사를 수식하는 형용사나 인칭대명사의 소유격이 적합하다. 이처럼 **주어나 목적어인 명사 앞자리가 빈칸이고 보기가 모두 인칭대명사로 구성되어 있으면 정답은 소유격이다.**

정답 ▶　　Everyone must submit <u>their</u> applications to the committee.
　　　　　　모두 신청서를 위원회에 제출해야 합니다.

한번 더 ▶ Please put all the books into <u>my</u> backpack.
　　　　　　책을 모두 제 가방에 넣어 주세요.

전치사구에서도 마찬가지다. 전치사 into의 목적어 backpack이 있다. 명사 앞자리는 대명사의 소유격 자리다.

주의사항! 명사 앞이지만 소유격이 아니라 목적격 대명사가 정답일 때가 있으므로 구분해 둬야 한다. 바로 4형식 문장의 간접목적어 자리이다.

잠깐 확인! ▶

Mr. Smith sent ________ invitations to his wedding.
　　　　　　동사　　이건 뭐지?　　목적어

명사 invitations 앞에 빈칸이 있는데 4형식 동사인 sent가 눈에 띈다. 4형식 동사는 목적어 두 개를 필요로 한다. 빈칸은 간접목적어 자리이므로 소유격이 아니라 목적격 대명사가 와야 한다. 4형식 대표 동사 give, send, bring, offer, assign, award만 기억하면 문제없다.

정답 ▶　　Mr. Smith sent <u>us</u> <u>invitations</u> to his wedding.
　　　　　　Mr. Smith는 우리에게 그의 청첩장을 주었다.

주의사항!
'전치사 + ______ + own + 명사' 또는 '타동사 + ______ + own + 명사'와 같은 형태에서 빈칸은 소유격 자리이다. own 때문에 혼동하는 경우가 많기 때문에 주의해야 한다.

_________ memory of Mr. Thomas still exists in our hearts.

(A) We
(B) Our
(C) Ours
(D) Ourselves

해석 ▶ Mr. Thomas에 대한 우리의 기억은 여전히 우리의 마음속에 존재합니다.

해설 ▶ 보기가 모두 대명사로 구성된 대명사의 격을 묻는 문제로 문장이 빈칸으로 시작한다. 그런데 바로 뒤에 주어 memory와 동사 exists가 있으므로 주격인 we는 정답에서 제외된다. 명사 앞은 주로 소유격이 오므로 1초 만에 풀 수 있는 문제다. 정답은 (B)이다. 소유대명사 (C) 역시 독립적으로 주어나 목적어, 보어 역할을 하므로 명사 앞에 쓸 수 없다. 재귀대명사 (D)는 목적어 자리 또는 부사(불필요한 자리) 자리에만 쓸 수 있다. 단, 4형식 문장의 동사 이하의 구조에서는 주의해야 할 경우가 있다.

Our membership will give _________ discounts whenever you shop at any of our branches.

(A) you
(B) your
(C) yours
(D) yourself

해석 ▶ 저희 멤버십은 저희 지점 어디에서 쇼핑하시든지 할인을 제공해 드립니다.

해설 ▶ 빈칸 뒤에 명사 discounts가 있어 빈칸을 소유격 자리로 오해할 수 있으나 4형식 동사 give는 목적어를 2개 갖는 동사다. 간접목적어로 올 수 있는 것을 찾아야 한다. 소유대명사인 (C)는 '~의 것'을, 재귀대명사인 (D)는 '~ 스스로'를 의미하므로 해석상 정답이 될 수 없다. 목적격인 (A)가 답이다.

목적격 대명사/
소유대명사/
재귀대명사

목적어 자리에 들어갈 대명사를 고르는 문제이다.

대명사 유형 중에서도 타동사나 전치사의 목적어 자리에 들어갈 인칭대명사를 묻는 문제가 종종 출제된다. 목적어 자리에는 목적격 대명사뿐 아니라 소유대명사, 재귀대명사가 올 수 있으므로 무조건 목적격 대명사를 고르지 않도록 주의해야 한다. 특히 재귀대명사의 경우 '스스로'라는 의미로 쓰이는 재귀 용법과 강조 용법을 구분해서 알고 있어야 하며, 전치사와 함께 짝을 이뤄 쓰는 관용표현도 알아 둬야 한다.

유형 07

주어 + 동사 + ████████████ (3형식)

주어 + 동사 + ████████████ + 직접목적어 (4형식)

주어 + 동사 + ████████████ + 목적격 보어 (5형식)

문제 풀이 순서

STEP 1
빈칸이 동사의 목적어 자리이면,

STEP 2
보기에서 목적격 대명사/소유대명사/재귀대명사를 찾는다.

STEP 3
문장의 의미와 조건을 따져 정답을 선택한다.

---

1 | 목적격 대명사

me, you, him, her, us, them, it
타동사나 전치사의 목적어 자리에 쓸 수 있는 가장 기본적인 대명사 형태가 목적격이다.

2 | 소유대명사

mine, yours, his, hers, ours, theirs
'〜의 것'이라는 의미를 나타내는 대명사를 소유대명사라고 한다. 주어, 목적어, 보어 자리에 올 수 있다. 명사의 역할을 하므로 빈칸 바로 뒤에 명사가 또 있으면 소유대명사가 빈칸에 올 수 없다.

$$3 \mid$$ **재귀대명사**

myself, yourself, herself, himself, ourselves 등
'~ 스스로'라 해석되고 타동사나 전치사의 목적어 자리에 쓰이는 재귀 용법과, 문장 구조가 완전할 때 강조를 위해 부사 자리에 사용하는 강조 용법이 있다.

$$4 \mid$$ **재귀대명사의 관용표현** (암기필수)

by oneself(혼자서), for oneself(혼자 힘으로), in itself(그 자체로)

예제 1

The newly hired employees should complete their assignments by ____________ without seniors' help.

(A) they
(B) theirs
(C) them
(D) themselves

해석 ▶ 새로 고용된 직원들은 상급자의 도움 없이 자신의 임무를 스스로 완수해야만 한다.

해설 ▶ 전치사 by의 목적어 자리이므로 주격인 (A)를 제외한 나머지는 모두 정답이 될 수 있다. 전치사의 목적어 자리라고 해서 무조건 목적격 대명사를 답으로 고르면 안 된다. 여기서는 '그들 스스로, 그들의 힘으로'라는 의미가 적절하므로 재귀대명사인 (D)가 정답이다.

예제 2

The Jeju branch has already submitted last quarter's sales figures; however, we have still not handed in __________.

(A) we
(B) our
(C) ours
(D) us

해석 ▶ 제주 지점은 이미 지난 분기의 매출 수치를 제출했습니다. 하지만 우리는 아직 제출하지 않았습니다.

해설 ▶ 빈칸은 구동사 hand in의 목적어 자리다. 소유대명사인 (C)와 목적격인 (D) 중에서 답을 선택해야 한다. 해석상 앞에 나온 sales figures를 받아 our sales figures에 해당하는 표현이 들어가야 하므로 소유대명사인 ours가 정답이다.

유형 08

동사를 수식하는 부사 자리

다양한 문장 요소를 수식하는 부사 자리를 구분해 내는 문제이다.

동사를 수식하는 부사 자리를 묻는 문제도 자주 출제된다. 부사는 주로 동사의 앞이나 뒤에 오는 경우가 많고 그 밖에도 부사가 수식하는 문장 성분이 무엇이냐에 따라 위치가 다양하다. be동사와 p.p. 사이나 조동사와 동사원형 사이와 같이 동사구 사이에 부사가 들어가 부사가 이를 수식하기도 한다. **자주 등장하는 다섯 가지 경우를 살펴보자.**

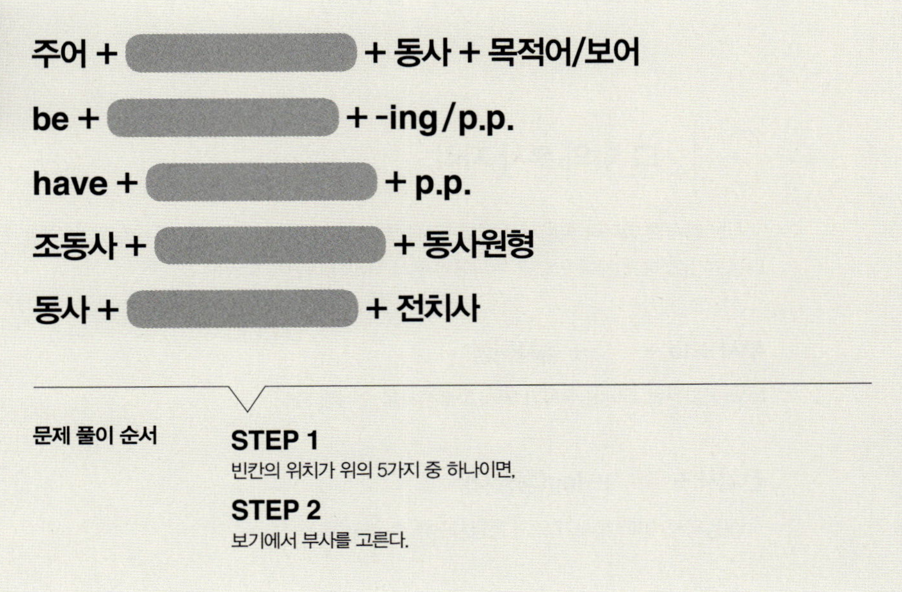

1 │ 동사 관련 부사 자리 5가지

① **주어 + 부사 + 동사** + 목적어/보어

The new CEO strongly insisted that all staff be retrained.
신임 CEO는 모든 직원들이 재교육을 받아야 한다고 강하게 주장했다.

② **be + 부사 + -ing/p.p.**

The company **is currently seeking** an administrative assistant.
회사는 최근에 행정 보조를 구하고 있다.

③ **have + 부사 + p.p.**

We **have recently made** some changes on the menu.

우리는 최근에 메뉴를 바꿨습니다.

④ **조동사 + 부사 + 동사원형**

You **must instantly submit** the report.

당신은 보고서를 바로 제출해야 합니다.

⑤ **동사 + 부사 + 전치사**

Success of our company **depends wholly on** the new items.

우리 회사의 성공은 전적으로 새로운 제품에 달려 있습니다.

2 | 그 밖의 부사 자리

부사는 동사뿐 아니라 형용사나 다른 부사, 전치사구, 준동사, 문장 전체를 수식할 수 있다. 문장의 필수 성분을 다 갖춘 문장에 빈칸이 있으면 수식어인 부사 자리가 아닌지 확인한다.

부사 + to + 부사 + 동사원형

to와 동사원형 사이에 부사가 와서 to부정사를 수식해 준다.

전치사 + 부사 + -ing(동명사)

-ing(동명사) 앞에 부사가 와서 동명사구를 수식해 준다.

예제

JYP Entertainments is ________ considered to be one of the companies favored by would-be singers.

(A) general   (B) generally   (C) generalized   (D) more general

해석 ▶ JYP 엔터테인먼트는 일반적으로 가수 지망생들이 선호하는 회사 중 하나다.
(A) 일반적인(형용사)   (B) 일반적으로(부사)   (C) 일반화했다(과거형 동사)   (D) 더 일반적인(형용사의 비교급)

해설 ▶ 빈칸은 be동사와 보어 considered 사이이므로 부사인 (B)가 들어갈 수 있다. 빈칸 앞 be동사만 보고 보어 자리로 착각하여 오답을 선택할 수 있으니 주의해야 한다. 품사 자리 찾기 문제를 풀 때에는 항상 빈칸 뒤의 형태를 확인해야 한다. 정답은 (B)이다.

4/5형식 특수 동사

4/5형식 특수 동사 및 뒤의 사람 목적어 자리에 들어갈 명사를 고르는 문제와 사람 목적어와 목적격 보어의 구조를 취하는 특수 동사 어휘 문제이다.

목적어 혹은 목적격 보어 자리에 정해진 형태만을 쓰는 4/5형식 동사가 있다. 일명 CAR/PEAR 동사라고 이름 붙인 동사들과 사역동사/지각동사들이 취하는 문장 구조의 특징을 알아 보자.

유형 09-1

동사 + [   ] + 목적격 보어

문제 풀이 순서　　STEP 1
동사를 확인하고 보기에서 사람 명사를 고른다.

유형 09-2

[   ] + 사람 목적어 + 목적격 보어

문제 풀이 순서　　STEP 1
사람 목적어와 그 뒤에 이어지는 문장 구조를 확인한다.
STEP 2
4개의 다른 동사로 구성된 보기에서 적절한 동사를 고른다.

유형 09-3

동사 + 사람 목적어 + [   ]

'주어 + 동사 + 사람 목적어' 뒤에 오는 빈칸에 들어갈 'of + 명사', that절, 또는 to부정사를 선택하는 문제이다.

문제 풀이 순서　　동사를 확인하고 적절한 형태를 고른다.

1 | CAR 동사 및 특수 구조를 취하는 동사

convince

advise   + 사람 명사 + **of** + 명사

remind   **that** + 주어 + 동사

                     to부정사

inform

notify   + 사람 명사 + **of** + 명사

assure   **that** + 주어 + 동사

inform(알리다, 통지하다), notify(알리다, 통지하다), assure(〜임을 확인하다)는 3, 4형식으로 쓸 수 있고, convince(납득시키다, 확신시키다), advise(조언하다, 권고하다), remind(상기시키다)는 3/4/5형식으로 쓸 수 있는 동사들이다. 목적어 자리를 묻는 문제나 목적어 이하의 문장 구조를 보고 이 동사들을 찾는 문제가 출제되므로 동사가 적용되는 문장 구조와 의미를 잘 구분해서 알아둬야 한다.

유형 09-4

PEAR 동사 + 목적어 + ███████████

목적격 보어 자리에 들어갈 to부정사를 찾는 문제이다.

문제 풀이 순서   동사를 확인한 다음, 보기에서 to부정사를 고른다.

유형 09-5

███████████ + 목적어 + to부정사

빈칸에 들어갈 PEAR 동사를 찾는 동사 문제이다.

문제 풀이 순서   '목적어 + to부정사'를 확인한 다음, 보기에서 PEAR 동사를 고른다.

2 PEAR 동사

주어 + PEAR 동사 + 목적어 + to부정사

5형식 구조를 갖는 동사 중에 목적격 보어 자리에 to부정사만 취하는 동사들이 있다. '시키다, 허락하다, 요청하다'라는 의미를 가진 동사들이다.

P: permit, persuade
E: enable, expect, encourage
A: ask, allow
R: require, request

동사들의 앞 글자를 따서 **PEAR 동사**라고 기억하면 편하다.

The boss **permitted** his employees **to attend** the job evaluation seminar as often as possible.
상사는 그의 직원들이 직무 평가 세미나에 최대한 자주 참석하는 것을 허용했다.

동사 permit 뒤로 목적어 his employees, 목적격 보어 to attend가 이어진다. PEAR 동사의 목적격 보어로 to부정사를 제외한 나머지 형태(명사, 형용사, -ing, p.p.)는 쓸 수 없다는 점을 기억하자!

유형 09-6

사역동사 + 목적어 +

문제 풀이 순서 목적격 보어 자리에 들어갈 동사원형 또는 p.p.를 찾는 문제이다.

STEP 1
빈칸 앞에 사역동사가 있으면 빈칸과(목적격 보어) 목적어의 관계를 파악한다.

STEP 2
목적어가 빈칸의 행동을 행하는 것이면(능동) 동사원형이 정답이다.
목적어가 빈칸의 행동을 당하는 것이면(수동) p.p.형이 정답이다.

5

3 사역동사

주어 + 사역동사 + 목적어 + 동사원형/p.p.

▶ 사역동사 붙이기

let, make, have

목적어와 목적격 보어의 의미 관계가 능동이면 목적격 보어 자리에 동사원형을, 수동이면 과거분사(p.p.)를 쓴다. 이러한 관계를 따져 목적격 보어를 찾는 문제가 출제되는데, 해석해 보는 것보다 구조를 파악해 답을 찾는 것이 훨씬 쉽다. 목적격 보어 자리(빈칸) 뒤에 명사가 이어지면 동사원형(능동 의미)을, 없으면 과거분사(수동 의미)를 쓴다.

잠깐 확인! ▶
Mr. Peterson made his secretary schedule a meeting with shareholders.
Mr. Peterson은 그의 비서에게 주주들과의 회의 시간을 잡게 했다.

'사역동사(made) + 목적어(his secretary) + 목적격 보어(schedule)'의 구조로, 목적격 보어 자리 뒤에 a meeting이라는 명사가 있기 때문에 보어 자리에 동사원형 schedule이 왔다.

목적격 보어 자리에 과거분사가 쓰인 문장을 하나 더 살펴 보자.

잠깐 확인! ▶
Ms. Dickenson had her laptop computer fixed.
Ms. Dickenson은 그녀의 노트북 컴퓨터를 수리받았다.

'사역동사(had) + 목적어(her laptop computer) + 목적격 보어(fixed)'의 구조이다. 목적격 보어 뒤에 명사가 없으므로 수동의 의미인 과거분사가 왔다.

유형 09-7

help + 목적어 + ▨▨▨▨

help가 5형식 동사로 쓰일 때 구조를 묻는 문제이다.

문제 풀이 순서　　help 동사의 문장 구조 4가지를 적용해 목적어 또는 목적격 보어를 찾는다.

---

4 │ 준사역동사 help의 4가지 용례

help는 '돕다'라는 의미이며, 목적어와 목적격 보어가 와서 능동의 의미이면 '목적어가 목적격 보어(행위)하는 것을 돕다'라는 의미로 목적격 보어로는 to부정사와 동사원형 둘 다 올 수 있다.

> **help + 목적어 + to부정사 (5형식)**
> **help + 목적어 + 동사원형 (5형식)**
> help + to부정사 (3형식)
> help + 동사원형 (3형식)

The board of directors will let the employees __________ the upcoming World Trade Fair.

(A) to attend
(B) attending
(C) attend
(D) attended

해석 ▶ 이사회는 직원들을 다가오는 세계 무역 박람회에 참석하게 할 것이다.

해설 ▶ 문장의 동사 let이 단서이다. 사역동사(let, make, have)는 5형식 구조로 목적어에 이어 목적격 보어 자리에 동사원형과 과거분사를 쓸 수 있다. 동사원형 (C)와 과거분사 (D) 중에, 빈칸 뒤로 명사 the upcoming World Trade Fair가 이어지므로 목적어를 수반하는 형태가 와야 함을 알 수 있다. 능동 관계를 나타내는 동사원형 (C)가 답이다.

The warehouse manager __________ Jacob that he should wear a safety helmet.

(A) announced
(B) explained
(C) suggested
(D) advised

해석 ▶ 창고 매니저가 제이콥에게 안전모를 착용하라고 권고했다.

해설 ▶ 먼저 문장의 구조를 살펴 보고 빈칸에 들어갈 동사의 성질을 파악한다. 빈칸 뒤로 사람인 Jacob, 직접목적어에 해당하는 명사절(that 이하)이 이어진다. 사람 목적어와 that절 구조를 취하는 동사는 CAR(convince, advise, remind) 동사와 inform, notify, assure이 있다. 정답은 (D)이다.

유형 10

동명사/부정사를 목적어로 취하는 동사

목적어, 목적격 보어 자리에 들어갈 적절한 형태의 단어를 찾는 문제이다.

준동사(동명사, 부정사, 분사) 유형 중에서 동명사 또는 부정사를 목적어로 취하는 동사와 그 구조에 관련된 유형들이 가장 많이 출제된다. 동명사를 목적어로 취하는 동사, 부정사를 목적어로 취하는 동사, 그리고 부정사를 목적격 보어로 취하는 동사를 구분해서 암기하면 쉽게 해결할 수 있는 유형이다. 이런 동사들은 앞 글자들을 따서 동명사 목적어는 'MEGAPAS ID(메가패스 아이디) 동사', to부정사 목적어는 'MT/PEAR 동사', to부정사 목적격 보어는 'PEAR/CAR 동사'라고 암기해 두면 쉽게 기억해 낼 수 있다.

유형 10-1

주어 + MEGAPAS ID 동사 + ▢▢▢▢▢▢▢▢

문제 풀이 순서

STEP 1
MEGAPAS ID 동사를 확인한다.

STEP 2
보기에서 동명사를 고른다.

---

1 | 동명사를 목적어로 취하는 동사

주어 + MEGAPAS ID 동사 + 동명사

MEGAPAS ID(메가패스 아이디) 동사들은 동명사만을 목적어로 쓴다. MEGAPAS ID 동사의 구조 문제는 보기가 보통 정동사 2개, 준동사 2개로 구성된다. 이 동사들이 빈칸 앞에 있으면 동명사를 답으로 골라 쉽게 해결할 수 있다.

> **m**ind 꺼리다
> **e**njoy 즐기다
> **g**ive up 포기하다
> **a**dmit 시인하다, 인정하다
> **p**ostpone(= put off) 미루다, 지연시키다 / finish 마치다
> **a**void 피하다
> **s**top 멈추다, suggest(= recommend) 제안하다, consider 고려하다
> **i**nclude 포함시키다
> **d**iscontinue 중단하다

주어 + MT 동사 + ▅▅▅▅▅▅▅

주어 + PEAR 동사 + ▅▅▅▅▅▅▅

문제 풀이 순서

STEP 1
MT/PEAR 동사를 확인한다. (PEAR 동사는 유형 09 참고)

STEP 2
보기에서 to부정사를 고른다.

2 │ **to부정사를 목적어로 취하는 동사**

주어 + MT 동사 + to부정사

MT 동사라고 알아두면 쉽게 기억할 수 있다. 이 동사들은 목적어로 to부정사를 취한다.

암기 포인트

MT를 강남 역으로 가는 것을 원하는지(want, wish, hope, expect) 학생들에게 동의하는지(agree) 거절하는지(refuse) 의향을 묻고(intend, need), 가기로 결심한(decide) 애들을 모아 계획을(plan) 짜고 약속을(promise) 합니다. 이 모든 것을 과대가 관리(manage) 합니다.

이 외에도, choose(선택하다), opt(택하다), hesitate(망설이다), fail(실패하다) 등도 to부정사를 목적어로 취한다.

3 │ **to부정사를 목적격 보어로 취하는 동사**

주어 + PEAR 동사 + 사람 목적어 + to부정사
주어 + CAR 동사 + 사람 목적어 + to부정사 (동사의 종류는 유형 09 참고)

5형식 문장에서 PEAR 동사와 CAR 동사는 목적격 보어 자리에 부정사를 취한다. 이 동사들을 확인하고 목적격 보어 자리에 알맞은 형태를 고르는 문제가 출제된다. PEAR 동사와 CAR 동사가 취하는 5형식 구조를 알아 두자.

The advertising company is considering _________ additional experienced employees.

(A) to hire
(B) hiring
(C) hire
(D) hired

해석 ▶ 그 광고 회사는 경력 직원들을 추가로 고용할 것을 고려 중이다.

해설 ▶ 문장의 보어로 쓰인 considering의 consider가 타동사이므로 빈칸은 목적어 자리이다. 동시에 빈칸 뒤의 additional experienced employees를 목적어로 수반하는 준동사를 답으로 선택한다. 준동사 (A) to hire와 (B) hiring 중에 consider는 앞에서 암기한 MEGAPAS ID의 'S' stop, suggest, recommend, consider에 포함되기 때문에 동명사를 목적어로 쓴다는 것을 알 수 있다. 따라서 정답은 동명사 (B)이다. 암기만 하고 있으면 1초 만에 풀 수 있는 문제다.

If you agree __________ overseas, we will compensate you for your moving expenses.

(A) to work
(B) working
(C) work
(D) worked

해석 ▶ 만약 당신이 해외에서 일하기로 동의하신다면, 우리는 당신의 이주 비용을 지불할 것입니다.

해설 ▶ 빈칸은 동사 agree의 목적어 자리다. 명사 역할을 할 수 있는 준동사 (A) to work와 (B) working 중에서 정답을 고르면 된다. agree는 to부정사를 목적어로 취하는 동사이므로 정답은 (A)가 된다.

We ask all employees __________ the awards ceremony which will be held next week in the company banquet hall.

(A) attend
(B) attending
(C) to attend
(D) attendance

해석 ▶ 전 직원들에게 다음 주 회사 연회홀에서 개최될 시상식에 참석할 것을 요청합니다.

해설 ▶ PEAR 동사인 ask의 성질에 따라 목적격 보어로 to부정사가 와야 한다는 것을 알 수 있다. 동사의 종류와 문장 구조를 암기하는 것이 필수다.

명사 수식 분사 vs 보어 자리에 오는 분사

명사를 수식하는 자리나 보어 자리에 적절한 분사 형태를 고르는 문제이다.

현재분사(-ing)와 과거분사(p.p.)는 형용사 역할을 하는 준동사이다. 분사는 명사의 앞뒤에서 명사를 수식해 주기도 하고 2형식과 5형식의 문장에서 보어로 쓰인다. 토익에서 분사 관련 유형은 명사 앞이나 보어 자리에 있는 빈칸에 -ing/p.p. 형태를 고르는 문제로 출제된다. 분사 형태를 고르는 원리는 언제나 같다. 먼저 분사로 올 동사의 종류를 확인하고 수식을 하는 명사나 주어/목적어와의 의미 관계를 따져 보는 것이다. 한 번만 제대로 알아 두면 분사 관련 유형과 수식어 관련 유형에서 유용하게 써 먹을 수 있다.

유형 11-1

______________ + 명사

문제 풀이 순서

STEP 1
빈칸에 들어갈 분사가 자동사이면 현재분사(-ing)가 정답이다.

STEP 2
빈칸에 들어갈 분사가 타동사이면 빈칸 뒤의 명사와의 의미 관계를 따져 '~하는'이면 현재분사(-ing)를, '~되어진'이면 과거분사(p.p.)를 쓴다.

STEP 3
빈칸에 들어갈 분사가 감정동사이면 빈칸 뒤 명사가 사람일 때는 과거분사를, 사물이면 현재분사를 쓴다.

유형 11-2

명사 + ______________ (명사 후치 수식)

주어 + 2형식 자동사 + ______________ (주격 보어)

주어 + 5형식 타동사 + 목적어 + ______________ (목적격 보어)

문제 풀이 순서

STEP 1
빈칸에 들어갈 분사가 자동사이면 현재분사가 정답이다.

STEP 2
빈칸에 들어갈 분사가 타동사이면서 빈칸 뒤로 명사(타동사의 목적어)가 이어지면 능동의 의미인 현재분사를, 명사(목적어)가 없으면 수동의 의미인 과거분사를 쓴다.

STEP 3
빈칸에 들어갈 분사가 감정동사이면서 주어가 사람일 때는 과거분사를, 사물명사이면 현재분사를 쓴다.

분사의 분류

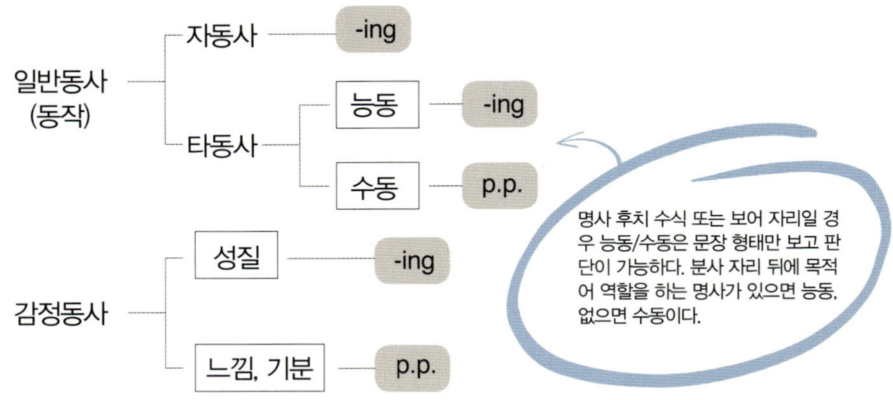

1 │ 명사를 수식하는 분사

분사 + 명사 / 명사 + 분사

명사를 수식하는 분사가 자동사이면 항상 현재분사(-ing)형이 정답이다. 타동사일 때는 명사와의 의미 관계를 따져 '～하는'이면 현재분사(-ing)를, '～되어진'이면 과거분사(p.p.)를 쓴다. 빈칸에 들어갈 분사가 감정동사이면서 빈칸 앞뒤의 명사가 '느낌, 기분'을 갖는 사람이면 과거분사를, 그렇지 않은 사물 개념의 명사면 현재분사를 쓴다.

2 │ 2형식 문장의 보어로 쓰인 분사

주어 + 동사 + 분사

빈칸에 들어갈 분사가 자동사이면 현재분사가 정답이다. 빈칸에 들어갈 분사가 타동사이면 빈칸 뒤로 명사(목적어)가 이어질 때는 능동의 의미인 현재분사를, 명사(목적어)가 없으면 수동의 의미인 과거분사를 쓴다. 빈칸에 들어갈 분사가 감정동사이면서 주어가 '느낌, 기분'을 갖는 사람이면 과거분사를, 그렇지 않은 사물 개념의 명사면 현재분사를 쓴다.

3 │ 5형식 문장의 보어로 쓰인 분사

주어 + 타동사 + 목적어 + 분사

2형식과 동일하게 판단하여 풀이하자.

The furniture ________ last Friday through our web site will be delivered tomorrow to you.

(A) purchasing
(B) purchased
(C) purchase
(D) purchases

해석 ▶ 지난 금요일에 저희 웹사이트를 통해 구매하신 가구는 내일 귀하께 배송될 것입니다.

해설 ▶ 명사 the furniture를 뒤에서 수식하는 형용사 자리이므로 현재분사 (A)와 과거분사 (B) 중에서 답을 고른다. purchase는 타동사이므로 빈칸 뒤에 명사가 있으면 현재분사를, 명사가 없으면 과거분사를 쓴다. 빈칸 뒤로 last Friday라는 과거 시간을 나타내는 부사만 있으므로 정답은 과거분사 형태인 (D)가 된다.

예제 2

The survey indicates that it is very important to make new customers ________.

(A) satisfaction
(B) satisfy
(C) satisfying
(D) satisfied

해석 ▶ 그 조사는 신규 고객들을 만족시키는 것이 매우 중요하다는 것을 보여 준다.

해설 ▶ 동사 make가 5형식으로 쓰이면 성질에 따라 목적어 new customers 뒤는 목적격 보어 자리이다. 명사인 (A) satisfaction(만족)은 customers(고객들)와 의미상 동격 관계가 성립되지 않으므로 분사 형태의 형용사인 (C)와 (D) 중에서 답을 고른다. satisfy는 '만족시키다'라는 의미의 감정동사이며, 목적어인 new customers가 '느낌, 기분'을 갖는 사람이므로 목적격 보어로 과거분사인 (D) satisfied가 적절하다.

분사 형태 결정 총정리

보기에 제시된 분사형의 동사적 성질을 확인해야 한다.

> **1** 자동사가 분사로 사용될 경우에는 항상 -ing형으로만 가능하다.
>
> **2** 타동사가 분사로 사용될 경우에는 빈칸 뒤에 명사가 있는지 확인해야 한다. 명사 있으면 -ing형이 정답, 없으면 p.p.형이 정답이다.
>
> **3** 감정동사가 분사로 사용될 경우에는 문장에서 수식을 받는 명사와의 의미를 따져 본다. 사람 명사이면 느낌이나 기분을 설명하는 p.p.형이 정답이다. 사물 명사이면 성질을 설명하는 -ing형이 정답이다.

문장 앞 부사 또는 분사구문 자리

부사 자리와 분사구문 자리를 구분하는 문제이다.

앞서 유형 08에서 동사를 수식하는 부사의 위치를 알아 봤다. 이번에는 문장 맨 앞의 부사 자리에 대해 알아 보자. 이때 일반 부사 이외에 부사절의 줄임 형태인 분사구문도 부사구라는 것을 알아 두어야 한다. 빈칸에 올 수 있는 형태를 하나씩 확인해 보자.

> 부사는 명사 빼고 나머지 모든 것을 수식하는 게 가능한 품사이다. 여기서는 부사뿐 아니라 부사 역할을 하는 분사구문도 함께 다룬다.

유형 12-1

＿＿＿＿＿＿＿＿＿, 주어 + 동사 ～

문제 풀이 순서

STEP 1
보기에 명사/형용사/동사/부사가 있으면

STEP 2
부사(-ly)가 답이다.

---

1 | 일반 부사가 문두에 오는 경우

-ly형 부사, 주어 + 동사 ～

빈칸을 제외하고 봤을 때 완전한 문장 구조이면, 빈칸에는 문장 구조에 영향을 주지 않는 요소가 들어가야 한다. 대표적인 수식어로 부사가 있다.

Fortunately, we can provide the service that you requested at a very reasonable price.
다행스럽게도 우리는 귀하가 요청하신 서비스를 아주 저렴한 가격에 제공해 드릴 수 있습니다.

_____________, 주어 + 동사 ~

문제 풀이 순서

STEP 1
보기에 -ing/p.p.와 동사/형용사/명사 등이 있으면

STEP 2
분사 문제 풀이 순서를 적용시킨다.

분사 형태 고르기는
유형 11 참고

2 │ 분사구문이 문두에 오는 경우

-ing/p.p.(분사구문), 주어 + 동사 ~

구조가 완전한 문장의 맨 앞은 기본적으로 부사(부사, 부사구/절)가 올 수 있다. 부사절을 간단히 줄인 것을 분사구문이라고 하며, 문장 앞이나 뒤에 올 수 있다. (문장 뒤에 분사구문이 오는 경우는 유형 14 확인) 분사구문의 형태와 특징을 이해하기 위해 부사절을 분사구문으로 전환하는 과정을 살펴 보자.

❶ 주절의 주어와 부사절의 주어가 같으면, 부사절의 주어를 생략한다.

While you work at the construction site, you should wear a protective helmet.
공사 현장에서 일하는 동안에는 안전모를 착용해야 합니다.

↓

❷ 부사절의 접속사를 생략한다. (의미가 불분명해지거나 필자가 의도할 때는 써도 된다.)

While work at the construction site, you should wear a protective helmet.

↓

❸ 부사절의 동사를 분사 형태로 바꾼다. 자동사는 -ing형으로, 타동사는 -ing(능동)/p.p. (수동)형으로 바꾼다.

Working at the construction site, you should wear a protective helmet.

❹ 이런 과정을 통해 분사구문이 만들어진다. 부사절을 분사구문으로 전환하는 과정을 묻는 문제는 출제되지 않으므로 문장에서 분사구문 형태를 확인할 수만 있으면 된다.

완성 문장 확인 ▶
→ Working at the construction site, **you should wear a protective helmet.**

분사구문 앞에 부사절 접속사를 생략하지 않고 그대로 쓰는 경우도 있다.

While working at the construction site, you should wear a protective helmet.

부사절의 접속사를 그대로 두고 분사구문을 쓰는 경우에는 이와 같이, 접속사 뒤로 정동사가 아니라 분사구문이 이어지게 된다.

While you work at the construction site, you should wear a protective helmet.

부사절에 접속사 뒤로 주어가 있으면 정동사를, 없으면 분사를 선택하면 된다.

예제 1

________ **conveniently near the beach, Cloud Nine Hotel is the ideal place for enjoying summer vacation.**

(A) Locate   (B) Located   (C) Locating   (D) Have located

해석 ▶ 해변가에 편리하게 위치해 있어서 Cloud Nine 호텔은 여름 휴가를 즐기기에 이상적인 곳입니다.

해설 ▶ 문장 맨 앞에 빈칸이 있다. 위에서 정리한 -ly, -ing, p.p., to부정사 가운데 보기에는 (B) Located와 (C) Locating이 있다. 빈칸 뒤에 목적어가 없으므로 수동인 p.p.가 적절하므로 정답은 (B)이다.

예제 2

Although ________ with serious financial difficulties, we will do whatever we can to make this circumstance better.

(A) face   (B) facing   (C) faced   (D) faces

해석 ▶ 우리는 아주 심각한 경제적인 어려움에 직면해 있지만 이 상황을 개선할 수 있으면 무엇이라도 할 것이다.

해설 ▶ 부사절 접속사 although 뒤로 주어 없이 바로 빈칸이 왔다. 접속사가 있지만 주어가 없으므로 정동사가 아니라 분사구문이 바로 이어져야 하는 구조이다. (B) facing과 (C) faced 중에서 정답을 고른다. 빈칸 뒤로 목적어인 명사 없이 전치사구가 이어지므로, 수동형인 faced가 적합하다.

주어와 동사 사이의 -ly/-ing/p.p./ to부정사/형용사

주어와 동사 사이에 빈칸이 있을 때 -ly, -ing, p.p., to부정사, 형용사 중에서 정답을 고르는 문제이다.

주어와 동사 사이에 올 수 있는 수식어들을 정리해 보자. 앞서 주어와 동사 사이에 오는 수식어(유형 02)에 대해 어느 정도 앞서 배웠으니 여기서는 좀 더 쉽게 이해할 수 있을 것이다. 주어를 꾸며 주는 수식어는 당연히 주어와 가까이 위치하며, 일반 형용사뿐 아니라 분사구, to부정사구, 관계사와 be동사가 생략된 분사구 등 다양한 형태일 수 있다. 수식어구의 역할과 형태를 구분해서 알아 두면 문제 해결에 도움이 된다. 뿐만 아니라 동사를 수식하는 부사도 주어와 동사 사이에 올 수 있다.

유형 13-1

주어 + ⬤⬤⬤⬤⬤⬤ + 동사

문제 풀이 순서

STEP 1
보기가 명사/형용사/동사/부사로 구성되어 있으면 부사 또는 형용사가 정답이다.

STEP 2
빈칸이 동사를 수식하는 자리이면 부사가 정답이다.(아래 ①번 형태)

STEP 3
빈칸이 앞의 명사를 수식하는 자리이면 형용사가 정답이다.(아래 ②번 형태)

---

1 | 동사 수식 부사 자리

주어 + -ly형 부사 + 동사 + 목적어/보어/수식어

동사를 수식하는 부사 자리이다. 주어와 동사 사이에 들어갈 수 있는 품사 중 가장 기본적인 품사가 부사라는 단순한 원리를 적용해 풀 수 있는 쉬운 유형이다. 주로 보기에 제시된 명사, 형용사, 동사, 부사 중에서 정답을 찾는 형태로 출제된다.

Mr. Gibbs officially announced that he would retire at the end of this year.
Mr. Gibbs는 올해 말에 은퇴할 것임을 공식적으로 발표했다.

2 | 관계대명사가 생략되고 남은 형용사 자리

주어 + 형용사 + 동사 + 목적어/보어/수식어

주어와 동사 사이에 형용사가 있는 문장은 관계사절(유형 16-3)에서 변형된 구조로 볼 수 있다. 주격 관계대명사와 be동사는 함께 생략할 수 있는데, 이때 be동사 뒤에 있던 보어(형용사)가 주어와 동사 사이에 남을 수 있다.

The models (which are) <u>available</u> in our Gangnam branch **can be found** on our web site.
저희 강남 지사에서 구입 가능한 모델을 저희 웹사이트에서 찾을 수 있습니다.

주어 + [   ] + 동사 ~

-ly, -ing, p.p., to부정사, 형용사 중에서 주어와 동사 사이에 들어갈 수식어를 고르는 문제이다.

문제 풀이 순서　보기에 -ing 또는 p.p.가 있으면 분사가 정답. 이때 -ing가 답인지 p.p가 답인지 판단하기 위해서 별도의 분사 문제 풀이법을 따른다.

3 | 주어를 수식하는 분사 자리

주어 + -ing/p.p. + 동사 + 목적어/보어/수식어

분사가 주어를 뒤에서 수식할 때, 주어와 동사 사이에 빈칸이 오는 형태이다. 자동사인 경우 현재분사(-ing)로, 타동사인 경우 목적어의 유무로 현재분사와 과거분사를 구분해 사용한다. 타동사는 목적어를 가지므로 빈칸 다음에 목적어가 있을 때는 능동형인 현재분사를 쓰고 뒤에 목적어가 없으면 수동이라는 의미이므로 과거분사를 쓰는 것이다.

Abby's Restaurant <u>serving fine Italian dishes</u> is looking for floor managers.
최고의 이탈리아 음식을 제공하는 Abby's Restaurant은 매장 매니저들을 구하고 있다.

주어(수단 명사) + [   ] + 동사 ~

주어와 동사 사이의 빈칸에 to부정사를 고르는 문제이다.

문제 풀이 순서

STEP 1
주어 자리에 '수단 명사'가 있으면 to부정사가 정답이다.

STEP 2
빈칸 앞의 주어가 '수단 명사'가 아니면 보기 중 to부정사를 제외한 -ly(부사)나 -ing/p.p. 중에서 정답을 찾는다.

4 │ 수단 명사인 주어를 수식하는 to부정사 자리

주어 + to부정사 + 동사 + 목적어/보어/수식어

분사와 마찬가지로 부정사도 형용사 역할을 할 수 있다. 주어를 to부정사가 수식하는 경우 주어와 동사 사이에 온다. to부정사의 경우 특정한 명사만을 수식할 수 있으므로, to부정사의 수식을 받는 명사들을 기억해야 한다.

> **수단 명사 암기 TIP**
> 수단(means)과 방법(ways)을 가리지 않고 권리(right)와 권한(authority)을 내세우기만 한다면 자신의 능력(ability)을 알고 계획(plan)하고 노력(effort)하는 사람보다 진정한 기회(chance = opportunity)를 얻을 수 없다는 것이 인생의 열쇠(key)다.
> (＊ key 진짜 '열쇠'의 의미일 때는 to부정사 / '(성공)의 열쇠, 비결'이라는 의미일 때는 전치사 to를 쓴다. ex, key to success)

예제 1

The product __________ last month has gotten poor feedback from consumers.

(A) introduce　(B) introduced　(C) introducing　(D) to introduced

해석 ▶ 지난 달에 소개된 그 제품은 고객들로부터 나쁜 반응을 얻었다.

해설 ▶ 빈칸은 주어 The product와 동사 has gotten 사이의 수식어 자리다. 정동사인 (A)는 쓸 수 없다. 명사인 product를 수식하는 준동사를 골라야 한다. 명사 product는 부정사의 수식을 받는 수단 명사가 아니므로 분사인 (B)와 (C) 가운데 답을 찾는다. introduce는 타동사이며, 빈칸 뒤에 목적어가 없으므로(last month는 부사) 수동인 (B) introduced가 정답이다.

예제 2

We'd like to take this chance __________ our service, which will maintain our customer base in this economic depression.

(A) improve　(B) improved　(C) improving　(D) to improve

해석 ▶ 우리 서비스를 향상시킬 수 있는 이 기회를 잡고 싶습니다. 그것이 이 같은 경기 침체 상황에서 우리 고객층을 유지하게 할 것입니다.

해설 ▶ 빈칸부터 our service까지가 빈칸 앞의 명사 chance를 수식한다. chance는 to부정사의 수식을 받는 수단 명사이므로 정답은 (D)가 된다. '수단 명사 다음에는 to부정사'라는 공식만 암기하면 바로 풀어낼 수 있는 문제이다.

완전한 문장 끝에 오는 -ing/p.p./ 형용사

완전한 문장 끝에 있는 빈칸에 적절한 수식어구를 찾는 문제이다.

문장 구조가 완전한 문장 끝에 올 수 있는 수식어구들을 총 정리 해 보자. 앞서 수식어 관련 유형인 유형 12와 유형 13에서 공부한 내용을 기억한다면 이 유형도 이해하는 데 큰 어려움이 없다. 또 이 유형은 빈칸 앞에 콤마가 없으면 5형식 목적격 보어 자리에 -ing/p.p./형용사/명사 중에서 정답을 고르는 문제와 출제 원리가 비슷하다.

유형 14

주어 + 동사 ~ (,) ▬▬▬▬▬

문제 풀이 순서

STEP 1
보기에 동사, 명사, -ing, p.p.가 있으면

STEP 2
분사 문제 풀이 순서 적용한다.

> 분사 형태 고르기는 유형 11 참고

빈칸에 들어갈 분사형이 자동사면 무조건 -ing를 고른다.

타동사이고 빈칸 뒤에 명사가 있으면 -ing를 고른다.

명사가 없으면 p.p.를 고른다.

빈칸에 들어갈 분사형이 감정동사이면서 빈칸 앞의 주어가 사물이라면 -ing

빈칸 앞의 주어가 사람이라면 p.p.를 고른다.

---

1 | 완전한 문장 뒤에 오는 분사구문

주어 + 동사 ~, -ing/p.p.

부족한 성분이 없는 문장 끝에 콤마가 나온 후(콤마가 없어도 무관) 빈칸이 제시되어, 보기 중에서 수식어에 해당하는 -ing와 p.p.를 고르는 문제가 출제된다. 빈칸에 들어갈 -ing/p.p.는 원래 빈칸 앞에 있던 '접속사 + 주어 + be동사'가 생략되고 남은 분사구문이거나 '주격 관계대명사 + be동사'가 생략되고 남은 분사로 볼 수도 있다. 생략된 말이 무엇인지에 따라 해석에 차이가 생길 수 있다.

We can find the models on the catalog (which is) **provided** at our off-line store in Kangnam.

강남에 있는 저희 오프라인 매장에서 제공된 카탈로그에서 모델을 찾으실 수 있습니다.

위 문장에서 주격 관계대명사와 be동사(which is)는 함께 생략할 수 있는데, be동사 뒤에 있는 provided가 남는다. 이와 같이 완전한 문장 뒤에 -ing/p.p. 형태가 이어질 수 있다. 보기에서 -ing형과 p.p.형 중에서 골라야 할 때는 분사 문제 풀이 순서를 적용시키면 된다. provide는 일반동사이고 타동사니까 뒤에 목적어(명사)가 있으면 -ing가 답이고 목적어(명사)가 없으면 p.p.가 답이다.

2 | 관계대명사/접속사 생략 후 남은 형용사

주어 + 동사 ~, + 형용사

앞서 살펴 본 유형과 같은 원리로, 빈칸에 형용사가 오는 경우는 빈칸 앞에 '접속사 + 주어 + be동사' 또는 '주격 관계대명사 + be동사'가 생략되고 남은 형용사 보어이다. 생략된 것에 따라 해석에 차이가 생길 수 있다.

We can find the models on the catalog (which is) **available** at our off-line store in Kangnam.

주격 관계대명사와 be동사가 함께 생략되고 보어 available이 남았다.

예제 1

Moring Glory is our weekly newsletter ＿＿＿＿＿＿ valuable information.

(A) provision　　(B) provided　　(C) providing　　(D) provides

해석 ▶ Moring Glory는 유용한 정보를 제공하는 일주일에 한 번 발행하는 신문이다.

해설 ▶ 먼저 문장 구조를 살펴 보면, 필요한 요소를 모두 갖춘 문장에 빈칸이 있다. 주어가 Moring Glory, 동사는 is, 그리고 our weekly newsletter가 보어이다. 명사 보어는 주어와 동격이다. 빈칸과 newsletter 사이에는 '주격 관계대명사 + be동사 (which is)'가 생략된 것이다. 빈칸에 올 수 있는 것은 (B)와 (C). 분사 문제 풀이 순서를 적용시키면 provide는 타동사이므로 빈칸 뒤에 목적어(명사)가 있는지 확인하기만 하면 된다. 이 문제는 valuable information이라는 목적어가 있기 때문에 –ing형 (C)가 답이다.

예제 2

Joshua and Associates is a law firm ＿＿＿＿＿＿ in real estate and business law.

(A) specializing　(B) to specialize　(C) specialized　(D) specializes

해석 ▶ Joshua and Associates는 부동산과 상법을 전문으로 하는 법무법인이다.

해설 ▶ 주어가 Joshua and Associates, 동사는 is, 보어가 a law firm, 명사가 보어일 때는 주어와 보어가 의미상 동격 관계이다. 부족한 성분이 없는 문장 끝에 올 수 있는 것은 (A), (B), (C)이다. 유형 13에서 공부했듯이 이 빈칸에는 to부정사의 형용사적 용법도 올 수 있다. 일단 –ing/p.p.를 분사 문제 풀이 순서에 따라 분석해 보면 specialize는 자동사니까 무조건 –ing가 답이다. 이제 specializing과 to specialize 두 개가 남는다. Joshua and Associates가 회사가 특정 분야를 '전문적으로 취급하고 있는' 회사라는 의미가 되어야 하기에 specializing이 답이 된다.

 유형 **15**

시간절 기본 시제 & 시제 특수 구문

시간절 접속사가 있는 문장에서 종속절 또는 주절에 있는 동사의 시제를 선택하는 문제이다.

동사의 시제를 묻는 문제는 주로 시간절 접속사로 연결된 두 절의 동사 자리 한 곳에 빈칸을 넣어 출제된다. 두 문장의 동사의 의미상 선후 관계를 파악해야 하므로 접속사가 중요한 힌트가 된다. 또한 시간의 부사절에서 미래 의미일 때 현재시제를 쓰는 경우를 주의해야 한다. 종속절에 현재시제만을 쓰는 특수 동사 구문을 알고 있어야 미래시제를 선택하는 실수를 막을 수 있다.

유형 15

시간절 접속사 + 주어 + ＿＿＿＿＿＿ ～ , 주어 + 동사 ～

시간절 접속사 + 주어 + 동사 ～ , 주어 + ＿＿＿＿＿＿ ～

문제 풀이 순서

STEP 1
빈칸의 위치(주절 or 부사절)를 파악하고 접속사로 연결된 또 다른 절의 동사 형태를 파악한다.

STEP 2
주절과 종속절의 시제 조합에 따라 적절한 동사 형태를 고른다.

STEP 3
위의 내용에 해당되지 않으면 특수 시제 구문을 확인한다.

---

1 | 부사절이 현재시제일 때

시간절 접속사 + 주어 + 동사 ～ , 주어 + 동사 ～

현재	미래
현재	미래완료
현재완료	미래
현재완료	미래완료

이렇게 두 문장이 연결될 경우 시간절에서는 미래의 의미라도 미래시제를 쓰지 않고 현재시제를 쓴다. 이때 시간절에는 현재완료도 가능하고, 주절이 미래일 때는 형태상 미래완료를 대신 쓸 수도 있다. 따라서 총 네 가지의 조합이 가능하다. 물론 접속사 문장이 뒤에 나오는 반대 구조도 가능하다.

▶ 시간절 접속사
when ～할 때 **at the time (when)** ～할 때 **by the time (when)** ～까지
while ～하는 동안, ～하는 반면에 **as soon as** ～하자마자 **before** ～ 전에 **after** ～ 후에

2 | 부사절이 과거시제일 때 (동사 하나가 과거시제라면)

시간절 접속사 + 주어 + 동사 ~, 주어 + 동사 ~

과거	과거 (두 문장이 동시 동작)
과거완료	과거 (앞 문장의 동작이 먼저)
과거	과거완료 (앞 문장의 동작이 나중)

이렇게 두 동사 중에 하나가 과거시제이면 해석을 해 봐야 나머지 동사의 시제를 알아 낼 수 있다. 이렇게 해서 두 개의 동사가 같은 시점에 일어난 사건(동시 상황)을 나타내면 드러난 동사 하나가 과거일 때 나머지 동사도 과거시제이다. 그러나 두 동작이 전후 관계를 나타내면 먼저 일어난 사건을 과거완료 시제로 나타내고 나중에 일어난 사건에 과거시제를 적용한다. 따라서 드러난 동사만으로는 정답을 알 수 없고 해석을 해서 동작의 시점을 따져 봐야 한다. 접속사 문장이 뒤에 나올 경우도 마찬가지다.

3 | 특수 시제 구문

부사절 접속사 문장이 아닌 경우 시제 문제는 시제 특수 구문을 이용해 출제된다.

- Since(~이래로) + 주어 + 동사(과거), 주어 + **have p.p.(현재완료)**
- 주어 + 요청/명령/제안 동사(DISPRO) + that + 주어 + **(should) 동사원형**
- It + is + 형용사(중요한, 필요한) + that + 주어 + **(should) 동사원형**

▶ 요청/명령/제안 동사

D	demand	I	insist
S	suggest(= recommend)	P	propose
R	request, require	O	order

* DISPRO 동사 외에 ask도 요청의 의미일 때는 that절에 동사원형을 사용한다.

▶ '중요한, 필요한'이라는 의미의 형용사

essential   necessary   important   imperative

* 특히 imperative가 자주 출제된다.

예제 1

The Mama's Kitchen has served high-quality baked goods since it ____________ in 1978.

(A) founded   (B) was founded   (C) had been founded   (D) will be founded

해석 ▶ Mama's Kitchen은 1978년 창립된 이래로 높은 품질의 제빵 제품을 제공해왔다.

해설 ▶ 빈칸은 동사 자리이다. 동사 문제 풀이 3단계(수 일치, 동사 성질, 시제 확인)를 적용한다. found는 '설립하다'라는 의미의 타동사이다. 빈칸 뒤에 목적어가 없어 수동태임을 알 수 있으므로 능동형 과거시제를 나타내는 (A)는 정답이 될 수 없다. 시제 문제이므로 since가 '~이래로'의 의미라는 것을 알 수 있다. since 문장 바깥 시제가 현재완료니까 since가 이끄는 절에는 과거시제가 와야 한다. 정답은 (B)이다.

예제 2

By the time the guest speaker finished his speech, almost all of the audience ____________.

(A) are disappearing   (B) will have disappeared
(C) disappear   (D) had disappeared

해석 ▶ 초대 연사가 연설을 마쳤을 때 대부분의 청중들은 이미 가버리고 없었다.

해설 ▶ 콤마 다음에 이어지는 문장에서 빈칸은 동사 자리이다. 동사 문제 풀이 순서 3단계(수 일치, 동사의 성질, 시제 확인)를 기억한다. disappear가 자동사이므로 보기가 모두 정답이 될 수 있다. 먼저 시제를 살펴 보자. 이 문제의 포인트인 by the time이 시간절 접속사라는 것이다. 사실 by the time 뒤에 관계부사 when이 생략된 것이지만 편의상 시간절 취급을 하자. 시간절에서 시제의 조합을 떠올린다. 앞에 있는 절의 finished가 과거시제이다. 따라서 이어지는 문장의 시제는 과거 또는 과거완료만 가능하다. 해석을 해서 앞뒤 문장이 동시에 일어난 사건이라면 뒤에도 과거이지만 그렇지 않다면 과거완료가 답이다. 보기에 과거형이 없으므로 과거완료 (D)가 답이다.

시제 문제 (예1) 정리

1. 시간/조건 접속사절에서는 현재가 미래를 대신한다.

2. 과거시제가 나오는 시간절 문장이 있으면 먼저 일어난 사건이 과거완료, 나중에 일어난 사건이 과거, 동시 사건이면 둘 다 과거이다.

3. Since(~이래로) + 주어 + 동사(과거), 주어 + have p.p.(현재완료)

4. 내용이 당위성(해석상 '~을 해야만 한다')일 때 that절에 무조건 동사원형을 쓴다.

주어 + DISPRO + that + 주어 + (should) 동사원형

It + is + 형용사(중요한, 필요한) + that + 주어 + (should) 동사원형

5. 특정 시제와 어울리는 부사들

recently, lately – 과거, 현재완료   soon, shortly – 미래
currently – 현재, 현재완료   regularly, periodically – 현재

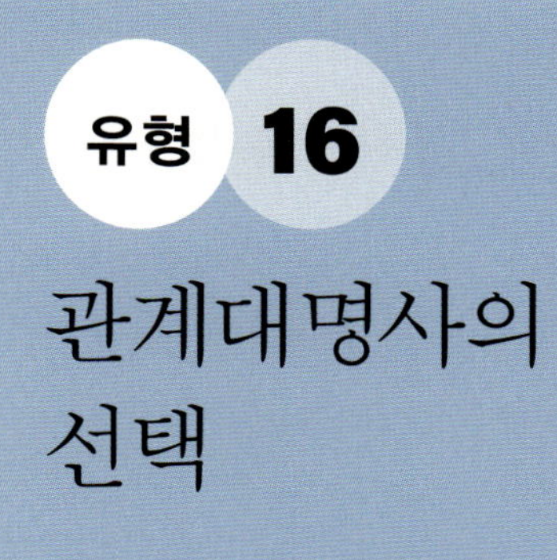

주어/목적어가 없는 불완전한 절을 명사(선행사)와 연결해 주는 접속사를 고르는 문제이다.

관계대명사절이 포함된 문장은 구조 파악이 관건이다. 관계대명사절과 주절을 정확히 구분할 수 있어야 한다. 관계대명사란 선행사를 수식하는 형용사절을 이끄는 접속사를 말한다. 다양한 역할을 하는 관계대명사를 선택하는 문제, 선행사를 확인하고 동사의 수를 결정하는 문제, 관계대명사가 생략된 구조에 대한 문제가 출제된다.

관계대명사절의 수식을 받는 선행사는 관계대명사 앞에 오고, 관계대명사절에는 선행사와 같은 것을 지칭하는 명사가 하나 빠진 불완전한 형태라는 것에 주의해야 한다. 관계대명사절 중에서 주어 없이 바로 동사로 시작하면 접속사가 주어의 역할을 포함하는 것이므로 '주격 관계대명사'라 부르고, 타동사나 전치사의 목적어가 없는 절이 이어지면 접속사가 목적어 역할도 하는 것이므로 '목적격 관계대명사'라고 부른다. '~의'를 의미하는 소유격 관계대명사는 뒤에 명사부터 시작하는 완전한 절이 이어져 주격이나 목적격 관계대명사와는 구별된다.

유형 16-1

주어(선행사) + ⬛⬛⬛⬛⬛ + 동사1 ~ + 동사2 + ~

문제 풀이 순서

STEP 1
선행사를 확인한다.

STEP 2
빈칸 이하의 구조에서 주어 역할을 하면 주격 관계대명사를 선택한다.

---

1 │ 주격 관계대명사

주어(선행사) + who/which/that + 동사1 + 목적어/보어/수식어 + 동사2 +
목적어/보어/수식어

주격 관계대명사의 종류

사람 선행사	사물 선행사	사람/사물 선행사
who	**which**	**that**

The man (**who** is standing by the photocopier) is Mr. Paek.
(복사기 옆에 서 있는) 그 남자는 Mr. Paek이다.

Old computers (**which** were purchased before 2000) will be replaced with new ones.
(2000년 이전에 구입했던) 구식 컴퓨터들은 새것으로 교체될 것이다.

주어(선행사) + 관계대명사 + [   ] + ~ 동사2 + ~

선행사의 수에 일치하는 동사를 고른다.

문제 풀이 순서   보기에 -ing 또는 p.p.가 있으면 분사가 정답. 이때 -ing가 답인지 p.p가 답인지 판단하기 위해서 별도로 분사 문제 풀이 법을 따른다.

2 | 주격 관계사절 동사의 수 일치

접속사 다음에 주어가 없는 불완전한 절이 이어지는 구조에서 관계대명사절의 동사 형태를 찾는다. 주어를 포함한 접속사 who/which/that에서는 단수/복수를 확인할 수 없으므로, 선행사의 수를 확인한다.

The man (who is standing by the photocopier) **is** Mr. Paek.
단수 주어 – 단수 동사

Old computers (which were purchased before 2000) **will be replaced** with new ones.
복수 주어 – 복수 동사를 쓰지만 조동사는 단수/복수 구분이 없음

주어 + [   ] + ~ 동사2 + ~

문제 풀이 순서

STEP 1
관계대명사와 be동사를 생략한 구조이면,

STEP 2
선행사 뒤에 있는 빈칸에 들어갈 -ing/p.p.를 구분하기 위해 분사 문제 풀이 순서를 적용한다. (유형 11 참고)

3 | 주격 관계대명사와 be동사의 생략

주격 관계대명사는 be동사와 함께 생략할 수 있는데 이를 생략하고 나서 -ing, p.p.를 비롯해 전치사구, 형용사 등이 뒤에 남을 수 있다.

The man **standing** by the photocopier is Mr. Paek. (who is 생략)
Old computers **purchased** before 2000 will be replaced with new ones. (Which were 생략)

주어1 + ████████ + 주어2 + 타동사1 + 동사2 ~

주어1 + ████████ + 주어2 + 동사1 ~ + 전치사 + 동사2 ~

관계대명사 뒤에 타동사나 전치사의 목적어가 없는 불완전한 절이 온다.

문제 풀이 순서　　선행사를 확인한 후 적합한 관계대명사를 선택한다.

4 ｜ 목적격 관계대명사

주어1 + **whom/which/that** + **주어2** + **타동사1** + **동사2** + 목적어/보어/수식어

주어1 + **whom/which/that** + **주어2** + **동사1** + 목적어/보어/부사 + **전치사** + **동사2** + 목적어/보어/부사

두 번째 구조의 경우,
관계대명사는 전치사의 목적어

목적격 관계대명사의 종류

사람 선행사	사물 선행사	사람/사물 선행사
whom	**which**	**that**

The man (**whom** I talked with at the conference last month) is Mr. Paek.
Old computers (**which** we bought in 2000) will be replaced soon.

5 ｜ 목적격 관계대명사의 생략

목적격 관계대명사는 생략할 수 있다. 생략하고 남는 구조는 '주어 + 동사'의 형태이므로, '주어1 + (관계대명사 생략) + 주어2 + 동사1 + 동사2 + 목적어/보어/수식어'의 구조가 된다.

The man I talked with at the conference last month is Mr. Paek. (whom 생략)
Old computers we bought in 2000 will be replaced soon. (which 생략)

주어1 + [   ] + 명사 + 동사1 ~

주어1 + [   ] + 명사 + 주어2 + 동사1 + 동사2 ~

문제 풀이 순서 선행사와 빈칸 다음의 명사를 확인한 후 적합한 관계대명사를 선택한다.

6 소유격 관계대명사 whose (사람/사물 선행사)

주어1 + whose + 명사 + 동사1 + 목적어/보어/수식어 **+ 동사2 +** 목적어/보어/수식어

주어1 + whose + 명사 + 주어2 + 동사1 + 동사2 + 목적어/보어/수식어

Any employee (**whose** idea is chosen for the next season's project) will receive a 40% bonus.

다음 시즌의 프로젝트에 대한 아이디어가 뽑힌 직원은 누구든지 40%의 보너스를 받게 될 것입니다.

① '~의'로 소유를 나타내며, 접속사 뒤로는 무관사 명사로 시작하는 완전한 절이다.

② 소유격 관계대명사 whose는 생략할 수 없다.

③ whose는 소유격의 역할을 하므로, 관사(a/an, the)를 포함한 명사나 주격 인칭대명사를 뒤에 쓸 수 없다.

예 제 1

Our company has hired three Asian regional managers __________ will be responsible for promoting our products and selling them.

(A) who
(B) whom
(C) which
(D) whose

해석 ▶ 우리 회사는 제품 홍보와 판매를 책임질 세 명의 아시아 지역 매니저들을 고용했다.

해설 ▶ 사람 선행사 regional managers 다음에 빈칸이 있고 주어 없이 동사 will be가 이어지므로 주격 관계대명사 who가 적절하다. whom 뒤에는 목적어가 없는 불완전한 절이 이어져야 하므로 답이 아니고, which는 사물 선행사가 있어야 답이 될 수 있다. whose는 뒤에 명사로 시작하는 완전한 절이 와야 하므로 답이 될 수 없다.

예 제 2

Annually, the architectural committee awards a prize to an architect __________ building designs are exceptionally excellent and innovative.

(A) who
(B) which
(C) what
(D) whose

해석 ▶ 해마다 건축 위원회는 디자인이 아주 뛰어나고 혁신적인 건물을 디자인한 건축가에게 상을 수여합니다.

해설 ▶ 빈칸 앞에 선행사 an architect(건축가)가 있고 명사(building designs)로 시작하는 완전한 절이 이어진다. 소유격 관계대명사 자리이므로 정답은 (D)이다.

명사를 수식하는 형용사 자리

명사 앞에 있는 빈칸이 명사를 수식하는 형용사 자리인 유형이다.

형용사 유형은 주로 명사 앞의 빈칸에 들어갈 수식어를 찾는 형태로 출제된다. 문제 유형을 조금 더 복잡하게 출제한다면 보기에 일반 형용사와 -ing/p.p.가 동시에 제시된다. 이때는 분사 문제 풀이 순서를 적용시켜 문장에 적절한 분사를 먼저 추려낸 후 그 분사와 일반 형용사의 의미를 구별해 정답을 가려낼 수 있어야 한다.

유형 17

⬛⬛⬛⬛⬛⬛ + 명사

문제 풀이 순서

STEP 1
빈칸을 제외하고 봤을 때 문장 구조가 완전하면 다음을 확인한다.

STEP 2
명사 앞에 빈칸이 있고 보기에 형용사/부사/명사/동사 등의 다양한 품사가 있으면 형용사가 답이다.

STEP 3
명사 앞에 빈칸이 있지만 보기에 형용사/-ing/p.p./부사가 있으면,

먼저 보기에서 -ing/p.p.가 둘 다 있을 경우 분사 문제 풀이법을 적용(유형11)시켜 빈칸에 올 수 있는 분사를 선택한다.

보기에서 -ing와 p.p. 중 하나만 있으면 올바른 분사 형태와 보기 중에 있는 일반 형용사의 의미 차이를 따져 답을 결정한다.

---

1 │ 명사 수식 1

주어 + 타동사 + 형용사 + 명사

일반 형용사는 명사 앞에서 명사를 수식한다. 가장 쉬운 유형은 보기에 형용사, 부사, 명사, 동사 등의 품사가 오는 경우이며, 명사를 수식하는 품사는 형용사뿐이므로 바로 정답을 고를 수 있다. 난이도가 높은 문제일 때는 보기에 형용사, -ing, p.p., 부사가 나온다. -ing와 p.p.도 명사를 수식하기 때문에 먼저 분사 문제 풀이 순서를 적용해 -ing/p.p. 둘 중 하나를 추려낸 후에 형용사와의 의미를 따져 정답을 선택해야 한다. 예를 들어 보자.

주어 + 동사 + ___________ + customers
(A) satisfactory   (B) satisfied   (C) satisfying   (D) satisfaction

빈칸에는 명사 customers를 수식할 수 있는 (A), (B), (C)가 가능하다. 분사 문제 풀이 순서를 적용하자. satisfy

는 감정동사이므로 -ing는 성질을 설명하고 p.p.는 느낌과 기분을 설명할 때 쓴다. 빈칸은 뒤에 customers를 설명하는 자리이다. '고객'은 사람이기에 사람의 느낌이나 기분을 설명하는 p.p.형인 satisfied가 답이 된다. 이제 satisfied와 satisfactory의 의미를 구분해야 한다. 참고로, satisfactory와 같은 감정을 설명하는 형용사는 감정동사의 -ing 형태와 같은 의미다. 다시 말하면 satisfactory는 satisfying과 같은 뜻이고, satisfied와는 다른 의미다. 즉 satisfactory result와 satisfying result는 문법적으로 올바른 형태이다. 반면에 사람 명사를 수식할 때 satisfied researchers는 맞지만 satisfactory researchers라는 표현은 쓰지 않는다.

2 | 명사 수식 2

주어 + 타동사 + 형용사 + 형용사 + 명사

명사를 수식하는 형용사가 2개 이상인 문장에서 그 중 한 자리를 묻는 문제이다. 자주 출제되지는 않지만 일반적으로 형용사 앞에 온 빈칸은 형용사를 수식하는 부사 자리이기 때문에 이런 문제는 오답률이 매우 높다.

I saw **very** old lady at the park.　나는 공원에서 매우 늙은 여자를 보았다.
여기서 very는 부사로 old(형용사)를 수식한다.
I saw **poor** old lady at the park.　나는 공원에서 가난한 늙은 여자를 보았다.
poor는 old가 아닌 lady를 수식하는 형용사다.

따라서 형용사 앞에 빈칸 자리가 무조건 부사 자리라고 단정하지 않도록 주의하자. 의미상 바로 뒤에 오는 형용사를 꾸미는지, 그 뒤에 있는 명사를 수식하는지 따져 봐야 한다.

3 | 복합명사 수식

주어 + 타동사 + 형용사 + 복합명사

기본적으로 1번 유형과 같은 형태다. 그렇지만 빈칸 다음의 두 단어가 하나의 복합명사인지 모르면 실수를 하기 쉽다. 복합명사는 명사가 여러 개 합쳐져서 하나의 단어로 굳어진 것을 의미한다. 자주 쓰이는 복합명사들을 암기하면 편하다. 우리말로 해석했을 때 복합명사가 성립되면 대부분 영어로도 의미가 성립되므로 복합명사를 구분하기는 어렵지 않다.

예제 1

The Star Hotel provides its customers shuttle bus services to and from the airport at no ____________ charge.

(A) addition   (B) additional   (C) adding   (D) additionally

해석 ▶ Star 호텔은 고객들에게 공항에서 또는 공항까지의 셔틀버스 서비스를 추가 비용 없이 제공한다.

해설 ▶ 빈칸은 전치사 at 다음이므로 명사 자리이다. charge는 여기서 명사로 쓰인 것이다. 명사 앞자리는 형용사 자리이므로 빈칸에 올 수 있는 것은 (B), (C)가 가능하다. (C)는 명사 앞자리 분사 문제 풀이법을 적용시켜 보면 문법적으로 이 자리에 올 수 없다. 만약 added라면 가능한데, add는 일반동사로 타동사이다. 따라서 charge와의 능동/수동 관계를 따진다. charge가 사람이 아니라서 수동인 added가 와야 하므로 adding은 올 수 없기에 일반 형용사 additional이 정답이다.

예제 2

Dr. Mendoza has decided to move to another hospital that offers ____________ salary.

(A) attraction   (B) attractive   (C) attract   (D) attracted

해석 ▶ Dr. Mendoza는 더 매력적인 급여를 제공하는 다른 병원으로 옮기기로 결정했다.

해설 ▶ offer는 타동사로 뒤에 목적어를 취해야 하는데 여기서는 salary가 목적어이다. 명사 앞 빈칸은 명사를 수식하는 형용사 자리이다. 따라서 형용사 자리에 올 수 있는 것은 (B), (D)가 가능하다. (D)의 경우 명사 앞 분사 문제 풀이 법을 적용시켜 보면 답이 될 수 없다는 것을 알 수 있다. attract는 감정동사로 -ing는 성질, p.p.는 감정과 느낌이다. 명사 앞자리에 오는 분사는 명사와의 관계를 따져야 한다. salary는 사람이 아니기에 성질을 설명하는 attracting만이 올 수 있다. attracted는 여기서 문법적으로 적절하지 않으며 일반 형용사인 attractive만 올 수 있다.

분사 형태 고르기는
유형 11 참고

> ### 명사 앞자리 분사 문제 풀이 순서 복습
>
> **자동사이면 무조건 -ing가 정답이고, 타동사이면 -ing/p.p.를 따져야 한다.** 뒤에 오는 명사가 행동을 직접 하는 입장인지 당하는 입장인지에 따라 결정한다. 명사가 행동을 직접 한다면 (사람) -ing, 행동을 당한다면 (사물) p.p.를 쓴다. **감정동사이면 -ing는 성질을 설명하고, p.p.는 느낌이나 감정을 설명한다.**

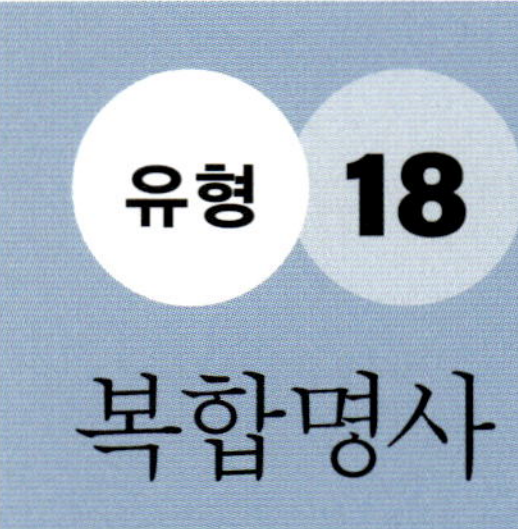

유형 **18**

복합명사

복합명사 관련 문제는 매회 출제되며 복합명사 중 하나의 어휘는 제시해 주고 나머지 명사를 찾는 형태로 출제된다. 일반적으로 명사 앞이나 뒤에 빈칸이 있을 경우에는 빈칸에 명사를 수식하는 형용사나 -ing/p.p.가 들어가는데 복합명사일 경우에는 빈칸에 명사가 들어가야 한다.

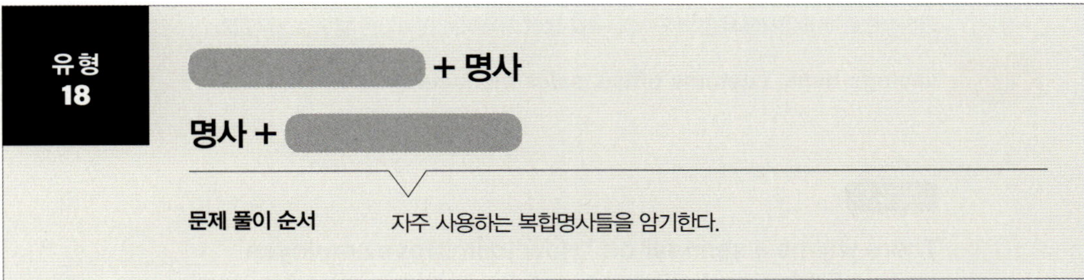

유형 18

＿＿＿＿＿ + 명사

명사 + ＿＿＿＿＿

문제 풀이 순서   자주 사용하는 복합명사들을 암기한다.

TIP

'형용사 + 명사'인지 '명사 + 명사'(복합명사)인지 구분하는 방법

① '명사1을 위한 명사2' 혹은 '명사1을 명사2하다'라고 해석되면 복합명사가 답!

② 이때 명사1은 아주 예외적인 경우를 제외하고는 복수형 불가

③ 복합명사의 가산/불가산 여부, 단수/복수 등은 뒤에 오는 명사에 의해 결정

4형식 동사의 목적어 자리를 제외하고는 문장에서 명사 두 개가 나란히 올 수 없다. 하지만 앞의 유형 17에서 간단히 보았듯이, '복합명사'일 수도 있으므로 주의한다. 복합명사는 두 개 이상의 독립된 명사가 합쳐져 새로운 의미의 어휘가 되는 것을 말한다. customer satisfaction(고객 만족)이나 parking lot(주차장)과 같은 흔히 쓰는 단어들도 복합명사에 포함된다. 아래에 정리한 빈출 어휘를 암기해 두면 훨씬 빠르고 정확하게 문제를 풀 수 있다.

필수암기

application form 신청서, 지원서	**product developer** 제품 개발자
baggage allowance 수하물 중량 제한	**quality/tax requirements** 품질/과세 기준
bank transaction 은행 거래	**retail sales (↔ whole sales)** 소매업(↔ 도매업)
building expansion 건물 확장	**retirement party** 은퇴식
business sense 사업 감각	**safety regulations** 안전 규정
complaint form 항의 문서	**safety standards** 안전 기준
customer satisfaction 고객 만족	**sales representative** 영업 사원
customs office 세관 사무소	**savings plan** 예금 제도
employment[job] opening 일자리	**electronics company** 전자 회사
housing development 주택 개발	**savings bank** 저축 은행
keynote speaker 기조 연설자	**sales manager** 영업 부장
meal preference 음식 선호도	**sales strategy** 영업 전략
office supplies 사무용품	**training session** 교육 기간
parking lot 주차장	**worker productivity** 직원 생산성

복합명사의 가산/불가산은 두 단어 중 뒤에 오는 단어에 의해 결정된다.

customer (가산) **+ satisfaction** (불가산) ⇒ **customer satisfaction** (불가산)
complaint (불가산) **+ form** (가산) ⇒ **complaint form** (가산)

또, 복합명사의 단수/복수는 두 단어 중 뒤에 오는 단어에 따라 결정된다.

an application form (단수 취급) **/ application** forms (복수 취급)
a keynote speaker (단수 취급) **/ keynote** speakers (복수 취급)

기본적으로 복합명사에서 앞의 단어에 -s를 붙여 사용하는 단어들은 별도로 기억하자.

 **savings bank, customs office, sales manager** 등

예제 1

**There will be a seminar on "How to improve employee ____________"
on this Friday, and all managers are recommended to participate in the
event.**

(A) productive
(B) produce
(C) productivity
(D) product

해석 ▶ 이번 주 금요일에 '직원 생산성을 향상시키는 법'에 관한 세미나가 있을 것이다. 그리고 모든 매니저들은 그 행사에 참여하라고 권고 받았다.

해설 ▶ '직원 생산성을 향상시키는 방법'에 관한 세미나가 있을 예정이라는 의미이므로 복합명사인 employee productivity가 되어야 한다. 복합명사를 기억하고 있지 않으면 improve 뒤에 employee라는 명사가 있으므로 빈칸에 적절한 품사가 무엇인지 알기 어렵다.

예제 2

**Better interest rates will be offered by the __________ banks in the near
future.**

(A) save
(B) saving
(C) savings
(D) saved

해석 ▶ 더 좋은 이자율이 조만간 저축 은행들에 의해 제공될 것이다.

해설 ▶ '저축 은행'을 의미하는 복합명사를 쓸 자리이다. 이때 주의할 것은 '저축 은행'이라는 의미의 savings bank는 원래 앞의 명사에 -s가 붙는다는 것이다. 정답은 (C)이다.

형용사를 수식하는 부사 자리

다양한 문장 성분을 수식하는 부사 문제이다.

부사는 동사 외에도 다양한 문장 요소를 수식할 수 있다. 형용사, 그리고 준동사를 수식하는 부사의 역할과 자리에 대해서 알아 보자.

유형 19

2형식 자동사 + ⬛⬛⬛ + 형용사

타동사 + ⬛⬛⬛ + 형용사 + 명사

(전치사) + ⬛⬛⬛ + 형용사 + 명사

전치사 + ⬛⬛⬛ + 동명사

문제 풀이 순서　　빈칸을 제외하고 봤을 때 완전한 문장 구조라면, 보기에서 부사를 고른다.

---

1 | 형용사 수식

2형식 자동사 + 부사 + 형용사

자동사와 형용사 보어 사이에 형용사를 수식하는 부사가 올 수 있다.

The newly hired assistant **is exceptionally energetic.**
새로 고용된 비서가 정말 활기차다.

2 | 형용사 수식

타동사 + 부사 + 형용사 + 명사
전치사 + 부사 + 형용사 + 명사

타동사와 목적어 사이에 형용사가 있거나 전치사구에 형용사가 있으면, 그 형용사를 수식하는 부사를 쓸 수 있다.

In highly competitive market conditions, we should try to develop an appropriate marketing strategy.
아주 경쟁이 치열한 시장 상황에서, 우리는 적절한 마케팅 전략을 개발하기 위해 노력해야 한다.

3 | 동명사 수식

전치사 + 부사 + 동명사

동명사를 비롯한 준동사(부정사, 분사 포함)도 부사의 수식을 받는다. 예를 들어, 동명사가 전치사의 목적어일 때, 전치사와 동명사 사이에 빈칸이 있으면 동명사를 수식하는 부사 자리임을 알 수 있다.

Ms. Sewell was recognized for her skills **in effectively dealing** with demanding customers.
Mr. Sewell은 까다로운 고객들을 효과적으로 상대하는 실력을 인정받았다.

예제 1

All the shampoos tested were found to be ________ effective in making hair thicker and healthier.

(A) equal
(B) equally
(C) equality
(D) equalize

해석 ▶ 검사를 받은 모든 샴푸들은 머리카락을 더 굵고 건강하게 만드는 데 균일하게 효과적인 것으로 드러났다.

해설 ▶ 자동사 be가 있고, 보어 effective 사이에 빈칸이 있으므로 부사 자리이다. 정답은 (B)이다.

예제 2

The majority of these reforms were introduced by ________ revising the government regulations in April.

(A) complete
(B) completely
(C) completing
(D) completion

해석 ▶ 대부분의 이 개혁들은 4월에 정부 규제들을 완벽하게 개정하는 과정에서 소개되었다.

해설 ▶ 전치사와 동명사 목적어 사이에 빈칸이 있다. 빈칸에는 동명사 revising을 수식하는 부사가 적합하므로 정답은 (B)이다.

전치사/접속사/
접속부사 선택

전치사/접속사/접속부사의 역할을 구분하는 문제이다.

단어나 구, 절 등을 연결하는 역할을 하는 전치사와 접속사, 그리고 의미상 접속사와 유사하게 해석되기 때문에 혼동하기 쉬운 접속부사 자리를 구분하는 문제가 출제된다.

유형 20-1

+ 완전한 문장 + 완전한 문장

완전한 문장 + + 완전한 문장

문제 풀이 순서

STEP 1
두 문장의 구조가 완전하면, 보기 중에서 적절한 접속사를 찾는다.

STEP 2
먼저 접속사가 아닌 전치사, 접속부사를 제거한다.

STEP 3
해석을 통해 의미상 적합한 접속사를 선택한다.

---

1 두 문장을 연결하는 부사절 접속사/등위접속사의 위치

부사절 접속사는 문두에 오거나 두 문장의 중간에 와서 완전한 두 문장을 연결한다.

부사절 접속사 + 주어 + 동사 + 목적어/보어, 주어 + 동사 + 목적어/보어
　　　　완전한 문장　　　　　　　　　　　　완전한 문장

주어 + 동사 + 목적어/보어, 부사절 접속사 + 주어 + 동사 + 목적어/보어
　　완전한 문장　　　　　　　　　　　　　　완전한 문장

등위접속사는 문두에서 두 문장을 연결할 수 없고 문장과 문장 사이에 온다.

주어 + 동사 + 목적어/보어, 등위접속사 + 주어 + 동사 + 목적어/보어
　　완전한 문장　　　　　　　　　　　　완전한 문장

▶ 접속사의 종류

부사절 접속사	**when, although, as, if, since …**
등위접속사	**and, or, but, nor, yet …**

____________ + 명사 + -ed, 주어 + 동사 ~

전치사 자리인지, 접속사 자리인지를 구분하는 문제이다.

문제 풀이 순서

STEP 1
명사 뒤에 온 -ed형 단어의 역할을 파악한다. 명사 뒤에 있는 -ed가 과거동사라면 빈칸은 접속사 자리이므로 의미가 통하는 접속사를 고른다.

STEP 2
-ed형의 단어가 과거분사라면 빈칸은 전치사의 자리이다.

▼

보기 중 접속사나 접속부사를 제거한다.

▼

보기에 남은 전치사 중에서 적합한 것을 고른다.

2 | 전치사 vs 접속사 자리 구분

전치사/접속사 + 명사 + -ed, 주어 + 동사 ~

이 유형은 명사 뒤에 **-ed형 단어**의 정체를 정확히 파악하는 것이 중요하다. p.p.가 대체로 -ed의 형태를 취하기 때문에 과거동사인지, 과거분사(p.p.)인지 혼동을 줄 수 있다. 만약 과거동사라면 빈칸 뒤에 명사가 주어가 되고 빈칸은 접속사 자리가 된다. -ed 형태가 동사가 아니고 과거분사(p.p.)라면 '빈칸 + 명사 + -ed형 단어'가 절이 아니라 구이므로 빈칸은 전치사 자리다. 항상 문장 속에 -ed의 정체가 과거동사인지 과거분사인지(p.p.) 구분할 줄 알아야 한다. 구별법은 동사의 성질(자동사/타동사, 능동/수동)을 따져 봐서 부합하면 과거동사이고 부합하지 않으면 과거분사(p.p.)이다.

주의사항! 의미가 유사한 전치사와 접속사가 있기 때문에 항상 구별해서 정확한 의미를 암기해 둬야 한다. 부사절 접속사들은 정확한 의미와 용법을 알아야 문제에 적용해 답을 고를 수 있다.

	부사절 접속사	전치사
양보	**although, though, even if, even though** 비록 ~일지라도, ~에도 불구하고	**despite,** **in spite of** ~에도 불구하고
이유	**because, as, since, now that, in that** ~때문에, ~이므로	**because of,** **due to,** **owing to,** **on account of** ~때문에
시간	**when** ~할 때 **at the time (when)/by the time (when)** ~할 때 **while** ~하는 동안, ~하는 반면에 **as soon as** ~하자마자 **before** ~전에 **after** ~후에	전치사 편 참고
조건	**if, providing (that), provided (that),** **assuming (that)** 만약 ~라면 **as long as** ~하는 한 **unless** ~하지 않는다면 **once** 일단 ~하면 **in case (that) + 부정적인 내용** ~하는 경우를 대비해서 **in the event (that) + 부정적인 내용** ~하는 경우를 대비해서 **given that** ~을 고려해 볼 때	**in case of,** **in the event of** ~ 인 경우에 **given + 명사** ~을 고려해 볼 때
목적	**so that** ~ **can/may** **in order that** ~ **can/may** ~하기 위해서	**to in order to부정사** **= so as to부정사** ~하기 위해서
결과	**so + 형용사/부사 + that** ... 매우 ~해서 …하다 **such + 명사 + that** ... 매우 ~해서 …하다	

주어 + 동사 + ~ ; ______________, 주어 + 동사

주어 + 동사 + ~ . ______________, 주어 + 동사

주어 + 동사 + ~ 접속사 + ______________, 주어 + 동사

문제 풀이 순서

STEP 1
보기에서 정답이 될 수 없는 접속사나 전치사를 먼저 제거한다.

STEP 2
남은 접속부사 중에서 의미상 적합한 것을 고른다.

3 | 접속부사

주어 + 동사 + ~ ; 접속부사, 주어 + 동사
주어 + 동사 + ~ . 접속부사, 주어 + 동사
주어 + 동사 + ~ 접속사 + 접속부사, 주어 + 동사

접속부사와 접속사는 둘 다 이름에 '접속'이라는 말이 들어가기 때문에 유사한 기능을 한다고 착각하기 쉽다. 사실은 완전히 다른 품사다. 접속부사는 부사일 뿐 접속사의 역할을 하지 않는다. 따라서 접속부사는 문장과 문장을 연결하는 기능은 없는데 반해 접속사는 두 개의 문장을 하나로 연결한다는 것이 가장 큰 차이점이다. 접속부사는 두 문장을 의미상 연결해 앞 문장 내용을 부가 설명(추가, 대조, 전환, 결과)하는 기능을 한다. 두 문장의 의미를 연결하는 것이지 두 문장을 하나로 합쳐 주는 것은 아니라고 알아 두면 된다.

접속부사의 종류

양보 (~임에도 불구하고)	however, nevertheless, nonetheless, still
결과 (따라서, 결과적으로)	accordingly, consequently, hence, therefore, thus, as a consequence, as a result, finally
부가 (더욱이, 게다가)	besides, furthermore, moreover, above all, in addition
추가 설명 (사실상, 제대로)	indeed, in fact
대조 (대조적으로)	contrarily, in contrast
순서 (그 다음에, 그 후에)	then, thereafter
가령 (그렇지 않다면)	otherwise
화제 전환 (그런데, 그건 그렇고)	by the way
시점·사건 연결 (그 동안에)	(in the) meantime, meanwhile

접속사와 혼동하기 쉬운 접속부사

의미	접속부사
~하지 않으면	otherwise
그러나	however
그러므로	therefore

▶ 접속부사 however

however는 접속사도 되고 접속부사로도 쓰이는데, 문장에서의 위치와 의미가 다르다. however가 접속부사일 때는 '그렇지만, 그러나'의 의미이다.

주어 + 동사 + ~ ; **However,** 주어 + 동사
주어 + 동사 + ~ . **However,** 주어 + 동사
주어 + 동사 + ~ 접속사 + **however,** 주어 + 동사

▶ 접속사 however

부사절 접속사일 때 'however + 형용사/부사 + 주어 + 동사, 주어 + 동사'의 형태로 양보절을 이끌어, '아무리 ~하더라도(= no matter how)'를 의미한다. 뒤에 이어지는 문장의 형식은 다르지만 although와 의미는 같다.

주어 + 동사 + ~ , however + 형용사/부사 + 주어 + 동사
However + 형용사/부사 + 주어 + 동사, 주어 + 동사

▶ 일반 부사도 되고 접속부사도 되는 otherwise

일반 부사일 때는 '다른 방법으로, 그 밖에 달리'라는 의미인데, 접속부사일 때는 '만약 그렇지 않다면'이라는 의미를 나타내므로 쓰임에 주의한다.

예제

New manager Ms. Foster plans to go to the department picnic, _________ she is concerned about the weather forecast.

(A) but   (B) however   (C) whether   (D) until

해석 ▶ 새 매니저 Ms. Foster는 부서 야유회를 갈 계획이다. 그러나 그녀는 일기예보에 관해 걱정하고 있다.

해설 ▶ 일단 완전한 문장 두 개가 빈칸에 의해 연결되어 있다. 따라서 빈칸은 접속사 자리이다. 문장과 문장 사이는 부사절 접속사와 등위접속사가 가능하며, (A)는 등위접속사, (B), (C), (D)는 부사절 접속사이다. however는 부사절 접속사일 때 문장 뒤에 형용사나 부사를 끌고 와야 하므로 (B)는 적절하지 않다. (C) 역시 부적절한데, whether는 부사절일 때는 언제나 뒤 문장 속에 or (not)이 나와야 한다. (A)와 (D)가 남았는데 해석을 해 보면 의미상 (A)만 될 수 있다. 문장 구조를 정확하게 확인해야 접속사/전치사/접속부사 자리인지를 구분할 수 있다. 특히 각각의 접속사와 접속부사를 정확히 구별할 수 있도록 암기해야 한다.

등위접속사와 상관접속사

구조가 완전한 두 개의 절을 연결하거나 단어나 구 등을 대등하게 연결하는 등위접속사/상관접속사를 찾는 문제이다.

등위접속사는 대등한 구조의 명사, 구, 절을 연결하는 접속사다. 빈칸 앞뒤로 대등한 구조(병렬 구조)면 빈칸은 등위접속사나 상관접속사 자리이다. 주의할 것은 등위접속사는 문두에는 올 수 없다. 상관접속사에 등위접속사가 사용되는데 문장에서 상관접속사의 짝을 찾으면 쉽게 답을 찾을 수 있다. 또한 접속사로 연결된 주어와 동사의 수 일치 문제도 출제된다.

유형 21-1

주어 + 동사 ~, [   ] 주어 + 동사 ~

문제 풀이 순서

STEP 1
빈칸을 중심으로 양쪽 문장의 구조가 완전하면, 접속사가 정답이므로 보기에서 접속사가 아닌 것은 제외한다.

STEP 2
의미상 적합한 접속사를 고른다. (위에 제시된 형태의 문장에서 빈칸에는 등위접속사뿐 아니라 부사절 접속사도 올 수 있으므로 주의한다.)

유형 21-2

명사 + [   ] + 명사
to + 동사원형 ~ + [   ] + (to) + 동사원형
동명사구 + [   ] + 동명사구

구조가 완전한 절과 절 또는 병렬 구조의 구문들을 연결해 주는 등위접속사 또는 상관접속사를 찾는 문제이다. 상관접속 문제는 대부분 암기해서 상관접속사 구문의 짝을 찾으면 쉽게 해결할 수 있다.

문제 풀이 순서

STEP 1
빈칸 앞뒤가 병렬 구조이면 보기 중 의미가 통하는 등위접속사를 선택한다.

STEP 2
빈칸이 문장의 구조에 영향을 주지 않는 자리이면(부사) 빨리 문장 뒤에 나오는 상관접속사 구문의 일부를 확인하고 짝을 이루는 표현을 선택한다.

1 | 등위접속사

and, or, nor, but(= yet)

등위접속사가 문장을 연결할 때는 부사절 접속사처럼 문두에 올 수 없고 문장과 문장 사이에 온다. 등위접속사 유형은 접속사가 앞뒤로 대등한 구조를 연결한다는 원리를 적용해 문제를 만든다.

동명사 and 동명사　　　　　**to부정사 and (to)부정사**

명사 and 명사　　　　　　　**형용사/분사 and 형용사/분사**

the _________ and -ing(분사)+명사: 빈칸이 관사와 명사 사이니까 분사 또는 형용사가 올 수 있다. 관사와 명사 사이에 있는 두 개의 수식어구를 and가 연결한다.

주의!

- nor 뒤에 문장이 오면 주어와 동사가 도치가 된다. nor는 부정접속사다.
- 참고로 명령문과 일반 문장을 and나 or로 연결하기도 하는데 가끔 출제된다.

명령문 + and + 주어 + 동사: ～해. 그럼 ～할 것이다. (뒤에 긍정적인 내용 – 충고의 의미)

명령문 + or + 주어 + 동사: ～해. 그렇지 않으면 ～할 것이다. (뒤에 부정적인 내용 – 경고의 의미)

2 | 상관접속사

상관접속사 문제는 다음과 같이 크게 두 가지 유형으로 출제된다.

① 단순한 형태를 찾는 문제

단순히 상관접속사의 형태를 완성하는 문제는 5개의 상관접속사를 암기하면 쉽게 풀 수 있다.

both A and B	A, B 둘 다
not A but B (= B, but not A)	A가 아니라 B
not only(= just) A but (also) B	A뿐 아니라 B도 역시
neither A nor B	A도 아니고 B도 아님
either A or B	A거나 B 둘 중 하나

* not only A but B 대신 쓸 수 있는 표현

B as well as A = B along with A = B together with A = B in addition to A

② 수 일치 문제

상관접속사가 주어 자리인 빈칸에 올 때 동사의 수를 확인해서 해결하는 문제가 출제된다. both A and B 주어는 복수 동사를 쓰고, 나머지 상관접속사들은 모두 B의 수에 동사를 일치시킨다. Not only A but (also) B를 전치사구로 변형한 B as well as A = B along with A = B together with A = B in addition to A 구문들 역시 주어 자리에 온다면 B에 동사의 수를 일치시켜야 한다.

The new vehicle presented at New York motor show provides passengers a comfortable ride __________ a variety of additional features.

(A) even though   (B) in order to   (C) as well as   (D) whether

해석 ▶ 뉴욕 모터쇼에서 소개된 새로운 자동차가 승객들에게 다양한 추가 기능들뿐 아니라 편안한 승차감을 제공한다.

해설 ▶ 두 개의 명사 a ~ ride와 a variety of ~ features를 연결해 주는 단어가 빈칸에 와야 한다. (A), (D)는 부사절 접속사라서 이 자리에 올 수 없다. (B)는 in order to 뒤에 동사원형이 따라 와야 한다. 정답은 (C)다.

참고 ▶ B as well as A = B along with A = B together with A = B in addition to A: A뿐만 아니라 B도

For their soup at Frontier's Dinning, all customers have a choice of __________ chicken or fried shrimp as a topping.

(A) neither   (B) whether   (C) either   (D) both

해석 ▶ Frontier's Dinning의 수프는, 모든 고객들이 치킨 또는 튀긴 새우를 토핑으로 선택할 수 있다.

해설 ▶ '전치사 of + 빈칸' 뒤에 명사 chicken과 shrimp가 있다. 빈칸은 두 개의 명사를 의미상 부드럽게 연결해 주는 상관접속사 either가 적절하다. (A), (B) 사이에 있는 or를 보고 either를 고르면 빨리 해결할 수 있는 문제이다.

수량 관련 표현들

수량 관련 표현들의 다양한 용법을 묻는 문제가 출제된다.

수량 관련 표현들은 다소 복잡해 보이고 종류가 많아서 미리 겁을 먹고 암기를 포기하는 경우가 많다. 그렇지만 영어 공부를 하면서 많이 쓰기 때문에 피해갈 수 없는 표현들이므로 한 번쯤 제대로 공부해 둘 필요가 있다. 수량 관련 표현들은 명사와 관련이 있으므로 명사의 성격에 영향을 받는다. 즉, 셀 수 있는 명사인지, 셀 수 없는 명사인지에 따라, 또 단수 명사인지, 복수 명사인지에 따라 수량 표현을 주의해서 선택해야 한다.

1 │ 형용사 용법

수량 관련 표현들이 형용사처럼 명사를 수식하는 경우는 정확히 말해서 한정사로 사용되는 것이다. 한정사에는 정관사와 소유격 지시형용사(this/ that)가 포함되며 수량 관련 표현이 한정사이기 때문에 다른 한정사들과 같이 사용할 수 없다. 예를 들어, many books, the books, my books라고 쓸 수 있지만 the my books나 the many books라고는 쓸 수 없다.

other	+ 복수 가산명사/단수 불가산명사
one	+ 단수 가산명사
another	+ 단수 가산명사
the other	+ 단수 가산명사/복수 가산명사/단수 불가산명사
every/each/either/neither	+ 단수 가산명사
several/both	+ 복수 가산명사
a lot of/lots of/plenty of	+ 복수 가산명사/단수 불가산명사
all/most/some	+ 복수 가산명사/단수 불가산명사
many/a few/few	+ 복수 가산명사
much/a little/little	+ 단수 불가산명사

주의사항!
'대부분의'라는 의미의 most는 형용사로 명사를 수식하지만 비슷한 의미의 almost는 부사이므로 혼동하지 않도록 주의해야 한다. almost는 명사를 수식하지 않는다.

2 | 대명사 용법

대명사는 관사나 형용사의 수식을 받을 수 없으며 뒤에 관계대명사를 취할 수도 없다. (단, those와 anyone은 대명사이지만 뒤에 관계대명사 who를 취할 수 있다.)

One/Each/Either/Neither + of the	+ 복수 가산명사 + 단수 동사
Several/Both/Many + of the	+ 복수 가산명사 + 복수 동사
Much of the	+ 단수 불가산명사 + 단수 동사
All/Most/Some + of the	+ 복수 가산명사/단수 불가산명사 + 복수 동사/단수 동사

- All/Most/Some은 of the 뒤의 명사를 보고 동사와 수 일치를 시킨다. of the 뒤에 복수 가산명사가 오면 동사도 복수형을 쓰고, of the 뒤에 단수 불가산명사가 오면 동사도 단수형을 쓴다.

- Each other(= One another)는 대명사로 주어 자리에 사용하지 않는다. 목적어 자리(타동사, 전치사 뒤), 소유격 자리(each other's/one another's)만 가능하다.
  Another/The other/Others/The others는 대명사로 뒤에 'of the + 명사'의 구조를 취하지 않는다.

- 정확한 수: 숫자 + 단수 단위 + 복수 명사
  ex. two thousand students   2천 명의 학생들

- 막연한 수: 복수 단위 + of + 복수 명사
  ex. thousands of students   수천 명의 학생들

3 | any/no/some

보기에 any, no, some이 있으면 문장을 해석해서 답을 찾는 문제이다. 문장을 해석해 긍정의 의미가 되어야 하면 every/any/some 등이 답이다. every/any는 포괄적인 의미일 때, some은 제한적인 의미일 때 사용한다. 문장이 부정적인 의미가 되어야 하면 any/no/few 등이 답이다. 문장에 부정어가 없으면 no 또는 few 등이 답이고 부정어가 있으면 any가 답이다.

Taking a subway is the fastest way to reach the city hall around this time, but __________ are still available.

(A) other (B) others (C) the other (D) another

해석 ▶ 이맘때는 지하철을 타는 것이 시청까지 가장 빨리 가는 방법이다. 그러나 다른 방법들도 여전히 이용할 수 있다.

해설 ▶ 빈칸은 주어 자리로 명사, 대명사, 동명사구, 부정사구, 명사절이 올 수 있다. (A)는 형용사로 이 자리에 올 수가 없다. (B), (C), (D)가 가능하지만 동사가 복수형이다. 따라서 (B)가 정답이다.

__________ interested in attending the workshop on the new accounting software is welcome to sign up before the end of the week.

(A) One (B) Whoever (C) Anyone (D) Them

해석 ▶ 새로 나온 회계 소프트웨어에 관한 워크숍 참석에 관심 있는 사람은 이번 주말 전까지 등록하세요.

해설 ▶ 빈칸은 주어 자리이므로 명사, 대명사, 동명사구, 부정사구, 명사절이 올 수 있다. (B)는 명사절을 이끄는 접속사인데, interested는 동사가 아니라 p.p.이고 문장이 하나라서 접속사는 올 수 없다. (D)는 목적격이라 주어 자리에 올 수 없다. (A)와 (C)가 가능한데 interested와 빈칸 사이에 '주격 관계대명사 + be동사'가 생략됐다고 보면, one은 대명사로 관계대명사의 수식을 받을 수 없지만 anyone은 those와 더불어서 관계대명사 who의 수식을 받을 수 있음을 기억하자. 정답은 (C)이다.

전치사의 용례

문장에 필요한 전치사를 찾는 문제이다.

전치사 유형은 문장 구조를 보고 답이 접속사인지 전치사인지를 구분해 내는 문제와 의미상 알맞은 전치사를 고르는 문제로 나뉜다. 다양한 전치사의 다양한 용례를 알아 둬야 한다.

유형 23-1

+ 명사 + **-ed**, 주어 + 동사 ~

주어 + 동사 ~ + + 명사 + **-ed**

문제 풀이 순서

STEP 1
-ed가 과거동사가 아님을 확인하면,

STEP 2
적절한 전치사를 고른다.

---

1 | 전치사 vs 접속사의 위치

전치사/접속사 + 명사 + **-ed**, 주어 + 동사 ~

주어 + 동사 ~ + 전치사/접속사 + 명사 + **-ed**

위의 두 개의 구조는 둘 다 전치사와 접속사 중에서 선택하는 유형이지만 전치사/접속사의 위치가 다르다. 빈칸이 전치사 자리인지 접속사 자리인지 판단하려면 명사 뒤에 있는 -ed의 정체를 알아야 한다. -ed가 과거동사라면 앞의 명사가 주어이고 문장이 두 개가 되니 빈칸에는 접속사가 와야 한다. -ed의 정체가 과거분사(p.p.)라면 빈칸은 전치사 자리가 된다.

그렇다면 -ed의 정체를 파악하는 법은 동사의 성질, 즉 자동사/타동사·능동/수동을 구분해 보는 것이다. 자동사라면 항상 능동만 존재하고 타동사라면 능동일 때는 목적어가 있어야 한다. 만약 목적어가 없으면 수동태 (be + p.p.)가 되어야 한다. 예를 들어 보자.

(접속사/전치사) + the document provided, 주어 + 동사 ~

이 문장에서 provided가 동사라면 빈칸은 접속사 자리이고, 동사의 성질에 맞지 않으면 과거분사이므로 빈칸에는 전치사가 온다. provide 동사의 성질을 따져 보자. 일단 provide는 타동사니까 뒤에 반드시 목적어가 와야 하며 이를 능동태라고 한다. 만약 목적어가 없으면 be provided처럼 수동태가 되어야 한다. 이 문장에서는 provided 뒤에 목적어가 없다. 그 뜻은 타동사로 수동태가 되어야 한다는 건데 수동태의 구조도 아니다. 즉, 동사의 성질이 만족되지 않는다. 다시 말해 이 문장에서 provided는 과거분사(p.p.)이고 빈칸엔 전치사가 온다.

<table>
<tr><td>유형
23-2</td><td>보기가 모두 전치사들로 구성된 경우</td></tr>
</table>

문제 풀이 순서   해석을 통해 올바른 전치사를 찾아야 한다.

주의사항! 전치사는 숙어의 개념으로 생각하면 안 되며, 각각 전치사들의 뜻과 용법을 알아야 한다.

2 | 전치사들의 용례와 의미

- **기간 앞에 쓰는 전치사:** for, over, within, throughout, after

  within + 기간/장소/분야/범위 (within the walking distance 걸어갈 수 있는 범위 내에)
  throughout + 기간/장소/산업 분야 및 업계 (~에 걸쳐서)
  for + 정확한 기간 (for five years 5년 동안)
  during + 애매한 기간 (during business hours 영업시간 동안)

- **시점 앞에 쓰는 전치사:** by, until, before, after, since

  since가 전치사로 사용될 때는 현재완료 시제와 쓴다. by는 완료, until은 계속의 의미를 나타내기 때문에
  동사의 의미가 완료인지 진행인지 따져 봐야 한다.

- **기본 전치사:** on, in, at, as, to, upon, across/along, between/among

  on + 요일, 날짜/(건물의) 층/오른쪽, 왼쪽 (on your right/left), ~에 관한
  in + 달, 연도, 장소, 기간, 분야 (~어떤 분야에 있어서)
  at + 속도, 비율, 가격, 시각, 장소
  as + 신분, 자격
  to + 사람, 장소 ('~에게로, ~쪽으로'와 같이 방향성을 지님),
  감정 명사 앞에 사용
  upon + 시점: 동작을 의미하는 명사나 동명사가 온다.(~하자마자)
  across/along + 장소
  along with + 사람, 사물
  between/among + 복수 명사
  with + 사람 (~와 함께), **사물** (~을 가지고), 경력 기간
  with + O + O.C 주어 + 동사 ~ (O가 O.C하는 가운데/O가 O.C하므로)

  장소 앞에 전치사 to는 방향성(~로)을 나타내고 in이나 at은 정지해 있는 상태를 의미한다.

- ~에서의 증가, 감소, 발전을 나타내는 **in**

  a/an + increase/rise/decrease/decline/drop/advance + in

  advancement는
  '승진, 승급, 진급'이라는
  의미이므로
  혼동하지 않도록 주의

- **전치사 취급 표현**

  regarding/concerning(~에 관하여)
  = on = about = over = as to = as fo

  considering(~를 고려해 볼 때)
  following, thanks to(~덕분에)
  including(~을 포함하여)
  excluding(~를 제외하고)

  starting과 **beginning**은 뒤에 on과 같은 전치사가 또 와도 된다.

- **under**와 **beyond** 관용표현

  under + circumstance, condition, control, negotiation, procedure,
  pressure, policy, management, supervision
  beyond + my power, description, expectation

- **전치사 of와 쓰이는 형용사 표현**: 'be + 형용사 + of'의 형태로 쓴다.

  indicative(~을 가리키다), **appreciative**(~에 감사해하다), **critical**(~을 비평하다),
  capable(~을 할 수 있다), **aware**(~을 알다, 깨닫다)

- **기타 암기해 두면 좋은 표현들**

  at all times(항상) / **at any time**(언제든지)
  at a time(한 번에) / **at no time**(한 번도 ~않은)
  as of + 시간(~부로, ~부터) / **as if**(마치~인 것처럼)
  as for = as to(~로 말하자면, ~에 관해서는)
  plus: 앞의 명사에 뭔가를 추가하는 전치사
  such as: 앞에 나온 명사에 예를 들 때 쓰는 전치사

WhangSung city's beef products became popular, _______ it introduced its organic products to the market.

(A) so as   (B) due to   (C) once   (D) within

해석 ▶ 일단 시에서 유기농 제품들을 시장에 출시하고 나자 WhangSung 시의 소고기 제품들이 유명해졌다.

해설 ▶ 빈칸은 접속사 자리이다. 보기 중 접속사는 (C)가 유일하다. 정답은 (C)이다.

The ABC sneaker mart has many of line stores __________ the country.

(A) between   (B) with   (C) next   (D) throughout

해석 ▶ The ABC sneaker mart는 전국적으로 많은 매장들을 소유하고 있다.

해설 ▶ 완전한 구조를 가진 문장의 맨 끝에 명사가 있다. 따라서 빈칸은 전치사 자리임을 알 수 있는데 빈칸 뒤에 장소 명사가 나오므로 장소 전치사를 찾는다. (A)는 뒤에 복수 명사가 온다. (B)는 장소 전치사가 아니다. next는 혼동하는 사람이 있는데 전치사가 아니므로 답이 될 수 없다. 따라서 기간 명사와 장소 명사를 취하는 (D) throughout이 답이다.

혼동하기 쉬운 가산명사/ 불가산명사

가산명사/불가산명사를 구분해서 적절한 명사를 고르는 문제이다.

명사 관련 문제들은 대부분 주어, 목적어, 보어 자리에 들어갈 명사를 찾는 문제이거나 전치사 뒤에 올 명사를 찾는 문제이다. 보기 중에 명사가 2개 이상 있을 때는 명사의 성질을 구분해 정답을 선택해야 한다. 명사 문제는 '셀 수 있느냐 셀 수 없느냐' 하는 포인트 하나만 기억하면 대부분 해결할 수 있다.
셀 수 있는 명사 = 가산명사
셀 수 없는 명사 = 불가산명사

유형 24 **적절한 명사 선택**

문제 풀이 순서

STEP 1
빈칸이 명사 자리임을 확인한 후, 보기에 명사가 하나일 때 명사를 고른다.

STEP 2
명사가 2개 이상이라면 주어와 동사 수 일치에 따라 단수/복수를 따진다.

STEP 3
사람 명사(가산) 사물 명사(가산) 추상명사(불가산)를 따져야 한다.

STEP 4
복합명사 문제가 등장할 경우 빈출 복합명사들을 암기해 두면 편하다. (유형 18참고)

TIP
혼동하기 쉬운 가산명사/불가산 명사 고르기 문제는 대부분 복수형이 정답이다. 문제 파악이 힘들 경우 사용하는 풀이팁!

---

1 │ 셀 수 있는 명사 = 가산명사

셀 수 있는 명사는 앞에 부정관사(a/an), 정관사(the)를 붙이거나 복수형(-s)으로 써야 한다. 보통 사람 명사나 사물 명사는 셀 수 있다.

• 셀 수 없을 것 같은데 셀 수 있는 명사

돈 관련 명사들은 money, cash만 빼고 모두 가산명사이다.

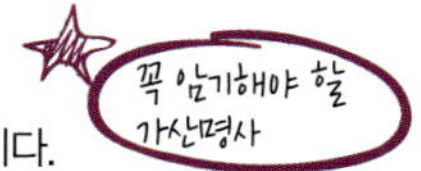

refund 환불 **price** 가격 **account** 계좌 **bank** 은행 **cost** 비용 **bill** 청구서 **salary** 월급
benefit 수당 **bonus** 보너스 **wage** 월급 **revenue** 매출 **profit** 이익금

- **앞에 a를 붙이는 '증가/감소' 관련 명사**

  an increase 증가 **a hike** 급등 **a jump** 급등 **a rise** 증가 **an advance** 발전
  a decrease 감소 **a reduction** 감소 **a decline** 하락 **a drop** 하락 **a change** 변화
  주의사항! 위 명사들은 뒤에 in을 써 증가/감소가 일어나는 범위나 분야를 설명한다. reduction만 빼고 모두 같은 형태로 동사로도 쓰이는데, 동사일 때는 앞에 a/an을 붙이지 않고 뒤에 in을 붙이지 않는다!)

2 | 셀 수 없는 명사 = 불가산명사

불가산명사는 정관사(the)가 앞에 오거나 단독으로 쓰며, 복수형을 쓸 수 없다. 추상명사는 보통 셀 수 없는 명사이다.

- **셀 수 있을 것 같은데 셀 수 없는 명사** (꼭 암기해야 할 불가산명사)

  equipment 기구, 장비 **furniture** 가구 **money/cash** 돈/현금 **advice** 충고
  information 정보 **baggage/luggage** 짐 **scenery** 경치, 풍경 **news** 뉴스
  mail 우편물

3 | 사람 명사, 사물 명사(가산명사) vs. 추상명사(불가산명사)

accountant 회계사 **account** 계좌	**accounting** 회계
applicant 지원자 **application** 지원, 지원서	**applying** 지원하기
rival 경쟁자	**rivalry** 경쟁 관계, 경쟁
advisor 조언자	**advice** 충고 **advising** 충고하기
attendee 참석자 **attendant** 수행자	**attendance** 출석
interviewer 면접관 **interviewee** 피면접인 **interview** 면접	**interviewing** 면접하기
assembler 조립자	**assembly** 조립

주의사항! 복합명사: 명사가 2개 이상 모여 하나의 의미를 만드는 덩어리 명사이다. 하나의 명사로 취급하며 역시 명사의 성질인 가산/불가산 중 하나가 된다. (복합명사는 유형 18)

> **TIP**
> '형용사 + 명사'인지 '명사 + 명사'(복합명사)인지 구분하는 방법
> ① '명사2를 위한 명사2' 혹은 '명사1을 명사2하다'라고 해석되면 복합명사가 답!
> ② 이때 명사1은 아주 예외적인 경우를 제외하고는 복수형 불가
> ③ 복합명사의 가산/불가산 여부, 단수/복수 등은 뒤에 오는 명사에 의해 결정

혼동하기 쉬운 가산/불가산명사

---

fund(자금) 가산명사 – funding(자금 조달 행위) 불가산명사

plan(계획) 가산명사 – planning(기획 행위) 불가산명사

characteristic(특성, 특징) 가산명사 – character(성향, 성격) 불가산명사

➜ 단! 연극 등의 '배역'을 의미할 때는 가산명사

예제 1

The mutual agreement between the two leading companies will help the __________ substantially increase their revenues.

(A) firms　　(B) firmly　　(C) firm　　(D) firmer

해석 ▶두 선도 기업들 간의 상호 합의는 양사가 이윤을 상당히 증가시키는 데 도움을 줄 것이다.

해설 ▶ 빈칸은 명사 자리이다. 보기에서 명사는 (A), (C)다. 주의할 것은 (D)는 형용사 firm(단단한)의 비교급이다. 명사가 2개면 가산/불가산 성질을 따져야 한다. firm은 '회사'니까 가산명사이다. 가산명사는 관사를 붙이거나 복수형으로 사용되어야 한다. 빈칸 앞에 the가 있으니 (A), (C) 둘 다 가능하다. 단 뒤에 이어지는 문장에 their revenues라 했으니 두 회사를 의미하므로 복수가 적합하다.

예제 2

The purpose of last month's workshop was to improve employee __________ and the results were better than expected.

(A) productive　　(B) produce　　(C) productivity　　(D) product

해석 ▶ 지난 달 워크숍의 목적은 직원 생산성을 향상시키기 위한 것이다. 그리고 그 결과가 예상했던 것보다 좋았다.

해설 ▶ improve의 목적어 자리에 employee가 있는데 빈칸이 있으므로 또 다른 명사를 찾는 복합명사 문제이다. 명사 뒤에 명사가 와서 복합명사가 될지 아닐지는 앞의 명사가 힌트를 준다. employee는 사람 명사에 가산명사이므로 관사를 사용하거나 복수형이 되어야 하는데 둘 다 없다는 것은 혼자 사용되는 명사가 아니라 복합명사가 되어야 한다는 증거이다. 보기 중 명사는 (C), (D)가 있고 (D)는 명사가 두 개 이상이면 가산/불가산 성질을 따져야 한다. (D)는 가산명사로 employee와 합쳐져도 여전히 가산명사다. 따라서 employee product 앞에 관사를 쓰거나 복수형이 되어야 한다. 반면에 productivity는 불가산명사로 employee productivity도 여전히 불가산명사다. (복합명사의 가산/불가산 구분은 유형 18 참고) 따라서 독립적으로 관사를 쓰지 않고 사용할 수 있다. 정답은 (C)가 된다.

유형 25

가정법 구문 6가지 (도치 포함)

가정법 문제는 단순하게 동사의 형태를 비교해서 풀 수 있는 쉬운 문제이다.

가정법은 종류에 따라 주절과 부사절의 동사 형태가 다른 데다가 문장의 해석도 달라 헷갈린다. 토익에서 가정법은 주절과 부사절의 시제를 맞히는 형태나 종종 도치 구문의 형태로 출제된다. 주절과 부사절의 시제 짝을 맞추어 외우기만 하면 가정법 문제는 간단히 해결할 수 있다.

유형 25-1

If + 주어 + ____________, 주어 + 동사

주어 + 동사 ~ if + 주어 + ____________

If + 주어 + 동사 ~, 주어 + ____________

주어 + ____________ ~ if + 주어 + 동사

문제 풀이 순서   가정법 공식에 따라 올바른 동사 형태를 찾아 비교한다.

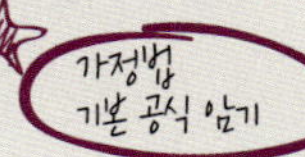

---

1 | 가정법 과거완료(과거 사실과 반대)

If + 주어 + had p.p. ~, 주어 + 과거형 조동사(would/could/might) + have p.p. ~

If we **had known** the changes in schedule, we **would have notified** employees in advance.

우리가 일정 변경을 알았다면 미리 직원들에게 알렸을 텐데.

2 | 가정법 과거(현재 사실과 반대, 현재 실현 불가능)

If + 주어 + 과거형 동사/were ~, 주어 + 과거형 조동사(would/could/might) + 동사원형 ~

가정법 과거에서 be동사는 주어에 상관없이 were를 쓴다.

If I **were** you, I **would do** more researches and interviews for a better report.

내가 너라면 보고서를 더 잘 쓰기 위해 더 많이 조사하고 인터뷰를 할 거야.

3 | **가정법 현재**(실현 가능한 미래)

If + 주어 + 현재형 동사 ~, 주어 + 미래형 동사(will/should/can/may) + 동사원형 ~ 혹은 명령문

If you **are** interested in this competition, **please feel** free to send the application to Ms. Murphy.

이 경연 대회에 관심이 있으시면 Ms. Murphy에게 신청서를 보내세요.

4 | **가정법 미래**(실현 가능성이 희박한 미래)

If + 주어 + should + 동사원형 ~, 주어 + 미래형 동사(will/should/can/may) + 동사원형 ~ 혹은 명령문

If you **should have** any problems with our products, we **will send** our repairman to you immediately.

저희 제품에 문제가 있으면 저희가 즉시 수리공을 보내겠습니다.

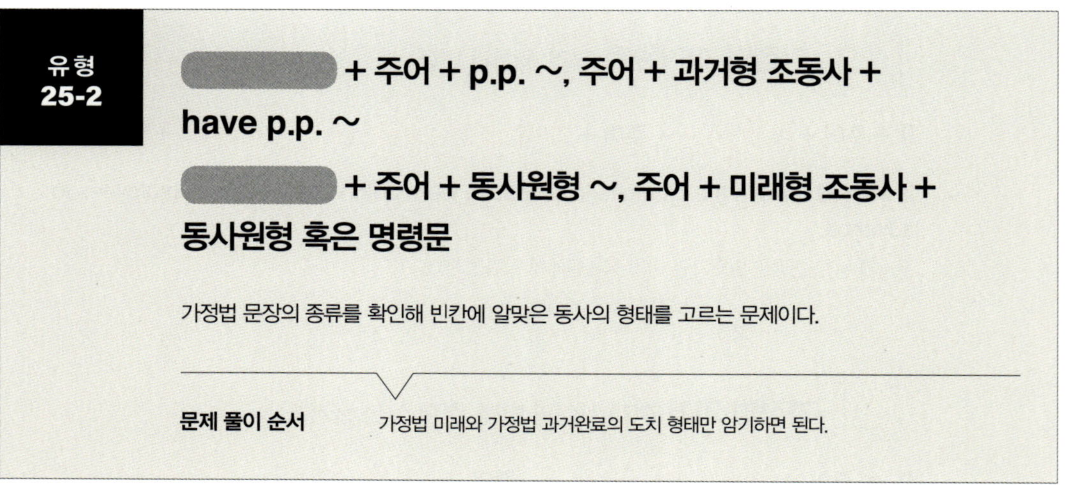

가정법 과거완료와 가정법 미래의 도치 형태를 묻는 문제가 출제된다. 도치는 접속사 if를 생략하고 부사절의 주어와 동사의 위치를 바꾸는 방식이다. 주절의 시제에는 변화가 없다.

5 가정법 과거완료의 도치

Had + 주어 + **p.p.** ～, 주어 + **과거형 조동사(would/could/might)** + **have p.p.** ～

도치 후 'Had + 주어'의 뒤로 남는 형태는 과거분사(p.p.)임을 기억하자!

Had we **departed** for the airport earlier, we **could have arrived** in time.
우리가 공항으로 일찍 출발했다면 제시간에 도착할 수 있었을 텐데.

6 가정법 미래의 도치

Should + 주어 + **동사원형** ～, 주어 + **미래형 조동사(will/should/can/may)** + **동사원형** ～ 혹은 **명령문**

가정법 미래는 가정법 과거완료와는 달리 도치 후 'Should + 주어' 뒤에 동사원형이 남는다.

Should we **get** sufficient funds, we **can build** a new library for the community.
자금이 충분하면 우리는 지역 사회를 위해 도서관을 새로 지을 수 있을 텐데.

예제 1

If we ___________ more time to revise materials for the presentation, we could have attracted more potential customers.

(A) have
(B) had
(C) had had
(D) would have

해석 ▶ 발표 자료를 수정할 시간이 더 있었더라면 우리는 더 많은 잠재 고객들을 유치할 수 있었을 것이다.

해설 ▶ If로 시작하는 가정법 문장이다. if절의 동사 시제를 묻고 있으므로, 주절의 시제를 확인한다. could have attracted로 '과거형 조동사 + have p.p.' 즉, 가정법 과거완료임을 알 수 있다. 정답은 (C)이다.

예제 2

If the user manual ___________ more detailed, we could use the equipment more easily.

(A) had been
(B) was
(C) were
(D) would be

해석 ▶ 사용자 매뉴얼이 더 자세하다면 우리는 좀 더 쉽게 장비를 사용할 수 있을 텐데.

해설 ▶ If로 시작하는 가정법 문장이다. if절의 동사 시제를 묻고 있으므로 주절의 동사 could use를 확인하면 '조동사 과거형 + 동사원형'의 가정법 과거임을 알 수 있다. 가정법 과거 문장에서는 if절에 were만 사용한다는 것을 기억해야 한다. 정답은 (C)이다.

예제 3

___________ you have any questions and inquiry, please feel free to contact us at any time.

(A) Should
(B) Had
(C) Did
(D) Were

해석 ▶ 질문이 있으시면 언제라도 저희에게 연락 주십시오.

해설 ▶ 가정법 도치 구문임을 빨리 알아 낼 수 있어야 한다. 빈칸 뒤 주어 you에 이어 동사원형 have를 확인하면 조동사 Should가 정답임을 알 수 있다. 또한, 주절의 시제가 명령문이라는 점에서도 정답은 (A)이다.

유형 26

특수 부사

적절한 부사 어휘를 고르는 문제이다. 다양한 부사를 숙지하고 있는 것이 포인트.

부사 어휘 문제를 틀리는 가장 큰 이유는 단순히 의미만을 고려해 풀려고 하기 때문이다. 부사 어휘 문제 중에서 오답률이 높은 문제들은 대체로 보기 중 일부가 특수 부사들일 때다. 따라서 부사 어휘 문제는 항상 다음과 같은 문제 풀이 순서대로 풀어야 한다.

유형 26 | 부사 어휘 문제

문제 풀이 순서

STEP 1
보기에서 부사가 아닌 단어는 제외시킨다.

STEP 2
보기에 특수 부사가 있으면 그 용례를 파악한다.

STEP 3
시제를 확인해 본다. 예를 들어 과거시제일 때 보기의 soon shortly는 오답이다. 또 미래시제일 때 보기의 recently. once 등은 오답이다.

STEP 4
나머지 보기의 의미를 따져 정답을 고른다.

1 | 부사의 형태

부사의 기본 형태는 '형용사 + ly'이다. 그런데 '명사 + ly = 형용사'를 이용해 함정 보기를 만들기도 하므로 잘 구분해 두자. timely, weekly, friendly 등은 부사가 아닌 형용사다.

- **시간 부사**

  recently, lately – 현재완료/과거시제
  shortly, soon – 미래시제
  regularly, periodically, currently – 현재시제

  once – 과거시제
  since – 현재완료

- **주로 숫자 앞에 오는 부사**

  **almost, nearly, about, around, roughly, approximately,
  up to, at least, a maximum of, a minimum of, more than, over**

2 | 빈출 부사 1

의미와 특징을 잘 기억해 둬야 할 부사들은 다음과 같다.

단어	품사와 의미		출제 포인트
still	부사	'여전히'	시제는 현재, 현재진행형
	부사	'여전히'	주로 긍정문에서 사용 부정문에 쓴다면 still not으로 사용 (not still은 불가)
	부사	'그러나, 그런데도'	Still, 주어 + 동사 (접속사 but과 혼동 주의, still은 문장 접속의 기능이 없음)
yet	부사	'아직'(일어나지 않은 일)	have not yet p.p.로 주로 부정문에 사용 have yet to be yet to '아직 ~ 아니다'(숙어로 암기)
	등위접속사 '그러나'		주어 + 동사, yet(= but) + 주어 + 동사
once	부사	'언젠가 한 번은'	주어 + once + 과거형 동사
	접속사	'일단 ~하면'	Once + 주어 + 동사(현재), 주어 + 동사(미래) ➔ 시간/조건의 부사절
besides	부사	'게다가'	Besides, 주어 + 동사 주어 + besides + 동사
	전치사	'~에 더하여, ~이외에도'	besides + 명사/동명사
just	부사	'이제 막 ~'	just as ~ as '딱 ~만큼 ~한' just before '~하기 직전' just after '~한 직후'
already	부사	'이미, 벌써'	have already p.p. '이미 ~했다' 완료시제(긍정문)와 사용

3 │ 빈출 부사 2

- **well의 3가지 용례:**

  well + 분사

  well + 전치사구

  well + aware

- **비교급 수식 부사(훨씬): much, even, still, far, a lot, way**

- **ever: hardly ever, ever since, 최상급/비교급 + ever**

- **enough:** 형용사를 뒤에서 꾸며 주는 후치 수식 부사이다. **ex.** good enough

  cf) enough money에서 enough는 명사 money를 수식하는 형용사다.

- **too:**

  too much + 단수 불가산명사

  too many + 복수 가산명사

  too + 형용사/부사 + to부정사 (너무 ~해서 ~하지 못하는)

- **'증가/감소'와 어울리는 부사**

  considerably, dramatically, rapidly, constantly, consistently, significantly, gradually

- **nearly + 숫자/완료 의미(complete)/원급 비교**

- **extremely:** 형용사/부사만 수식. 동사는 수식 안 함 **ex.** extremely good

  greatly: 동사/분사만 수식. 형용사/부사는 수식 안 함

- **never/hardly = seldom = rarely = barely = scarcely**

  일반동사 앞에 오며, 문두에 오면 도치된 것이다.

- **문장 앞 or 끝에만 오는 부사:**

  anymore, afterward, lately, lastly, in addition = besides, too(또한) = as well

- **특이하게 생긴 부사:**

  all the more, somewhat

혼동하기 쉬운 부사

다음 부사들을 짝으로 묶어서 구분해 두자.

부사	품사와 의미		예문
hard	부사	'열심히'	work hard 열심히 일하다
	형용사	'어려운'	Chinese is hard to learn. 중국어는 배우기 어렵다.
hardly	부사	'거의 ~ 아니다'	hardly understand 거의 이해 못하다
near	부사	'가까이'	live near 가까이 살다
	형용사	'가까운'	a near store 가까운 가게
	전치사	'~ 가까이에'	a store near you 너에게서 가까운 가게
	동사	'가까이 가다'	A star neared us. 별이 우리에게 가까이 왔다.
nearly	부사	'거의'	nearly 300 soldiers 거의 300명의 병사들
high	부사	'높게'	aim high 목표를 높게 잡다
	형용사	'높은'	high altitude 높은 고도
highly	부사	'매우'	highly successful 매우 성공적인(very와 유사한 뜻)
late	부사	'늦게'	come late 늦게 오다
	형용사	'작고한, 늦은'	late Mr. Kim 작고한 Mr. Kim
			He was late. 그는 늦었다.
lately	부사	'최근에(= recently)'	The rate of increase has slowed lately. 증가 속도가 최근 둔화되었다.

The venue for the annual awards ceremony has not __________ been decided, but the planning manager is sure that the event will meet the expectations of fans.

(A) yet   (B) still   (C) lastly   (D) soon

해석 ▶ 연례 시상식 개최지가 아직 결정되지 않았지만 기획실장은 이벤트가 팬들의 기대에 부응할 것이라고 확신한다.

해설 ▶ 부사 어휘 문제는 항상 특수 부사가 있는지를 파악하고 시제를 확인하는 것이 중요하다. 현재완료 시제이므로 미래시제에 어울리는 soon이나 shortly는 사용할 수 없다. 따라서 (D)는 제외시키자. 또 하나 주의사항은 부사 어휘 문제는 특수 부사들의 용례를 반드시 암기해 둬야 한다는 것이다. 용례에 따르면 has not yet been이 어울리므로 정답은 (A)이다.

> **정리**
>
> **yet:** have yet to, be yet to, have not yet p.p. 구조로 사용하는 문제가 출제되니 일단 암기
>
> **still:** 특이 사항 한 가지! 절대 부정어구 뒤에 사용할 수 없으므로 not 같은 말 뒤에 쓸 수 없다. 위의 문제에서는 still이 혼동 보기다.
>
> **lastly:** 이 단어는 항상 문두에 사용하는 부사이다. 주로 뒤에 콤마를 찍고 사용하는 경우가 많다. 언급한 특수 부사를 암기했다면 보기 (B), (C) 모두 오답임을 알 수 있다. yet이 정답이다.

The company's new policies require that all of the visitors must __________ be accompanied by a company employee.

(A) nearly (B) always (C) strongly (D) almost

해석 ▶ 회사의 새로운 규정에 의하면 모든 방문객들은 항상 회사 직원과 동행해야 한다.

해설 ▶ 부사 어휘 문제이다. 부사가 동사를 수식할 때 기본 위치들은 4가지이다.

    1. be동사 + 부사 + ing/p.p.　　　2. 조동사 + 부사 + 동사원형

    3. have + 부사 + p.p.　　　4. 주어 + 부사 + 동사

빈칸은 조동사 must와 be동사 사이의 부사 자리이다. 보기 중에 시제와 연관 있는 것이 없고 특수 부사 nearly가 보인다. nearly는 보통 완료의 의미에 사용되는 표현임을 기억하자(거의 완성되다). 이제 나머지 보기들을 가지고 의미를 파악해야 한다. '반드시' 동행해야 한다는 의미가 적절하므로 (B) always가 정답이다. 정답은 (B)이다.

유형 27

혼동 형용사 및 -ing/p.p. 관용표현

형용사와 분사의 쓰임을 구분해서 문장에 적절한 단어를 찾는 문제이다.

형용사 품사 문제에서 답이 될 수 있는 형용사나 형용사 역할을 하는 단어가 보기에 두 개 이상 제시될 수도 있다. 이때는 의미 차이를 묻는 문제이기에 평상시 출제되는 혼동 단어들의 의미 차이를 잘 기억해 둬야 한다.

유형 27 | 형용사 자리의 어휘 문제

문제 풀이 순서

STEP 1
보기에서 형용사가 아닌 것을 제거한다.

STEP 2
먼저 분사가 빈칸에 문법적으로 올 수 있는지 확인한다.(분사 문제 풀이법 적용) 대체로 분사형 보기가 오답용 혼동 보기일 경우가 많다.

STEP 3
분사형 보기도 답이 될 수 있으면 분사와 일반 형용사의 뜻을 구별하는 문제다.

---

1 | 혼동 형용사 어휘

- **의미와 형태가 유사한 형용사의 구분**

comparable	필적할 만한	**comparative**	비교의
considerable	상당한, 중요한	**considerate**	사려 깊은
economical	절약하는	**economic**	경제의
industrial	산업의	**industrious**	근면한
numerous	많은	**numerical**	수의
persuasive	설득력 있는	**persuadable**	설득할 수 있는
reliable	믿을 만한, 신뢰할 만한	**reliant**	의지하는
dependable	믿을 만한, 신뢰할 만한	**dependent**	의지하는
respectful	존경심을 보이는, 공손한	**respective**	각각의
responsive	반응하는	**responsible**	책임지는

- 부사로 착각하기 쉬운 형용사(명사 + ly = 형용사) 주의

timely 시기 적절한
in a timely manner (= fashion) 시기 적절하게
costly 비싼 (= expensive)
hourly 매 시간의　**daily** 매일의 나날의　**quarterly** 분기별의　**monthly** 매월의
yearly 연간의, 해마다 있는

2 | 항상 -ing / p.p.를 쓰는 표현

관용표현으로 항상 -ing 또는 p.p. 형태로 사용하는 단어들은 반드시 암기해야 한다.

- 무조건 -ing형

alarming 경각심을 일깨워 주는	**beginning** 초보의	**challenging** 어려운
demanding 까다로운	**encouraging** 고무적인	**existing** 존재하는
growing 커져 가는	**incoming** 들어오는	**lasting** 지속되는
leading 선도적인	**operating** 운영의	**promising** 전도유망한
remaining 남아 있는	**rewarding** 보람 있는	**rising** 증가하는
surrounding 둘러싼	**worrying** 걱정스러운	

- 무조건 **p.p.**형

complicated 복잡한	**crowded** 붐비는	**detailed** 자세한
distinguished 유명한	**enclosed** 첨부된	**experienced** 경험 있는
expired 기간이 만료된	**involved** 포함된, 연루된	**motivated** 적극적인
renowned 이름난	**retired** 은퇴한	**skilled** 숙련된, 노련한
specialized 전문의	**talented** 재능 있는	**valued** 소중한

- 특히 자주 나오는 **p.p.**형 단어들

– 숙련된: **experienced, skilled, valued** (= valuable)
– 유명한: **noted = notable, recognized, distinguished, renowned,**
　　　= well-known = famous = eminent
– 헌신적인: **dedicated to = committed to = devoted to** (이때의 to는 전치사)

Mr. Colman is a nationally ___________ professional in the field of marketing with more than 20 years of experience.

(A) recognizing   (B) recognize   (C) recognized   (D) recognizes

해석 ▶ Mr. Colman은 마케팅 분야에서 20년 이상의 경력을 갖춘 전국적으로 유명한 전문가다.

해설 ▶ a(관사)와 professional(명사) 사이는 형용사 자리이다. 보기에서 형용사로 사용 가능한 것은 (A), (C)다. 항상 p.p.로 사용하는 표현으로 암기해야 할 단어로 recognized가 정답이다.

Not to make any mistakes which could happen during the assembly, we should let the manager take care of the job since he is the most ___________ technician.

(A) reliant   (B) reliable   (C) relish   (D) relieve

해석 ▶ 조립 공정에서 일어날 수 있는 실수를 하지 않기 위해서, 매니저가 가장 믿을 만한 기술자이기 때문에 그 일을 처리하게 해야 한다.

해설 ▶ 명사 앞 빈칸은 일반적으로 형용사 자리다. (A), (B)가 형용사인데 의미 차이를 알아야 한다. (A)는 '의지하는', (B)는 '믿을 만한, 신뢰할 만한'의 의미로 정답은 (B)다.

유형 28

비교급/최상급/ 원급 비교 및 비교급 수식어구

다양한 비교급/최상급/원급 비교 표현을 구분해 문장의 의미에 맞게 선택하는 문제다.

비교급/최상급 문제는 문장에 힌트가 등장하기 때문에 비교적 쉽게 정답을 찾을 수 있다. 그러나 **힌트를 모르면 풀 수 없기 때문에 단서 표현에 익숙해지도록 해야 한다.** 관용구를 무작정 외우려고 하면 수도 많고 복잡하므로 예문을 많이 접해 보고 평소에 비교급/최상급/원급 비교 표현을 신경 써서 봐 두는 것이 필요하다.

유형 28-1 | 보기에 비교급과 최상급이 포함된 문제들

문제 풀이 순서

STEP 1
비교급 또는 최상급을 나타내는 힌트를 확인하면,

STEP 2
보기에서 적절한 표현을 고른다.

1 | 비교급/최상급 문제

비교급은 둘 사이의 관계에 등장한다. of the two와 같은 표현이 비교급과 어울린다. 또 문장에서 정확히 두 개의 대상이 비교될 때만 사용한다. 최상급은 의미상 셋 이상의 대상이 있을 때 그 중 가장 뛰어난 것을 의미한다. 최상급과 함께 어울려 쓰는 다음 표현들을 알아 두면 힌트가 된다.

- **최상급과 어울리는 표현**

  in the + 지역
  of all 또는 of + 3 이상의 숫자
  among the + 복수 명사
  ever 또는 형용사 후치 수식어구 possible 또는 available
  one of the + 최상급 형용사 + 복수 명사

- **비교급/최상급 수식어구**

  원급 수식어구: very, extremely, quite, so, too

  비교급 수식어구: much, even, still, far, a lot, way

  최상급 수식어구: even, by far, the single, the second

  이 수식어구들은 비교급 형용사 또는 부사를 수식하며 원급은 수식하지 않는다.

유형 28-2

as + ▬▬▬▬▬▬ + as

문제 풀이 순서

STEP 1
빈칸 앞의 as가 없다고 생각하고 문장 구조를 파악한다.

STEP 2
구조에 따라 빈칸에 형용사 또는 부사를 선택한다.

---

2 | 원급 비교

as + 형용사/부사 + as

'~만큼 ~한'의 의미로 원급 비교 문장에 사용된다. 일반적으로 비교급은 'A가 B보다 더 뛰어나다'와 같이 하나가 다른 하나보다 우월하거나 못한 경우를 의미한다. 원급 비교는 'A는 B 못지않게 뛰어나다'처럼 A, B의 정도가 서로 동등한 정도임을 나타낸다.

일반 비교급은 '비교급 + than'의 구조를 쓰지만 원급 비교급 'as + 형용사/부사 + as'의 구조를 사용한다. 이때 as와 as 사이에 형용사 또는 부사가 온다. 형용사가 올지 부사가 올지 판단하려면 앞에 오는 as가 없다 생각하고 문장 구조를 파악해 빈칸에 무엇이 필요한지 보면 된다.

주어 + 1형식 자동사 + as + 부사 + as ~

주어 + 2형식 자동사 + as + 형용사 + as ~

주어 + 3형식 타동사 + 목적어 + as + 부사 + as ~

TIP 1

정답은 형용사? 부사?

as + (형용사/부사) + as

so + (형용사/부사) + that

too + (형용사/부사) + to

빈칸 앞에 있는 as, so, too가 없다고 생각하고 문장 구조를 분석해 빈칸에 필요한 품사가 무엇인지 파악한다.

> **TIP 2**
>
> 비교급, 최상급 관용구
>
> **no more than + 기간:** ~ 이내에
>
> **no later than + 날짜:** ~까지
>
> **have more than doubled/tripled:** 두 배/세 배 이상이 되다
>
> **be more than + 형용사:** 매우 ~하다
>
> **at your earliest convenience:** 가장 편리한 때에
>
> **at the latest:** 아무리 늦어도
>
> **at the earliest:** 아무리 빨라도

예제 1

PK Industry has hired one of the __________ recognized marketing firms to help it boost sales.

(A) much   (B) most   (C) so   (D) such

해석 ▶ PK Industry는 회사의 매출을 끌어 올리기 위해 가장 유능한 마케팅 업체들 중에서 한 곳을 고용했다.

해설 ▶ 빈칸은 최상급 자리이다. 의미상 가장 유명한 마케팅 회사들 중 하나를 고용했다는 것인데 최상급을 사용해야 한다. 'one of the + 최상급 형용사 + 복수 명사'의 구조를 기억하자.

예제 2

As mentioned in the city tour guidebook, A1 Steak offers the __________ quality of barbeque rib in the entire city.

(A) highly   (B) highest   (C) high   (D) higher

해석 ▶ 도시 안내 책자에 언급된 대로, A1 Steak는 도시 전체에서 가장 뛰어난 품질의 바비큐립을 제공한다.

해설 ▶ 그 도시 전체에서 '가장 품질이 좋은'이란 뜻이 되어야 하므로 빈칸에는 최상급이 쓰여야 한다. 힌트는 문미에 있는 'in the + 지역'이다.

관계대명사
혼동 유형

2~3개월에 한 번 출제되는 문제

관계대명사의 혼동 유형 문제이다.

관계대명사의 기본에 관해서는 앞서 유형 16에서 살펴 보았다. 이 단원에서는 수험자들이 어려워하거나 헷갈려 하는 관계대명사의 혼동 유형 몇 가지를 더 알아 보자.

유형 29-1

주어1 + 동사1 + 사람 목적어, 주어2 + of ＿＿＿＿ + 동사2 ～

문제 풀이 순서

STEP 1
선행사와 관계대명사 사이에 'all, most, some, both, one 등의 부정대명사 + of'가 포함되어 있을 때,

STEP 2
선행사가 사람 명사이면 whom, 선행사가 사물 명사이면 which를 선택한다.

---

1 | 사람 선행사

주어1 + 동사1 + **사람 목적어**, 주어2 + **of** + whom + **동사2** + 목적어/보어/수식어

잠깐 확인! ▶

**There are fifteen new full-time workers in our department, most of
__________ have a master's degree.**

우리 부서에 15명의 정규직 신입 직원들이 있는데 대부분 석사 학위 소지자이다.

선행사와 관계대명사 사이에 'all, most, some, both, one 등의 부정대명사 + of'가 포함되어 있을 때, 문장의 구조 파악을 전혀 하지 못해 them과 같은 대명사나 who와 같은 주격 관계대명사를 선택해 틀리는 경우가 많은 유형이다. 먼저, 두 개의 절이 연결되는 것이므로 대명사(them)가 아니라 접속사가 필요하다. 내용상 workers가 선행사이며, 동사 have 앞 most of _______이 뒤 절의 주어부이다. 정확히 파악하면 most는 주어, of 뒤는 전치사의 목적어 자리이므로, 목적격 관계대명사(whom)를 써야 하는 자리이다. 또, 전치사의 목적어 자리에는 접속사 that은 쓸 수 없다. 보기에 같이 제시되어 있더라도 혼동하지 않도록 하자!

정답 ▶

There are fifteen new full-time workers in our department, most of whom have a master's degree.

주어1 + 동사1 + 사물 목적어, 주어2 + of ▨▨▨▨▨▨ + 동사2 ～

문제 풀이 순서

STEP 1
선행사와 관계대명사 사이에 'all, most, some, both, one 등의 부정대명사 + of'가
포함되어 있을 때,

STEP 2
선행사가 사람 명사이면 whom, 선행사가 사물 명사이면 which를 선택한다.

2 | 사물 선행사

주어1 + 동사1 + 사물 목적어, 주어2 + of + which + 동사2 + 목적어/보어/수식어

잠깐 확인! ▶

The Love the Children Foundation had raised more than $12,000 at its last fund-raiser, all of _______ was donated to local orphanages.

아동 사랑 재단은 지난 모금 행사에서 1만2천 달러 이상 모금했는데 전액 지역 고아원에 기부됐다.

역시 두 개의 절이 연결되는 것이므로 접속사가 필요한 자리이며, $12,000가 선행사이므로, 빈칸은 목적격 관계
대명사 which를 쓸 수 있다.
결론적으로, '주어1 + 동사1 + 목적어, 주어2 + of + _________ + 동사2 + 목적어/보어/수식어'의 구조에서
빈칸에는 목적격 관계대명사인 whom과 which만이 가능하다. 선행사가 사람인지 사물인지만 확인하면 답은
바로 찾을 수 있다.

정답 ▶

The Love the Children Foundation had raised more than $12,000 at its last fund-raiser,
all of which was donated to local orphanages.

~ 선행사 + [ ] + 주어 + think/believe/suppose

~ + 동사

문제 풀이 순서

STEP 1
관계대명사 자리임을 확인하고,

STEP 2
'주어+think/believe/suppose' 등의 삽입절을 지우고 관계대명사절과 선행사를 파악한다.

STEP 3
선행사가 사람이면 who, 사물이면 which를 선택한다.

1 │ 삽입절 문장의 관계대명사 찾기

~ 선행사 + 관계대명사 + 주어 + think/believe/suppose + 동사 ~

잠깐 확인! ▶

Mr. Mraz is the man _______ (we believe) is very competent.

Mr. Mraz는 우리가 아주 유능하다고 믿는 사람이다.

삽입절은 생략해도 문장이 성립한다. 삽입절 we believe를 생략하면, Mr. Mraz is the man who is very competent.의 문장으로 주격 관계대명사인 who가 쓰여야 한다는 것이 좀 더 쉽게 파악될 것이다.

정답 ▶

Mr. Mraz is the man who we believe is very competent.

The firm hired some experienced workers, all of __________ have worked in advertising department.

(A) them
(B) whom
(C) who
(D) that

해석 ▶ 그 업체는 경력자들을 몇 명 고용했는데 그들은 모두 광고 부서에서 일을 하고 있다.

해설 ▶ 빈칸은 전치사 of의 목적어 자리이자 접속사가 들어가야 할 자리이므로, 목적격 관계대명사 whom, which 중에서 정답을 골라야 한다. 보기에 which는 제시되어 있지 않으므로 선행사 확인 없이도 (B) whom이 답이 될 수 있음을 알 수 있다.

He chose the book __________ I think is a little bit hard to read by himself.

(A) which
(B) what
(C) it
(D) whose

해석 ▶ 그는 내 생각에 혼자서 읽기가 조금 까다로운 책을 선택했다.

해설 ▶ 접속사가 필요한 자리이며, 빈칸 뒤 I think의 삽입절을 생략해 보면 동사 is 앞에 쓰일 주격 관계대명사 자리임을 알 수 있다. 선행사가 the book(사물)이므로 (A) which가 답이다.

5

실전 연습 문제
SET 1

실전 형식의 문제를 풀면서 실전 감각을 키워 보세요.

1. For the first time, the CEO of Anderson Accountings __________ to offer internship programs to business major students.

(A) will be decided

(B) has decided

(C) decide

(D) had decided

2. The new menus for René's Dining __________ Vegetarian combo, Jumbo deluxe burger and Baby back rib.

(A) includes

(B) include

(C) are included

(D) inclusion

3. __________ at the K-pop Summer Festival must have their e-tickets ready at the entrance to the venue.

(A) Attendant

(B) Attending

(C) Attendance

(D) Attendees

4. The __________ given by CEO Mr. Ramzi at the annual banquet was very long but informative.

(A) addressing

(B) addresses

(C) addresser

(D) address

5. Please be __________ when using your mobile phone in the public area.

(A) courtesy

(B) courteously

(C) courteous

(D) courteousness

6. New Changes in the company policy will become __________ immediately after the official announcement.

(A) effect
(B) effects
(C) effective
(D) effectively

7. A research released from JV Pharmaceutical indicates __________ MSG products are not as harmful as people think.

(A) that
(B) such as
(C) so that
(D) but

8. According to the latest survey, most travelers in the airport stated that they found the long waiting line at the security check __________ .

(A) exhausted
(B) exhausting
(C) to exhaust
(D) exhaustion

9. Joshua Paek is a major contributor to many charity organizations, and __________ donations have been very important financial sources to them.

(A) whose
(B) his
(C) himself
(D) much

10. Not like the other manager, Mr. Hopkins prefers to handle all his flight reservations on __________ .

(A) his
(B) him
(C) himself
(D) his own

11. Since the secretary is on the sick leave today, Mr. Winlock will have to go over all the papers __________ .

(A) him

(B) himself

(C) his

(D) his own

12. The management of JCW Engineering reacted __________ to employees' complaints about pay raise.

(A) prompt

(B) promptness

(C) prompting

(D) promptly

13. Please __________ your immediate supervisor that all documents are ready to be reviewed by noon today.

(A) suggest

(B) proceed

(C) confirm

(D) inform

14. All full time workers of Saramin Inc. are __________ to participate in the workshop held on the first day of each month.

(A) appeared

(B) noticed

(C) required

(D) related

15. The owner of Bubble Party Supply is considering __________ his warehouse to somewhere less expensive.

(A) to relocate

(B) relocation

(C) has relocated

(D) relocating

16. To meet the customer's __________ demands, the management has decided to expand the manufacturing facilities.

(A) growing

(B) growth

(C) grow

(D) grew

17. Every employee who enters the construction site should wear __________ gear as a part of safety measures.

(A) protect

(B) protects

(C) protected

(D) protective

18. The manager will give employees several options when __________ the vacation time.

(A) scheduled

(B) schedules

(C) scheduling

(D) will schedule

19. Due to inclement weather, all flights __________ in Santa Fe will be delayed until further notice.

(A) originate

(B) origins

(C) will originate

(D) originating

20. Tyco Korea released a statement announcing that it will acquire its competitor for $5 billion, __________ its plans to expand into Europe.

(A) confirmed

(B) confirmation

(C) confirming

(D) confirms

SET 2

실전 형식의 문제를 풀면서 실전 감각을 키워 보세요.

1. All job __________ were requested to submit their resumés and cover letters electronically no later than March 1st.

(A) applicants
(B) application
(C) apply
(D) applied

2. The manager of the sales department expects market share in Asia to rise __________ over the next quarter.

(A) steadied
(B) steadily
(C) steadiness
(D) steady

3. We have thoroughly checked your resume and reference, and found your __________ for this job suitable.

(A) qualifies
(B) qualifying
(C) qualifications
(D) qualified

4. The reason this new term can be __________ is that there are several different meanings.

(A) confusing
(B) confused
(C) confusingly
(D) confusion

5. The president of A1 Office Supply is __________ that the new line of products will bring the company huge profits.

(A) optimistically
(B) optimistic
(C) optimism
(D) optimist

6. Dealing with customer complaints is always very stressful and time consuming if you have to take care of them on __________ without any manual.

(A) yours
(B) yourself
(C) your own
(D) you

7. If Mr. Ito from New York branch sends an e-mail about the product specifications, please inform __________ immediately.

(A) me
(B) to me
(C) mine
(D) that

8. The sales of Fohenza Mobile Inc. has __________ increased over the last two years, which made it one of the world largest mobile companies.

(A) substantiated
(B) substantially
(C) substantial
(D) substance

9. The coupon you received by the e-mail __________ you to upgrade from the economy seat to a business free of charge.

(A) allows
(B) let
(C) promotes
(D) inform

10. The personnel manager expects all of the interviewers __________ themselves in a professional manner when speaking with job applicants.

(A) conducting
(B) conductor
(C) to conduct
(D) be conducting

11. To boost sales during the summer, the manager of the shopping mall has decided
_____________ later on weekends.

(A) closure

(B) closing

(C) to close

(D) closed

12. Even though Jeremy played a minor role, his performance left the audience a
_____________ impression.

(A) lasted

(B) lasting

(C) lasts

(D) lastly

13. The _____________ cost of the whole landscaping job will be calculated and sent out by tomorrow.

(A) estimating

(B) estimates

(C) estimator

(D) estimated

14. The product design team had spent so much time improving the package, and
_____________, the most customers were very pleased.

(A) fortunate

(B) fortunes

(C) fortune

(D) fortunately

15. _____________ in 1971, Ayalla Group has become one of the leading companies in the field of artificial intelligence.

(A) Establish

(B) Establishing

(C) Established

(D) Establishes

16. All researchers __________ in the laboratory should report to their supervisor every time they finish the shift.

(A) working
(B) have worked
(C) work
(D) are working

17. Anyone __________ in hearing more about the new findings is recommended to sign up for the upcoming seminar.

(A) interest
(B) interesting
(C) interested
(D) interests

18. Attached you will find a list __________ all the product specifications you have requested.

(A) detailed
(B) details
(C) detail
(D) detailing

19. By the time Ms. Harrison arrived to the airport, the boarding already __________ .

(A) have started
(B) will start
(C) had started
(D) will have started

20. Before Monster Auto Corp. became one of the top five automobile manufacturers, the company __________ increasing investment on manufacturing facilities.

(A) has not considered
(B) were not considered
(C) will not consider
(D) had not considered

SET 3

실전 형식의 문제를 풀면서 실전 감각을 키워 보세요.

난이도 상

1. Ms. Finch suggested in her study that gas __________, which have remained high for a long time, will likely drop significantly due to political issues.

(A) price
(B) prices
(C) pricing
(D) priced

2. Silver Star Inc. is looking for an exceptional __________ that can lead the product development team.

(A) individual
(B) location
(C) technology
(D) direction

3. Mr. Rodriguez was appointed as a president of Avex Electronics, based on his __________ knowledge and keen insight on the industry.

(A) deep
(B) deepen
(C) deeply
(D) deepening

4. The government should increase the budget to support organizations engaged in wilderness __________.

(A) protective
(B) protection
(C) protector
(D) protected

5. All applicant should complete these two documents and mail them back in the envelop __________ no later than May 6th.

(A) provided
(B) providing
(C) providers

(D) provides

6. A statement from a chartered accountant confirms the business is _________ sound.

(A) finances

(B) finance

(C) financial

(D) financially

7. All customers who filled out our online form will receive the product updates by e-mail _________ new models are released.

(A) whenever

(B) therefore

(C) however

(D) furthermore

8. Ms. Banarjee will visit us for the balance sheet this afternoon, _________ she is not caught up in the office.

(A) unless

(B) as well as

(C) as long as

(D) apart from

9. The new planning manager will monitor all of the routine daily duties within the department _________ help organize special events.

(A) when

(B) as well as

(C) such as

(D) in order that

10. The application and resumé for vacancies can _________ be faxed to the office or e-mailed to Mr. Lomo.

(A) in case

(B) as well as

(C) not only

(D) either

11. __________ interested in registering for the sales workshop must submit the application by Friday.

(A) Other

(B) They

(C) Anyone

(D) Whoever

12. __________ of the new sales representatives was provided with an employee manual that details the company policies.

(A) Most

(B) the one

(C) Every

(D) Each

13. Many of the episodes __________ Josh Paek's latest book are very interesting and original.

(A) among

(B) throughout

(C) during

(D) toward

14. __________ you have any questions about our mortgage loans, do not hesitate to send us an e-mail or give us call.

(A) Perhaps

(B) Whether

(C) May

(D) Should

15. All employees should be __________ of others in the office especially when making a phone call.

(A) considerable

(B) considering

(C) considerate

(D) consideration

**16. The conference runners will assist the participants to leave the venue in an
___________ fashion after the event.**

(A) orderly
(B) enduring
(C) apparent
(D) accomplished

**17. Mr. Black was selected as the employee of the month last Monday, and he
wants to set an even ___________ sales goal.**

(A) highest
(B) high
(C) highly
(D) higher

**18. ___________ all the candidates that applied for the job opening in sales
department, Ms. Shin is the most qualified.**

(A) By
(B) Out
(C) Near
(D) Of

**19. The CEO of Try Star Corp. hired many new software developers, some of
___________ have already helped the company launch new products in the
market.**

(A) which
(B) whose
(C) whom
(D) them

**20. The mayor of the city is expecting slow local business this year despite the
upcoming trade fair, which many believe ___________ thousands of tourists.**

(A) attraction
(B) will attract
(C) attractive
(D) attract

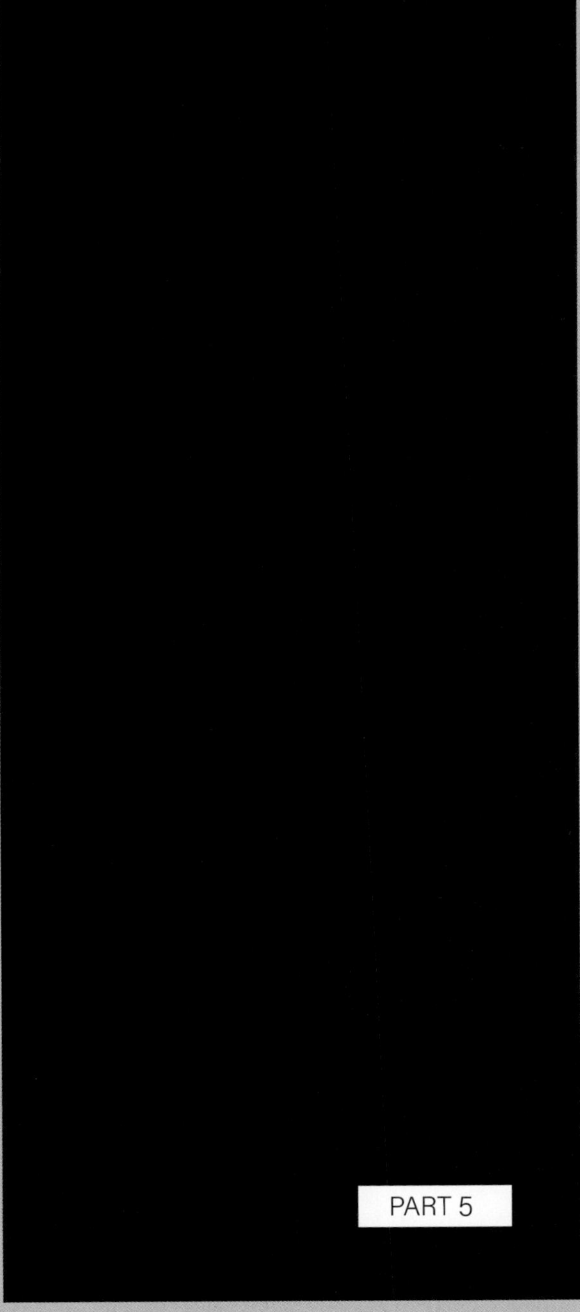

실전 연습 문제
해설

PART 5

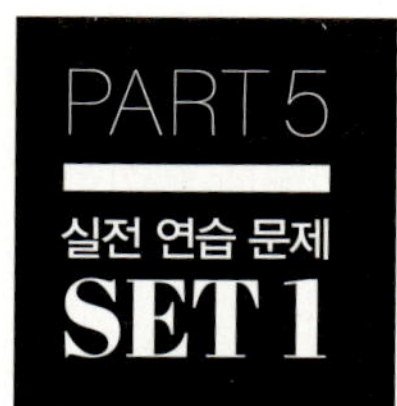

1. For the first time, the CEO of Anderson Accountings __________ to offer internship programs to business major students.

(A) will be decided
(B) has decided
(C) decide
(D) had decided

처음으로 Anderson Accountings사 CEO는 비즈니스 전공 학생들에게 인턴 프로그램을 제공하기로 결정했다.

표현 정리

decide 결정하다　　**major** 전공

▶ **문제 해설**

빈칸은 동사 자리이다. 동사 문제는 문장에서 1. 수 일치, 2. 동사의 성질(능동, 수동), 3. 시제의 순서로 파악한다. 주어가 the CEO로 3인칭 단수이므로 (C)는 정답이 아니다. decide는 타동사로 빈칸 뒤의 to부정사가 목적어이기에 수동태인 (A) 역시 오답이다. 과거완료인 (D)는 문장에 과거시제의 절이 있어 그보다 먼저 일어난 사건을 언급할 때 사용하는 시제로 여기서는 적절하지 않다.

정답 (B)

2. The new menus for René's Dining __________ Vegetarian combo, Jumbo deluxe burger and Baby back rib.

(A) includes
(B) include
(C) are included
(D) inclusion

René's Dining의 새 메뉴들은 채식주의자 콤보, 점보 디럭스 버거, 등갈비를 포함한다.

표현 정리

vegetarian 채식주의의, 채식주의자　　**rib** 갈비

▶ **문제 해설**

빈칸은 동사 자리이다. 따라서 명사 (D)는 오답이다. 주어 The new menus가 복수이므로 단수 동사인 (A)는 오답이다. include는 타동사로 빈칸 뒤에 목적어가 있으므로 수동태인 (C)도 오답이다. 복수 동사 include가 정답이다.

정답 (B)

3. __________ at the K-pop Summer Festival must have their e-tickets ready at the entrance to the venue.

(A) Attendant
(B) Attending
(C) Attendance
(D) Attendees

K-pop 여름 축제에 참가자들은 개최지 입구에서 전자 티켓을 준비하고 있어야 합니다.

표현 정리

have ~ ready ~을 준비하다　　**venue** 개최지

▶ **문제 해설**

빈칸은 주어 자리로 명사류가 온다. 보기 중 attendant, attendance, attendees가 가능하지만 attendant는 셀 수 있는 명사(가산명사)로 관사가 있거나 복수형이 되어야 하므로 오답 처리한다. (C)와 (D) 중에서 티켓을 준비할 수 있는 것은 사람이므로 attendees가 정답이다.

정답 (D)

4. The __________ given by CEO Mr. Ramzi at the annual banquet was very long but informative.

(A) addressing
(B) addresses
(C) addresser
(D) address

연례 연회에서 CEO인 Mr. Ramzi가 한 연설은 아주
길었지만 유익했다.

표현 정리

address 연설   **addresser** 연설하는 사람
banquet 연회   **informative** 유익한

▶ **문제 해설**
빈칸은 주어 자리이며 앞에 관사가 있으므로 명사가 와
야 한다. 동사 was가 단수형이므로 (B)는 오답이다.
(C)는 '발신인' 또는 '말하는 사람'을 나타내고 (D)는 '연
설'의 의미다. 동사 이하가 '아주 길었지만 유익했다'는
의미이므로 주어는 address가 적합하다.
정답 (D)

5. Please be __________ when using
your mobile phone in the public area.
(A) courtesy
(B) courteously
(C) courteous
(D) courteousness

공공 장소에서 휴대폰을 사용할 때 예의 바르게 행동하세요.

표현 정리

courtesy 공손함   **courteous** 예의 바른, 공손한
mobile phone 휴대폰   **public area** 공공 장소

▶ **문제 해설**
빈칸은 be동사(2형식) 다음의 보어 자리다. 보어 자리
에는 명사나 형용사가 와야 한다. 명사는 주어와 동격 관
계이고 형용사는 주어의 상태를 나타낸다. 명령문의 주
어는 언제나 you로 주어가 생략된 것뿐이다. 따라서 주
어와 빈칸은 동격 관계가 아니고 주어의 상태를 나타내
는 형용사가 와야 하므로 courteous가 적합하다.
정답 (C)

6. New Changes in the company policy
will become __________ immediately
after the official announcement.
(A) effect
(B) effects
(C) effective
(D) effectively

회사 정책에서 새롭게 바뀌는 사항들은 공식 발표 이후
즉시 효력을 갖게 된다.

표현 정리

change 변화   **effective** 효과적인, 유효한, 효력 있는
official 공식적인

▶ **문제 해설**
빈칸은 2형식 동사인 become 다음이므로 보어가 와야
한다. 보어 자리에는 명사와 형용사가 와야 하는데, 명사
는 주어와 동격 관계고 형용사는 주어의 상태를 나타낸
다. 새로운 변동 사항이 유효하다는 상태를 의미해야 하
므로 형용사가 와야 한다.
정답 (C)

7. A research released from
JV Pharmaceutical indicates __________
MSG products are not as harmful as
people think.
(A) that
(B) such as
(C) so that
(D) but

JV Pharmaceutical에서 발표한 연구는 MSG가 사
람들이 생각하는 것만큼 해롭지 않다는 것을 나타낸다.

표현 정리

research 연구   **release** 발표하다, 출시하다
pharmaceutical 제약   **indicate** 나타내다

▶ **문제 해설**
빈칸은 타동사 indicate의 목적어 자리이다. 목적어 자
리에는 명사가 와야 하는 데 빈칸 뒤에 문장이 나오고 보
기가 접속사로 구성되어 있는 것으로 보아 명사절 접속
사를 찾는 문제이다. 보기 중 명사절 접속사는 that이
유일하다.
정답 (A)

8. According to the latest survey, most travelers in the airport stated that they found the long waiting line at the security check ___________.

(A) exhausted

(B) exhausting

(C) to exhaust

(D) exhaustion

최근 조사에 따르면, 공항에서 대부분의 여행객들은 보안 검색의 긴 줄이 아주 피곤하게 느껴진다고 설명했다.

표현 정리

survey 조사　**state** 설명하다, ~을 말하다

security check 보안 검색

exhaust 기진맥진하게 하다

▶ 문제 해설

빈칸은 5형식 동사 find의 목적격 보어 자리이다. 보어 자리에는 명사와 형용사가 가능하다. 명사는 목적어와 동격 관계일 때 쓰고 형용사는 목적어의 상태를 나타낸다. long waiting line의 상태를 설명하는 형용사 자리로 (A)와 (B)가 가능하다. exhaust는 감정동사로 -ing는 성질을 설명하고 p.p는 기분이나 느낌을 나타낸다. waiting line이 사람이 아니므로 느낌이나 기분을 갖지 못한다. 따라서 성질을 설명하는 -ing형이 답이다.

정답 (B)

9. Joshua Paek is a major contributor to many charity organizations, and ___________ donations have been very important financial sources to them.

(A) whose

(B) his

(C) himself

(D) much

Joshua Paek은 많은 자선 단체에 주요 기부자다. 그리고 그의 기부금은 그 단체들에 중요한 재정적인 원천이다.

표현 정리

charity organization 자선 단체

contributor 기부자　**donation** 기부, 기부금

▶ 문제 해설

빈칸은 주어 donations 앞의 소유격 자리이다. much는 뒤에 단수 불가산명사가 와야 하므로 오답이다. whose는 앞에 명사 선행사가 있어야 하므로 역시 오답이므로 정답은 (B)이다.

정답 (B)

10. Not like the other manager, Mr. Hopkins prefers to handle all his flight reservations on ___________.

(A) his

(B) him

(C) himself

(D) his own

다른 매니저와 달리, Mr. Hopkins는 그의 모든 비행기 예약을 직접 처리하는 것을 선호한다.

표현 정리

prefer 선호하다　**handle** 처리하다

on one's own 스스로, 혼자 힘으로

▶ 문제 해설

빈칸에는 Mr. Hopkins가 예약 건을 '직접(스스로)' 처리한다는 의미가 되어야 한다. '스스로, 직접'이라는 표현으로 on one's own은 반드시 암기해야 한다. on one's own = by oneself와 같은 표현이다.

정답 (D)

11. Since the secretary is on the sick leave today, Mr. Winlock will have to go over all the papers ___________.

(A) him

(B) himself

(C) his

(D) his own

비서가 오늘 병가 중이어서 Mr. Winlock는 직접 모든 서류들을 검토해야만 할 것이다.

표현 정리

secretary 비서　**sick leave** 병가

go over 검토하다

▶ 문제 해설

빈칸 앞은 이미 완전한 문장이므로 빈칸은 문장 형식에 영향을 주지 않는 성분이 와야 한다. 인칭대명사 중 문장에 영향을 안 주면서 강조의 의미를 갖는 것은 재귀대명사다.

정답 (B)

12. The management of JCW Engineering reacted ___________ to employees' complaints about pay raise.

(A) prompt
(B) promptness
(C) prompting
(D) promptly

JCW Engineering의 경영진은 급여 인상에 관한 직원들의 불만에 대해 빠르게 반응했다.

표현 정리

management 경영진　**react** 반응하다
complaint 불만　**pay raise** 급여 인상
promptly 신속히

▶ 문제 해설

react는 자동사다. 따라서 빈칸에는 부사가 와야 한다.

정답 (D)

13. Please ___________ your immediate supervisor that all documents are ready to be reviewed by noon today.

(A) suggest
(B) proceed
(C) confirm
(D) inform

여러분의 직속 상관에게 모든 서류가 오늘 정오까지 검토 준비가 완료될 것이라고 통보하세요

표현 정리

inform 알리다, 통보하다
immediate supervisor 직속 상관
be ready 준비되다

▶ 문제 해설

빈칸은 명령문으로 동사원형이 올 자리이다. 언뜻 보면 어휘 문제로 보이지만 문장 구조를 보는 문제이다. 빈칸 뒤의 사람이 간접목적어이고 그 뒤에 that절이 직접목적어로 온 것으로 4형식 문장이다. 4형식 동사가 와야 하고 뒤에 반드시 사람 목적어를 취하는 동사가 보기 중에 있다. inform, notify, assure와 더불어 CAR 동사를 암기했다면 1초만에 풀 수 있는 문제다.

정답 (D)

14. All full time workers of Saramin Inc. are ___________ to participate in the workshop held on the first day of each month.

(A) appeared
(B) noticed
(C) required
(D) related

Saramin Inc.의 모든 정규직 직원들은 매달 1일에 열리는 워크숍에 참석하라고 요청을 받는다.

표현 정리

full time worker 정규직
participate 참가하다

▶ 문제 해설

어휘 문제처럼 보이지만 항상 동사 어휘 문제는 문장 구조부터 파악해야 한다. 수동태 문장이고 빈칸 뒤에 to부정사가 있다. 수동태가 되었을 때 뒤에 to부정사를 취하는 동사가 있는지 파악한다. 보기 중 require는 PEAR 동사다. 5형식 동사로 목적격 보어 자리에 항상 to부정사를 취한다. 즉, 수동태가 된다면 (능동태일 때의 목적어가 수동태 문장의 주어가 되므로) 뒤에 to부정사가 남는다. 참고로 (A)는 자동사로 수동태가 될 수가 없다.

정답 (C)

15. The owner of Bubble Party Supply is considering __________ his warehouse to somewhere less expensive.
(A) to relocate
(B) relocation
(C) has relocated
(D) relocating

Bubble Party Supply의 주인은 자신의 창고를 좀 더 저렴한 곳으로 이전하려는 것을 고려 중이다.

표현 정리

consider 고려하다
warehouse 창고
relocate 재배치하다, 이전하다

▶ 문제 해설
consider는 타동사로 빈칸에는 목적어가 필요하다. 목적어 자리에 올 수 있는 것은 (A), (B), (D)다. 빈칸 뒤에 his warehouse가 있으므로 명사형인 (B)는 오답이다. 그렇다면 to부정사구와 동명사구가 온다는 것인데 consider는 그 중 동명사구만을 목적어로 취하는 동사이다.
정답 (D)

16. To meet the customer's __________ demands, the management has decided to expand the manufacturing facilities.
(A) growing
(B) growth
(C) grown
(D) grew

증가하는 고객들의 수요를 맞추기 위해, 경영진은 생산 설비를 확장하기로 결정했다.

표현 정리

meet one's demands 수요를 충족시키다
expand 확장하다
manufacturing facility 생산 설비

▶ 문제 해설
빈칸은 명사 demands 앞에서 명사를 수식하는 형용사 자리이다. 보기 중에서 형용사로 사용 가능한 것은 분사 형태인 growing과 grown이다. 주의할 것은 grow는 자동사일 때와 타동사일 때 의미가 다르다. 자동사일 때는 '증가하나, 자라다'의 의미이고, 타동사일 때는 '기르다'라는 뜻이다. 이 문장에서는 '증가하는 수요'의 뜻이 되어야 하기에 grow가 자동사로 사용된 것이다. 자동사가 분사로 사용될 경우에는 언제나 -ing형으로만 가능하다.
정답 (A)

17. Every employee who enters the construction site should wear __________ gear as a part of safety measures.
(A) protect
(B) protects
(C) protected
(D) protective

공사 현장에 들어가는 모든 직원들은 안전 조치의 일환으로 안전 장비를 착용해야만 한다.

표현 정리

construction site 공사 현장   **gear** 장비
safety measure 안전 조치

▶ 문제 해설
타동사 wear의 목적어로 gear가 왔다. 빈칸은 명사 gear를 수식하는 형용사 자리이다. (C)는 과거분사로 형용사로 사용 가능하지만 의미가 '보호된 장비'의 뜻이 되어 적합하지 않다. 따라서 일반 형용사가 답이다.
정답 (D)

18. The manager will give employees several options when __________ the vacation time.
(A) scheduled
(B) schedules
(C) scheduling
(D) will schedule

매니저는 휴가 일정을 잡을 때 직원들에게 몇 가지 선택 옵션을 줄 것이다.

schedule 일정을 잡다

▶ **문제 해설**
빈칸은 부사절 접속사 when 뒤에 위치하고 있다. 부사절 접속사 뒤에는 '주어 + 동사 ~'의 완전한 문장이 오던지 '주어 + be동사'가 생략되고 -ing/p.p.가 오는 분사구문이 가능하다. 따라서 빈칸에는 분사 형태인 -ing/p.p.가 들어갈 수 있다. schedule은 타동사이고 빈칸 뒤에 명사가 있으므로 -ing형이 답이다.
정답 (C)

19. Due to inclement weather, all flights __________ in Santa Fe will be delayed until further notice.

(A) originate
(B) origins
(C) will originate
(D) originating

악천후로 인해 산타페에서 출발하는 모든 비행기들은 추후 공지가 있을 때까지 지연될 것이다.

inclement weather 악천후
originate 유래하다   **delay** 지연시키다
until further notice 추후 공지가 있을 때까지

▶ **문제 해설**
빈칸은 주어 flights와 동사 will be delayed 사이 자리이다. in Santa Fe는 지워버리자. 빈칸은 일단 동사 성분은 올 수 없기에 (A)와 (C)는 오답이다. 그리고 명사 (B) 역시 오답이다. 그러나 분사는 주어와 동사 사이에 와서 주어를 수식할 수 있으므로 정답이다.
정답 (D)

20. Tyco Korea released a statement announcing that it will acquire its competitor for $5 billion, __________ its plans to expand into Europe.

(A) confirmed
(B) confirmation
(C) confirming
(D) confirms

Tyco Korea는 유럽으로 확장하려는 자사의 계획을 공식화하며 경쟁 업체를 50억 달러에 구매할 것이라고 알리는 성명서를 발표했다.

release 발표하다   **statement** 성명서
announce 알리다   **acquire** 취득하다, 구입하다
competitor 경쟁자   **expand** 확장하다

▶ **문제 해설**
문장이 끝나고 빈칸 뒤에 명사가 있는 형태이다. 일단 접속사가 없으므로 동사 (D)는 오답이다. 빈칸 뒤에 명사가 있으니 명사형인 (B)도 오답이다. 분사 형태인 -ing/p.p.가 가능한데 confirm은 타동사고 빈칸 뒤에 명사가 있으니 -ing 형태가 답이다.
정답 (C)

5

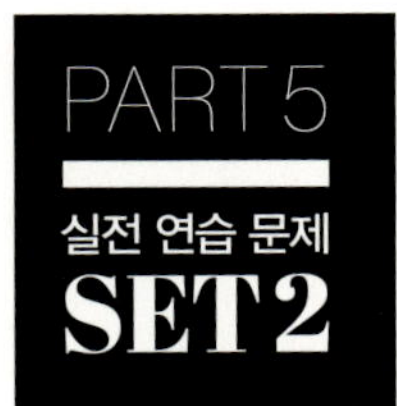

1. All job __________ were requested to submit their resumes and cover letters electronically no later than March 1st.

(A) applicants
(B) application
(C) apply
(D) applied

모든 지원자들은 이력서와 커버레터를 3월 1일 전에 전자상으로 제출해 줄 것을 요청 받았다.

표현 정리

request 요청하다　**submit** 제출하다
resume 이력서　**cover letter** 커버레터

▶ **문제 해설**

빈칸은 동사 앞의 주어 자리이다. All job을 주어로 생각해 주어와 동사 사이에 분사가 적절하다고 보고 applied를 고르면 안 된다. job은 셀 수 있는 명사(가산명사)이므로 all과 함께 사용되려면 반드시 복수형이 되어야 한다. 그런데 job은 단수형으로 사용되었기 때문에 빈칸에 또 다른 명사가 와서 job과 함께 하나의 복합명사가 되어야 한다. (A)와 (B) 중, 동사가 복수 동사이므로 (A)가 적합하다.
정답 (A)

2. The manager of the sales department expects market share in Asia to rise __________ over the next quarter.

(A) steadied
(B) steadily
(C) steadiness
(D) steady

영업부 과장은 다음 분기에는 아시아에서 시장 점유율이 지속적으로 상승하기를 기대한다.

표현 정리

expect 기대하다　**market share** 시장 점유율
steadily 지속적으로　**quarter** 분기

▶ **문제 해설**

rise는 자동사로 목적어가 필요하지 않다. 따라서 빈칸에는 문장 구조에 영향을 주지 않는 성분이 와야 하기에 부사가 적합하다.
정답 (B)

3. We have thoroughly checked your resume and reference, and found your __________ for this job suitable.

(A) qualifies
(B) qualifying
(C) qualifications
(D) qualified

귀하의 이력서와 추천서를 꼼꼼히 확인해 보고 귀하의 능력이 이 일자리에 적합하다고 판단했습니다.

표현 정리

thoroughly 철저하게　**reference** 추천(서)
qualification 자격, 능력
suitable 적합한, 잘 어울리는

▶ **문제 해설**

find는 5형식 동사로 빈칸은 found의 목적어 자리이다. 목적어 자리에는 명사가 필요하므로 정답은 (C)다.
정답 (C)

4. The reason this new term can be __________ is that there are several different meanings.

(A) confusing
(B) confused
(C) confusingly
(D) confusion

이 새로운 용어가 혼동되는 이유는 여러 가지 다른 의미가 있기 때문이다.

▶ 문제 해설

빈칸은 be동사 뒤의 보어 자리이므로 형용사나 명사가
올 수 있다. 명사는 주어와 동격 관계이고 형용사는 주
어의 상태를 설명한다. this new term의 상태를 설명
해야 하므로 형용사가 와야 한다. (A), (B) 중 선택해야
하는데, confuse는 감정동사이다. -ing는 성질을 설명
하며 p.p.는 느낌이나 기분을 설명한다. term은 사람
이 아니므로 느낌이나 기분을 가질 수 없으며 -ing 형태
로 쓰인다.

정답 (A)

5. The president of A1 Office Supply is __________ that the new line of products will bring the company huge profits.

(A) optimistically

(B) optimistic

(C) optimism

(D) optimist

A1 Office Supply의 사장은 신제품군이 회사에 막대
한 이익을 가져다 줄 것이라는 데 낙관적이다.

표현 정리

a line of product 제품군　　**huge** 거대한, 막대한
optimistic 낙관적인

▶ 문제 해설

빈칸은 be동사 다음의 보어 자리로, 형용사나 명사가
올 수 있다. 명사는 주어와 동격 관계일 때 쓰고 형용사
는 주어의 상태를 설명한다. 주어가 '사장'이며, 사장이
that 이하의 내용에 대해 아주 긍정적으로 생각하고 있
다는 뜻이다. 즉, 주어의 상태를 설명하는 형용사 보어
가 와야 한다.

정답 (B)

6. Dealing with customer complaints is always very stressful and time consuming if you have to take care of them on __________ without any manual.

(A) yours

(B) yourself

(C) your own

(D) you

안내서 없이 혼자서 고객 불만을 다뤄야 한다면, 고객 불
만을 처리하는 것은 늘 스트레스를 엄청 받고 시간이 많
이 소모되는 일이다.

표현 정리

deal with 다루다, 처리하다　　**complaint** 불만
time consuming 시간이 걸리는
on one's own 혼자서, 스스로

▶ 문제 해설

빈칸은 전치사 on과 함께 사용되어 '혼자서, 스스로'의
의미가 되는 표현을 찾는 것이다. on one's own은 by
oneself와 같은 의미이다.

정답 (C)

7. If Mr. Ito from New York branch sends an e-mail about the product specifications, please inform __________ immediately.

(A) me

(B) to me

(C) mine

(D) that

뉴욕 지사의 Mr. Ito가 제품 사양에 대해 이메일을 보내
면 저에게 즉시 알려 주세요.

표현 정리

specification 명세, 사양　　**inform** 알리다
immediately 즉시

▶ 문제 해설

inform은 3형식과 4형식으로 사용 가능한 동사로 뒤에
반드시 사람 목적어를 취한다. 보기 중 일단 (B)는 목적
어가 아니기에 오답이고 나머지 중 사람 목적어로 (A)
가 가능하다. mine은 '나의 것'을 줄여서 말한 소유대
명사이다.

정답 (A)

8. The sales of Fohenza Mobile Inc. has __________ increased over the last two years, which made it one of the world largest mobile companies.
(A) substantiated
(B) substantially
(C) substantial
(D) substance

Fohenza Mobile Inc.의 매출이 지난 2년간 엄청나게 증가해 이 회사는 세계에서 가장 큰 이동통신사 중 하나가 되었다.

표현 정리
substantially 상당히

▶ **문제 해설**
빈칸은 'have + p.p.' 사이의 부사 자리이다. 부사가 동사를 수식할 때 오는 위치를 암기해야 한다.
정답 (B)

9. The coupon you received by the e-mail __________ you to upgrade from the economy seat to a business free of charge.
(A) allows
(B) let
(C) promotes
(D) inform

귀하가 이메일로 받은 쿠폰으로 이코노미 좌석을 비즈니스 좌석으로 무료 업그레이드 하실 수 있습니다.

표현 정리
coupon 쿠폰　**free of charge** 무료로

▶ **문제 해설**
문장 구조를 살펴 보면 빈칸 뒤에 목적어가 나오고 to부정사구가 이어진다. 보기 중 목적어 뒤에 to부정사를 취하는 동사는 allow이다. allow는 5형식 PEAR 동사로 필수 암기 동사이다.
정답 (A)

10. The personnel manager expects all of the interviewers __________ themselves in a professional manner when speaking with job applicants.
(A) conducting
(B) conductor
(C) to conduct
(D) be conducting

인사과 부장은 모든 면접관들이 지원자들과 이야기할 때 스스로 전문가답게 행동하기를 기대한다.

표현 정리
interviewer 면접관　**conduct** 행동하다
in a professional manner 전문가답게
applicant 지원자

▶ **문제 해설**
빈칸은 동사 expect의 성질을 묻는 문제이다. expect는 목적어 뒤에 목적격 보어로 to부정사를 취한다.
정답 (C)

11. To boost sales during the summer, the manager of the shopping mall has decided __________ later on weekends.
(A) closure
(B) closing
(C) to close
(D) closed

여름 동안 매출을 끌어올리기 위해 쇼핑몰 매니저는 주말에 더 늦게 문을 닫기로 결정했다.

표현 정리
boost 올리다, 증가하다　**mall** 쇼핑 센터

▶ **문제 해설**
decide는 타동사로 목적어를 필요로 하며 to부정사를 목적어로 취한다.
정답 (C)

12. Even though Jeremy played a minor role, his performance left the

audience a _____________ impression.
(A) lasted
(B) lasting
(C) lasts
(D) lastly

Jeremy는 작은 배역을 맡았음에도 불구하고 그의 연기는 청중들에게 여운이 오래 가는 인상을 남겼다.

표현 정리

play a role 역할을 하다   **performance** 공연, 연기
lasting impression 여운이 오래 가는 감동

▶ 문제 해설

빈칸은 관사와 명사 사이로, 형용사 자리이다. 이 문제는 분사 문제가 아니라 단순 어휘 문제라는 것에 주의한다. lasting은 분사가 아니라 원래 -ing 형태로 태어난 형용사로 암기해야 할 단어이다. 언제나 -ing 형태로 사용되는 단어들과 언제나 -ed 형태로 사용되는 단어들이 있다는 것을 기억하자.
정답 (B)

13. The _____________ cost of the whole landscaping job will be calculated and sent out by tomorrow.

(A) estimating
(B) estimates
(C) estimator
(D) estimated

전체 조경 작업의 추산 비용을 내일까지 계산해 발송할 것이다.

표현 정리

estimated 어림잡은, 예상된   **landscaping** 조경
calculate 계산하다

▶ 문제 해설

빈칸은 관사와 명사 사이의 형용사 자리이다. 보기에서 형용사 역할이 가능한 것은 estimating과 estimated다. estimate은 타동사로, 수식을 하는 명사 cost와의 의미 관계를 봐야 한다. cost는 원가를 예상을 하는 능동 관계가 될 수 없고 '예상이 되는' 수동 관계가 되어

야 한다.
정답 (D)

14. The product design team had spent so much time improving the package, and _____________, the most customers were very pleased.

(A) fortunate
(B) fortunes
(C) fortune
(D) fortunately

제품 디자인 팀은 포장을 향상시키기 위해 많은 시간을 투자했는데, 다행히도 대부분의 고객들이 아주 만족해했다.

표현 정리

improve 향상시키다   **package** 포장
pleased 기뻐하는, 만족해하는

▶ 문제 해설

빈칸 앞뒤로 완전한 문장이다. 빈칸은 문장 구조에 영향을 안 미치는 성분이 필요하다. 따라서 부사가 적합하다.
정답 (D)

15. _____________ in 1971, Ayalla Group has become one of the leading companies in the field of artificial intelligence.

(A) Establish
(B) Establishing
(C) Established
(D) Establishes

1971년에 설립된 Aylla Group은 인공 지능 분야에서 선도 기업들 중 하나가 되었다.

표현 정리

established 설립된   **leading** 선도적인
artificial intelligence 인공 지능

▶ 문제 해설

문장 앞의 빈칸에 올 수 있는 것을 찾는 문제이다. 일단 in 1971은 전치사구로 지워 버리자. 콤마 앞에 빈칸

이 하나 남는다. 유형을 참조한다면 이 자리에 올 수 있는 것은 부사나 분사 성분이다. 보기 중 (B) 또는 (C)가 가능하다. established는 언제나 p.p.형으로 사용되는 단어로 암기해 두는 것이 편리하다. 정확히 문법적으로 보자면 빈칸 앞에는 '접속사 + 주어 + be동사'가 생략된 구문이다. 이때 생략된 주어가 뒤 문장의 주어인 Ayalla Group이다. 회사가 설립이 된다는 수동의 입장이므로 p.p.형이 적합하다.

정답 (C)

16. All researchers _____________ in the laboratory should report to their supervisor every time they finish the shift.

(A) working
(B) have worked
(C) work
(D) are working

실험실에 근무하는 모든 연구원들은 근무 교대 시간이 끝날 때마다 감독관에게 보고해야 한다.

표현 정리

researcher 연구원 **laboratory** 실험실
supervisor 감독관 **shift** 교대 근무 (시간)

▶ **문제 해설**
문장에서 in the laboratory를 지우고 보면 편하다. all researchers가 주어고 should report가 동사이므로 빈칸은 주어와 동사 사이이다. 주어와 동사 사이에는 부사, 분사, 부정사 등이 올 수 있는데 보기 중 답이 가능한 것은 (A)뿐이다.

정답 (A)

17. Anyone _____________ in hearing more about the new findings is recommended to sign up for the upcoming seminar.

(A) interest
(B) interesting
(C) interested
(D) interests

새로운 발견 사항들에 대해 더 듣고 싶은 사람들은 다가오는 세미나에 등록하시는 것을 추천합니다.

표현 정리

finding 발견 사항 **sign up for** 등록하다, 가입하다
upcoming 다가오는

▶ **문제 해설**
먼저 전치사구 in hearing more about the new findings를 지우고 문장을 보면 Anyone이 주어고 is recommended가 동사이다. 빈칸은 주어와 동사 사이이므로 부사, 분사, 부정사 등이 오는 자리이다. 따라서 보기 중 분사형인 (B), (C)가 가능한데 interest는 감정 동사로 -ing는 성질, p.p.는 느낌이나 기분을 설명한다. anyone은 사람이므로 느낌이나 기분을 설명하는 p.p.형이 적합하다.

정답 (C)

18. Attached you will find a list _____________ all the product specifications you have requested.

(A) detailed
(B) details
(C) detail
(D) detailing

당신이 요청했던 모든 제품의 사양을 자세히 설명하는 리스트가 첨부되어 있을 것이다.

표현 정리

attach 첨부하다 **specification** 사양
request 요청하다

▶ **문제 해설**
먼저 이 문장은 전체 구문을 빨리 파악하는 것이 도움이 된다. 이 문장은 도치 구문으로 원래 문장은 You will find a list (_______ all the product specifications you have requested) attached.로 find가 5형식으로 사용되었고 attached가 목적격 보어였다. 그러나 목적어인 list 뒤에 수식어구가 길게 붙어 목적어가 상대적으로 너무 길어지다 보니 목적격 보어를 문두로 도치시킨 것이다. 간단히 본다면 You will find a list attached. 형태의 문장이다. 빈칸은 명사 list를 후치 수식하는 분사 자리이다. 명사를 후치 수식

하는 분사 문제의 경우 detail이 타동사이므로 빈칸 뒤에 목적어가 있으면 -ing를 쓰고, 없으면 p.p. 형태를 사용하면 된다.

정답 (D)

19. By the time Ms. Harrison arrived to the airport, the boarding already _____________.

(A) have started
(B) will start
(C) had started
(D) will have started

Ms. Harrison이 공항에 도착했을 무렵 탑승이 이미 시작되었다.

표현 정리

by the time 무렵, ~때까지 **boarding** 탑승

▶ **문제 해설**

by the time은 원래 뒤에 관계부사 when이 생략된 형태이다. 시간절 접속사 구문에서 과거시제와 매치되는 시제는 과거나 과거완료 시제이다. 앞뒤 두 개 문장 속의 동작이 동시에 일어난 것이라면 앞뒤 문장 모두 '과거-과거'의 조합이 되어야 하지만 동작 하나가 먼저 일어나고 나머지가 나중에 일어난 경우라면 먼저 일어난 사건이 과거완료가 되고 나중에 일어난 사건이 과거가 된다. 이 문제는 보기 중에 과거시제는 존재하지 않고 과거완료만 있으므로 고민할 필요 없이 정답으로 선택하면 된다.

정답 (C)

20. Before Monster Auto Corp. became one of the top five automobile manufacturers, the company ____________ increasing investment on manufacturing facilities.

(A) has not considered
(B) were not considered
(C) will not consider
(D) had not considered

Monster Auto Corp.가 상위 5위 자동차 제조 업체 중 하나가 되기 전까지 업체는 제조 설비에 대한 투자를 늘리는 것을 고려하지 않았었다.

표현 정리

manufacturer 제조업체 **facility** 설비
consider 고려하다

▶ **문제 해설**

빈칸은 동사 자리이다. before라는 시간절 접속사가 나오고 뒤에 became이라는 과거형 동사가 등장한다. 시간절 접속사는 시간절에 과거시제가 왔을 때 주절에는 과거나 과거완료만 올 수 있다. 동시 상황이라면 '과거-과거'의 조합, 한 동작이 다른 동작보다 우선한다면 먼저 상황이 과거완료, 나중 상황이 과거시제가 된다. 보기에 과거시제와 과거완료 둘 다 있지만 (B)는 빈칸 뒤에 목적어가 있으므로 수동태가 올 수 없다. 따라서 과거완료가 적당하다.

정답 (D)

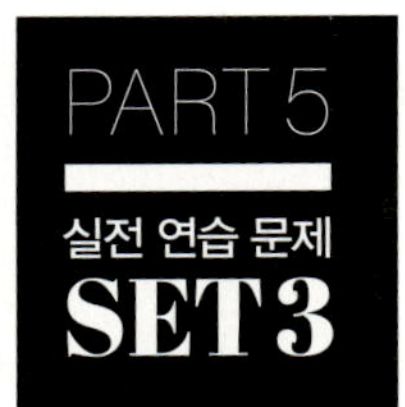

난이도 상

---

1. Ms. Finch suggested in her study that gas __________, which have remained high for a long time, will likely drop significantly due to political issues.

(A) price
(B) prices
(C) pricing
(D) priced

Ms. Finch는 그녀의 연구에서 오랫동안 높은 가격을 유지하던 유가가 정치적 사안들 때문에 현저하게 감소할 것이라고 제시했다.

표현 정리

study 연구, 조사　　**gas price** 유가
drop 떨어지다
significantly 현저하게, 상당히
political issue 정치적 사안

▶ **문제 해설**
빈칸은 '유가'를 이루는 복합명사의 들어가야 하는 자리다. 주격 관계대명사 which 뒤에 복수 동사 have가 있으므로 선행사 자리인 빈칸에는 복수 명사가 온다.
정답 (B)

2. Silver Star Inc. is looking for an exceptional __________ that can lead the product development team.

(A) individual
(B) location
(C) technology
(D) direction

Silver Star 사는 제품 개발 팀을 이끌 수 있는 뛰어난 사람을 찾고 있다.

표현 정리

exceptional 뛰어난, 예외적인　　**individual** 개인
lead 이끌다

▶ **문제 해설**
어휘 문제로 간단히 해결할 수 있다. 빈칸을 수식하는 관계대명사절의 내용이 '제품 개발 팀을 이끌 수 있는'의 뜻이므로 빈칸에 사람을 나타내는 단어가 와야 하고, 보기 중 사람 명사는 (A)이다.
정답 (A)

3. Mr. Rodriguez was appointed as a president of Avex Electronics, based on his __________ knowledge and keen insight on the industry.

(A) deep
(B) deepen
(C) deeply
(D) deepening

Mr. Rodriguez는 업계에 대한 그의 깊은 이해와 날카로운 통찰력에 근거해 Avex Electronics의 새로운 사장으로 임명되었다.

표현 정리

appoint 임명하다　　**based on** ~에 근거한
keen 날카로운　　**insight** 통찰력

▶ **문제 해설**
명사 knowledge를 수식하는 형용사 자리이다. 보기 중 형용사로 사용 가능한 것은 (A)와 (D)다. 참고로 (B)는 동사원형이라는 것을 기억하자. (D)는 knowledge가 행위의 주체가 될 수 없기에 능동 형태인 deepening은 올 수 없다. 따라서 일반 형용사 (A)만 남는다.
정답 (A)

4. The government should increase the budget to support organizations engaged in wilderness __________.

(A) protective
(B) protection

(C) protector
(D) protected

정부는 자연보호에 관여하는 단체들을 지원하기 위하여 예산을 증가시켜야 한다.

support 지원하다   **engage** 관여하다, 종사하다
wilderness protection 자연보호

▶ 문제 해설
빈칸은 '자연보호'의 뜻을 갖는 복합명사 자리이므로 (B)가 정답이다. (C)의 경우는 '자연보호자'라는 의미가 되므로 가산명사(셀 수 있는 명사)다. 관사가 쓰이거나 복수형이 되어야만 하므로 오답이다.
정답 (B)

5. All applicants should complete these two documents and mail them back in the envelop ___________ no later than May 6th.

(A) provided
(B) providing
(C) providers
(D) provides

모든 지원자들은 두 개의 서류를 작성해서 제공된 봉투에 담아 5월 6일 전에 우편으로 보내야만 한다.

applicant 지원자
complete 완전한, 완료하다, 끝내다   **envelop** 봉투

▶ 문제 해설
빈칸 앞에 완전한 문장이 있으며, 빈칸은 명사를 후치 수식하는 분사 자리이다. provide는 타동사이므로 빈칸 뒤에 명사(목적어)가 있으면 -ing를 쓰고, 없으면 p.p.형을 쓴다. 여기서는 빈칸 뒤에 명사(목적어)가 없으므로 (A)가 적합하다.
정답 (A)

6. A statement from a chartered accountant confirms the business is ___________ sound.

(A) finances
(B) finance
(C) financial
(D) financially

공인 회계사로부터의 진술이 그 업체는 재정적으로 건전하다는 것을 확인시켜 주고 있다.

statement 성명서, 진술, 발표
chartered accountant 공인 회계사
confirm 확인하다   **sound** 건전한

▶ 문제 해설
be동사는 2형식 동사로 보어를 취한다. 빈칸 뒤에 보어로 sound가 왔다. 따라서 빈칸은 문장 구조에 영향을 미치지 않는 성분이 와야 하기에 부사가 적합하다.
정답 (D)

7. All customers who filled out our online form will receive the product updates by e-mail ___________ new models are released.

(A) whenever
(B) therefore
(C) however
(D) furthermore

저희 온라인 양식을 작성하신 모든 고객들은 새로운 모델이 출시될 때마다 이메일로 신상품 소식을 받게 될 것입니다.

fill out 작성하다   **update** 정보
release 발표하다, 출시하다

▶ 문제 해설
빈칸은 두 개의 완전한 문장을 연결하는 접속사 자리다. (B), (D)는 접속부사로 오답이다. however는 부사절 접속사로 사용하면 양보절의 의미가 되며, 뒤에 이어지는 문장의 어순으로 형용사나 부사가 먼저 따라와야 한다.
정답 (A)

8. Ms. Banarjee will visit us for the balance sheet this afternoon, ___________ she is not caught up in the office.
(A) unless
(B) as well as
(C) as long as
(D) apart from

Ms. Banarjee가 사무실에서 바쁘지만 않다면 오늘 오후에 대차대조표 건으로 우리를 방문할 것이다.

표현 정리
balance sheet 대차대조표
be caught up ~에 휘말려 있다, ~에 잡혀 있다

▶ 문제 해설
빈칸은 접속사 자리이다. 일단 (B)와 (D)는 접속사가 아니다. (A), (C) 중 문맥상 적합한 것은 as long as다.
정답 (C)

9. The new planning manager will monitor all of the routine daily duties within the department ___________ help organize special events.
(A) when
(B) as well as
(C) such as
(D) in order that

새 기획 담당 매니저가 특별 이벤트 조직을 도와 주고 부서 내의 모든 일상 업무들을 감독할 것이다.

표현 정리
planning 기획　　**monitor** 감시하다, 감독하다
routine 일상적인　　**organize** 조직하다

▶ 문제 해설
빈칸 뒤에 주어가 없고 동사부터 나왔다는 것은 앞 문장과 빈칸 뒤 문장의 주어가 같기에 생략된 것이다. 일단 (C)는 앞에 나온 명사의 예를 들 때 사용하는 전치사로 오답이며, (A), (D)는 부사절 접속사 역할로 뒤에 '주어 + 동사' 형태의 완전한 문장이 와야 한다. 주어만

생략될 수 없다. as well as는 앞뒤에 병렬 구조를 취할 수 있으므로 정답이다.
정답 (B)

10. The application and resumé for vacancies can ___________ be faxed to the office or e-mailed to Mr. Lomo.
(A) in case
(B) as well as
(C) not only
(D) either

공석에 대한 지원서와 이력서는 사무실로 팩스를 보내거나 Mr. Lomo에게 이메일로 보낼 수 있다.

표현 정리
application 지원서　　**vacancy** 공석

▶ 문제 해설
빈칸을 제외하고 이미 완전한 문장이다. 빈칸 뒤에 '팩스로 보내기' 또는 '이메일로 보내기' 두 가지 방법을 연결해 주고 있고 or가 보이는 것으로 봐서 상관접속사 either A or B 문제임을 알 수 있다. 앞에 나오는 either는 사실 문장 구조에 영향을 주지 않는 부사 성분이다.
정답 (D)

11. ___________ interested in registering for the sales workshop must submit the application by Friday.
(A) Other
(B) They
(C) Anyone
(D) Whoever

판매 워크숍에 등록하고 싶은 사람들은 금요일까지 신청서를 제출해야 한다.

표현 정리
register for 등록하다　　**submit** 제출하다

▶ 문제 해설
빈칸은 주어 자리로 일단 other는 형용사로만 사용 가능하므로 오답이다. 빈칸 뒤에 '주격 관계대명사+be동

사'가 생략된 것을 알아야 한다. they가 빈칸에 올 수 없는 이유는 일반적으로 대명사들은 anyone과 those 등 몇몇 예외를 제외하고 관계대명사의 수식을 받을 수 없기 때문이다. anyone과 whoever 중 whoever는 anyone who로 접속사 성분이 포함되어 있기에 문장 전체에 두 개의 문장이 있어야 한다. 따라서 오답이다.
정답 (C)

12. ___________ of the new sales representatives was provided with an employee manual that details the company policies.
(A) Most
(B) The one
(C) Every
(D) Each

새 영업사원들 모두 회사 방침을 자세히 설명하는 직원 매뉴얼을 제공 받았다

sales representatives 영업사원
detail 자세히 말하다　　**policy** 방침, 정책

▶ **문제 해설**
빈칸은 주어 자리의 일부이다. 일단 every는 형용사로만 사용되므로 오답이다. most가 오게 되면 동사가 복수형이 되어야 한다. the one은 뒤에 'of the + 복수 명사'의 구조와 사용되지 않는다. the를 생략하고 one만 사용하면 가능하다. 'each of + 복수 명사'는 단수 동사를 취하므로 정답은 (D)이다.
정답(D)

13. Many of the episodes ___________ Josh Paek's latest book are very interesting and original.
(A) among
(B) throughout
(C) during
(D) toward

Josh Paek의 새로 나온 책 전체에 걸쳐 나오는 많은 에피소드들이 아주 흥미롭고 독창적이다.

latest 최신의　　**original** 독창적인

▶ **문제 해설**
의미상 알맞은 전치사를 고르는 문제이다. among 뒤에는 복수 명사가 온다는 것만 기억하자. during은 뒤에 기간을 취한다. toward는 '~ 쪽으로, ~ 경향의'라는 뜻을 갖는다. '~전체에 걸쳐'의 의미가 되기 위해 throughout이 적합하다.
정답 (B)

14. ___________ you have any questions about our mortgage loans, do not hesitate to send us an e-mail or give us call.
(A) Perhaps
(B) Whether
(C) May
(D) Should

주택 융자에 대해 질문이 있으면 주저하지 말고 이메일 주시거나 전화를 해주세요.

mortgage loan 주택 융자　　**hesitate** 주저하다

▶ **문제 해설**
먼저 두 개의 문장이 있다는 것이 특징이다. 그렇다면 접속사가 필요한데 whether는 부사절 접속사로 사용 시 뒤에 반드시 or (not)이 와야 하므로 오답이다. 나머지 보기 중에는 접속사가 보이지 않는다. (A)는 일단 부사로 오답이다. (C)와 (D)가 남는데 특이 사항은 빈칸에 (C) 또는 (D)가 오게 되면 의문문이 아닌 이상 어순에 문제가 있어 보인다. 이 문제는 가정법 if가 생략된 도치구문인 것이다. 가정법 문장은 접속사 if를 생략하면 주어와 동사가 도치가 된다. 가정법 미래 구문은 'If + 주어 + should + 동사원형 ~, please + 동사원형 ~.'의 구조를 갖는다. if가 생략되어 'Should + 주어 + 동사원형'의 구조가 된 것이다.
정답 (D)

15. All employees should be _________ of others in the office especially when making a phone call.

(A) considerable
(B) considering
(C) considerate
(D) consideration

모든 직원들은 사무실에서 특히 전화 통화를 할 때는 다른 직원들을 배려해야 한다.

표현 정리

considerable 상당한
considerate 사려 깊은, 신중한

▶ **문제 해설**
빈칸은 be동사 다음의 보어 자리로 명사 또는 형용사가 올 수 있다. 명사 보어는 주어와 동격 관계를 나타내고, 형용사 보어는 주어의 상태를 설명한다. 여기서는 문맥상 직원들의 상태를 설명하는 형용사가 와야 한다. (A)와 (C)가 가능한데 의미가 다르다. considerable는 '상당한'의 뜻이고, considerate은 '사려 깊은, 신중한'의 뜻이다.
정답 (C)

16. The conference runners will assist the participants to leave the venue in an _________ fashion after the event.

(A) orderly
(B) enduring
(C) apparent
(D) accomplished

컨퍼런스 진행 요원들은 참가자들이 이벤트 후 개최지를 질서 정연하게 떠날 수 있도록 도움을 줄 것이다.

표현 정리

conference runner 컨퍼런스 진행 요원
assist 지원하다, 돕다   **participant** 참가자
venue 개최지
in an orderly fashion 질서 정연하게

▶ **문제 해설**
관사와 명사 사이에 있는 빈칸은 형용사 자리로 의미상 알맞은 형용사를 찾는 문제이다. 어휘 문제이지만 사실 (A)가 부사가 아니라 형용사라는 것을 알아야 한다. '질서 정연하게'의 뜻이 되기 위해서는 orderly를 선택해야 한다.
정답 (A)

17. Mr. Black was selected as the employee of the month last Monday, and he wants to set an even _________ sales goal.

(A) highest
(B) high
(C) highly
(D) higher

Mr. Black은 지난주 월요일에 이달의 직원으로 선정되었고 그는 훨씬 더 높은 세일즈 목표를 정하고 싶어 한다.

표현 정리

the employee of the month 이번 달의 직원
set a goal 목표를 정하다

▶ **문제 해설**
빈칸은 복합명사인 sales goal을 수식하는 형용사 자리이다. even은 항상 비교급을 수식하며, 이외에도 much, far, still, a lot, way가 비교급 형용사 또는 부사를 수식한다.
정답 (D)

18. _________ all the candidates that applied for the job opening in sales department, Ms. Shin is the most qualified.

(A) By
(B) Out
(C) Near
(D) Of

영업부 자리에 지원한 모든 지원자들 중에서 Ms. Shin이 가장 적격이다.

표현 정리

candidate 지원자   **apply for** 지원하다
job opening 일자리
qualified 자격이 있는, 적격의

▶ **문제 해설**
all the candidates와 함께 사용되어 부사구가 되어야
하므로 빈칸은 전치사 자리이다. 의미상 '지원자들 중에'
의 뜻이 되기 위해서 전치사 of가 적합하다. of는 문두에
와서 '~중에'의 뜻으로 사용된다.
정답 (D)

19. The CEO of Try Star Corp. hired many new software developers, some of ___________ have already helped the company launch new products in the market.

(A) which
(B) whose
(C) whom
(D) them

Try Star 사의 CEO는 새로운 소프트웨어 개발자들을
많이 고용했는데, 그들 중 일부는 벌써 회사가 신제품을
시장에 출시하는 것에 도움을 줬다.

표현 정리

hire 고용하다   **launch** 출시하다

▶ **문제 해설**
일단 두 문장이 있으므로 접속사가 필요하다는 것을 알
수 있다. 빈칸은 전치사 뒤 목적어 자리이기도 하다. 접
속사 역할과 목적어의 역할을 동시에 수행하는 것이 목
적격 관계대명사다. 선행사는 사람인 developers로 사
람 선행사의 목적격 관계대명사는 whom이 적합하다.
정답 (C)

20. The mayor of the city is expecting slow local business this year despite the upcoming trade fair, which many believe ___________ thousands of tourists.

(A) attraction
(B) will attract
(C) attractive
(D) attract

많은 이들이 수많은 관광객을 유치할 것으로 믿고 있는
무역 박람회에도 불구하고 그 도시의 시장은 올해 저조
한 지역 경기를 예상하고 있다.

표현 정리

mayor 시장   **slow** 저조한
upcoming 앞으로 다가오는
trade fair 무역 박람회   **attract** 유치하다, 유혹하다

▶ **문제 해설**
주격 관계대명사 which 뒤의 동사 자리이다. 빈칸 앞의
many believe는 삽입절로 없는 문장 취급하면 된다.
보기 중에서 동사는 (B)와 (D)인데 선행사가 trade fair
로 단수 명사이므로 attract는 오답이다.
정답 (B)

PART 6

PART 6 핵심 전략
문제 풀이 전략 및 핵심 유형 정리

기존 토익의 Part 6은 전체적인 문맥보다는 빈칸이 있는 문장만을 보고 정답을 고를 수 있는 문제들이 많았다면 신토익에서는 지문의 전체적인 문맥을 파악하는 것이 중요하다. 한 지문에 4문제 중 3문제는 기존 출제 유형과 같지만 추가된 1문제는 글의 문맥을 확인하고 문장을 고르는 유형이다. 전체적인 내용을 파악하면서, 제시된 문제에 해당하는 핵심 유형 풀이법을 적용하는 것이 안전하게 정답을 고르는 요령이다.

어휘 문제 오답 줄이기

Part 6의 어휘 문제는 Part 5의 어휘 문제에 비해 이상하리만큼 오답율이 높다. 토익 공부를 처음 시작하는 사람들은 문제를 풀 때 시간이 부족해 무조건 빨리 풀려는 마음이 생기다 보니 빈칸이 있는 문장만 보고 답을 찾으려는 경향이 있기 때문이다. 빈칸이 있는 문장만 봐도 답을 알 수 있는 경우도 있지만 Part 6는 대체로 앞뒤 문장 전체를 봐야 하거나 심지어 지문 전체 내용을 파악해야 정확한 답을 찾을 수 있는 경우가 많다.

해 결 책 지문 도입부를 꼼꼼히 읽고 글의 목적을 반드시 파악하고 문제를 풀자.

어려운 문제일수록 글 전체의 목적과 관련된 단어가 항상 어휘 문제의 답이 된다. 빈칸이 있는 곳 여기저기를 부분적으로 읽으면서 답을 못 찾아 시간만 보내고 마는 어리석은 행동을 하지 말자. 처음부터 생각하지 말고 글의 도입부를 3줄이건 4줄이건 차분히 읽고 글 전체의 목적을 파악하자.

시제 문제 틀리지 않기

토익 공부를 하는 사람들에게 Part 5의 시제 문제는 공부를 조금만 하면 크게 어렵지 않다. 그런데 Part 6의 시제 문제는 이상할 정도로 자꾸 틀리는 경향이 있다. 역시 이유는 글 전체의 목적과 시점을 알지 못하고 빈칸이 있는 문장만 보거나 기껏해야 바로 앞 또는 바로 뒤 문장 정도만 보기 때문이다.

해 결 책

먼저 지문 도입부를 꼼꼼히 읽고 글의 목적을 파악한다. 그리고 목적을 생각하며 글 전체의 시점을 생각해 본다.

예1) 이사를 무사히 마친 후 손님이 업체에 보내는 감사의 이메일이라면 감사의 전달이 목적이다. 글 전체 시점은 편지와 이메일의 경우 현재 시제가 기본이다. 하지만 그 안에서 과거의 사건을 설명하는 부분은 과거 시제가 된다.

예2) 만약 다음 달에 개강할 수업 일정 및 소개글이라면 글의 목적은 정보 제공 및 안내이다. 만약 업체에서 수강 신청에 대해 감사를 표하는 글이라면 감사의 편지이다. 그리고 글의 전체 시점은 앞으로 있을 일정 소개이기에 미래시제여야 한다. 지문 내에 단순 규정이나 사실 묘사는 언제나 현재 시제이다.

접속부사 문제 오답 줄이기

접속부사 문제는 반드시 연습을 많이 해 둬야 하는 부분이다. 아마도 토익 공부를 하는 사람이라면 다들 접속부사 문제를 틀리는 경우가 많다는 것을 느낄 것이다. 사실 이 유형의 문제는 이미 고등학교 시절 수능 문제에서 많이 접해 봤던 건데도 자꾸 틀리는 이유는 다음과 같다.

1. 글의 흐름을 논리적으로 파악하지 못한다.
2. 상당수의 접속부사 의미를 정확히 모른다.

해 결 책

단순히 보기를 하나씩 대입시켜 해석해 보기 전에 앞뒤 문장의 흐름을 파악하자. 예를 들어, 빈칸 앞 문장과 뒤 문장에 긍정적인 내용들이 열거되는지, 앞 문장은 긍정문인데 빈칸 뒤 문장은 부정적인 내용인지, 뒤 문장은 앞 문장에 뭔가 추가 설명이 더해지는 것인지, 앞뒤 문장이 원인 결과 관계인지 등을 파악하려고 노력해야 한다는 것이다. 그리고 자주 등장하는 문장 부사들의 의미를 꼼꼼하게 외워 둬야 한다. 마지막으로, 접속부사 문제를 풀 때는 보기에서 접속사와 부사를 구별할 수도 있어야 한다. (접속부사 문장 구조는 Part 5 유형 20-3 참고)

빈출 접속부사 정리하기

접속부사와 접속사는 '접속'이라는 단어 때문에 혼동하기 쉽다. 사실 이 두 가지는 서로 완전히 다른 품사이다. 접속부사는 '부사'이기 때문에 문장과 문장을 연결하는 기능은 없다. 그러나 접속사는 두 문장을 하나로 결합한다는 것이 가장 큰 차이점이다. (Part 5 유형 20 참고)

해 결 책	**지문의 특정 위치에 들어갈 문장 찾기**

신 유형에서 가장 주목을 받는 문제 유형 중 하나로 수능 때부터 이미 익숙한 유형이지만 항상 어려워하는 유형이다. 이 문제를 풀기 위해서는 반드시 위에서 언급했듯이 글 전체의 흐름과 목적을 빠르고 정확하게 파악하는 능력이 필요하다. 특히 문장이 들어갈 부분 바로 앞과 뒤 문장의 flow(흐름)을 파악하는 능력이 필요한데. 이때 글의 흐름을 논리적으로 분석해야 답을 찾을 수 있다.

문맥상 적합한 문장 찾기 신 유형 문제 – 문제 풀이 순서
1. Part 6는 언제나 제일 먼저 글 전체의 의도(목적 파악–글 도입부를 충실히 읽어야 함)
2. 최소한의 아는 단어로만 글 전체 흐름 파악
3. 앞뒤 문장의 흐름 역접, 순접, 추가 등 논리 파악
4. 키워드 연결 파악!

This/These/Both + _____________
빈칸에 들어갈 명사 찾기 문제 해결하기
(자주 출제되지 않지만 나오면 오답률 최고)

이 유형의 문제는 사실 난이도가 높아 초·중급 자들에게는 어려운 문제이다. 그러나 문제를 어떻게 풀어야 하는지 알고 그 방법으로 연습을 많이 해 둬야 정답 가능성을 높일 수 있다.

해 결 책	이 유형은 This/These/Both + (빈칸)으로 뒤 문장을 읽기 전에 반드시 앞에 나오는 문장들을 충분히 읽고 내용을 기억해 둬야 한다. This 뒤의 빈칸에는 This가 지시하는 것이 무엇인지 알아야 답을 찾을 수 있다. This가 말하는 것은 앞 문장 중에서 하나의 문장이나 하나의 단어이다. 따라서 빈칸에는 언급하는 문장이나 단어를 설명하는 명사를 찾아야 한다. These의 경우도 비슷하다. These 뒤에 오는 명사는 These가 언급하는 내용을 받아 주는 것이다. These는 앞의 지문 중 몇 가지 열거된 문장이나 단어들을 받아준다. These가 받는 문장들 또는 단어들이 무엇인지 파악하고 그것들을 설명하는 단어를 찾는 문제이다. Both는 These와 같다. 앞 지문 속에서 두 개의 문장이나 단어를 받아 준다. 이 두 개의 문장이나 단어를 설명하는 명사를 찾는 문제이다.

SET 1

Questions 131-134 refer to the following memo.

To: All employees
From: Jean Davison
Date: June 21
Subject: New York City Art Hall Tour

Renowned performance director Sara Wilson ______131______ a guided tour of the city's performance theater, New York City Art Hall, every Wednesday starting on July 7. There will not be a fee for this ______132______, which will also include a sit-in during rehearsals for the most recent show to play at New York City Art Hall, *Mamma Mia*. All employees are recommended to attend. Although there is no charge, every employee must reserve a spot on the tour before going.
Please be aware that tickets are limited and that the final day to ______133______ is July 5. ______134______. To get further information about the tour, please visit New York City Art Hall's web site at www. nycityarthall.com.

Sincerely,
Jean Davison
Personnel Director - MTV Broadcasting

131. (A) gave   (B) will be giving   (C) has given   (D) is given

132. (A) visit   (B) performance   (C) information   (D) play

133. (A) attend   (B) sign up   (C) pay   (D) play

134.
(A) Don't miss registering for this remarkable tour.
(B) It will be a great opportunity to show your art works.
(C) You can either pay for the tickets by cash or credit card.
(D) No reservation! First come, first served.

To: Shipping Department
From: Martin Dexter, General Manager
Date: April 10
Subject: Upcoming Renovations

This message is to remind all employees that this coming Thursday we will begin construction on the first loading area for warehouse 1E. ______135______ During the warehouse ______136______, all shipments must be received at the two remaining loading docks in warehouse 2D.
This ______137______ only shipments that are being received. Shipments leaving warehouse 1E will continue to be delivered out of the current loading dock.
The entire project is being headed by Jill Howell. She will be in charge until its completion, ______138______ if you have any questions or concerns about the temporary situation, please direct them to her.

135.

(A) After the completion, the warehouse will be relocated.

(B) Construction will be completed by May 7.

(C) You can still use all the loading docks for incoming shipments.

(D) Feel free to join the upcoming construction project.

136. (A) renovations   (B) payment   (C) inquire   (D) appraisal

137. (A) was to include   (B) to include   (C) includes   (D) include

138. (A) therefore   (B) however   (C) so   (D) otherwise

To: Kevin Martino <kmartino@flymail.com>
From: Marcus Araya <maraya@netcom.org>
Subject: Interview (Software Developer Vacancy)
Date: March 20

Mr. Martino,

______139______. We have several experienced applicants for the role, and the interview process will begin on March 25.

We were all very impressed with your resumé and application form, and I ______140______ that you have played an integral role in the success of your current company.

However, we have sent three e-mails to you about setting up a suitable date and time and have yet ______141______ a response.

If we do not hear back from you by Friday, March 22, we will ______142______ that you are no longer interested in the position.

Sincerely,

Marcus Araya

139.
(A) I would like your thoughts on some job applicants.
(B) We are currently seeking a new software developer.
(C) We can confirm that we have received your application form.
(D) I am contacting you once again to arrange an interview.

140. (A) informed   (B) will inform   (C) was informed   (D) inform

141. (A) receiving   (B) to receive   (C) received   (D) receives

142. (A) require   (B) assume   (C) prefer   (D) conform

실전 연습 문제
해설

Questions 131-134 refer to the following memo.

To: All employees
From: Jean Davison
Date: June 21
Subject: New York City Art Hall Tour

Renowned performance director Sara Wilson _______131_______ a guided tour of the city's performance theater, New York City Art Hall, every Wednesday starting on July 7. There will not be a fee for this _______132_______, which will also include a sit-in during rehearsals for the most recent show to play at New York City Art Hall, *Mamma Mia*. All employees are recommended to attend. Although there is no charge, every employee must reserve a spot on the tour before going.
Please be aware that tickets are limited and that the final day to _______133_______ is July 5. _______134_______. To get further information about the tour, please visit New York City Art Hall's web site at www. nycityarthall.com.

Sincerely,
Jean Davison
Personnel Director - MTV Broadcasting

131. (A) gave   (B) will be giving   (C) has given   (D) is given

132. (A) visit   (B) performance   (C) information   (D) play

133. (A) attend   (B) sign up   (C) pay   (D) play

134.
(A) Don't miss registering for this remarkable tour.
(B) It will be a great opportunity to show your art works.
(C) You can either pay for the tickets by cash or credit card.
(D) No reservation! First come, first served.

To: All employees
From: Jean Davison
Date: June 21
Subject: New York City Art Hall Tour

Renowned performance director Sara Wilson ______131______ a guided tour of the city's performance theater, New York City Art Hall, every Wednesday starting on July 7.

131. (A) gave   (B) will be giving   (C) has given   (D) is given

해설 ▶ 회사에서 직원들에게 앞으로 있을 견학과 견학의 세부 일정을 안내하는 글이다. 즉, 기본 시점은 미래이다. 글 전체의 목적과 시점 파악은 Part 6에서 가장 중요한 사항이다.

131번은 빈칸이 동사 자리이다. 항상 동사를 찾으면 3단계를 따지는 게 기본이다. 1. 수 일치. 2.동사 성질. 3. 시제 일치 순서다. 먼저 주어가 단수이므로 동사도 단수가 된다. (A), (B), (C), (D) 모두 가능하다. 2단계 동사 성질을 따지면 give 는 3, 4형식으로 쓸 수 있다. 주어가 견학을 제공하는 입장이기에 능동이 맞고 3형식으로 사용된 것이다. 따라서 수동태 로 쓰인 (D)는 탈락이다. 이제 3단계 시제 문제이다. 미리 파악해 두었듯이 이 글의 기본 시제는 미래시제다. 따라서 (A), (B), (C) 중에서 미래시제 (B)가 답이 된다.

정답 (B)

There will not be a fee for this ______132______, which will also include a sit-in during rehearsals for the most recent show to play at New York City Art Hall, *Mamma Mia*.

132. (A) visit   (B) performance   (C) information   (D) play

해설 ▶ 132번은 어휘 문제이다. 그리고 동시에 this 뒷자리 명사 찾기 문제이기도 하다. 일단 글 전체의 목적은 견학 안내고 this가 의미하는 것은 앞 문장 속에 언급되는 견학이다. 따라서 답은 견학을 대체할 수 있는 단어로 정답은 (A) visit (방문)이다.

정답 (A)

6

All employees are recommended to attend. Although there is no charge, every employee must reserve a spot on the tour before going.
Please be aware that tickets are limited and that the final day to _______133_______ is July 5.

133. (A) attend   (B) sign up   (C) pay   (D) play

해설 ▶ 동사 어휘 문제이다. 어휘 문제는 언제나 글 전체의 목적을 파악해야 한다는 것을 기억하자. 이 글의 목적은 앞으로 있을 견학 안내이다. 즉, 지나간 과거가 아닌 미래의 내용이다. 7월 7일부터 시작이니 등록 신청(sign up)을 7월 5일까지 해야 한다는 것이다. 그리고 참가비가 무료이니 pay는 맞지 않다.

정답 (B)

_______134_______. To get further information about the tour, please visit New York City Art Hall's web site at www. nycityarthall.com.

134.
(A) Don't miss registering for this remarkable tour.
이 멋진 견학의 신청을 놓치지 마세요.
(B) It will be a great opportunity to show your art works.
당신의 예술 작품을 보여 줄 좋은 기회가 될 것입니다.
(C) You can either pay for the tickets by cash or credit card.
티켓을 현금이나 카드로 구매하실 수 있습니다.
(D) No reservation! First come, first served.
예약 불필요! 선착순.

해설 ▶ 직원들에게 견학에 관한 세부 사항을 알리고 나서 빈칸이 등장했다. 빈칸 뒤에 추가 정보가 필요하다면 웹사이트를 방문하라는 글이 나오는 것으로 봐서 빈칸 역시 마지막 세부 정보를 언급해야 흐름상 맞다. 그리고 앞 문장에 키워드로 '**신청 마지막 날**'이 언급되고 뒤에 '**견학 추가 정보**'가 언급된 것으로 비춰 볼 때 tour와 registration이 언급된 (A)가 정답이다. (B)의 경우 견학에 참가할 직원들에게 적합하지 않은 내용이며 (C)는 본문에서 티켓이 이미 무료임이 명시되었으므로 오답이다. (D) 역시 본문 중간에 자리가 제한적이기에 예약을 해야 한다고 정확히 언급되었으므로 역시 오답이다.

정답 (A)

Sincerely,
Jean Davison
Personnel Director- MTV Broadcasting

131-134는 다음 메모를 참조하세요.

수신: 전 직원

발신: Jean Davison

날짜: 6월 21일

제목: New York City Art Hall 견학

저명한 공연 연출가 Sara Wilson이 7월 7일부터 매주 수요일, 131. 우리 시에 위치한 공연 극장 New York City Art Hall의 견학 가이드를 맡을 것입니다.

132. 이 가이드 견학에는 입장료가 없으며, New York City Art Hall에서 공연 예정인 최신작 '맘마미아'의 리허설을 관람할 수 있습니다.

전 직원들은 참여해 주시길 바랍니다. 부담할 비용은 없지만, 가기 전에 자리를 예약해야 합니다.

티켓 수량은 한정되어 있으며, 133. 신청 마지막 날은 7월 5일입니다.

134. 이 멋진 견학의 참가 신청을 잊지 말고 하십시오. 견학에 대해 더 알고 싶으시면 New York City Art Hall의 웹사이트 www. nycityarthall.com을 방문하십시오.

감사합니다.

Jean Davison

인사과 부장 – MTV 방송

어휘 ▶

renowned 저명한　**performance director** 공연 연출가　**give a tour of** ～을 견학하다
admission fee 입장료　**sign up for** ～을 신청[등록]하다　**remarkable** 놀랄 만한, 주목할 만한
first come, first served 선착순

To: Shipping Department
From: Martin Dexter, General Manager
Date: April 10
Subject: Upcoming Renovations

This message is to remind all employees that this coming Thursday we will begin construction on the first loading area for warehouse 1E. ______**135**______
During the warehouse ______**136**______, all shipments must be received at the two remaining loading docks in warehouse 2D.
This ______**137**______ only shipments that are being received. Shipments leaving warehouse 1E will continue to be delivered out of the current loading dock.
The entire project is being headed by Jill Howell. She will be in charge until its completion, ______**138**______ if you have any questions or concerns about the temporary situation, please direct them to her.

135.
(A) After the completion, the warehouse will be relocated.
(B) Construction will be completed by May 7.
(C) You can still use all the loading docks for incoming shipments.
(D) Feel free to join the upcoming construction project.

136. (A) renovations   (B) payment   (C) inquire   (D) appraisal

137. (A) was to include   (B) to include   (C) includes   (D) include

138. (A) therefore   (B) however   (C) so   (D) otherwise

To: Shipping Department
From: Martin Dexter, General Manager
Date: April 10
Subject: Upcoming Renovations

This message is to remind all employees that this coming Thursday we will begin construction on the first loading area for warehouse 1E. _______135_______

135.

(A) After the completion, the warehouse will be relocated.
완료 후, 창고가 이전할 것입니다.

(B) Construction will be completed by May 7.
공사가 5월 7일까지 완료될 것입니다.

(C) You can still use all the loading docks for incoming shipments.
반입 화물들에 대해서 모든 하역소를 사용하실 수 있습니다.

(D) Feel free to join the upcoming construction project.
주저하지 말고 공사 프로젝트에 참여하세요.

해설 ▶ 항상 논리적인 해석이 우선이고 그 다음에 키워드 탐색이 필요하다는 것을 기억해야 한다. 이 글의 목적은 제목에서 나타나듯 앞으로 있을 공사에 대한 공지이다. 그리고 첫 문장에서 다시 메시지의 목적이 정확히 언급되고 있다. 일단 공사 일정이 소개된 다음 빈칸이 등장하고 다음에 이어지는 문장 속에 '공사 기간 동안'의 변동 사항이 언급되고 있다. 논리적 접근을 하자면 빈칸에는 뒤에 이어지는 문장을 통해 알 수 있듯이 공사 일정과 관련된 추가 정보, 특히 완료일이나 기간 등의 언급이 나와야 적합하다. 또 키워드를 찾아 보면 앞 문장에 '공사 시작일' 뒤에 이어지는 문장에 '공사 기간 동안' 정도를 생각해 볼 수 있다. 따라서 보기 문장들 중 construction과 completed가 언급된 (B)가 정답이다. (A)의 경우 연관성이 없는 보기가 되고, (C)의 경우 본문 중간에 반입 화물은 남아 있는 두 군데의 하역소만 사용 가능함을 명시하고 있다. (D)는 이 글이 직원들에게 앞으로 있을 공사 일정을 알리고자 하는 것이기에 공사 프로젝트에 참여하도록 직원을 독려하는 의도의 글이 아니라는 것을 알 수 있기에 오답이다.

정답 (B)

During the warehouse _______136_______, all shipments must be received at the two remaining loading docks in warehouse 2D.

136.

(A) renovations   (B) payment   (C) inquire   (D) appraisal

해설 ▶ 제목에서 알 수 있듯이 내부 공사에 대한 이야기이다. 어휘 문제는 꼭 글 전체의 목적을 파악하고 문제를 풀어야 한다. 해석을 해 본다면 '창고에서 보수 공사가 진행되는 동안 모든 화물은 2D 창고에 있는 나머지 두 개의 하역소로 반입되어야 합니다'이다. 다시 한 번 강조하지만 어휘 문제를 풀 때는 글의 목적을 먼저 파악하자. 따라서 이 내용을 하나로 아우르는 단어 (A) renovations가 정답이다.

정답 (A)

> This _____**137**_____ only shipments that are being received.

137.

(A) was to include   (B) to include   (C) includes   (D) include

해설 ▶ 동사 자리로 (A), (C), (D)가 가능하다. 주어가 단수이므로 (A), (C)가 가능하고 동사의 성질을 따져도 여전히 (A), (C)가 가능하다. 이제 동사 문제 마지막 확인 단계 시제를 따질 차례다. 글 전체 목적은 앞으로 있을 내부 공사 안내이니까 기본 시제는 미래가 맞지만 미래 일정 소개의 내용이 아니고 단순 사실이나 규정이나 절차 등을 설명할 때는 현재 시제를 사용하므로 (C)가 정답이다.

정답 (C)

> Shipments leaving warehouse 1E will continue to be delivered out of the current loading dock.
> The entire project is being headed by Jill Howell. She will be in charge until its completion, _____**138**_____ if you have any questions or concerns about the temporary situation, please direct them to her.

138.

(A) therefore   (B) however (C) so (D) otherwise

해설 ▶ 이 문제는 일단 빈칸의 정체를 알아야 한다. 빈칸 앞에 콤마(,)가 있다. 이것의 포인트는 이 자리에 접속부사는 올 수 없다는 것이다. 즉, 접속부사인 (A), (D)는 탈락이다. 이제 두 개의 접속사 중에 접속사로서의 however 용법을 기억해 보자. however는 접속사일 때 문장 구조가 ① '주어＋동사＋～ , however ＋형용사/부사＋주어＋동사'이거나 ② 'However ＋형용사/부사＋주어＋동사, 주어＋동사'처럼 뒤에 형용사 또는 부사를 끌고 온다. 물론 의미로도 맞지 않다. 정답은 (C)만 가능하다.

정답 (C)

135-138은 다음 메모를 참조하세요.

수신: 운송부

발신: Martin Dexter, 총괄 매니저

날짜: 4월 10일

제목: 곧 있을 보수 공사

이 메시지는 오는 목요일 1E 창고 첫 번째 하역장 공사가 시작될 것임을 전 직원에게 알리기 위한 것입니다.

135. 공사는 5월 7일에 끝날 예정입니다.

136. 창고 보수 공사가 진행되는 동안 모든 화물은 2D 창고에 있는 나머지 두 개 하역소로 반입되어야 합니다.

137. 이것은 반입되는 화물에만 해당됩니다. 1E 창고에서 출하되는 화물들은 현재 하역소를 통해 나갈 것입니다. 전체 프로젝트는 Jill Howell의 지휘 아래 진행될 것입니다. 138. Jill Howell은 공사가 완료될 때까지 일을 맡을 것이니, 이번 임시 상황과 관련해 질문이 있으시면 그녀에게 바로 문의하십시오.

어휘 ▶

upcoming 다가올　**renovations** 보수 공사　**loading area** 하역장　**payment** 지불

appraisal 칭찬　**temporary** 임시의, 일시적인

To: Kevin Martino <kmartino@flymail.com>
From: Marcus Araya <maraya@netcom.org>
Subject: Interview (Software Developer Vacancy)
Date: March 20

Mr. Martino,

______139______. We have several experienced applicants for the role, and the interview process will begin on March 25.

We were all very impressed with your resumé and application form, and I ______140______ that you have played an integral role in the success of your current company.

However, we have sent three e-mails to you about setting up a suitable date and time and have yet ______141______ a response.

If we do not hear back from you by Friday, March 22, we will ______142______ that you are no longer interested in the position.

Sincerely,

Marcus Araya

139.

(A) I would like your thoughts on some job applicants.

(B) We are currently seeking a new software developer.

(C) We can confirm that we have received your application form.

(D) I am contacting you once again to arrange an interview.

140. (A) informed (B) will inform (C) was informed (D) inform

141. (A) receiving (B) to receive (C) received (D) receives

142. (A) require (B) assume (C) prefer (D) conform

To: Kevin Martino <kmartino@flymail.com>
From: Marcus Araya <maraya@netcom.org>
Subject: Interview (Software Developer Vacancy)
Date: March 20

Mr. Martino,

_____139_____. We have several experienced applicants for the role, and the interview process will begin on March 25.

139.

(A) I would like your thoughts on some job applicants.
지원자들에 대한 당신의 의견을 원합니다.

(B) We are currently seeking a new software developer.
자희는 현재 새로운 소프트웨어 개발자를 찾고 있습니다.

(C) We can confirm that we have received your application form.
저희는 귀하의 지원서를 받았음을 확인하는 바입니다.

(D) I am contacting you once again to arrange an interview.
면접 일정을 잡기 위해 다시 연락을 드립니다.

해설 ▶ 일단 빈칸에 들어갈 문장을 찾는 문제의 경우 글 전체의 목적을 파악하고 전후 문장의 흐름을 논리적으로 파악한다. 그리고 키워드를 파악해서 적절한 보기를 찾아야 한다. 글 전체의 목적은 제목에서 이미 언급됐듯이 '면접' 관련 글이다. 글의 도입부에서 이 글이 면접 절차를 알리고 후반부에 면접 일자를 정하고자 하는 글임을 알 수 있다. 빈칸 뒤 문장에서 지원자들이 여럿 있으며 면접이 곧 시작된다고 언급하고 있다. 첫 문장에는 연락한 목적이 등장해야 글의 흐름에 맞다. 모든 글은 도입부에 글의 목적이 언급되어야 한다. 따라서 첫 문장에 면접 일정 때문에 연락했다는 언급이 적당하다. 그리고 빈칸 뒤 문장에 '면접 일정'이 키워드로 등장한다. 따라서 보기 문장 중 arrange an interview가 언급된 (D)가 정답이다. 이 글은 지원자에게 보내는 메일이라서 (A)는 부적합하다. (A)는 면접관이나 회사 중역에게 적합한 말이다. (B)는 혼동 보기가 될 수 있는데 글 전체의 흐름을 처음에 파악했다면 오답임을 알 수 있다. 후반부에서 이메일을 세 번이나 보냈다는 것을 알 수 있기에 '관심이 있는 사람'에게 말할 법한 (B)나 '지원자'에게 신청서를 받았다는 것을 처음으로 통보하는 (C)는 오답이다.

정답 (D)

We were all very impressed with your resumé and application form, and I
______140______ that you have played an integral role in the success of your current
company.

140.

(A) informed (B) will inform (C) was informed (D) inform

해설 ▶ 빈칸에 같은 단어지만 다른 형태의 보기가 있는 것으로 봐서 문법 문제이다. 동사 문법 문제는 언제나 1. 수 일치, 2. 동사의 성질(능동 vs. 수동), 3. 시제 순서로 해결해야 한다. 수 일치를 따진다면 보기 4개가 모두 가능하다. inform은 사람 목적어를 취해야 하는 타동사인데 빈칸 뒤에 사람 목적어가 존재하지 않기에 수동태가 되어야 한다. 보기 중 수동태는 was informed가 유일하다. 따라서 (C)가 정답이다.

정답 (C)

However, we have sent three e-mails to you about setting up a suitable date and
time and have yet ______141______ a response.

141.

(A) receiving (B) to receive (C) received (D) receives

해설 ▶ 이 문제는 yet의 용례를 묻는 단순한 문제로 yet의 용례 4가지를 암기해 둬야 한다. yet의 부사 용례 have yet to/be yet to/have not yet p.p. 그리고 yet의 접속사 용례 '그러나 (= but 등위 접속사)' 총 4가지 용법을 기억하자. 이 문제는 문맥상 아직 연락을 받지 않았다고 말하고 있기에 have yet to가 적절하다.

정답 (B)

If we do not hear back from you by Friday, March 22, we will ______142______ that you
are no longer interested in the position.

142.

(A) require (B) assume (C) prefer (D) conform

해설 ▶ 동사 어휘 문제로 전체 글의 목적과 흐름을 정확히 파악해야만 한다. 앞에서 이미 여러 번 연락을 취했지만 연락이 없었음을 언급했고 이 글이 면접 일정을 잡기 위한 이메일임을 생각한다면 3월 22일까지 연락이 없을 시에 관심이 없다고 생각하겠다는 통보가 적합하다. 따라서 (B) assume이 적합하다.

정답 (B)

139–142는 다음 이메일을 참조하세요.
수신: Kevin Martino 〈kmartino@flymail.com〉
발신: Marcus Araya 〈maraya@netcom.org〉
제목: 면접 (소프트웨어 개발자 공석)
날짜: 3월 20일

Mr. Martino,

139. 면접 일정을 잡기 위해 다시 연락을 드립니다. 이 직책에 지원한 경력이 풍부한 지원자들이 여럿 있습니다. 그리고 면접 과정이 3월 25일에 시작될 것입니다.

저희는 귀하의 이력서와 지원서를 보고 좋은 인상을 받았습니다. 그리고 140. 저는 귀하가 현재 재직중인 회사의 성공에 있어 아주 중요한 역할을 했다는 것을 알았습니다.

그런데 저희가 적절한 시간과 날짜를 정하기 위해 귀하께 이메일을 세 번이나 보냈지만 141. 아직 응답을 받지 못했습니다.

만약 저희가 귀하로부터 3월 22일 금요일까지 연락을 받지 못한다면 142. 저희는 귀하가 더 이상 이 직책에 관심이 없는 것으로 간주하겠습니다.

감사합니다.

Marcus Araya

어휘 ▶

vacancy 공석, 빈방   **contact** 연락하다   **experienced** 경험이 풍부한, 숙련된   **applicant** 지원자

impressed 감동받은   **résumé** 이력서   **application form** 지원서   **role** 역할, 임무

integral 없어서는 안 될, 필수의   **current** 지금의, 현재의   **however** (접속부사) 그러나

suitable 적합한, 알맞은   **response** 응답, 반응   **assume** 생각하다, 추정하다

PART 7

PART 7 핵심 전략
수험자를 위한 조언

Part 7은 많은 지문을 다뤄 보는 것이 최고의 전략이지만 쉽지 않다. 따라서 양으로 승부하지 말고 주제별 지문의 내용이 어떻게 전개되는지를 파악해 둬야 한다. 주제별로 지문이 항상 비슷하게 전개되기 때문에 문제에서 원하는 정보가 지문의 어디쯤에 나오는지를 미리 알 수 있어야 빠르고 정확하게 답을 찾을 수 있다. 또, 하나의 지문에 딸린 여러 문제를 한꺼번에 틀린다면 지문의 내용이 낯설기 때문이다. 따라서 다양한 주제의 배경지식을 쌓는 차원에서 지문의 내용을 기억하면 도움이 된다.

초보자를 위한 팁

초보자의 경우 모의고사나 실전 시험을 볼 때 독해 문제 풀이 순서를 바꿔 보는 것도 도움이 된다. 집중력이 유지되고 시간적으로 여유가 있는 초반부에 이중 지문과 삼중 지문 문제인 176번~200번을 먼저 풀고 그 다음에 147번~175번까지 싱글 지문을 푸는 것도 좋다. 이렇게 문제 풀이 순서만 바꿔도 시간이 단축되고 오답률도 줄일 수 있다. 그리고 문제를 풀고 바로 바로 답안지에 마킹하는 것이 현명하다. 한꺼번에 옮기려다 시간 조절을 못해 낭패를 보는 경우가 많기 때문이다.

신 유형 문제에 대해 많이들 걱정하는데 기본 문제 풀이 방법에 차이는 없다. 단, 기존 토익 시험보다 신토익은 글 전체의 목적과 흐름을 빠르고 정확하게 파악하는 능력이 훨씬 중요해졌다.
특히 colloquial(구어체 표현) 질문과 finding sentence (문장 위치 찾기) 문제는 정확한 글의 흐름을 파악하는 연습과 논리적 사고가 중요하다.
★ Part 7은 Part 4에서의 정답을 이끄는 표현들이 거의 그대로 사용된다!

고등학교 시절부터 독해를 많이 해왔어도 여전히 토익의 독해 영역은 수험자들에게 반갑지 않은 존재다. 그러나 신토익에서 RC 점수가 좌지우지되는 것이 독해이기 때문에 제대로 준비해야 한다. 본격적인 유형 학습에 들어가기 전, 초보자들이 잘못 알고 있는 사항 몇 가지를 짚고 넘어가 보자.

1. 단어는 아는데 독해가 안 된다면

단어는 아는데 문장 해석이 안 되는 것은 문법을 모르기 때문이다. 즉, 문장 구조를 파악하는 능력이 부족하기 때문에 해석이 정확히 되지 않는다는 것이다. 평상시 문장의 뼈대를 파악하는 연습을 하는 것이 좋다. 문장의 기본 골격을 빠르게 파악할 수 있게 되면 독해 속도가 빨라지고 해석도 수월해진다.

2. Part 5, 6은 좀 되는데 Part 7은 도저히 안 된다면

이런 사람들은 미안하지만 Part 5, 6도 안 되는 건데 문제를 많이 풀다 보니 Part 5, 6 문제들이 기억이 나는 거지 진짜 실력이 있는 게 아니다. Part 5, 6 문제들은 많이 풀다 보면 문제에 익숙해져서 답이 보이는 것이다. 정말로 Part 5, 6 실력이 있다면 Part 7도 문제가 없어야 한다. 만약 그렇지 않다면 공부를 잘못하고 있는 것이다.

다음 지문을 읽고 문제의 힌트를 찾아 표시해 보세요.
정답은 유형 1–11 문제를 참고하세요.

Questions 1-4 refer to the following e-mail.

To: All Department Heads
From: Jerome Klein <Jerome66@heymail.com>
Subject: New accounting software meeting
Date: Sept 21, 2014

Please make sure your staff is aware of their training meeting times for our new accounting software that will be installed next Monday. Joshua Pike, the software company representative, will run the meetings in the large conference room on the second floor.

Accounting 10:00-12:30 27th Monday

Marketing 13:00-15:00 27th Monday

Research 11:00-13:00 28th Tuesday

Administration/Sales 13:00-15:00 28th Tuesday

Dinner and refreshments will be provided for all attendees at noon. Employees unable to attend at their department's designated time must see Becky in the Systems Administration Office on the seventh floor to arrange another training time. As space is limited due to the large volume of attendees, there may be some sessions that can accommodate extra participants. If members of your department are unavailable for their assigned time slot, please have them make the appropriate arrangements as soon as possible. Thank you for your attention,

Jerome Klein

Administrative Officer

지문에서 다음 문제에 대한 키워드와 힌트를 찾아 표시해 보세요.

1. What is the purpose of the meeting?

2. Why would someone need to talk to Becky?

3. Who will be provided with a meal and refreshments?

4. Who will conduct the meetings?

Do you want to show up your beautiful bathing suit this summer?

But! still need to get rid of much weight? A1 Fitness will make you lose weight with a variety of fun workout classes, and we also offer month-to-month memberships, so you never need to worry about making a large payment for six or twelve months. What a great option for university students! Month-to-month memberships even come with a free personal training session to help start you out for a month of fabulous fitness! Discounts apply to clients who purchase three months or more at once. Stop by any A1 Fitness to register now! Mention this advertisement and get a special "buy one month and get one month free" for a limited time. You can also sign up online by visiting www. A1fintess.com, or by calling 505-787-9201.

지문에서 다음 문제에 대한 키워드와 힌트를 찾아 표시해 보세요.

5. Who will be interested in this advertisement?

6. What is being advertised?

7. What should interested people do to get "buy one month and get one month free" deal?

Questions 8-11 refer to the following web chat with three participants.

Berlinda Johnson: Have either of you heard about the new auto mechanic opening up on Goa Way? It will be in direct competition with our own business.

Roy Hughes: Yes, I drove past it this morning and noticed all the opening ceremony banners and balloons.

Susan Pearson: It's going to be really tough for us then, if another auto mechanic is going to be taking our business.

Roy Hughes: It's out of our hands. All we can do is maintain our excellent high standards and hope that's enough to keep our customers coming back.

Berlinda Johnson: I agree. We just need to give them an incentive to come back. How about we offer a 10% discount for returning customers?

Susan Pearson: I think that's a great idea. We can advertise this in the local newspaper and hopefully that will encourage people to return.

Roy Hughes: I think that's a good idea. Let's hold a meeting to finalize the details of this project. Could one of you arrange this for tomorrow?

Berlinda Johnson: Yes, I'll arrange it for tomorrow morning. It's late, so I'll message all employees electronically to let them know.

지문에서 다음 문제에 대한 키워드와 힌트를 찾아 표시해 보세요.

8. What are the speakers mainly discussing?

9. Why does Mr. Hughes say, "It's out of our hands"?

10. What do the women suggest that their company do?

11. What will Ms. Johnson most likely do next?

유형 01
비즈니스 관련 편지/팩스/이메일

내용 1	To: 받는 사람 (이름, 직책 + 주소 또는 이메일 주소) From: 보내는 사람 (이름, 직책 + 주소 또는 이메일 주소) Subject: 주제 Date: 편지 쓴 날짜
내용 2	목적 ▶ 모든 글의 서론에는 주제 즉, 목적 언급
내용 3	배경 설명 ▶ 주제에 대한 부연 설명으로 구체적인 내용. 일정 안내, 자격 요건 등
내용 4	Offer하는 내용 ▶ Ask/Suggest 하는 내용
내용 5	연락처 및 기간 또는 시점 글 쓴 사람 이름, 직책

유형 02
구인 광고

내용 1	도입부 ▶ 주제 즉, 목적이 나오는 부분. 회사의 종류, 직책 언급 회사 이름 + 회사에 대한 간략한 소개
내용 2	세부 설명 ▶ 구하는 직책에 대한 대우 조건, 직무 설명, 자격 요건 suggested/recommended/optional/preferred로 제시되는 요건은 필수 조건이 아닌 요건임에 주의
내용 3	후반부 ▶ 지원 방법, 연락처(담당자, 부서), 마감 날짜

유형 03
구직 신청서(지원자)

내용 1	Dear 담당자 이름, 직책(업체)
내용 2	주제문 ▶ 지원 동기, 지원한 직책, 광고를 접한 매체
내용 3	세부 정보 ▶ 자신의 장점 서술. 능력, 경험, 자격증, 학위에 대한 설명
내용 4	후반부 ▶ 후속 사항 언급

유형 04
구직 신청에 대한 답장(인사 담당자)

내용 1	구직자(상대방) 주소와 이름
내용 2	도입부 ▶ 구직자에게 지원해 준 데에 대한 감사
내용 3	세부사항 ▶ 구직 신청의 절차, 처리 과정, 면접 일정, 월급, 휴가 등. 안내 도입부에서 안타깝지만 합격하지 못했다고 알리는 경우 거절 사유 기술
내용 4	후반부 ▶ 후속 일정. 담당자 이름. 직책 (업체)

유형 05
불만 사례(고객 입장) 안내 편지/팩스/이메일

내용 1	Date: 날짜 To: 업체 담당자, 담당 부서 Subject/Re: 이메일의 주제/목적 To whom it may concern,
내용 2	도입부 ▶ 문제점 언급 – 배송 지연, 불량품, 배송 누락
내용 3	세부사항 ▶ 배경 설명
내용 4	후반부 ▶ 요청 사항 고객 이름

유형 06
고객 응대(사과) 안내 편지/팩스/이메일

내용 1	To: 받는 사람(고객) 이름, 주소 또는 이메일 주소 From: 보내는 사람(업체명), 주소 또는 이메일 주소 Re: 주제(상대방이 보냈던 편지나 이메일의 내용에 대한 회신) Dear 상대방 이름(고객)
내용 2	도입부 ▶ 사과 글의 경우 유감을 표명. 상대방이 언급했던 또는 불만 내용 언급. 　　　　변동 사항과 유감 표명
내용 3	세부사항 ▶ 상대방의 불만 사항에 대한 처리 과정 또는 해결 방안 변동 사항을 알리는 글의 경우 파생되는 일 설명
내용 4	후반부 ▶ 불편함을 끼친 경우 그에 대한 보상을 제시 추가적인 문의를 원할 경우 연락처, 연락 방법 업체 담당자 이름, 직책

유형 07
광고

내용 1	도입부 ▶ 의문문 또는 가정법 문장으로 시선 끌기, 광고 대상
내용 2	세부사항 ▶ 제품이나 회사의 장점, 특징과 같은 상세한 설명. 제품이라면 제품의 장점들을 　　　　　 열거. 할인의 세부사항, 할인 기간
내용 3	후반부 ▶ Offer하는 내용, 기간, 할인율, 제공하는 내용 정보 요청 방법, 주문 방법, 연락 방법 등에 대한 정보 주로 'If 조건절 + 명령문', 'To동사원형 + 명령문', 'For + 명사 + 명령문'의 구조로 제시

SECTION 1

유형 **01-07**

PART 7 주제별 지문 유형

지문의 내용 흐름을 파악하고
지문에서 문제의 힌트나 키워드가 어떻게 드러나는지 확인한다.

<table><tr><td>유형</td><td>01</td></tr></table>

비즈니스 관련 편지/팩스/이메일

지문의 내용 흐름 파악하기

내용 1
To: 받는 사람 (이름, 직책 + 주소 또는 이메일 주소)
From: 보내는 사람 (이름, 직책 + 주소 또는 이메일 주소)
Subject: 주제, 제목
Date: 편지 쓴 날짜

내용 2
목적 ▶ 모든 글의 서론에는 주제 즉, 목적이 언급되어야 한다. 특정 이벤트 안내가 될 수도 있고, 새로 시행되는 정책에 대한 공지일 수도 있다.

What is the purpose of this e-mail/letter/memo?
What kind of event is this invitation for?
What problem does the letter mention?
Why was the e-mail/letter/memo written?
Why did 사람 이름 write this e-mail/letter/memo?
What is the main purpose of the meeting/training/ conference ~?

내용 3
배경 설명 ▶ 이 부분은 주제에 대한 부연 설명으로 구체적인 내용을 다룬다. 예를 들어 일정 안내나 자격 요건과 같은 내용들이다. 키워드를 찾아 해결하는 문제가 많으므로 질문 속에서 적절한 키워드를 찾는 것이 중요하다. 최고의 키워드는 시간, 숫자, 고유명사, 최상급 표현, **about** 뒤의 명사 등이다.

내용 4
Offer하는 내용
Ask/Suggest하는 내용

내용 5
연락처 및 기간 또는 시점 ▶ 이 부분은 마지막에 마감 기한과 유효 기간에 관련된 내용이 많이 등장하고 누구에게 연락을 할지 그리고 어떻게 연락을 할 수 있는지 등의 정보가 등장한다.
글 쓴 사람 이름, 직책 ▶ 글쓴이가 누구인가 묻는 질문이 나오면 마지막 부분을 빨리 보면 된다.

Questions 172-175 refer to the following e-mail.

To: All Department Heads
From: Jerome Klein <Jerome66@heymail.com>
172Subject: New accounting software meeting
Date: Sept 21, 2014

172Please make sure your staff is aware of their training meeting times for our new accounting software that will be installed next Monday. 175Joshua Pike, the software company representative, will run the meetings in the large conference room on the second floor.

Accounting 10:00-12:30 27th Monday
Marketing 13:00-15:00 27th Monday
Research 11:00-13:00 28th Tuesday
Administration/Sales 13:00-15:00 28th Tuesday

174Dinner and refreshments will be provided for all attendees at noon. Employees unable to attend at their department's designated time must see 173Becky in the Systems Administration Office on the seventh floor to arrange another training time. As space is limited due to the large volume of attendees, there may be some sessions that can accommodate extra participants. If members of your department are unavailable for their assigned time slot, please have them make the appropriate arrangements as soon as possible.
Thank you for your attention,

Jerome Klein
Administrative Officer

172-175는 다음 이메일을 참조하세요.

수신: 모든 부서장들께
발신: Jerome Klein 〈Jerome66@heymail.com〉
172제목: 새로운 회계 프로그램 회의
날짜: 2014년 9월 21일

각 부서의 직원들에게 다음 주 월요일에 설치되는 172새 회계 프로그램의 교육 시간을 확실히 주지시키도록 하십시오. 175소프트웨어 회사 담당자인 Joshua Pike이 2층에 위치한 대회의실에서 이번 교육을 진행하실 예정입니다.

회계부 10:00-12:30 27일 월요일
마케팅부 13:00-15:00 27일 월요일
연구부 11:00-13:00 28일 화요일
총무/영업부 13:00-15:00 28일 화요일

174식사와 다과가 모든 참가자들에게 12시에 제공됩니다. 해당 부서 교육 시간에 참석할 수 없는 직원들은 7층에 있는 173시스템 관리부의 Becky를 만나 다른 시간에 참가할 수 있도록 일정을 조정하십시오. 참가자가 많아 자리가 부족하므로 추가 인원을 수용하는 시간이 생길 수도 있습니다. 각자의 부서 직원들이 지정된 시간에 참석하지 못하는 경우, 가능한 한 빨리 참가 일정을 조정해 주도록 하십시오.
읽어주셔서 감사드립니다.

총무부장
Jerome Klein

accounting 회계 (업무)　　**be aware of** ~을 알다　　**install** 설치하다
representative 대표(자), 대리인　　**administration** 관리, 행정, 총무　　**refreshment** 다과, 가벼운 식사
designate 지정하다, 지명하다　　**arrange** 마련하다, 처리하다, 정리하다　　**attendee** 참석자
accommodate 수용하다　　**unavailable** 손에 넣을 수 없는, 획득할 수 없는　　**assigned** 할당된

172. What is **the purpose** of the meeting?
회의의 목적은 무엇인가?

주제 즉, 목적을 묻는 문제의 정답은 지문 도입부에 등장한다는 것을 알고 도입부를 보기와 비교하며 답을 찾아야 한다. meeting의 목적은 도입부에 정확하게 명시되어 있다. 또 이 글처럼 Subject에 주제가 등장할 경우 Subject 부분과 도입부를 다시 한 번 비교해 보며 답을 확인한다. Subject가 없다면 도입부만 보고 답을 찾는다. 이 글의(meeting) 목적은 Subject: New accounting software meeting 이 부분과 Please make sure your staff is aware of their training meeting times for our new accounting software에서 알 수 있다.

173. Why would someone need to talk to **Becky**?
왜 Becky와 이야기해야 하는가?

누구에게 연락하라, 어떻게 연락하라는 지시는 지문의 후반부, 구체적인 세부 정보를 열거하는 부분이 끝난 후 등장한다. 그리고 항상 사람 이름 같은 고유명사는 최고의 키워드로 세부 정보를 찾는 문제가 아니라 해도 언제나 활용할 수 있다. Becky는 키워드로 Becky in the Systems Administration Office on the seventh floor to arrange another training time.에서 답을 알 수 있다. 참가가 불가능한 사람은 다른 시간을 잡기 위해 연락하라고 했다.

174. Who will be provided with **a meal and refreshments**?
누가 식사와 다과를 제공받을 것인가?

이 문제는 무엇을 제공하는 것과 관련된 것이기에 Offer 문제이며, a meal and refreshments와 같은 명사들이 키워드다. Dinner and refreshments will be provided for all attendees at noon.에서 모든 참가자들에게 제공한다고 밝히고 있다.

175. **Who** will **conduct** the meetings?
누가 회의를 진행할 것인가?

---

meeting에 관한 안내인데 meeting 진행자를 묻는다는 것은 일단 도입부에서 meeting의 목적을 밝힌 후에 등장할 세부 정보에 가깝다. 주제문(목적) 다음 문장부터 살펴보자.
Joshua Pike, the software company representative, will run the meetings

지문의 내용 흐름 파악하기

내용 1　**도입부** ▶ 주제 즉, 목적이 나오는 부분으로 특정 기업에서 어떤 직책의 직원을 구하고 있음을 알린다. 보통 회사 이름 뒤에는 회사에 대한 간략한 소개가 나오기도 하는데 이때 직종 등을 알 수 있다.

What kind of the company is looking for/hiring ∼?
Which department is looking for 직책?

내용 2　**세부 설명** ▶ 직책의 대우 조건, 직무 설명, 자격 요건 등을 설명한다. 이 부분은 세부 정보를 찾는 부분으로 물론 키워드를 활용하기도 하지만 자격 요건을 묻는 문제가 가장 많이 출제된다. 특히 자격 요건은 여러 가지가 열거되는데 보통 **required**로 필수적으로 필요하다고 언급하고 마지막으로 **suggested/recommended/optional/preferred**로 언급되는 요건은 필수는 아니다. 꼭 필요한 요건이 아닌 것은 무엇인지를 자주 묻는다.

What is a requirement for the position?
What is NOT one of the qualification?

업무 내용을 묻는 문제가 출제되면 지문에 여러 가지 요건들이 열거된다.
What is NOT one of the job duties of the position?

내용 3　**후반부** ▶ 지원 방법

후반부에 지원 방법이 등장하는데, 누구에게/어떤 부서로 연락해야 하는지, 언제까지 연락해야 하는지, 어떻게 지원해야 하는지 등의 정보를 제공해 준다.

지문 보기

Questions 153-154 refer to the following job-listing.

HELP WANTED
A1 Partner, Inc., established international recruiting agency, seeks a talented, polished addition to our Fortune 500 marketing team.
You should possess a bachelor's degree in English or communications, experience with word processing and significant agency experience (5 years or more).
[153]Bilingual preferred.

[154]Direct inquiries to Bob Marley, Personnel manager. Applications without a complete resumé and cover letter detailing expected compensation will not be considered.

153–154는 다음 구직 광고를 참조하세요.

직원 모집
국제 리크루팅 기업으로 우뚝 선 A1 Partner Inc.가 포춘지 선정 500대 마케팅팀인 자사 마케팅 팀에 근무할 재능 있고 세련된 직원을 모집합니다.
지원 자격으로는 영어 또는 언론 관련 학사 학위 소지자로, 워드프로세싱 사용 능력이 있어야 하며 유수한 에이전시에서 최소 5년 이상의 경력이 필요합니다. [153]2개 국어 사용자는 우대합니다.

[154]문의사항이 있으신 분은 인사부장 Bob Marley에게 연락하세요. 이력서를 완전히 기재하지 않거나 자기소개서에 희망 급여를 기재하지 않은 지원서는 고려 대상에서 제외됩니다.

표현 정리

established 인정받는, 확실히 자리를 잡은 **polished** 광이 나는, 세련된 **possess** 소유하다, 보유하다
bachelor's degree 학사 학위 **significant** 중요한, 의미 있는 **bilingual** 두 개 언어를 할 줄 아는
preferred 선취권 있는, 우선의 **compensation** 보상(금), 이득

문제 풀이

153. What is **NOT a requirement** for the position?
직책에 대한 자격 요건이 아닌 것은 무엇인가?

자격 요건이 아닌 것은 무엇인가 물었다. 이것은 도입부의 주제문 다음에 세부 정보가 등장하며 suggested/recommended/optional/preferred가 나온 부분이 답이다. 즉, 여기서는 Bilingual preferred. 부분이 답이다.

154. **Who** should the applicant **contact** to ask a question?
지원자가 질문을 하려면 누구에게 연락해야 하는가?

연락 방법, 지원 방법, 연락처 등은 후반부에 자격 요건 등의 언급이 나오고 나서 등장한다. Direct inquiries to Bob Marley, Personnel manager.에서 알 수 있듯이 인사부장에게 연락해야 한다.

지문의 내용 흐름 파악하기

내용 1 **Dear** 담당자 이름, 직책(업체)

내용 2 **주제문** ▶ 이 글을 쓰는 이유 즉, 지원 동기와 보통 지원한 직책이 언급된다. 또 어떤 매체에서 구인 광고를 봤는지도 알 수 있다.

I'm writing to apply for 직책, 업체명 **as recently advertised on** 신문, 인터넷 등.
I'm interested in 직책.
업체 **advertised in** 매체명.

이 부분에서는 편지의 목적을 주로 묻는다.

What is the purpose of this letter?
정답: **To inquire about employment/To apply for a position**

내용 3 **세부 정보** ▶ 자신의 장점을 서술한다. 구인 광고 등에서 요구하는 자격 요건에 맞추어 자신의 능력, 경험, 자격증, 학위들을 설명한다.

내용 4 **후반부** ▶ 후속 사항 언급
보통 지원 후에 후속 사항(**follow up**)에 대해 언급하고 마무리한다.

지문 보기

Questions 160-162 refer to following letter.

Dear Head of Personnel,

[160, 162] I am writing in regard to your Internet advertisement for a medical equipment sales representative. I believe my extensive experience and education background exceed the qualifications you requested in your advertisement.

[161] I have five years' experience in medical equipment sales. I am very knowledgeable in the area of medical technologies. I have the ability to manage multiple tasks simultaneously. My communication skills, business experience, and educational background will make me a great asset to your company wishing to strengthen the position in the medical marketplace.

Thank you for your time and consideration. I am available to interview at your convenience. I look forward to hearing from you soon.

Sincerely yours,
Veronica Rice

160–162는 다음 편지를 참조하세요.

인사부장님께,

[160, 162] 저는 의료 기구 판매직 사원에 대한 귀사의 인터넷 광고에 대하여 편지를 드립니다. 저는 제 폭넓은 경험과 교육 배경이 귀사의 광고에서 요구한 자격 요건들을 뛰어넘는다고 믿습니다.

[161] 저는 의료 기구 판매 분야에서 5년 경력이 있으며, 의료 기술 분야를 아주 잘 알고, 다양한 업무를 동시에 관리할 수 있는 능력도 있습니다. 저의 대화 기술과 사업 경험, 그리고 학력은 의료 시장에서 입지를 강화하고자 하는 귀사에게 제가 훌륭한 자산이 되게 할 것입니다.

시간을 내어 고려해 주셔서 감사드립니다. 부장님께서 편하실 때에 제가 면접을 볼 수 있습니다. 곧 소식 듣게 되기를 고대합니다.

감사합니다.
Veronica Rice

 **표현 정리**

medical equipment 의료 기계 **extensive** 아주 넓은, 대규모의 **exceed** 넘다, 초과하다
qualification 자격 **knowledgeable** 아는 것이 많은, 많이 아는 **simultaneously** 동시에
asset 자산 **strengthen** 강화되다, 강화하다 **marketplace** 시장 **consideration** 사려, 숙고

160. **What kind of position** is the Ms. Rice applying for?
Ms. Rice는 어떤 종류의 자리에 지원하고 있는가?

지원하는 업종에 대한 설명은 지문의 도입부 주제문에 등장한다. 여기에 지원 동기가 언급되며, 보통 이 부분에 어떤 직책에 지원하는지 정확한 직책이 언급된다. I am writing in regard to your internet advertisement for a medical equipment sales representative.에 영업직이라고 언급되었다.

161. What **qualification** is **NOT mentioned**?
언급되지 않은 자격 요건은 무엇인가?

세부 정보를 묻는 문제는 글의 중반부에 열거되는 사항들과 보기를 비교해야 한다.

162. **How** did the applicant **know** about the job?
지원자는 일자리에 대해 어떻게 알게 되었는가?

도입부에 지원 동기, 직책 외에 어떤 매체에서 구인 광고를 봤는지도 알 수 있다. I am writing in regard to your Internet advertisement for a medical equipment sales representative.에서 인터넷 광고를 보고 구인 사실을 알게 되었음을 알 수 있다.

구직 신청에 대한 답장
(인사 담당자)

지문의 내용 흐름 파악하기

- 지원 신청에 대한 회신으로, 주로 채용 수락, 거절, 후속 일정 등을 다루는 편지글이다.

내용 1　구직자(상대방)의 주소와 이름

내용 2　**도입부** ▶ 구직자에게 지원해 준 데 대한 감사를 표한다.

Thank you for your letter inquiring about a job/a job vacancy/ a job opening (직책이 언급되기도 함) **at** 회사 이름.
It is with pleasure that I extend the following offer 일자리 **at** 회사 이름.
I'm pleased to offer you 직책 **at** 회사 이름.

내용 3　**세부사항** ▶ 구직 신청의 절차와 처리 과정을 구체적으로 설명하며 면접 일정과 월급, 휴가 등을 안내한다. 도입부에서 안타깝지만 합격하지 못했다고 알리는 경우 거절 사유를 설명한다.

내용 4　**후반부** ▶ 후속 일정을 설명한다. 일자리 제안을 허락할 것인지를 묻고, 허락한다면 언제까지 누구에게 어떻게 연락할지를 명시한다. 마지막으로 같이 일하기를 기대한다는 인사말로 마무리한다.

담당자 이름, 직책(업체)

Questions 165-167 refer to following letter.

Date: Sept. 21. 2015

Dear Ms. Shapiro,

165It is with pleasure that I extend the following offer of employment to you on behalf of SPW Consulting Group. Of course, this offer is contingent upon our receiving and reviewing your college transcripts as well as your passing of our mandatory drug screening all incoming employees must take and pass.

***Title:** Sales Representative

***Reporting Relationship:** The position will report to: Clive Owens, Regional Sales Manager

Job Description and Goals or Objectives: Attached.

166***Base Salary:** Will be paid in biweekly installments of $1,500, which is equivalent to $36,000 on an annual basis, and subject to deductions for taxes and other withholdings as required by law.

***Commission Potential:** Commission can be earned after the completion of the first 90 days of employment, if objectives agreed to in the performance development planning process have been met.

***Signing Bonus:** No eligibility for a signing bonus.

167***Benefits:** Health, life, and disability insurance are provided by the company, while eligibility for other benefits, including the 401K and tuition reimbursement, take place per company policy. Employee contribution to payment for benefit plans is determined annually.

***Vacation and Personal Emergency Time Off:** Per company policy.

If you are in agreement with the above outline, please sign on the enclosed form. This offer is in effect for one week from the above date.

Joe Francomano
SPW Consulting Group

165–167은 다음 편지를 참조하세요.

날짜: 2015년 9월 21일

Ms. Shapiro께,

165SPW 컨설팅 그룹을 대신해 다음과 같이 귀하께 고용 제안을 알려드리게 되어 기쁘게 생각하는 바입니다. 물론 이 제안은 모든 신입 직원들이 반드시 받고 통과해야 하는 약물 테스트 결과와 귀하의 대학 성적표를 받아 저희가 확인하는 절차에 따라 달라질 수도 있습니다.

***직급:** 영업사원

***보고 체계:** 해당 직급은 지역 영업 부장 Clive Owen 씨에게 보고해야 함.

근무 내용 및 목적: 첨부 자료 참조.

166***기본 급여:** 격주로 1,500달러 지급 예정이며, 연봉 36,000달러에 해당하는 금액임. 법령에 의거 원천과세가 공제될 예정임.

***수수료:** 고용 후 90일간 근무를 마친 후 성과 발전 계획 과정에 따른 목표가 달성된 경우 해당 수수료를 받을 수 있음.

***계약금:** 해당 자격 없음.

167***혜택:** 건강, 생명, 상해 보험이 제공되며, 적립 퇴직금 및 수업료 변제 등과 같은 혜택 수혜 자격은 회사 방침에 따라 발생함. 직원 혜택과 관련한 직원의 부담금은 매년 결정됨.

***휴가 및 개인 긴급 상황 발생 시 휴무:** 해당 회사 정책에 따름.

상기 내용과 관련해 동의하시는 경우, 동봉된 양식에 서명해 주시기 바랍니다. 이 제안서는 상기 날짜 이후로 일주일간 효력이 발생됩니다.

Joe Francomano
SPW 컨설팅 그룹

 **표현 정리**

extend 연장하다, 확장하다 **on behalf of** ~을 대신[대표]하여 **contingent** ~의 여부에 따라

transcript 글로 옮긴 기록[인쇄/전사한 것] **mandatory** 법에 정해진, 의무적인

description 서술, 묘사 **equivalent** 동등한, 맞먹는 **withholding (tax)** 원천과세

commission 수수료 **eligibility** 적임, 적격 **disability** (신체적·정신적) 장애

401K 퇴직 연금 제도(연금을 회사가 투자 자금으로 활용하도록 할 것인지 일시불로 받을 것인지를 개인이 결정할 수 있는 제도)
reimbursement 변제, 상환

문제 풀이

165. What is the purpose of the letter?
편지의 목적은 무엇인가?

편지의 목적은 도입부에 등장한다. 간혹 지원자가 쓴 글과 지원서를 받은 회사에서 보낸 회신을 혼동할 수 있으니 주의하자. 도입부 It is with pleasure that I extend the following offer of employment에서 바로 일자리를 제공하고자 한다는 것을 알 수 있다.

166. How often is the salary paid?
급여는 얼마만에 지급되는가?

이런 문제는 세부 정보를 찾는 것으로 편지 중반부에 등장하며, 이런 세부 정보 문제는 키워드를 이용하는 경우가 많다. the salary가 좋은 키워드로 사용될 수 있다. *Base Salary: Will be paid in biweekly installments of $1,500, which is equivalent to $36,000 on an annual basis, and subject to deductions for taxes and other withholdings as required by law.에 구체적으로 명시되어 있다.

167. What benefit is NOT included in the package?
혜택에 포함되지 않은 것은 무엇인가?

(A) Tuition reimbursement (B) Health insurance (C) Dental insurance (D) Life insurance
(A) 수업료 변제 (B) 건강 보험 (C) 치과 보험 (D) 생명 보험

역시 세부 정보를 찾는 문제이기에 지문 중반부에 등장하는데, 키워드는 benefit이 좋다.
*Benefits: Health, life, and disability insurance are provided by the company, while eligibility for other benefits, including the 401K and tuition reimbursement, take place per company policy.를 보면서 비교를 해야 한다. 따라서 (C)가 정답이다.

불만 사례(고객 입장)
안내 편지/팩스/이메일

지문의 내용 흐름 파악하기

내용 1

Date: 날짜
To: 업체 담당자, 담당 부서
Subject/Re: 이메일의 주제/목적(명시되지 않을 때가 많다.)

To whom it may concern,

내용 2

도입부 ▶ 문제점 언급 – 배송 지연, 불량품, 배송 누락

The product was supposed to arrive 날짜 또는 요일 **but I haven't received yet.**(아직 받지 못했다.)
고지서 청구가 잘못된 것 같다. (**overcharged** 더 많이 부과되었다)
배송된 물건이 손상되었다. (**defective**)

내용 3

세부사항 ▶ 배경 설명 – 웹사이트 확인 결과 배송된 걸로 나온다, 사용하는 서비스를 변경한 적이 없다 등

내용 4

후반부 ▶ 요청 사항이 등장한다. – 빠른 배송을 원한다, 확인을 바란다, 빠른 처리를 원한다, 환불을 원한다 등의 내용

고객 이름

Questions 161-163 refer to the following e-mail.

To: Customer Service <aladdinbooks@sk.com>
From: George Pucker <gpucker@hitel.net>
Subject: Lost book

To Whom It May Concern,
[161]I am writing regarding a book that I ordered through your online store, *The Gardener's Guide 5th edition*. [163 (B)]I placed the order last month and still have not received the book. It's been already three weeks.

[162]I went on your website and confirmed that my shipping information was correct, and that my credit card has been charged for the book; the website also indicates that the book was shipped using your [163 (A)]"Yellow Shipping company" the day after I ordered it. Considering that "Yellow Shipping company" typically take one week to arrive, I should have received my goods two weeks ago at the latest. However, my post office informed me they have neither received nor delivered the book.
Can you please let me know what is going on as soon as possible?

Thank you for your cooperation.
George Pucker

161-163은 다음 이메일을 참조하세요.

수신: 고객 서비스 담당부 〈aladdinbooks@sk.com〉
발신: George Pucker 〈gpucker@hitel.net〉
제목: 분실 도서

관계자분께,
[161]제가 귀사 온라인 스토어를 통해 주문한 'The Gardener's Guide 제 5판본'과 관련해 이메일을 드립니다. [163 (B)]지난 달에 이 도서를 주문했는데 아직도 받지 못했습니다. 이미 3주가 지났습니다.

[162]귀사의 웹사이트에서 제 배송 정보가 옳다는 사실과 신용카드 대금이 청구되었고, 주문한 다음날 귀사의 Yellow Shipping 회사를 통해 배송되었다는 사실도 확인할 수 있었습니다. Yellow Shipping 회사가 (물품이) 도착하는 데 일주일을 잡는다는 걸 감안하더라도 저는 최소한 2주 전에 제 주문품을 받았어야 합니다. 그런데 우체국에서는 제 책을 받았다거나 물품을 배달한 적도 없다고 제게 알려주었습니다. 무슨 일이 있었던 것인지 가능한 한 빨리 제게 알려주시겠습니까?

협조해 주셔서 감사합니다.
George Pucker

 **표현 정리**

confirm 확인해 주다　**charge for** ~을 청구하다　**typically** 전형적으로

161. **Why** did the customer **send** his e-mail?
고객은 왜 이메일을 보냈는가?

목적을 묻는 문제는 주제문을 찾는 것이니 도입부를 확인해 봐야 한다. I am writing regarding a book that I ordered through your online store, *The Gardener's Guide 5th edition*. I placed the order last month and still have not received the book.에서 주문한 물건을 받지 못했음을 알 수 있다.

162. What did the customer **discover on the web site**?
고객이 웹사이트에서 무엇을 발견했는가?

세부 사항을 묻는 문제다. 주제문 다음 부분을 보면 키워드 web site가 눈에 띈다. I went on your web site and confirmed that my shipping information was correct, and that my credit card has been charged for the book; the web site also indicates that the book was shipped using your "Yellow Shipping company" the day after I ordered it.에서 3가지 포인트를 확인할 수 있다.

163. **Which of the following statements is true?**
다음 언급 중에서 사실인 것은 무엇인가?

(A) Aladdin Books sends all orders by HW Shipping company.
(B) Mr. Pucker placed his order three weeks ago.
(C) Yellow Shipping company is the cheapest service available.
(D) The cost of delivery was included in the book's price.

(A) Aladdin Books가 HW Shipping을 통해 모든 주문품을 보낸다.
(B) Mr. Pucker가 3주 전에 주문했다.
(C) Yellow Shipping이 가장 저렴하게 서비스를 제공한다.
(D) 배송비가 책의 가격에 포함되었다.

이러한 문제는 지문을 전체적으로 읽어 나가면서 보기의 내용과 비교해야 한다. (A)는 배송 회사가 틀리고 (C)는 지문에 언급된 내용이 없다. 단지 배송 시간이 1주일 걸린다는 것만 언급됐다. (D)는 언급되지 않았다. I placed the order last month and still have not received the book. It's been already three weeks.에서 3주가 지났다고 했으므로 (B)가 정답이다.

고객 응대(사과)
안내 편지/팩스/이메일

지문의 내용 흐름 파악하기

고객에게 안내하는 편지는 다양한 내용을 다루기에 하나의 틀로 묶기가 어려워서 공부를 하면서 주제별 글의 흐름을 정리해 봐야 한다. 주로 배송 지연, 물품 분실, 불량품, 파손에 대한 사과, 가격 인상 또는 가게나 사업장 이전, 회사 방침 변화 등에 대한 내용이 등장한다.

내용 1
To: 받는 사람(고객) 이름, 주소 또는 이메일 주소
From: 보내는 사람(업체명), 주소 또는 이메일 주소
Re: 주제(상대방이 보냈던 편지나 이메일의 내용에 대한 회신)

내용 2
Dear 상대방 이름(고객)

도입부 ▶ 사과 글의 경우 유감을 표하면서 상대방이 언급했던 내용이나 불만을 다시 한 번 이야기한다.
변동 사항을 알리는 경우 새로 시행되는 사항이나 변동 사항을 알리게 되어 유감이다(나쁜 소식)/기쁘게 생각한다(좋은 소식)로 표현한다.

내용 3
세부 사항 ▶ 상대방의 불만 사항에 대한 처리 과정 또는 해결 방안을 설명한다. 변동 사항을 알리는 글이었다면 변동 사항으로 인해 파생되는 일들을 부연해서 설명한다.

내용 4
후반부 ▶ 불편함을 끼친 경우 그에 대한 보상을 제시하는 **Offer** 문제의 해답이 여기에서 나온다. **Offer** 문제는 할인, 무료 쿠폰, 특가 할인 등과 같은 표현들이 등장한다.
추가적인 문의를 원할 경우 어떻게 누구에게 연락을 하면 되는지를 설명한다. 연락처, 담당자, 연락 방법 등을 언급한다.

업체 담당자 이름과 직책

<table>
<tr><td>

Questions 171-174 refer to the following e-mail messages.

To: George Pucker <gpucker@hitel.net>
From: Aladdin used book store <aladdinbooks@sk.com>
Re: Lost Book
Dear Mr. Pucker,

Thank you for contacting us. It is important to us that our customers are satisfied with our service, [171]so I am very sorry to hear that you have not received your merchandise. I looked up your order number and [172]discovered that the book had not been sent out as our web site information had indicated. I have rectified this mistake and sent the book to you via express mail. It should arrive within two business days. [173]With the book, I have also enclosed a coupon for half off your next order.

Again, I apologize for the inconvenience. [174]If you have any more questions or need further assistance, please contact me at 505-576-3800, or e-mail me at aladdinbooks@sk.com.
Your concerns are deeply appreciated.

Sincerely,
Barney Kwan, Customer Affairs
Aladdin used book store

</td><td>

171-174는 다음 이메일 메시지를 참조하세요.

수신: George Pucker 〈gpucker@hitel.net〉
발신: Aladdin 중고 서점 〈aladdinbooks@sk.com〉
제목: 분실된 책
Mr. Pucker 귀하

저희 업체에 연락주셔서 감사합니다. 저희에겐 고객께서 저희 서비스에 만족하는 것이 가장 중요한 일이므로 [171]아직 귀하께서 주문품을 받지 못하셨다는 사실에 대해 대단히 죄송하게 생각합니다. 귀하의 주문번호를 통해 확인해 보니 [172]웹사이트의 내용과는 달리 귀하의 물품이 배송되지 않았다는 사실을 확인할 수 있었습니다. 이와 같은 문제를 수정해 속달 우편으로 귀하의 주문품을 보내드렸습니다. 영업일 기준 이틀 안으로 도착할 것입니다. [173]주문하신 책과 함께 다음 주문 시 가격을 50% 할인 받으실 수 있는 쿠폰도 함께 동봉해 드렸습니다.

다시 한 번 불편을 끼쳐 드려 사과드립니다. [174]추가 질문이 있으시거나 도움이 필요한 일이 있으시면, 제 전화번호 505-576-3800번으로 전화 주시거나 aladdinbooks@sk.com으로 이메일 보내주십시오.
고객님의 관심에 깊이 감사드립니다.

안녕히 계십시오.
Aladdin 중고 서점
고객 서비스 부장 Barney Kwan.

</td></tr>
</table>

표현 정리

merchandise 물품, 상품   **indicate** 나타내다, 보여 주다   **rectify** (잘못된 것을) 바로잡다
enclose 둘러싸다, 동봉하다   **assistance** 도움

171. What is the purpose of this e-mail?
이 이메일의 목적은 무엇인가?

메일의 목적은 언제나 도입부에 있다. so I am very sorry to hear that you have not received your merchandise.에서 상대방이 주문한 물건을 받지 못해 접수한 불만에 대한 회신임을 알 수 있다. 또 머리글에 Re: Lost Book에 무엇에 관한 내용인지 주제가 언급돼 있다.

172. What error did the web site contain?
웹사이트에서 발견된 오류는 무엇인가?

세부 정보를 찾는 문제로 지문의 중간에서 키워드를 활용하는 문제다. 키워드로는 the web site가 좋다. 언제나 키워드는 동사보다 명사가 좋다. 숫자, 고유명사, 시간, 최상급, 전치사 about 뒤의 명사가 최고의 키워드라는 것을 기억하자. discovered that the book had not been sent out as our web site information had indicated.에 키워드 web site와 함께 답이 등장했다. 즉, 물품 발송이 이루어지지 않았던 것이다.

173. How did the company attempt to compensate the customer?
회사는 고객에게 어떻게 보상을 하려고 했는가?

이 문제는 보상 방법이므로 Offer 문제라고 할 수 있다. free, discount, coupon, special offer 등의 단어를 찾자. With the book, I have also enclosed a coupon for half off your next order.에 정확히 coupon과 함께 정답이 나오고 있다. 즉, 50% 할인권을 제공한다.

174. What should the customer do if he has questions?
질문이 있을 때 고객은 무엇을 해야 하는가?

요청 문제로 특히 연락 방법, 주문 방법, 정보 요청 방법 등은 항상 후반부에 등장한다. 특히 이 문제처럼 질문이 2개의 절로 구성된다면 if절의 내용이 키워드이다.

If you have any more questions or need further assistance, please contact me at 505-576-3800, or e-mail me ~에서 알 수 있듯이 질문이 있으면 전화 또는 이메일을 달라고 요청했다.

지문의 내용 흐름 파악하기

내용 1

도입부 ▶ 의문문 또는 조건절 문장으로 광고를 하기 전에 사람들의 시선을 끌기 위한 미끼성 표현이 제시된다. 어떤 사람들을 대상으로 광고를 하는지 알 수 있다.

Do you want to show up your beautiful body this summer?
(다이어트 제품)
Are you planning to go on a vacation? (여행사)

광고 대상을 언급한다.

제품 광고라면 제품명, 회사나 가게 광고라면 회사와 상호가 등장한다. 회사나 가게라면 기념일이나 가게 확장 등의 이유로 시행하는 할인에 대해 알릴 가능성이 높다.

내용 2

세부 사항 ▶ 제품이나 회사의 장점, 특징과 같은 상세한 설명이 열거된다. 제품이라면 제품의 장점들을 열거할 것이다.
할인의 세부 사항과 언제부터 할인을 시작하는지, 할인 기간 등을 알려준다.

내용 3

후반부 ▶ Offer하는 내용이 등장한다. 언제까지 구매하면 어떤 혜택이 있는지, 또는 할인 기간이 언제까지니까 잊지 말고 방문하라는 등의 내용이 주로 나온다.
이 부분은 **free, free of charge, complimentary, discount, coupon, special offer** 등의 단어가 등장한다.

그리고 **Ask/Suggest**하는 내용이 등장한다. 주로 정보 요청 방법, 주문 방법, 연락 방법 등에 대한 정보를 제공하며 주로 'If 조건절+명령문', 'To + 동사원형+명령문', 'For + 명사+명령문'의 구조가 가장 자주 사용된다.

Questions 153-155 refer to the following advertisement.

[153]Do you want to show up your beautiful bathing suit this summer?
But! still need to get rid of much weight?

[154]A1 Fitness will make you lose weight with a variety of fun workout classes, and we also offer month-to-month memberships, so you never need to worry about making a large payment for six or twelve months.

What a great option for university students! Month-to-month memberships even come with a free personal training session to help start you out for a month of fabulous fitness!
Discounts apply to clients who purchase three months or more at once.

[155]Stop by any A1 Fitness to register now! Mention this advertisement and get a special "buy one month and get one month free" for a limited time.

You can also sign up online by visiting www.A1fintess.com, or by calling 505-787-9201.

153-155는 다음 광고를 참조하세요.

[153]올 여름 당신의 멋진 수영복을 뽐내고 싶으신가요?
그렇지만 체중을 많이 빼야 하나요?

[154]저희 A1 피트니스는 다양하고 재미있는 운동 수업으로 당신의 체중을 빼드릴 겁니다. 저희는 또 월별로 갱신할 수 있는 회원권을 판매하기 때문에, 여러분은 반 년치 혹은 일 년치의 등록비를 지불하느라 걱정하실 필요가 전혀 없습니다.

대학생들에게 완전 좋은 선택사항이죠! 월간 회원권에는 여러분이 한 달간 체력 단련을 잘할 수 있도록 돕는 무료 개인 트레이닝 혜택이 포함되어 있습니다! 3달치 혹은 그 이상 되는 기간의 회원권을 한번에 구입하시는 고객에게는 할인 혜택도 있습니다.

[155]지금 저희 A1 피트니스에 방문해 등록하세요! 이 광고를 보고 왔다고 말씀하시고 한정된 기간 동안 진행되는 '한 달 회원권 구입 시 한 달 무료 회원권 추가' 특별 혜택을 받으세요.

또 www.A1fintess.com 사이트를 방문하시거나 505-787-9201로 전화하셔서 등록하실 수도 있습니다.

 **표현 정리**

bathing suit 수영복   **weight** 무게, 체중   **month-to-month** 매월, 다달이
fabulous 기막히게 좋은, 멋진   **at once** 즉시, 당장   **register** 등록하다

153. Who will be interested in this advertisement?
누가 이 광고에 관심을 보이겠는가?

어떤 사람들을 대상으로 광고를 하는지는 첫 번째 문장을 보면 알 수 있다. 주로 의문문이나 가정법 문장으로 제시된다. Do you want to show up your beautiful bathing suit this summer? But! still need to get rid of much weight? 이 부분에서 운동을 해야 하는 사람들 즉, 체중을 빼고 싶은 사람들을 대상으로 한 광고임을 알 수 있다.

154. What is being advertised?
무엇이 광고되고 있는가?

광고 대상에 대해서는 의문문 다음 문장에 나온다. A1 Fitness will make you lose weight with a variety of fun workout classes.에서 헬스클럽 광고라는 것을 알 수 있다.

155. What should interested people do to get "buy one month and get one month free" deal?
"한 달 회원권 구입 시 한 달 무료 회원권 추가"에 관심이 있는 사람은 무엇을 해야 하는가?

Offer 문제로 정답 관련 내용은 후반부에 등장한다. buy one month and get one month free가 키워드로 사용될 수 있다. Stop by any A1Fitness to register now! Mention this advertisement and get a special "buy one month and get one month free" for a limited time.에 나온 것처럼 헬스클럽에 방문해서 이 광고를 보고 왔다고 말하면 된다.

SECTION 2

유형 08-11

PART 7 신 유형 집중 분석 및 Solutions

신 유형 문제의 풀이 방식은
기존 유형과 다르지 않지만 형태상의 변화가 생소할 수 있으니
직접 문제를 풀면서 적응해 보는 것이 좋다.

문자 메시지

지문 보기

Questions 152-153 refer to the following text message chain.

HELEN TEENBY
Hi, Simon. ¹⁵²Are you ready for the sales fair? I'm excited that it starts tomorrow.

3:28 p.m.

HELEN TEENBY
¹⁵²Will everything be ready for the first guests to arrive at 9 a.m.?

3:30 p.m.

SIMON JACKSON
Yes, Helen. Everything is set. Your stall is prepared and all of your goods are displayed professionally. I'm sure you'll attract lots of customers tomorrow.

3:37 p.m.

HELEN TEENBY
Fantastic. I was wondering… would we be able to have some additional space?

3:42 p.m.

SIMON JACKSON
I'm not sure. Lots of the stands are tightly packed as it is. I really don't think there's room to add any more.

3:48 p.m.

HELEN TEENBY
I completely understand. I'd like to display our new product range, though. ¹⁵³Maybe I'll come in really early tomorrow to rearrange my display.

3:52 p.m.

SIMON JACKSON
Well, ¹⁵³call me if you decide to do that. I'll give you a hand.

3:59 p.m.

HELEN TEENBY
Thanks. I'd appreciate that so much.

4:03 p.m.

152-153은 다음 문자 메시지를 참조하세요.

HELEN TEENBY	오후 3:28

안녕하세요, Simon. [152]세일즈 박람회 준비는 다 됐나요? 내일 시작이라니 굉장히 흥분되네요.

HELEN TEENBY	오후 3:30

[152]오전 9시에 도착하는 첫 손님들에 맞춰 다 준비될까요?

SIMON JACKSON	오후 3:37

네, Helen. 모두 준비가 끝났습니다. 당신의 진열칸이 준비돼 있고 모든 상품들이 보기 좋게 진열되어 있습니다. 장담하는데 내일 많은 고객들을 끌 수 있을 거예요.

HELEN TEENBY	오후 3:42

멋져요. 궁금한 게… 우리가 추가 여유 공간을 가질 수 있을까요?

SIMON JACKSON	오후 3:48

잘 모르겠네요. 스탠드들이 많아서 꽉 찼어요. 뭘 더 추가할 공간이 없을 듯 해요.

HELEN TEENBY	오후 3:52

알겠어요. 그래도 저희 신제품 군을 전시하고 싶은데요. [153]제가 내일 아침 일찍 와서 제 진열품을 다시 정리할게요.

SIMON JACKSON	오후 3:59

음, [153]그렇게 하실 거면 전화 주세요. 도와드릴게요.

HELEN TEENBY	오후 4:03

고맙습니다. 정말 감사드려요.

어휘 ▶

be ready 준비가 되다　**fair** 박람회　**be set** 모든 준비가 끝나다　**display** 진열하다
attract 끌다, 유치하다　**additional** 추가적인　**tightly pack** 빽빽하게 채워 넣다
rearrange 재정리하다　**give A a hand** A에게 도움을 주다　**appreciate** 감사하다

152. Why did Ms. Teenby get in touch with Mr. Jackson?
(A) To ask for directions
(B) To request additional tickets
(C) To confirm preparations are complete
(D) To demand a refund

Ms. Teenby는 왜 Mr. Jackson에게 연락했는가?
(A) 길을 묻기 위해
(B) 추가 티켓을 요청하기 위해
(C) 준비가 끝난 것을 확인하기 위해
(D) 환불을 요구하기 위해

해설 ▶ 방문 목적이나 연락하는 이유는 항상 글(대화)의 초반부에 나온다. Are you ready for the sales fair?에서 박람회 준비가 완료되었는지 묻고, 이어지는 문장에서 다시 Will everything be ready for the first guests to arrive at 9 a.m.?이라고 했으므로 준비가 완료된 것인지 확인하려고 한다는 (C)가 정답이다.
정답 (C)

153. At 3:59 p.m., what does Mr. Jackson mean when he writes, "I'll give you a hand"?
(A) He wants to applaud Ms. Teenby.
(B) He is willing to assist Ms. Teenby
(C) He wants to purchase a pair of gloves.
(D) He disagrees with Ms. Teenby's opinion.

오후 3시 59분에 Mr. Jackson이 "I'll give you a hand"라고 한 의도는 무엇인가?
(A) 그는 Ms. Teenby에게 갈채를 보내고 싶어 한다.
(B) 그는 기꺼이 Ms. Teenby를 도와주고자 한다.
(C) 그는 장갑 한 켤레를 사고 싶어 한다.
(D) 그는 Ms. Teenby의 의견에 동의하지 않는다.

해설 ▶ 일단 주어진 표현의 앞뒤 내용 흐름을 파악해야 한다. 앞에서 여자가 I'll come in really early tomorrow to rearrange my display라며 아침 일찍 나와 다시 정리한다고 말하자 Jackson이 I'll give you a hand.라고 말한다. 그리고 다시 여자가 고맙다고 말하고 있다. 일을 한다는 여자의 말에 남자가 도와준다고 하자 그에 대해 여자가 고마움을 표현한 것이다. give A a hand는 'A에게 도움을 주다'라는 뜻으로 암기해야 할 구어체 표현이다.
정답 (B)

어휘 ▶

get in touch 연락하다   **ask for** ~을 요청하다   **confirm** 확인하다   **demand** 요구하다
refund 환불   **applaud** 박수를 치다, 갈채를 보내다

온라인 채팅

지문 보기

Questions 168-171 refer to the following web chat with three participants.

Berlinda Johnson: [168]Have either of you heard about the new auto mechanic opening up on Goa Way? It will be in direct competition with our own business.

Roy Hughes: Yes, I drove past it this morning and noticed all the opening ceremony banners and balloons.

Susan Pearson: It's going to be really tough for us then, if another auto mechanic is going to be taking our business.

Roy Hughes: [169]It's out of our hands. All we can do is maintain our excellent high standards and hope that's enough to keep our customers coming back.

Berlinda Johnson: I agree. We just need to give them an incentive to come back. [170]How about we offer a 10% discount for returning customers?

Susan Pearson: I think that's a great idea. [170]We can advertise this in the local newspaper and hopefully that will encourage people to return.

Roy Hughes: I think that's a good idea. Let's hold a meeting to finalize the details of this project. Could one of you arrange this for tomorrow?

Berlinda Johnson: Yes, I'll arrange it for tomorrow morning. It's late, [171]so I'll message all employees electronically to let them know.

168-171은 세 명이 참석한 다음 온라인 채팅을 참조하세요.

Berlinda Johnson:	168너희들 혹시 Goa Way에 자동차 정비소가 새로 문 연다는 것 들었어? 우리 업체와 바로 직접적인 경쟁이 될 것 같은데.
Roy Hughes:	응. 나 오늘 아침 운전하면서 거기 지났는데 개장식 현수막들이랑 풍선들을 봤어.
Susan Pearson:	우리한테 아주 곤란해지겠어. 다른 정비소가 우리 사업을 뺏어가게 된다면 말야.
Roy Hughes:	169우리가 어떻게 할 수 있는 일이 아니야. 우리가 할 수 있는 것은 우리의 뛰어난 높은 (수리) 수준을 유지하고 그걸로도 충분히 고객들이 우리에게 계속 오게끔 만들 수밖에.
Berlinda Johnson:	나도 동의해. 우리, 고객들이 우리에게 오게끔 인센티브를 제공할 필요가 있어. 170재방문 고객에게 10% 할인을 제공하는 건 어때?
Susan Pearson:	좋은 생각이야. 170지역 신문에 이것을 광고할 수 있잖아. 그리고 광고가 사람들이 우리에게 돌아오게 만들기를 바라보자.
Roy Hughes:	좋은 생각이야. 회의를 열어서 이 프로젝트의 세부 사항을 결정하자. 둘 중 아무라도 내일 바로 미팅을 잡아줄 수 있어?
Berlinda Johnson:	좋아, 내일 아침으로 내가 잡을게. 시간이 늦었으니까 171모든 직원들에게 내가 전자상으로 메시지 보내서 알릴게.

어휘 ▶

auto mechanic 자동차 정비소　**competition** 경쟁　**drive past** 운전해서 지나가다
banner 현수막　**it's out of our hands** 우리에 손을 떠났다　**encourage** 격려하다, 장려하다
detail 세부사항

168. What are the speakers mainly discussing?
(A) An invoice
(B) Some driving directions
(C) A business opening
(D) Some customer complaints

화자들이 무엇에 관해 이야기하는가?
(A) 송장
(B) 운전 코스
(C) 사업체 개장
(D) 고객 불만 사항

해설 ▶ 주제는 지문의 초반부에 등장한다. Have either of you heard about the new auto mechanic opening up on Goa Way? 첫 문장에서 바로 새로 오픈하는 업체에 대해 이야기하고 있음을 알 수 있다.
정답 (C)

169. Why does Mr. Hughes say, "It's out of our hands"?
(A) He thinks they can handle everything.
(B) He would like to recruit more employees.
(C) He is satisfied with the result of a process.
(D) He thinks a situation cannot be controlled.

왜 Mr. Hughes가 "It's out of our hands"라고 했는가?
(A) 그들이 모든 것을 처리할 수 있다고 생각한다.
(B) 더 많은 직원을 채용하고 싶어 한다.
(C) 절차의 결과에 만족한다.
(D) 상황을 통제할 수 없다고 생각한다.

해설 ▶ 제시된 표현의 의도를 파악하기 위해서는 앞뒤 문장의 흐름을 파악해야 한다. 앞 사람이 새 업체 때문에 힘들어질 것이라고 걱정을 하자 Mr. Hughes가 It's out of our hands.라고 말하고 바로 자신들이 할 수 있는 것은 오직 높은 수준을 유지하며 고객이 돌아오길 기다리는 것이라고 말한 것으로 봐서 다른 방법이 딱히 없다는 의미이다. 제시된 표현은 문자 그대로 '우리 손을 떠났다'라는 뜻으로, 할 수 있는 것이 없을 때 사용하는 표현이다.

정답 (D)

---

170. What do the women suggest that their company do?
(A) Run a promotional campaign
(B) Petition a government official
(C) Raise some prices
(D) Design some new merchandise

여자들은 회사가 어떻게 하기를 제안하는가?
(A) 홍보성 캠페인하기
(B) 정부 공무원에게 청원하기
(C) 가격 올리기
(D) 새로운 상품 디자인하기

해설 ▶ 여자들의 대화에서 요청하거나 제안하는 표현을 찾아야 한다. Berlinda가 How about we offer a 10% discount for returning customers?라고 how about이라는 전형적인 제안 표현으로 답을 제시하고 Susan이 We can advertise this in the local newspaper라고 말한다.

정답 (A)

171. **What will Ms. Johnson most likely do next?**

(A) Make some phone calls

(B) Send some e-mails

(C) Post some letters

(D) Visit some addresses

Ms. Johnson은 다음에 무엇을 할 것 같은가?

(A) 전화하기

(B) 이메일 보내기

(C) 편지 발송하기

(D) 몇몇 주소지들 방문하기

해설 ▶ Ms. Johnson의 후반부 말에서 미래 행동이나 의도를 나타내는 표현을 찾아야 한다. so I'll message all employees electronically to let them know.에서 대표적인 반전 표현인 so를 제시하며 힌트가 나오고 바로 미래 행동을 나타내는 I'll로 답을 제시하고 있다.

정답 (B)

어휘 ▶

invoice 송장   **customer complaint** 고객 불만 사항

handle 처리하다, 다루다   **recruit** 채용하다

주어진 문장의 위치 찾기

지문 보기

Questions 164-167 refer to the following article.

December 4 (Florida) – [164, 165]In time for the festive season, the annual Christmas market will return to Orlando for the 20th straight year. This year's event is sponsored by Chicago soft drink manufacturer Wellco, which is providing funding for several major features. CEO and [165]local resident Hannah Rashford will attend the opening ceremony, turning on the lights to get the festivities started. _____1_____ [167]Representatives from her company will be on hand to give out free samples of their product to guests as they browse the attractions. _____2_____

This year's festival promises to be the biggest in years, with over 100 stalls already reserved. Stands expected to be present include seasonal food and drink, such as German sausage and mulled wine, and arts and crafts stalls, with some great ideas for last-minute gifts. [166]Musical entertainment will again be provided by the Martial Choir from New York, which will be raising funds for the refurbishment of the church. _____3_____ Tickets are available by calling 555-2010-0305, or by visiting www.orlandofestial.net. _____4_____ We advise you to book in advance to avoid disappointment.

164-167은 다음 기사를 참조하세요.

12월 4일 (플로리다) – [164, 165]크리스마스, 새해 시즌에 맞춰, 연례 크리스마스 시장이 20년 연속 올랜도에 다시 오게 될 것입니다. 올해의 이벤트는 시카고의 탄산음료 제조업체인 Wellco의 후원을 받게 됩니다. 이 업체가 여러 주요 행사들에 쓰일 자금을 제공합니다. CEO와 [165]지역 주민인 Hannah Rashford가 개막식에 참석하여 축제의 시작을 알리는 등을 점화하게 될 것입니다. ______1______ [167]그녀 회사의 영업사원들도 참가하여 손님들이 볼거리들을 구경할 때 회사 상품들의 무료 샘플을 나눠줄 것입니다.

______2______

올해의 축제는 이미 100개의 부스가 예약이 된 상태로 수년 동안 가장 큰 축제가 될 것입니다. 좌판이 열릴 것으로 기대되는데, 독일 소시지와 멀드 와인(설탕 등을 가미한 따뜻한 와인)과 같은 다양한 계절 음식과 음료, 그리고 마지막 선물로 좋을 공예 부스도 있을 것입니다. [166]뉴욕 출신의 Martial 합창단이 선사하는 뮤지컬 공연도 또 다시 있을 예정입니다. 이 합창단에서 교회 재정비를 위한 기금 모금을 진행할 것입니다. ______3______ 티켓들은 555-2010-03305에 전화 주시거나, www.orlandofestial.net에 방문하시면 구하실 수 있습니다. ______4______ 실망하지 않으시도록 미리 예약하시길 권합니다.

festive season 크리스마스, 새해 시기　**straight year** 연속된 해　**sponsor** 후원하다
funding 자금 제공　**resident** 거주자　**be on hand** 참가하다　**browse** 구경하다
attraction 명소　**stall** 매점, 노점　**mulled wine** (설탕과 스파이스를 첨가한) 멀드 와인, 데운 와인
arts and crafts 미술 공예　**raise fund** 기금을 모으다　**refurbishment** 재정비
in advance 미리

164. What is the article mainly about?
(A) A product recall
(B) An advertising campaign
(C) A local event
(D) A company takeover

기사는 무엇에 관한 것인가?
(A) 제품 리콜
(B) 광고 활동
(C) 지역 행사
(D) 회사 인수

해설 ▶ 주제는 항상 지문의 도입부를 노려야 한다. 첫 번째 문장과 두 번째 문장에서 반복적으로 답을 제시하고 있다. In time for the festive season, the annual Christmas market will return to Orlando for the 20th straight year. This year's event is sponsored by Chicago soft drink manufacturer Wellco.
정답 (C)

165. Where does Hannah Rashford most likely live?

(A) Berlin

(B) Orlando

(C) New York

(D) Chicago

Hannah Rashford가 사는 곳은 어디일 것 같은가?

(A) 베를린

(B) 올랜도

(C) 뉴욕

(D) 시카고

해설 ▶ 이름 키워드를 활용하는 문제이다. Hannah Rashford라는 이름이 등장하는 문장을 찾아야 한다. 먼저 local resident Hannah Rashford will attend the opening ceremony에서 이 여자가 지역 주민임을 알 수 있으며 그 지역 이름이 첫 문장 the annual Christmas market will return to Orlando for the 20th straight year.에서 Orlando로 언급되었으므로 정답은 (B)이다.

정답 (B)

166. What is implied about the Martial Choir?

(A) They will be provided with gifts.

(B) They will be distributing soft drink samples.

(C) Their members are from a catering company.

(D) They have performed at the festival before.

Martial Choir에 대해 알 수 있는 것은 무엇인가?

(A) 그들은 선물을 받게 될 것이다.

(B) 그들은 탄산음료 샘플을 나눠 줄 것이다.

(C) 멤버들이 출장 연회 회사에서 나왔다.

(D) 그들은 이전에도 축제에서 공연을 했다.

해설 ▶ 역시 고유명사가 등장하는 키워드 찾기 문제이다. Martial Choir가 등장하는 문장을 찾는다. Musical entertainment will again be provided by the Martial Choir from New York,에서 이들은 공연을 처음 한 것이 아니라는 것을 알 수 있다.

정답 (D)

167. In which of the positions marked [1], [2], [3], and [4] does the following sentence best belong?

"To obtain yours, look out for Wellco employees wearing purple t-shirts"
(A) [1]
(B) [2]
(C) [3]
(D) [4]

[1], [2], [3], 그리고 [4]가 표시된 곳 중 어디에 아래 문장이 와야 하는가?
"당신 것을 받으시려면, 보라색 셔츠를 입고 있는 Wellco 직원을 찾으세요"
(A) [1]
(B) [2]
(C) [3]
(D) [4]

해설 ▶ 문장의 위치를 찾는 문제는 글의 흐름을 파악하는 것이 중요하지만 주어진 문장의 대명사나 키워드를 활용하면 쉽게 답을 찾을 수 있다. 제공된 문장에서 키워드는 Wellco다. Part 7에서 중요한 키워드 문제 포인트 중 하나는 회사 이름은 언제나 처음에 한 번 등장한 후에는 다른 표현으로 변형된다는 것이다. 여기서도 Wellco가 처음 도입부에 나오고 그 다음에는 her company라고 언급된다. 이러한 변형에 대해 알아야 답을 수월하게 찾을 수 있다. Representatives from her company will be on hand to give out free samples of their product to guests as they browse the attractions.에서 회사 직원들이 무료 샘플을 나눠 준다고 했으니 주어진 문장은 이 뒤에 이어지는 것이 적절하다.
정답 (B)

지문 보기

Questions 191-195 refer to the following letter, guide, and e-mail.

November 9

Ben Jarvis
19 Given Close
Derby, UK
DY2 4GT

To Ben Jarvis,

We would like to thank you for your interest in holding your company retreat at our venue. With our newly-opened conference center and world-class golf course, you can be rest assured that the Puregreen Resort has everything you desire to help make your stay both productive and enjoyable. [191]Please note that although our spa facilities are available to guests, our swimming pool is currently still under construction. As such, this will not be available for the duration of your stay.

In your initial letter, you expressed an interest in the team-building activities offered by our resort. I have enclosed a leaflet with this information for the week that you intend to stay. If you could let me know which event you are most interested in, I will make the reservation for you personally. [193]Please note that Susan Keller is currently off sick, so her sessions will be covered by Jane Seymour. We hope that this will not cause you any inconvenience.

Yours faithfully,

Petra Stellios
Puregreen Resort
Customer Liaisons Manager

Puregreen Resort
November 25-29
Team building Activities

Date	Coordinator	Activity	Price per team
November 25	Peter Affelay	Treasure Hunt	$149
November 26	Jane Seymour	Bridge Building	$200
November 27	Melanie Keeper	Creative Problem Solving	$169
November 28	Susan Keller	Locked Room Escape	$249
November 29	Roger Bardsley	[194]Orienteering	$185

[194]Please note: Guests will be entitled to a $20 discount on reservation before November 18.

To: Petra Stellios <pstellios@puregreen.net>
From: Ben Jarvis <bjarvis@cottageautomotive.com>
Date: December 10
Subject: Our recent visit

Dear Ms. Stellios,

We recently visited Puregreen Resort for our company retreat. Overall, our trip was very successful, and we felt that our employees certainly benefited from the visit. I know several of our staff very much enjoyed using the golf course during their leisure time, and we found staff to be extremely helpful. I'd also like to thank you personally for your help [194]when I called to book the Orienteering activity on November 17. I have reported back our positive experience to our company directors, who are keen to use your venue for a conference in February.

I would like to bring your attention to one problem that we experienced with the activity. We took the provided transportation to our start venue, which arrived punctually, and began to distribute the navigation items amongst our employees. [195]However, we noticed that two compasses and one map were absent from the pack. This led to us reorganizing the teams to include more members than was planned, meaning that employees perhaps had a less beneficial bonding experience than was intended. If you could call me to discuss this, I would appreciate it.

I look forward to hearing from you.

Ben Jarvis

191-195는 다음 편지, 가이드, 이메일을 참조하세요.

11월 9일

Ben Jarvis
19 Given Close
Derby, UK
DY2 4GT

Ben Jarvis 씨께,

저희 리조트에서 귀사의 야유회를 개최하는 데 관심을 가져 주셔서 감사를 드립니다. 새로 개장한 컨퍼런스룸과 세계적 수준의 골프장을 갖춘 저희 Puregreen Resort가 머무시는 동안 생산적이고 즐겁게 지내실 수 있도록 귀하가 바라는 모든 것을 갖추고 있음을 믿으셔도 됩니다. ¹⁹¹저희 스파는 손님 여러분들께서 사용하실 수 있지만 수영장은 현재 공사 중에 있다는 점을 유의해 주세요. 그렇기에, 귀하가 머무시는 동안 수영장은 이용할 수 없습니다.

첫 편지에서, 귀하는 저희 리조트에서 제공하는 팀빌딩 활동에 관심을 표명하셨습니다. 머무시려는 그 주에 있을 팀 빌딩 활동에 대한 정보가 담긴 안내 책자를 동봉했습니다. 어떤 이벤트에 가장 관심이 있으신지 저에게 알려주신다면 제가 개인적으로 귀하를 위해 예약해 드리겠습니다. ¹⁹³Susan Keller가 현재 병가 중이라는 것도 기억해 주세요. 그래서 그녀의 세션들은 Jane Seymour가 대신 합니다. 귀하께서 이런 점들 때문에 불편을 느끼지 않으시기를 바랍니다.

그럼 안녕히 계십시오.

Petra Stellios
Puregreen Resort
고객 연락 담당 과장

Puregreen Resort
11월 25-29일
팀 빌딩 활동들

날짜	진행자	활동	가격/팀
11월 25일	Peter Affelay	보물 찾기	$149
11월 26일	Jane Seymour	다리 쌓기	$200
11월 27일	Melanie Keeper	창의적 문제 해결	$169
11월 28일	Susan Keller	잠긴 방 탈출하기	$249
11월 29일	Roger Bardsley	194오리엔티어링	$185

194유의: 11월 18일 이전 예약 손님들에게는 20달러의 할인이 제공됩니다.

To: Petra Stellios〈pstellios@puregreen.net〉
From: Ben Jarvis 〈bjarvis@cottageautomotive.com〉
Date: 12월 10일
Subject: 최근 방문
Ms. Stellios께

저희가 최근에 Puregreen Resort에 회사 야유회 차 갔었습니다. 전반적으로, 여행은 아주 성공적이었고 저희 직원들에게 여행이 아주 도움이 되었다고 느낍니다. 저희 직원 일부가 여가 시간에 골프장 시설을 아주 즐겁게 이용했다는 것도 알고 있고요. 그리고 귀사의 직원들이 아주 도움이 되었습니다. 194또 11월 17일에 Orienteering 활동을 예약하기 위해 전화드렸을 때 당신이 도와주신 것에 대해 개인적으로 감사드립니다. 저희 회사 이사들에게도 그곳에서의 긍정적인 경험을 보고했는데 지금 이 분들은 2월에 있을 컨퍼런스에 귀사의 리조트를 쓰는 데 관심이 지대하시답니다.

팀빌딩 활동을 하면서 경험했던 한 가지 문제점을 상기시켜 드리고자 합니다. 우리는 정시에 도착한 출발지행 교통편을 탔습니다. 그리고 직원들에게 길을 찾는 도구들을 나눠 주기 시작했지요. 195그러나 우리는 두 개의 나침반과 지도 한 장이 없는 것을 알게 되었습니다. 이것 때문에 원래 계획했던 것보다 더 큰 규모의 팀을 만들어야 했고 그로 인해 직원들이 원래 의도했던 것에 미치지 못하는 긴밀한 유대 경험을 얻게 된 듯 합니다. 이 문제에 대해 논의하고자 전화 주신다면 감사하겠습니다.

연락 기다리겠습니다.

Ben Jarvis

191. What is **NOT indicated** as being **a current feature** of Puregreen Resort?

(A) A spa
(B) A conference venue
(C) A swimming pool
(D) A golf course

Puregreen Resort의 현재 이용 가능 시설로 언급되지 않은 것은?

(A) 스파
(B) 컨퍼런스 개최지
(C) 수영장
(D) 골프 코스

해설 ▶ 세부 정보 문제들은 보기에 주어진 단어가 키워드이다. 이 키워드가 들어간 문장들을 빠르게 확인해야 한다. Please note that although our spa facilities are available to guests, our swimming pool is currently still under construction. As such, this will not be available for the duration of your stay. 에서 수영장이 공사 중이라 사용이 불가능하다고 말하고 있다. 따라서 (C)가 정답이다.

정답 (C)

192. In the letter, the word **"note"** in paragraph 1, line 4, is closest in meaning to

(A) be aware
(B) make sure
(C) look up
(D) take on

편지에서, 첫 번째 단락 네 번째 줄에 있는 'note'와 가장 가까운 뜻의 단어는 무엇인가?

(A) ～을 알다
(B) ～을 확실히 하다
(C) 올려다 보다
(D) 떠맡다

해설 ▶ note는 '을 유의하다' 정도의 뜻이다. 문맥상 that 이하 내용에 대해 알고 있으라고 주의시키는 내용이므로 '～을 알다'라는 뜻을 갖는 (A)가 정답이다.

정답 (A)

193. Who will deliver the Locked Room Escape on November 28?

(A) Susan Keller
(B) Roger Bardsley
(C) Peter Affelay
(D) Jane Seymour

누가 11월 28일에 있을 '잠긴 방 탈출하기'를 맡게 되는가?

(A) Susan Keller
(B) Roger Bardsley
(C) Peter Affelay
(D) Jane Seymour

해설 ▶ 연계 문제이다. 표(guide)에서 11월 28일에 있을 활동은 Susan Keller가 원래 진행자이지만 Please note that Susan Keller is currently off sick, so her sessions will be covered by Jane Seymour.에서 알 수 있듯이 담당자가 Jane Seymour로 바뀐 것을 알 수 있다. 따라서 (D)가 정답이다.

정답 (D)

194. How much did Mr. Jarvis likely pay for the orienteering activity?

(A) $145
(B) $165
(C) $185
(D) $200

Mr. Jarvis는 오리엔티어링 활동에 얼마를 지불할 것인가?

(A) 145달러
(B) 165달러
(C) 185달러
(D) 200달러

해설 ▶ 제공된 guide(표)를 보면 the orienteering activity가 11월 29일에 제공된다는 것을 알 수 있다. 그런데 표 밑에 주의사항에 Please note: Guests will be entitled to a $20 discount on reservation before November 18.라고 언급되었다. 그리고 Mr. Jarvis가 보낸 편지에서 when I called to book the Orienteering activity on November 17.이라고 말하고 있으므로 이 사람은 11월 18일 이전에 예약했다는 것을 알 수 있다. 따라서 20달러 할인 대상이 되므로 185달러-20달러 = 165달러이다. (B)가 정답이다.

정답 (B)

195. What problem does Mr. Jarvis mention with his trip?
(A) Some equipment was missing.
(B) A golf course was below the expected standard.
(C) Resort staff were rude to guests.
(D) Some transportation was late in arriving.

Mr. Jarvis는 여행에 관해 어떤 문제점을 언급했는가?
(A) 일부 장비가 누락됐다.
(B) 골프장이 예상한 것 이하의 수준이었다.
(C) 리조트 직원들이 손님들에게 무례했다.
(D) 일부 교통 시설이 늦게 도착했다.

해설 ▶ 문제점은 언제나 이메일 또는 편지에 등장하는 주요 내용이다. Jarvis가 보낸 이메일을 보면 반전 표현인 However 뒤에 we noticed that two compasses and one map were absent from the pack.이라고 정확히 정답이 언급되었다. 따라서 장비가 없었다고 말한 (A)가 정답이다.
정답 (A)

어휘 ▶

indicate ~을 나타내다, 알리다   **feature** 특징, 기능   **be aware** ~을 알고 있다
make sure 확실히 하다   **look up** 찾아보다   **locked** 잠가진   **missing** 실종된, 없어진
rude 무례한

SET 1

Questions 152-153 refer to the following text message chain.

Peggy Schwarz [8:33 a.m.]: Lester, I'm afraid there's a problem! I'm supposed to be the first speaker at the marketing seminar at The Ascot Hotel this morning, but I'm stuck in heavy traffic.

Lester Burnham [8:35 a.m.]: Oh, dear! Your talk is supposed to start at 9 a.m., right?

Peggy Schwarz [8:37 a.m.]: Exactly. And, I can't just cancel my talk. Is there any possibility that the seminar organizers would let me start 10 or 15 minutes late?

Lester Burnham [8:38 a.m.]: I really doubt it. That would mess up the entire schedule. Some other representatives from our company will be attending the seminar. I'll contact them and see if someone can fill in for you. You can save your talk for next month's seminar.

Peggy Schwarz [8:39 a.m.]: That suits me fine. Sorry for the inconvenience, and thanks for your help.

152. What does Mr. Burnham indicate he will do?

(A) Postpone a marketing seminar
(B) Arrive late to the hotel
(C) Prepare a presentation
(D) Find a replacement speaker

153. At 8:39 a.m., what does Ms. Schwarz mean when she writes, "That suits me fine"?

(A) She wants Mr. Burnham to collaborate with her.
(B) She finds Mr. Burnham's suggestion agreeable.
(C) She is happy to take an earlier speaking time slot.
(D) She thinks she can make it to the event on time.

2:12 p.m.
WILSON, RAY

Did any of you know that Woodcock's has gone out of business? I just saw an announcement on their web site.

2:14 p.m.
KNIGHT, ALICE

Really? Well, that's disappointing. We've been a client of theirs for more than a decade. They provided a great service.

2:16 p.m.
LYLE, EMILY

So, where will we be able to get uniforms and aprons for our restaurant staff now?

2:17 p.m.
KNIGHT, ALICE

I'm not sure. Is there likely to be a similar company that offers such low prices?

2:19 p.m.
WILSON, RAY

I can't see it. Anyway, I'll call the Burger Town headquarters in a moment and see if Mr. Park, the regional manager, has any ideas.

2:20 p.m.
KNIGHT, ALICE

Great. I guess he maybe already has a new supplier lined up.

2:23 p.m.
LYLE, EMILY

Well, I hope so. I was planning on ordering new work shirts for the staff at my branch.

2:25 p.m.
WILSON, RAY

Well, I'll speak with Mr. Park and let you know what he says.

2:26 p.m.
KNIGHT, ALICE

Thanks!

154. What type of business most likely is Woodcock's?

(A) A fast food restaurant

(B) A web design firm

(C) A clothing supplier

(D) An advertising company

155. At 2:19 p.m., what does Mr. Wilson mean when he says, "I can't see it"?

(A) He has not checked a list of product prices.

(B) He does not have enough time to visit a business location.

(C) He would like to review Woodcock's range of services.

(D) He doubts there are equally affordable options.

156. What can be inferred about Woodcock's?

(A) It recently raised its prices.

(B) It has merged with another company.

(C) It was founded more than ten years ago.

(D) It plans to reshuffle its management team.

157. What will Mr. Wilson most likely do next?

(A) Meet with a Burger Town manager

(B) Call Mr. Park's company's headquarters

(C) Contact a Woodcock's representative

(D) Discuss a problem with his client

Excitement Growing for New Taco Food Trucks

By Billy Croupier

Fort Worth (May 22) – This week, international fast-food chain Los Alamo's Tacos is making news with the company's announcement that it will be introducing food trucks throughout the city in time for summer. Los Alamo's has said the food trucks will be present in select locations for a total of three months, from now until the end of August, which has fans of the Mexican food franchise excited to visit the temporary locations.

_____1_____. Los Alamo's four main restaurant branches here in Fort Worth have offered their support of the plan, saying the introduction of food trucks should not have any effect on their in-store sales figures. _____2_____. Managers of both trucks have already been impressed with the sales made in their first week and anticipate popularity for the trucks to increase throughout the summer months.

"The recent strategy of Los Alamo's to expand its product base has a lot in common with the strategy it employed last winter when they began selling their products at local sporting events," says Will Watford, a noted food critic in Fort Worth. "During those winter months in which fast food companies typically see lower sales figures, Los Alamo's revenue shot up drastically due to the introduction of its products at ice hockey and basketball games." _____3_____.

Los Alamo's corporate headquarters has said it will closely evaluate their marketing and sales strategy at the end of the summer. The findings will likely strongly influence the company's future strategies and promotions. _____4_____.

158. What is indicated about the Los Alamo's range of products?

(A) They were recently introduced to Fort Worth.

(B) They are in the process of being changed drastically.

(C) They are available in several countries.

(D) They were initially unpopular with customers.

159. What is reported about Los Alamo's Tacos?

(A) It is making significant changes to its menu.

(B) It is expanding internationally.

(C) It has experimented with unique sales strategies in the past.

(D) It expects to see a significant decrease in revenue.

160. In which of the positions marked [1], [2], [3], and [4] does the following sentence best belong?

"At the time of writing, there are two food trucks already under operation, located on James Street and on Harbor Street."

(A) ---------1---------

(B) ---------2---------

(C) ---------3---------

(D) ---------4---------

To: Dale Tanner <dtanner@gomail.net>
From: Breanne Bar <brebar@thedailystar.com>
Subject: Automatic Subscription Renewal
Date: February 18

Dear Mr. Tanner,

As you may well be aware, your subscription to the *Scoby Daily Star* is coming to an end this month. As per our company's policy, subscribers will have their newspaper subscriptions automatically extended for another 12-month period and will be billed accordingly, unless we are notified otherwise. We are pleased to keep you as a reader of our local paper for another year! Your subscription will be slightly modified to reflect some of the changes which have taken place in the industry over the past few years. _______1_______. We have recently combined our Saturday and Sunday papers into one Weekend Edition, and we will soon be launching a new and improved web site for our readers. This new site will include all of our standard news sections, as well as exclusive access for our subscribers. ________2_______. You can see these features and more at www.scobydailystar.com.

______3______. I have attached instructions on how to navigate our new web site. Please visit us and create an online account. You will require a credit card, but we will not bill you without notifying you in advance. ________4________. To receive the Weekend Edition and any other special offers, please click on the appropriate boxes and click submit.

We would appreciate that you attend to this matter as soon as possible. If you have any inquiries, please visit our web site or call me during normal business hours at 555-8475.

Best wishes,

Breanne Bar
Editor in Chief, Scoby Daily Star

161. Why did Ms. Bar send the e-mail to Mr. Tanner?

(A) To suggest that he read a new newspaper

(B) To state her intentions to expand operations

(C) To describe an update to an arrangement

(D) To inquire about a subscription

162. What did Ms. Bar include with her e-mail?

(A) An order form

(B) A free copy of the Weekend Edition

(C) A breaking news report

(D) A web site guide

163. The phrase "attend to" in paragraph 3, line 1, is closest in meaning to

(A) enroll in

(B) sign up for

(C) expect

(D) deal with

164. In which of the positions marked [1], [2], [3], and [4] does the following sentence best belong?

"The real-time news reports and interactive comment sections are sure to be quite popular."

(A) --------- 1 ---------

(B) --------- 2 ---------

(C) --------- 3 ---------

(D) --------- 4 ---------

Golden Palm Resort Ready for Business

Holidaymakers planning to visit Madagascar this year will be delighted to know that the 5-star Golden Palm Resort is once again open for business. With renovation work on its reception area, games room, and restaurant now complete, the resort is ready to welcome hordes of tourists again this summer.

The resort used the recent renovation period wisely, sending many of its employees to the luxurious Juneau Hotel in Paris, France, to receive advanced training from the most experienced people in the hospitality industry. Staff members underwent training for three weeks in April, before bringing back their newly-sharpened skills to the Golden Palm Resort.

With its improved amenities and skilled team of employees, the Golden Palm Resort is obviously looking to bolster its reputation as Madagascar's premier beach resort.

From: Lola Deschamps <ldeschamps@twomail.com>
To: Antoine Chila <achila@goldenpalm.com>
Subject: Cabin Rental
Date: June 2

Dear Mr. Chila,

I will be traveling around Southern Africa in July and August and I plan to visit Madagascar for a few days during my trip. I had the pleasure of meeting Omer Clement, who works as a front desk employee at your resort, and he recommended the place highly to me. In fact, earlier this year, Omer received professional customer service training at the hotel in which I work, and it will be nice to see him again.

I'd like to rent a cabin that is not too far from the reception area, and I'd like to be as close to the ocean as possible. The most important thing for me is relaxation. Therefore, I don't want to be situated near any restaurants or bars on the beach. I'd be very grateful if you could send me a map showing which cabins are available. I'll choose one and then pay for it right away.

Thanks, and I hope to hear from you soon!

Lola Deschamps

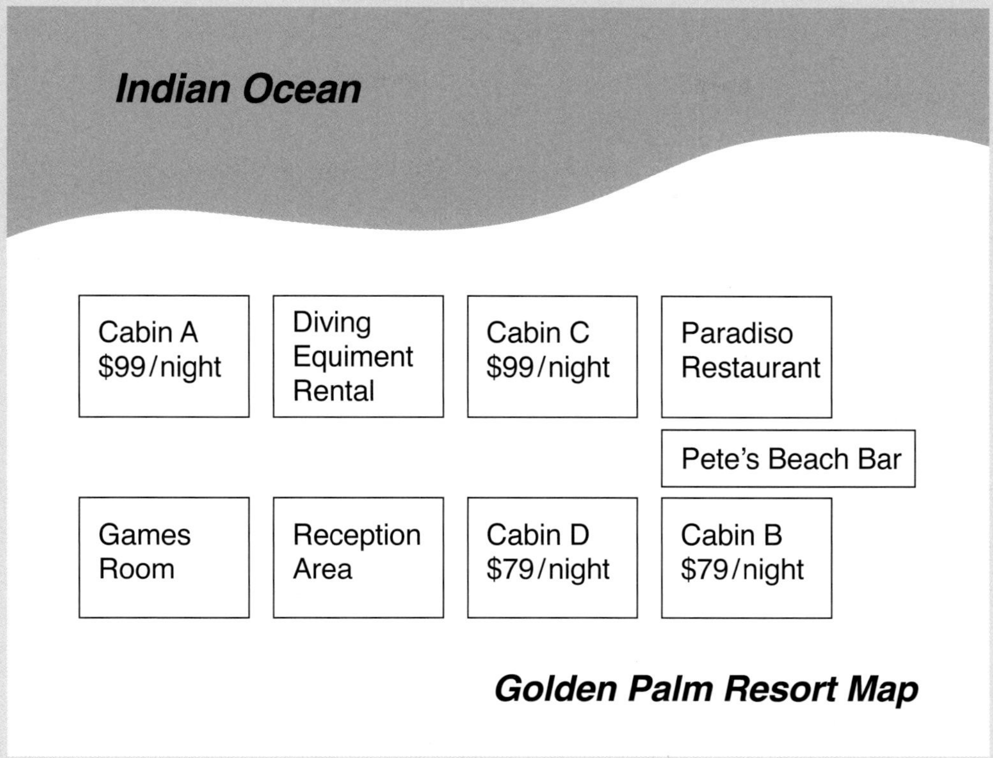

Indian Ocean

Cabin A
$99/night

Diving
Equiment
Rental

Cabin C
$99/night

Paradiso
Restaurant

Pete's Beach Bar

Games
Room

Reception
Area

Cabin D
$79/night

Cabin B
$79/night

Golden Palm Resort Map

165 What is indicated about Golden Palm Resort?

(A) It has recently been relocated.

(B) It renovated its beach cabins this year.

(C) It often hosts corporate events.

(D) It was temporarily closed.

166. In the article, the word "looking" in paragraph 3, line 2, is closest in meaning to

(A) supervising

(B) noticing

(C) hoping

(D)recruiting

167. What is suggested about Mr. Clement?

(A) He has received training in a restaurant.

(B) He was recruited by Ms. Deschamps.

(C) He spent time in Paris in April.

(D) He was recently hired by Golden Palm Resort.

168. What is indicated on the resort map?

(A) The cabins are all different sizes.

(B) All of the cabins are next to a games room.

(C) At least five cabins are currently available.

(D) Cabins nearer the ocean are more expensive.

169. Which beach cabin will Ms. Deschamps most likely be interested in renting?

(A) Cabin A

(B) Cabin B

(C) Cabin C

(D) Cabin D

Innovative Products Designed by Roland Weiss

The Alert Ring

Women often have to hastily look for their phone whenever they hear it ringing in their handbag. The Alert Ring, which fits on any finger, can be programmed to glow when wearers receive a call or message. This product, which debuted in June, sold out within 24 hours of release.

The Superwheel

Boasting a rechargeable, battery-powered motor, the Superwheel can be attached to any bicycle wheel. Riders can use a smartphone app to control the motor remotely. The Superwheel has proven to be a big hit, selling almost 25,000 units since launch.

The Reversal AC

The Reversal Air Conditioner has sold nearly 50,000 units since release. Thanks to a companion mobile app, the AC can monitor owners' movements via GPS and turn itself on and off depending on their proximity to home. Users have cut their energy costs by nearly 10%.

The Smart Ball

The Smart Ball includes sensors that send data to a mobile app, allowing basketball players to monitor their performance. It was developed with the help of the Atlanta Hawks basketball team, who used the prototype in training sessions. No official release date at the time of writing.

Hardwired Magazine

August, Issue #3

This Month's Featured Articles:

Page 15 ········ **Digital Dreams:** Tom Jolson interviews Mario Marchisio to find out more about the latest developments with his cutting-edge virtual reality hardware.

Written by Tom Jolson

Page 19 ········ **Continual Innovation:** Entrepreneur and inventor Roland Weiss talks to us about how he has managed to help homeowners save thousands of dollars per year.

Written by Irene Gauld

Page 28 ········ **Breaking the Mold:** Marissa Branney explains how she managed to rise so rapidly in the software industry, from office intern to CEO of Joypixel Inc.

Written by Brian Lawler

From: eroper@badgley.net
To: editor@hardwired.com
Date: August 13
Subject: Roland Weiss Article

To the Editor:

I have purchased every issue of *Hardwired Magazine* so far, and I'm really impressed with the high quality of the articles you include each month. I've been particularly enjoying the pieces written by Irene Gauld. Her interviewing skill and writing style are both exceptional, and her latest article, 'Continual Innovation', was especially interesting to me. I had the pleasure of working with Roland during his many trips to Atlanta to work with my team. We all liked Roland very much and were very happy to assist him with his research and provide him with the data he required while testing his prototype. I hope his invention turns out to be a huge success.

Please keep up the good work with your magazine!

Sincerely,

Edward Roper

170. What do Mr. Weiss's inventions all have in common with one another?

(A) They are all designed specifically for women.
(B) They all include rechargeable batteries.
(C) They have all been released onto the market.
(D) They all interact with smartphones.

171. What device did Mr. Weiss most likely discuss in *Hardwired Magazine*?

(A) The Alert Ring
(B) The Superwheel
(C) The Reversal AC
(D) The Smart Ball

172. What can be inferred about *Hardwired Magazine*?

(A) It is published every week.
(B) It is a fairly new publication.
(C) It is edited by Tom Jolson.
(D) It is available in an electronic version.

173. In the e-mail, the phrase "keep up" in paragraph 2, line 1, is closest in meaning to

(A) inform
(B) remain
(C) maintain
(D) raise

174. What is most likely true about Mr. Roper?

(A) He interviewed Mr. Weiss.
(B) He was featured in a publication.
(C) He writes magazine articles.
(D) He is involved in the sports industry.

실전 연습 문제
해설

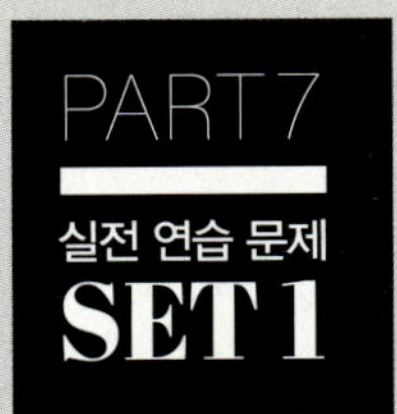

Questions 152-153 refer to the following text message chain.

Peggy Schwarz [8:33 a.m.]: Lester, I'm afraid there's a problem! I'm supposed to be the first speaker at the marketing seminar at The Ascot Hotel this morning, but I'm stuck in heavy traffic.

Lester Burnham [8:35 a.m.]: Oh, dear! Your talk is supposed to start at 9 a.m., right?

Peggy Schwarz [8:37 a.m.]: Exactly. And, I can't just cancel my talk. Is there any possibility that the seminar organizers would let me start 10 or 15 minutes late?

Lester Burnham [8:38 a.m.]: I really doubt it. That would mess up the entire schedule. [152]Some other representatives from our company will be attending the seminar. I'll contact them and see if someone can fill in for you. You can save your talk for next month's seminar.

Peggy Schwarz [8:39 a.m.]: [153]That suits me fine. Sorry for the inconvenience, and thanks for your help.

152-153은 다음 연속 문자 메시지를 참조하세요.

Peggy Schwarz [오전 8:33]: Lester, 문제가 하나 생긴 것 같아요! 오늘 아침에 Ascot 호텔에서 열리는 마케팅 세미나에서 제가 첫 번째 연설자로 예정되어 있는데, 심각한 교통 체증에 갇혀 있어요.

Lester Burnham[오전 8:35]: 아, 이런! 연설이 오전 9시에 시작하기로 되어 있는 게 맞죠?

Peggy Schwarz [오전 8:37]: 맞아요. 그리고 제 연설을 그냥 취소할 수 없어요. 세미나 주최측에서 제가 연설을 10분이나 15분 늦게 시작하게 해주실 가능성은 없나요?

Lester Burnham [오전 8:38]: 가능할 것 같지 않아요. 그렇게 하면 전체 일정이 엉망이 될 거예요. [152]우리 회사에 소속된 다른 직원들이 세미나에 참석할 거예요. 그분들에게 연락해서 누군가가 당신을 대신할 수 있는지 알아볼게요. 다음달에 있을 세미나에서 연설하시면 돼요.

Peggy Schwarz[오전 8:39]: [152]저는 좋습니다. 불편을 끼쳐서 죄송하고, 도와주셔서 감사합니다.

I'm afraid (that) (부정적인 일에 대해) ~인 것 같다
be supposed to do ~하기로 되어 있다, ~하기로 예정되어 있다
be stuck in traffic 교통 체증에 갇히다   **Exactly.** 맞아요, 바로 그거예요.   **cancel** ~을 취소하다
possibility that ~일 가능성   **organizer** 주최자   **let A do** A가 ~하게 하다
doubt ~을 확신하지 못하다, ~에 의문을 갖다   **mess up** ~을 엉망으로 만들다   **entire** 전체의
representative 직원   **attend** ~에 참석하다   **contact** ~에게 연락하다   **fill in for** ~을 대신하다
save ~을 미루다, 남겨 두다   **That suits me fine.** 저는 좋습니다.   **inconvenience** 불편함, 폐

---

152. What does Mr. Burnham indicate he will do?

(A) Postpone a marketing seminar
(B) Arrive late to the hotel
(C) Prepare a presentation
(D) Find a replacement speaker

Mr. Burnham은 무엇을 하겠다는 의사를 나타내는가?
(A) 마케팅 세미나를 연기한다.
(B) 호텔에 늦게 도착한다.
(C) 발표를 준비한다.
(D) 대체할 연설자를 찾는다.

해설 ▶ Mr. Burnham이 미래 시점에 하려는 일이 질문의 핵심이므로 Burnham의 메시지에서 미래 시점을 나타내는 표현 또는 의지를 나타내는 표현을 파악해야 한다. 오전 8시 38분에 보낸 메시지에서 Mr. Burnham은 I'll contact ~라는 미래 표현과 함께 자신이 하려는 일을 알리고 있다. 이는 연설을 할 수 없는 Schwarz를 대신할 사람을 찾는 것을 Some other representatives from our company will be attending the seminar. I'll contact them and see if someone can fill in for you.에서 알 수 있으므로 (D)가 정답이다.
정답 (D)

---

153. At 8:39 a.m., what does Ms. Schwarz mean when she writes, "That suits me fine"?

(A) She wants Mr. Burnham to collaborate with her.
(B) She finds Mr. Burnham's suggestion agreeable.
(C) She is happy to take an earlier speaking time slot.
(D) She thinks she can make it to the event on time.

오전 8시 39분에, Ms. Schwarz가 That suits me fine이라고 쓸 때 무엇을 의미하는가?
(A) Mr. Burnham이 자신과 협력하기를 원하고 있다.
(B) Mr. Burnham의 제안이 합당하다고 생각하고 있다.
(C) 이른 연설 시간대를 이용할 수 있어서 기뻐하고 있다.
(D) 행사에 제때 도착할 수 있을 거라고 생각하고 있다.

 오전 8시 39분에 Schwarz가 That suits me fine.이라고 했는데, 앞서 Burnham가 말한 것에 대한 동의를 나타
낸다. 따라서 앞선 메시지에서 Burnham이 다른 직원들에게 연락해 대신할 사람이 있는지 알아보겠다는 말에 동의하는 것
이므로 이를 'Burnham의 제안이 합당하다(agreeable)고 생각한다'는 말로 바꿔 표현한 (B)가 정답이다.
정답 (B)

어휘 ▶

indicate ~임을 나타내다, 내비치다　**postpone** ~을 연기하다　**prepare** ~을 준비하다
presentation 발표　**replacement** 대체(자)　**collaborate with** ~와 협력하다, 공동으로 일하다
find A B A가 B하다고 생각하다　**agreeable** 합당한, 동의하는　**time slot** 시간대
make it to ~로 가다, ~에 도착하다　**on time** 정각에, 시간 어기지 않고

2:12 p.m. WILSON, RAY	Did any of you know that Woodcock's has gone out of business? I just saw an announcement on their web site.
2:14 p.m. KNIGHT, ALICE	Really? Well, that's disappointing. 156We've been a client of theirs for more than a decade. They provided a great service.
2:16 p.m. LYLE, EMILY	So, 154where will we be able to get uniforms and aprons for our restaurant staff now?
2:17 p.m. KNIGHT, ALICE	I'm not sure. 155Is there likely to be a similar company that offers such low prices?
2:19 p.m. WILSON, RAY	155I can't see it. Anyway, 157I'll call the Burger Town headquarters in a moment and see if Mr. Park, the regional manager, has any ideas.
2:20 p.m. KNIGHT, ALICE	Great. I guess he maybe already has a new supplier lined up.
2:23 p.m. LYLE, EMILY	Well, I hope so. I was planning on ordering new work shirts for the staff at my branch.
2:25 p.m. WILSON, RAY	Well, 157I'll speak with Mr. Park and let you know what he says.
2:26 p.m. KNIGHT, ALICE	Thanks!

154-157은 다음 온라인 채팅 토론을 참조하세요.

오후 2:12
WILSON, RAY

Woodcock's가 문을 닫았다는 걸 알고 계신 분 있으세요? 그 매장 웹사이트에 올라온 공지를 막 봤어요.

오후 2:14
KNIGHT, ALICE

정말이에요? 음, 실망스러운데요. [156]우리 10년 넘게 그곳 고객이었잖아요. 정말 좋은 서비스를 제공한 곳이었는데요.

오후 2:16
LYLE, EMILY

그럼, [154]이제 우리 레스토랑 직원용 유니폼과 앞치마는 어디에서 살 수 있을까요?

오후 2:17
KNIGHT, ALICE

잘 모르겠어요. [155]그렇게 저렴한 가격을 제안하는 비슷한 회사가 있지 않을까요?

오후 2:19
WILSON, RAY

[155]저도 알 수 없어요. 어쨌든, [157]제가 잠시 후에 Burger Town 본사에 전화를 걸어서 지부장이신 Mr. Park에게 좋은 아이디어가 있는지 알아볼게요.

오후 2:20
KNIGHT, ALICE

좋아요. 아마 그분이라면 이미 새로운 공급 업체를 마련해 두셨을 수도 있죠.

오후 2:23
LYLE, EMILY

음, 그렇기를 바라요. 저는 저희 지점 직원들에게 줄 새 근무용 셔츠를 주문할 계획이었어요.

오후 2:25
WILSON, RAY

음, [157]제가 Mr. Park와 얘기해 보고 말씀하시는 내용을 알려드릴게요.

오후 2:26
KNIGHT, ALICE

감사합니다!

어휘 ▶

go out of business (업체 등이) 문을 닫다, 폐업하다   **announcement** 공지, 알림, 발표
disappointing 실망감을 주는   **more than** ~가 넘는   **decade** 10년   **provide** ~을 제공하다
be able to do ~할 수 있다   **apron** 앞치마   **likely** 가능성이 있는, 있을 법한   **similar** 유사한
offer ~을 제공하다   **anyway** 어쨌든   **headquarters** 본사   **in a moment** 잠시 후에
regional manager 지사장, 지부장   **have A p.p.** A가 ~되게 하다   **line up** ~을 마련하다, 대기시키다
plan on ~을 계획하다   **branch** 지점

154. What type of business most likely is Woodcock's?
(A) A fast food restaurant
(B) A web design firm
(C) A clothing supplier
(D) An advertising company

Woodcock's는 어떤 업체일 가능성이 큰가?
(A) 패스트푸드 레스토랑
(B) 웹 디자인 회사
(C) 의류 공급 업체
(D) 광고 회사

해설 ▶ Woodcock's가 문을 닫았다는 것과 관련해 2시 16분에 LYLE, EMILY가 쓴 where will we be able to get uniforms and aprons for our restaurant staff now?를 보면, Woodcock's가 그 동안 유니폼과 앞치마를 제공해 주었다는 것을 알 수 있으므로 (C)가 정답이다.
정답 (C)

155. At 2:19 p.m., what does Mr. Wilson mean when he says, "I can't see it"?
(A) He has not checked a list of product prices.
(B) He does not have enough time to visit a business location.
(C) He would like to review Woodcock's range of services.
(D) He doubts there are equally affordable options.

오후 2시 19분에, Mr. Wilson이 "I can't see it"이라고 말할 때 무엇을 의미하는가?
(A) 제품 가격 목록을 확인해 보지 않았다.
(B) 사업체 부지를 방문할 시간이 충분하지 않다.
(C) Woodcock's의 서비스 범위를 검토해 보고 싶다.
(D) 동일하게 가격이 저렴한 선택권이 있을 것 같지 않다.

해설 ▶ I can't see it.이라는 말은 앞서 언급된 질문 Is there likely to be a similar company that offers such low prices?에 대한 부정적인 답변이다. '저렴한 가격을 제공하는 유사한 업체가 있을 것 같지 않다'라는 의미이므로 이를 doubt를 포함해 언급한 (D)가 정답이다.
정답 (D)

156. What can be inferred about Woodcock's?
(A) It recently raised its prices.
(B) It has merged with another company.
(C) It was founded more than ten years ago.
(D) It plans to reshuffle its management team.

Woodcock's에 관해 유추할 수 있는 것은 무엇인가?

(A) 최근에 가격을 올렸다.

(B) 다른 회사와 합병을 했다.

(C) 10년도 더 이전에 설립되었다.

(D) 자사의 운영 팀을 개편할 계획이다.

해설 ▶ Woodcock's는 지문 시작 부분에 언급된 바와 같이 문을 닫은 회사이며, 지문에 등장하는 사람들이 속한 회사와 10년 넘게 거래했다는 내용을 2시 14분에 KNIGHT, ALICE가 쓴 We've been a client of theirs for more than a decade.를 통해 파악할 수 있다. 이를 통해 설립된 지 10년이 넘은 회사라는 것을 유추할 수 있으므로 (C)가 정답이다.

정답 (C)

---

157. What will Mr. Wilson most likely do next?

(A) Meet with a Burger Town manager

(B) Call Mr. Park's company's headquarters

(C) Contact a Woodcock's representative

(D) Discuss a problem with his client

Mr. Wilson은 곧이어 무엇을 할 가능성이 큰가?

(A) Burger Town의 매니저와 만날 것이다.

(B) 자신이 속한 회사의 본사에 전화할 것이다.

(C) Woodcock's 직원 한 명에게 연락할 것이다.

(D) 자신의 고객과 한 가지 문제점에 관해 이야기할 것이다.

해설 ▶ 지문 후반부에 WILSON, RAY가 쓴 메시지를 보면, I'll speak with Mr. Park and let you know what he says.라는 말로 Park와 얘기한 후에 결론을 알려 주겠다고 쓰여 있는데, 앞서 지문 중반부에서 Park은 본사에 근무하는 사람이라는 것이 나타나 있다. I'll call the Burger Town headquarters in a moment and see if Mr. Park, the regional manager, has any ideas.에서 Wilson은 Park가 있는 본사로 전화를 걸 가능성이 크다는 것을 알 수 있으므로 (B)가 정답이다.

정답 (B)

어휘 ▶

have enough time to do ~할 시간이 충분하다　**business location** 사업체 부지
review ~을 검토하다　**range** 범위　**doubt (that)** ~라는 점을 확신하지 못하다　**equally** 동일하게
affordable 가격이 저렴한　**recently** 최근에　**raise** ~을 올리다, 증가시키다　**merge with** ~와 합병하다
found ~을 설립하다　**plan to do** ~할 계획이다　**reshuffle** ~을 개편하다　**representative** 직원
discuss ~에 관해 논의하다

Excitement Growing for New Taco Food Trucks
By Billy Croupier

Fort Worth (May 22) – This week, [158]international fast-food chain Los Alamo's Tacos is making news with the company's announcement that it will be introducing food trucks throughout the city in time for summer. Los Alamo's has said the food trucks will be present in select locations for a total of three months, from now until the end of August, which has fans of the Mexican food franchise excited to visit the temporary locations.

__________1__________. Los Alamo's four main restaurant branches here in Fort Worth have offered their support of the plan, saying the introduction of food trucks should not have any effect on their in-store sales figures. __________2__________. [160]Managers of both trucks have already been impressed with the sales made in their first week and anticipate popularity for the trucks to increase throughout the summer months.

[159]"The recent strategy of Los Alamo's to expand its product base has a lot in common with the strategy it employed last winter when they began selling their products at local sporting events," says Will Watford, a noted food critic in Fort Worth. "During those winter months in which fast food companies typically see lower sales figures, Los Alamo's revenue shot up drastically due to the introduction of its products at ice hockey and basketball games." __________3__________.

Los Alamo's corporate headquarters has said it will closely evaluate their marketing and sales strategy at the end of the summer. The findings will likely strongly influence the company's future strategies and promotions. __________4__________.

158-160은 다음 기사를 참조하세요.

새로운 타코 푸드 트럭에 대한 기대감 상승
Billy Croupier

Fort Worth (5월 22일) - 이번 주에, 158 세계적인 패스트푸드 체인점인 Los Alamo's Tacos가 여름철을 맞아 도시 전역에 푸드 트럭을 도입할 것이라는 발표와 함께 화제가 되고 있다. Los Alamo's사는 이 푸드 트럭들이 지금부터 8월 말까지 총 세 달 기간 동안 지정된 위치에 자리를 잡을 것이라고 발표했고 이로 인해 이 멕시코 음식 프랜차이즈를 좋아하는 팬들은 임시 판매 장소들을 방문할 수 있다는 사실에 들뜨게 되었다.

_____________1_____________ 이 지역 Fort Worth에 있는 Los Alamo's의 주요 지점 네 곳은 푸드 트럭 도입이 매장 내 매출 수치에 어떠한 영향도 미치지 않을 것이라고 밝히며 이와 같은 계획에 대한 지지를 나타냈다. _____________2_____________ 160 이 두 푸드 트럭의 운영자들은 이미 영업 첫 주에 올린 매출에 대해 깊은 인상을 받았으며, 여름 기간 동안에 걸쳐 푸드 트럭에 대한 인기가 더 오를 것으로 예상하고 있다.

159 "제품 기반을 확장하려는 Los Alamo's의 최근 전략은 지역 스포츠 행사에서 제품을 판매하기 시작했던 작년 겨울에 활용한 전략과 상당히 많은 공통점이 있습니다,"라고 Fort Worth 지역의 유명 음식 비평가인 Will Watford는 말한다. "겨울 기간 동안에 패스트푸드 회사들은 전형적으로 더 저조한 매출 수치를 보이는데, Los Alamo's의 수익은 아이스하키 및 농구 경기장에 자사 제품들을 소개함으로써 급격히 증가되었습니다." _____________3_____________

Los Alamo 기업의 본사는 여름이 끝나고 자사의 마케팅 및 판매 전략을 면밀히 평가할 것이라고 말했다. 여기서 얻은 결과물이 이 회사의 향후 전략 및 홍보에 커다란 영향을 미칠 가능성이 크다. _____________4_____________

어휘 ▶

excitement 기대감, 흥분, 들뜸　**grow** 증가하다　**make news** 화제가 되다, 뉴스거리가 되다
announcement 발표, 공지　**introduce** ~을 도입하다　**throughout** ~ 전역에
in time for ~에 때맞춰　**be present in** ~에 자리하다　**select** 엄선된　**location** 위치, 지점
a total of 총 ~의　**have A p.p.** A가 ~되게 하다　**temporary** 일시적인, 임시의　**branch** 지점
offer support 지지 의사를 나타내다　**have an effect on** ~에 영향을 미치다　**sales figures** 매출 수치
be impressed with ~에 깊은 인상을 받다　**anticipate A to do** A가 ~할 것으로 기대하다
popularity 인기　**strategy** 전략　**expand** ~을 확장하다
have a lot in common with ~와 공통점이 많다　**employ** ~을 활용하다　**noted** 유명한
critic 비평가　**typically** 전형적으로　**revenue** 수익　**shoot up** 급등하다　**drastically** 급격히
due to ~로 인해　**headquarters** 본사　**closely** 면밀히　**evaluate** ~을 평가하다　**findings** 결과(물)
strongly 크게, 강력히　**influence** ~에 영향을 미치다　**promotion** 홍보, 판촉 (활동)

158. **What is indicated about the Los Alamo's range of products?**

(A) They were recently introduced to Fort Worth.
(B) They are in the process of being changed drastically.
(C) They are available in several countries.
(D) They were initially unpopular with customers.

Los Alamo's 사의 제품 범위에 관해 알 수 있는 것은 무엇인가?
(A) Fort Worth에 최근에 소개되었다.
(B) 급속히 변화를 겪는 과정에 있다.
(C) 여러 국가에서 이용 가능하다.
(D) 처음에는 고객들에게 인기가 없었다.

해설 ▶ 지문 도입부에서 Los Alamo's 사를 소개하면서 international fast-food chain Los Alamo's Tacos 라는 표현이 있는데, 이는 '세계적으로 패스트푸드 체인점을 갖고 있는 회사'임을 뜻하므로 이를 통해 유추 가능한 사실인 (C)가 정답이다.

정답 (C)

---

159. **What is reported about Los Alamo's Tacos?**

(A) It is making significant changes to its menu.
(B) It is expanding internationally.
(C) It has experimented with unique sales strategies in the past.
(D) It expects to see a significant decrease in revenue.

Los Alamo's Tacos에 관해 무엇이 보도되는가?
(A) 메뉴에 상당한 변화를 가하고 있다.
(B) 세계적으로 사업을 확장하고 있다.
(C) 과거에 독특한 판매 전략을 시험 삼아 활용한 적이 있다.
(D) 상당한 수입 감소를 겪을 것으로 예상하고 있다.

해설 ▶ 보기 중에서, 세 번째 단락에 쓰여 있는 "The recent strategy Los Alamo's to expand its product base has a lot in common with the strategy it employed last winter when they began selling their products at local sporting events."에서 지난 겨울에 스포츠 events에서 활용했던 전략과 최근의 전략이 유사한 점이 많다는 내용에 초점을 맞춰 '독특한 판매 전략 (unique sales strategies)'을 써 본 적이 있다는 말로 바꿔 제시한 (C)가 정답이다.

정답 (C)

160. In which of the positions marked [1], [2], [3], and [4] does the following sentence best belong?

"At the time of writing, there are two food trucks already under operation, located on James Street and on Harbor Street."
(A) [1]
(B) [2]
(C) [3]
(D) [4]

[1], [2], [3], [4]로 표기된 위치들 중에서 다음 문장이 가장 잘 어울리는 곳은 어디인가?

'기사를 작성하는 현 시점에, 이미 James Street와 Harbor Street에 위치한 푸드 트럭 두 대가 운영되고 있다.'
(A) [1]
(B) [2]
(C) [3]
(D) [4]

해설 ▶ 질문과 함께 제시된 문장은 이미 두 곳에서 운영되고 있는 푸드 트럭에 관한 내용을 담고 있다. 따라서 실제로 운영되기 시작한 푸드 트럭과 관련된 내용을 담은 문장의 앞뒤에 위치해야 하는데, [2]번 빈칸 뒤에 이 두 푸드 트럭을 가리키는 대명사 both를 사용한 Managers of both trucks라는 표현이 있으므로 (B)가 정답이다.
정답 (B)

어휘 ▶

in the process of ~하는 과정에 있는　**available** 이용 가능한　**several** 여럿의
initially 처음에　**be unpopular with** ~에게 인기가 없다　**make changes to** ~에 변화를 주다
significant 상당한　**experiment** 시험 삼아 해보다　**unique** 독특한　**in the past** 과거에
expect to do ~할 것으로 예상하다　**decrease in** ~의 감소　**at the time of** ~할 시점에, ~할 때에
under operation 운영 중인　**located on** ~에 위치한

To: Dale Tanner <dtanner@gomail.net>
From: Breanne Bar <brebar@thedailystar.com>
Subject: Automatic Subscription Renewal
Date: February 18

Dear Mr. Tanner,

As you may well be aware, your subscription to the *Scoby Daily Star* is coming to an end this month. [161]As per our company's policy, subscribers will have their newspaper subscriptions automatically extended for another 12-month period and will be billed accordingly, unless we are notified otherwise. We are pleased to keep you as a reader of our local paper for another year! [161]Your subscription will be slightly modified to reflect some of the changes which have taken place in the industry over the past few years. _______1_______. [161]We have recently combined our Saturday and Sunday papers into one Weekend Edition, and we will soon be launching a new and improved web site for our readers. This new site will include all of our standard news sections, as well as exclusive access for our subscribers. _______2_______. [164]You can see these features and more at www.scobydailystar.com.

_______3_______. [162]I have attached instructions on how to navigate our new web site. Please visit us and create an online account. You will require a credit card, but we will not bill you without notifying you in advance. _______4_______. To receive the Weekend Edition and any other special offers, please click on the appropriate boxes and click submit.

[163]We would appreciate that you attend to this matter as soon as possible. If you have any inquiries, please visit our web site or call me during normal business hours at 555-8475.

Best wishes,

Breanne Bar
Editor in Chief, Scoby Daily Star

161-164는 다음 이메일을 참조하세요.

수신: Dale Tanner 〈dtanner@gomail.net〉
발신: Breanne Bar 〈brebar@thedailystar.com〉
제목: 자동 구독 갱신
날짜: 2월 18일

Mr. Tanner께

아시다시피, Scoby Daily Star에 대한 귀하의 구독 기간이 이달 말에 종료됩니다. [161]저희 회사 정책에 따라, 구독자들께서는 저희가 별도로 통지를 받지 않는 한, 저희 신문에 대한 구독 기간이 추가 12개월로 자동으로 연장될 것이며, 그에 따라 비용이 청구될 것입니다. 추가로 1년 동안 저희 지역 신문의 독자로 귀하를 모시게 되어 기쁘게 생각합니다! [161]귀하의 정기 구독 계약은 지난 몇 년간 업계에 발생한 몇 가지 변동 사항들을 반영해 약간 수정될 것입니다. _________ 1 _________. [161]저희는 최근에 저희가 발간하는 토요일과 일요일 신문들을 주말판 하나로 통합했으며, 조만간 독자 여러분들을 위해 새롭게 개선된 웹사이트를 선보일 것입니다. 이 새로운 사이트는 구독자 전용 이용 서비스뿐만 아니라 저희 신문의 모든 일반 뉴스 섹션을 포함할 것입니다. _________ 2 _________. [164]이와 같은 기능들을 비롯한 더 많은 서비스를 www.scobydailystar.com에서 찾아보실 수 있습니다.

_________ 3 _________. [162]저희 새 웹사이트를 살펴보는 방법에 대한 안내를 첨부해 드렸습니다. 저희 웹사이트를 방문하시어 온라인 계정을 만드시기 바랍니다. 신용카드가 필요하겠지만 귀하께 미리 통지하지 않고는 비용 청구를 하지 않을 것입니다. 주말판 신문 및 기타 특별 제공 서비스를 받아 보시려면, 그에 해당하는 박스를 클릭하시고 제출 버튼을 눌러 주세요.

[163]가능한 한 빨리 이 사안에 대해 처리해 주시면 감사하겠습니다. 문의사항이 있으면, 저희 웹사이트를 방문하시거나 정규 업무 시간에 제게 555-8475로 전화 주십시오.

안녕히 계십시오.

Breanne Bar
Scoby Daily Star 편집장

어휘 ▶

aware 알고 있는, 인식하는   **subscription** 정기 구독 (계약)   **come to an end** 끝에 다다르다
as per ~에 따라   **policy** 정책   **subscriber** 구독자   **have A p.p.** A가 ~되게 하다
automatically 자동으로   **extend** ~을 연장하다   **bill** ~을 청구하다   **accordingly** 그에 따라
unless ~가 아니라면   **notify** ~에게 통지하다   **otherwise** 달리, 다른 방법으로   **slightly** 약간
modify ~을 수정하다   **reflect** ~을 반영하다   **take place** 일어나다, 발생되다   **industry** 업계
combine A into B A를 B로 통합하다   **launch** ~을 시작하다, 착수하다   **improve** ~을 개선하다
A as well as B B뿐만 아니라 A도   **exclusive** 전용의, 독점의   **access** 이용, 접근
feature 기능, 특징   **attach** ~을 첨부하다   **instructions** 안내, 설명   **how to do** ~하는 법
navigate (웹사이트 등) ~을 돌아다니다   **account** 계정   **in advance** 미리   **receive** ~을 받다
special offer 특별 제공 (서비스)   **appropriate** 적절한, 해당하는   **submit** 제출하다
attend to ~을 처리하다   **matter** 사안, 문제   **as soon as possible** 가능한 한 빨리

161. Why did Ms. Bar send the e-mail to Mr. Tanner?

(A) To suggest that he read a new newspaper
(B) To state her intentions to expand operations
(C) To describe an update to an arrangement
(D) To inquire about a subscription

Ms. Bar는 왜 Mr. Tanner에게 이메일을 보냈는가?
(A) 새로운 신문을 읽어 보도록 제안하기 위해
(B) 운영 규모를 확대하려는 자신의 의도를 말하기 위해
(C) 업무 처리에 대한 새로운 사항들을 설명하기 위해
(D) 구독 신청에 관해 문의하기 위해

해설 ▶ 지문의 첫 단락을 보면, As per our company's policy, subscribers will have their newspaper subscriptions automatically extended for another 12-month period ∼에서 회사 정책에 따라 적용되는 것이라고 했고, Your subscription will be slightly modified to reflect some of the changes ∼에서 구독과 관련해서 변경된 사항이라고 했으며, We have recently combined our Saturday and Sunday papers into one Weekend Edition에서 주말판의 변경 사항을 말하므로 최근 변화에 관해 알리기 위해 이메일을 보냈다는 것을 알 수 있다. 따라서 이를 describe an update to an arrangement라는 말로 간단히 줄여 표현한 (C)가 정답이다.
정답 (C)

162. What did Ms. Bar include with her e-mail?

(A) An order form
(B) A free copy of the Weekend Edition
(C) A breaking news report
(D) A web site guide

Ms. Bar는 자신의 이메일에 무엇을 포함했는가?
(A) 주문 양식
(B) 무료 주말판 1부
(C) 속보 뉴스 보도
(D) 웹사이트에 대한 가이드

해설 ▶ Bar가 이메일에 포함한 것(include)이 질문의 핵심이므로 include와 유사한 의미를 나타내는 표현이 쓰인 부분을 찾아 단서를 파악해야 한다. 동사 attach를 써서 I have attached instructions on how to navigate our new web site라는 말로 웹사이트를 살펴보는 데 필요한 안내서를 동봉했다고 알리고 있으므로 이를 guide라는 말로 바꿔 제시한 (D)가 정답임을 알 수 있다.
정답 (D)

163. The phrase "attend to" in paragraph 3, line 1, is closest in meaning to

(A) enroll in
(B) sign up for
(C) expect
(D) deal with

세 번째 단락, 첫 번째 줄에 있는 표현 "attend to"와 의미가 가장 유사한 것은 무엇인가?
(A) ～에 등록하다　　　　　　(B) ～을 신청하다
(C) ～을 기대하다　　　　　　(D) ～을 처리하다

해설 ▶ 해당 표현이 쓰인 문장 We would appreciate that you attend to this matter as soon as possible.을 보면 앞서 언급한 사안을 가리키기 위해 쓰인 this matter를 빨리 처리해 달라는 의미로 attend to가 쓰인 것이므로 '～을 처리하다, 다루다'라는 의미로 쓰이는 (D) deal with가 정답이다.
정답 (D)

---

164. In which of the positions marked [1], [2], [3], and [4] does the following sentence best belong?

"The real-time news reports and interactive comment sections are sure to be quite popular."
(A) [1]
(B) [2]
(C) [3]
(D) [4]

[1], [2], [3], [4]로 표기된 위치들 중에서 다음 문장이 가장 잘 어울리는 곳은 어디인가?
"실시간 뉴스 보도 및 쌍방향 의견 게시 섹션은 상당한 인기를 끌 것이 분명합니다."
(A) [1]
(B) [2]
(C) [3]
(D) [4]

해설 ▶ 이 문장은 인기가 있을 것으로 예상되는 특정 서비스 real-time news reports and interactive comment sections에 대해 말하는 내용을 담고 있으므로 제공 서비스에 대해 알리는 부분에 이 문장이 위치해야 알맞다. 그런데 [2]번 빈칸 뒤에 특정 서비스들을 가리키기 위해 대명사 these를 써서 You can see these features ～라고 알리는 내용이 있으므로 (B)가 정답임을 알 수 있다.
정답 (B)

어휘 ▶

suggest that ～해야 한다고 제안하다　　**state** ～을 말하다　　**intention to do** ～하려는 의도
expand ～을 확장하다　　**operations** 운영, 운용　　**describe** ～을 설명하다　　**arrangement** 처리, 준비, 조정
inquire about ～에 관해 문의하다　　**a copy of** ～ 1권　　**free** 무료의　　**breaking news** 속보
real-time 실시간의　　**interactive** 쌍방향의, 상호적인　　**be sure to do** ～할 것이 확실하다
quite 상당히, 꽤

Questions 165-169 refer to the following article, e-mail, and map.

Golden Palm Resort Ready for Business

Holidaymakers planning to visit Madagascar this year will be delighted to know that the 5-star [165]Golden Palm Resort is once again open for business. With renovation work on its reception area, games room, and restaurant now complete, the resort is ready to welcome hordes of tourists again this summer.

The resort used the recent renovation period wisely, [167]sending many of its employees to the luxurious Juneau Hotel in Paris, France, to receive advanced training from the most experienced people in the hospitality industry. [167]Staff members underwent training for three weeks in April, before bringing back their newly-sharpened skills to the Golden Palm Resort.

With its improved amenities and skilled team of employees, [166]the Golden Palm Resort is obviously looking to bolster its reputation as Madagascar's premier beach resort.

From: Lola Deschamps <ldeschamps@twomail.com>
To: Antoine Chila <achila@goldenpalm.com>
Subject: Cabin Rental
Date: June 2

Dear Mr. Chila,

I will be traveling around Southern Africa in July and August and I plan to visit Madagascar for a few days during my trip. I had the pleasure of meeting Omer Clement, who works as a front desk employee at your resort, and he recommended the place highly to me. In fact, earlier this year, [167]Omer received professional customer service training at the hotel in which I work, and it will be nice to see him again.

I'd like to rent a cabin that is not too far from the reception area, and [169]I'd like to be as close to the ocean as possible. The most important thing for me is relaxation. Therefore, [169]I don't want to be situated near any restaurants or bars on the beach. I'd be very grateful if you could send me a map showing which cabins are available. I'll choose one and then pay for it right away.

Thanks, and I hope to hear from you soon!

Lola Deschamps

165-169는 다음 기사, 이메일과 지도를 참조하세요.

개업 준비가 된 Golden Palm Resort

올해 마다카스카를 방문할 계획인 여행객들은 5성급 165Golden Palm Resort가 다시 한 번 문을 연다는 사실에 기뻐할 듯하다. 165접수 구역과 게임실, 그리고 레스토랑에 대한 개조 공사 작업이 현재 완료된 리조트는 올 여름 다시 한번 수많은 관광객들을 맞이할 준비가 되어 있다.

이 리조트는 최근의 개조 공사 기간을 현명하게 활용했는데, 167많은 직원들을 프랑스 파리에 위치한 고급 호텔인 Juneau 호텔로 보내 접객 업계에서 가장 경험이 많은 사람들로부터 선진 교육을 받도록 했다. 167직원들은 새롭게 갈고 닦은 기술을 Golden Palm Resort로 돌아와 활용하기 전까지 4월 중에 3주간 교육을 받았다.

개선된 편의시설과 능력 있는 직원들로 구성된 팀을 갖춘 166Golden Palm Resort는 분명 마다카스카의 고급 해변 리조트로서의 명성을 확실히 드높이게 될 것이다.

발신: Lola Deschamps 〈ldeschamps@twomail.com〉
수신: Antoine Chila 〈achila@goldenpalm.com〉
제목: 객실 대여
날짜: 6월 2일

Mr. Chila께

저는 7월과 8월에 남부 아프리카 주변을 여행할 것이며, 여행 중 며칠 동안 마다가스카르를 방문할 계획입니다. 저는 귀하의 리조트에서 프런트 직원으로 근무하고 있는 Omer Clement를 만난 적이 있었는데, 제게 귀하의 리조트를 적극 추천해 주었습니다. 사실, 올해 초에 ¹⁶⁷Omer가 제가 일하는 호텔에서 전문적인 고객 서비스 교육을 받았으며, 그 분을 다시 만나 뵐 수 있다면 반가울 것입니다.

저는 접수 구역에서 너무 멀지 않은 곳에 있는 객실을 빌리려고 하는데, ¹⁶⁹가능한 한 바다와 가까운 곳에 있고 싶습니다. 제게 가장 중요한 것은 휴식입니다. 따라서, ¹⁶⁹저는 해변에 있는 어느 레스토랑이나 바에 가까이 있고 싶지 않습니다. 제게 어느 객실을 이용할 수 있는지를 보여주는 지도를 보내주실 수 있다면 대단히 감사하겠습니다. 하나를 선택해 즉시 결제하도록 하겠습니다.

감사 드리며, 곧 답변 들을 수 있기를 바랍니다!

Lola Deschamps

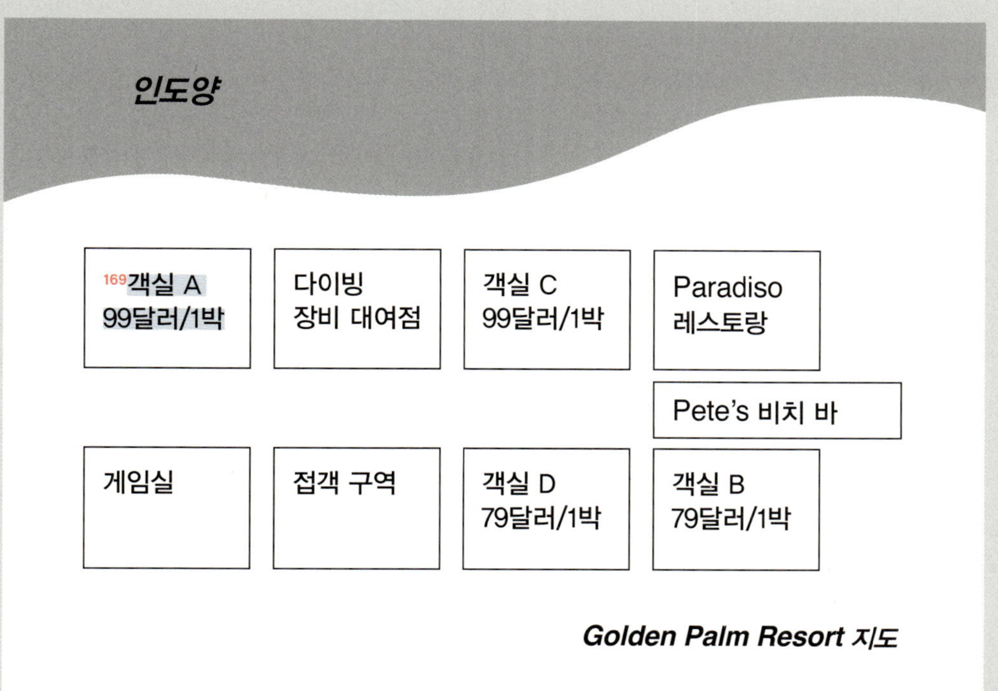

어휘 ▶

holidaymaker 여행객, 행락객   **plan to do** ~할 계획이다   **be delighted to do** ~해서 기쁘다
open for business 개업한, 영업을 시작한   **reception area** 접수 구역   **complete** 완료한
be ready to do ~할 준비가 되다   **hordes of** 수 많은   **wisely** 현명하게   **advanced** 선진의, 발전된
experienced 경험 많은   **hospitality industry** 접객 업계   **undergo** ~을 겪다
newly-sharpened 새롭게 갈고 닦은   **improved** 개선된   **amenities** 편의시설   **skilled** 능력 있는
obviously 분명히   **look to do** ~일 것 같다   **bolster** ~을 강화하다, 개선하다   **reputation** 명성

recommend ~을 추천하다   **highly** 크게, 대단히, 매우   **in fact** 실은, 사실은   **receive** ~을 받다
far from ~에서 멀리 있는   **as close to A as possible** 가능한 한 A에서 가까운   **relaxation** 휴식
therefore 따라서, 그러므로   **be situated near** ~ 근처에 위치하다   **grateful** 감사하는
available 이용 가능한   **choose** ~을 선택하다   **then** 그런 후에   **right away** 즉시, 곧바로

---

165 **What is indicated about Golden Palm Resort?**

(A) It has recently been relocated.

(B) It renovated its beach cabins this year.

(C) It often hosts corporate events.

(D) It was temporarily closed.

Golden Palm Resort에 관해 알 수 있는 것은 무엇인가?

(A) 최근에 이전되었다.

(B) 올해 해변 객실을 개보수했다.

(C) 종종 기업 행사를 개최한다.

(D) 일시적으로 문을 닫았었다.

해설 ▶ Golden Palm Resort에 관한 내용이 쓰여 있는 첫 지문의 시작 부분을 보면, Golden Palm Resort가 다시 문을 연다고 되어 있고 Golden Palm Resort is once again open for business. 보수 공사로(With renovation work) 달라지는 부분에 대해 알리는 내용이 있으므로 이를 통해 유추할 수 있는 내용을 언급한 (D)가 정답이다.

정답 (D)

---

166. **In the article, the word "looking" in paragraph 3, line 2, is closest in meaning to**

(A) supervising

(B) noticing

(C) hoping

(D) recruiting

기사에서, 세 번째 단락 두 번째 줄에 있는 단어 "looking"과 의미가 가장 유사한 것은 무엇인가?

(A) 감독하는

(B) 공지하는

(C) 바라는

(D) 모집하는

해설 ▶ 해당 단어가 쓰인 문장을 보면, Golden Palm Resort가 앞으로 어떻게 될 것인지(명성을 드높이는 것)를 말하는 문장임을 알 수 있다. is obviously looking to bolster its reputation as Madagascar's premier beach resort. 여기서 look은 to부정사와 함께 '~할 예정이다, ~할 것이다'와 같은 의미로 쓰이며, 여기서는 더 나아가 앞으로의 일에 대한 바람을 나타내는 뜻이므로 (C) hoping이 가장 유사한 의미를 지니는 단어이다.

정답 (C)

---

167. What is suggested about Mr. Clement?

(A) He has received training in a restaurant.
(B) He was recruited by Ms. Deschamps.
(C) He spent time in Paris in April.
(D) He was recently hired by Golden Palm Resort.

Mr. Clement에 관해 알 수 있는 것은 무엇인가?
(A) 한 레스토랑에서 교육을 받았다.
(B) Ms. Deschamps에게 채용되었다.
(C) 4월에 파리에서 시간을 보냈다.
(D) 최근에 Golden Palm Resort에 채용되었다.

해설 ▶ Clement라는 이름은 이메일의 시작 부분에 쓰인 I had the pleasure of meeting Omer Clement, who works as a front desk employee at your resort에서 확인할 수 있다. 이 단락에서 Omer Clement 가 자신이 일하는 호텔에서 교육을 받았다는 내용을 Omer received professional customer service training at the hotel in which I work라고 알리고 있는데, 이와 관련해 첫 번째 지문 두 번째 단락에 쓰인 sending many of its employees to the luxurious Juneau Hotel in Paris, France를 통해 교육을 제 공한 호텔이 프랑스 파리에 있다는 것을 확인할 수 있고, Staff members underwent training for three weeks in April, before bringing back their newly-sharpened skills to the Golden Palm Resort.에 서 4월에 교육이 있었음을 알 수 있으므로 이 단서들을 바탕으로 유추할 수 있는 (C)가 정답이다.

정답 (C)

---

168. What is indicated on the resort map?

(A) The cabins are all different sizes.
(B) All of the cabins are next to a games room.
(C) At least five cabins are currently available.
(D) Cabins nearer the ocean are more expensive.

리조트 지도에서 알 수 있는 것은 무엇인가?
(A) 객실들이 모두 크기가 다르다.
(B) 모든 객실들이 게임실 옆에 위치해 있다.
(C) 최소한 객실 5개가 현재 이용 가능하다.
(D) 바다에 더 가까운 객실들이 더 비싸다.

해설 ▶ 'Indian Ocean(인도양)'으로 표기된 바다 쪽에 가까이 위치한 객실 A와 객실 C의 비용이 99달러이고, 바다와 상대적으로 먼 쪽에 있는 객실 B와 객실 D의 비용이 79달러이므로 이와 같은 사실에 초점을 맞춰 '바다와 가까운 객실들이 더 비싸다'라고 말한 (D)가 정답이다.

정답 (D)

---

169. **Which beach cabin will Ms. Deschamps most likely be interested in renting?**

(A) Cabin A
(B) Cabin B
(C) Cabin C
(D) Cabin D

Ms. Deschamps는 어느 해변 객실을 대여하는 데 관심이 있을 가능성이 큰가?

(A) 객실 A
(B) 객실 B
(C) 객실 C
(D) 객실 D

해설 ▶ Deschamps는 이메일을 보낸 사람이다. 이 지문에서 Deschamps가 원하는 객실과 관련된 조건을 두 번째 단락에서 찾아볼 수 있는데, I'd like to be as close to the ocean as possible.에서 가능한 한 바다와 가까이 있고 싶다고 했으며, I don't want to be situated near any restaurants or bars on the beach.에서 레스토랑이나 바와 가까이 있고 싶지 않다고 했으므로 이에 부합하는 (A) Cabin A가 정답이다.

정답 (A)

어휘 ▶

recently 최근에　**relocate** ~의 위치를 옮기다　**host** ~을 개최하다　**corporate** 기업의　**temporarily** 일시적으로　**recruit** ~을 모집하다, 채용하다　**next to** ~의 옆에 있는　**at least** 최소한　**currently** 현재

Innovative Products Designed by Roland Weiss

The Alert Ring

Women often have to hastily look for their phone whenever they hear it ringing in their handbag. The Alert Ring, which fits on any finger, [170]can be programmed to glow when wearers receive a call or message. This product, which debuted in June, sold out within 24 hours of release.

The Superwheel

Boasting a rechargeable, battery-powered motor, the Superwheel can be attached to any bicycle wheel. [170]Riders can use a smartphone app to control the motor remotely. The Superwheel has proven to be a big hit, selling almost 25,000 units since launch.

The Reversal AC

The Reversal Air Conditioner has sold nearly 50,000 units since release. [170]Thanks to a companion mobile app, the AC can monitor owners' movements via GPS and turn itself on and off depending on their proximity to home. [171]Users have cut their energy costs by nearly 10%.

The Smart Ball

[170]The Smart Ball includes sensors that send data to a mobile app, allowing basketball players to monitor their performance. [174]It was developed with the help of the Atlanta Hawks basketball team, who used the prototype in training sessions. No official release date at the time of writing.

Hardwired Magazine

[172]August, Issue #3

This Month's Featured Articles:

Page 15 ········ **Digital Dreams:** Tom Jolson interviews Mario Marchisio to find out more about the latest developments with his cutting-edge virtual reality hardware.

Written by Tom Jolson

Page 19 .... **Continual Innovation:** Entrepreneur and inventor [171]Roland Weiss talks to us about how he has managed to help homeowners save thousands of dollars per year.

Written by Irene Gauld

Page 28 .... **Breaking the Mold:** Marissa Branney explains how she managed to rise so rapidly in the software industry, from office intern to CEO of Joypixel Inc.

Written by Brian Lawler

From: eroper@badgley.net
To: editor@hardwired.com
Date: August 13
Subject: Roland Weiss Article

To the Editor:

I have purchased every issue of *Hardwired Magazine* so far, and I'm really impressed with the high quality of the articles you include each month. I've been particularly enjoying the pieces written by Irene Gauld. Her interviewing skill and writing style are both exceptional, and her latest article, 'Continual Innovation', was especially interesting to me. I had the pleasure of working with Roland [174]during his many trips to Atlanta to work with my team. We all liked Roland very much and were very happy to assist him with his research and provide him with the data he required while testing his prototype. I hope his invention turns out to be a huge success.

[173]Please keep up the good work with your magazine!

Sincerely,

Edward Roper

170-174는 다음의 리스트, 목차 페이지와 이메일을 참조하세요.

Roland Weiss에 의해 디자인된 혁신적인 제품들

The Alert Ring

여성들은 종종 자신의 핸드백에서 전화기가 울리는 소리를 들을 때마다 허둥지둥 찾아야 한다. Alert Ring은 모든 여성의 손가락에 잘 들어맞는 것으로서, [170]착용자가 전화를 수신하거나 메시지를 받을 때 반짝이도록 프로그램 될 수 있다. 6월에 처음 선보인 이 제품은 출시 24시간 만에 품절되었다.

The Superwheel

재충전할 수 있고 배터리로 작동되는 모터를 자랑하는 Superwheel은 어느 자전거 휠에든 부착될 수 있다. [170]자전거 이용자가 스마트폰 앱을 이용해 원격으로 이 모터를 조종할 수 있다. Superwheel은 출시 후에 거의 25,000개가 판매되어 대단한 히트 상품임을 입증했다.

The Reversal AC

Reversal 에어컨은 출시 후에 거의 50,000대가 판매되었다. [170]동반되는 모바일 앱 덕분에, 이 에어컨은 GPS를 통해 사용자의 움직임을 추적하여 집과 가까운 정도에 따라 스스로 켜지거나 꺼질 수 있다. [171]사용자들은 거의 10퍼센트 정도 에너지 비용을 줄여 왔다.

The Smart Ball

[170]Smart Ball에는 모바일 앱으로 자료를 전송할 수 있는 센서가 포함되어 있으며, 농구 경기를 하는 사람들이 자신의 경기 능력을 관찰할 수 있게 해준다. [174]이 제품은 훈련 시간 동안 시제품을 이용했던 Atlanta Hawks 농구 팀의 도움으로 개발되었다. 현 시점에서 공식 출시 날짜는 정해져 있지 않다.

Hardwired Magazine

[172]8월, 3호 발간

이달의 특집 기사 :

페이지 15 ⋯⋯ **Digital Dreams:** Tom Jolson 씨가 Marchisio 씨를 인터뷰해 첨단 가상 현실 장비에 대한 Mario Marchisio 씨의 최신 개발 제품에 관해 더 많은 것을 알아보았습니다.
작성자, *Tom Jolson*

페이지 19 ⋯⋯ **Continual Innovation:** 사업가이자 발명가인 [171]Roland Weiss 씨가 어떻게 주택 소유자들이 매년 수천 달러를 절약할 수 있도록 도움을 주어 왔는지에 관해 이야기합니다.
작성자, *Irene Gauld*

페이지 28 ⋯⋯ **Breaking the Mold:** Marissa Branney 씨가 사무실 인턴에서 Joypixel Inc.의 대표가 되기까지 어떻게 단기간에 소프트웨어 업계에서 성장할 수 있었는지 알려드립니다.

작성자, Brian Lawler

발신: eroper@badgley.net
수신: editor@hardwired.com
날짜: 8월 13일
제목: Roland Weiss 기사

편집자께

저는 지금까지 Hardwired Magazine에서 발간한 잡지를 매번 구입해 왔으며, 매달 이 잡지에 싣는 질 높은 기사에 대해 정말 깊은 인상을 받고 있습니다. 저는 특히 Irene Gauld 씨가 작성하신 기사들을 즐겨 읽고 있습니다. 그분의 인터뷰 능력과 문체가 모두 뛰어나며, 최근 기사인 Continual Innovation은 특히 흥미로웠습니다. 저는 [174]Roland가 저희 팀과 함께 일하기 위해 애틀랜타로 여러 차례 찾아오신 동안 함께 일했던 것이 즐거웠습니다. 저희 모두 Roland를 많이 좋아했으며, 시제품을 테스트 하는 동안 조사를 하시는 데 도움을 드리고 요청하신 자료를 제공해 드릴 수 있어 정말 기뻤습니다. 그분의 발명품이 큰 성공을 거둘 수 있기를 바랍니다.

[173]계속해서 좋은 잡지 만들어 주시기 바랍니다!

안녕히 계십시오.

Edward Roper

어휘 ▶

hastily 허둥지둥, 서둘러서　**look for** ~을 찾다　**whenever** ~할 때마다　**ring** (전화가) 울리다
fit 잘 맞다, 적합하다　**be programmed to do** ~하도록 프로그램 되다　**glow** 반짝이다　**wearer** 착용자
receive ~을 받다　**debut** (제품 등) ~을 첫 선을 보이다　**sold out** 품절된　**within** ~ 이내에
release 출시, 공개　**boast** ~을 자랑하다　**rechargeable** 재충전할 수 있는
battery-powered 배터리로 작동되는　**attach A to B** A를 B에 부착하다　**remotely** 원격으로, 멀리서
prove to do ~한 것으로 판명되다, 드러나다　**unit** (제품의) 한 개, 구성 단위　**since** ~ 이래로
launch 출시, 개시　**nearly** 거의　**thanks to** ~ 덕분에　**companion** 동반(되는 것)
movement 움직임　**via** ~을 통해　**depending on** ~에 따라, ~에 달려 있는　**proximity to** ~와 가까움
cut costs 비용을 줄이다　**include** ~을 포함하다　**allow A to do** A가 ~할 수 있게 해주다
develop ~을 개발하다　**with the help of** ~의 도움으로　**prototype** 시제품　**official** 공식적인, 정식의
at the time of ~할 때에, ~의 시점에

---

featured article 특집 기사　**find out more about** ~에 관해 더 많은 것을 알아내다　**latest** 최신의
development 개발(품)　**cutting-edge** 첨단의　**virtual reality** 가상 현실　**hardware** 장비, 철물제품
entrepreneur 사업가　**manage to do** ~해 내다　**help A do** A가 ~하는 것을 돕다
per year 매년　**explain** ~을 설명하다　**rise** 성장하다, (높은 수준으로) 오르다　**rapidly** 빠르게
industry 업계

---

purchase ~을 구입하다　**issue** (잡지 등의) 호, 판　**so far** 지금까지
be impressed with ~에 깊은 인상을 받다　**quality** 질, 품질　**article** (잡지 등의) 기사
particularly 특히　**piece** 글, 작품　**exceptional** 뛰어난, 우수한　**especially** 특히
interesting 흥미로운　**pleasure** 즐거움, 기쁨　**assist A with B** A가 B하는 것을 돕다
provide A with B A에게 B를 제공하다　**while** ~하는 동안　**invention** 발명(품)
turn out to be A A한 것으로 드러나다, 판명되다　**huge success** 커다란 성공
keep up the good work with A A를 계속 잘해 내다

516

170. **What do Mr. Weiss's inventions all have in common with one another?**

(A) They are all designed specifically for women.

(B) They all include rechargeable batteries.

(C) They have all been released onto the market.

(D) They all interact with smartphones.

Mr. Weiss의 모든 발명품들이 서로 어떤 공통점을 지니고 있는가?

(A) 모든 제품이 특히 여성들을 위해 디자인되었다.

(B) 모든 제품이 재충전 가능한 배터리가 포함되어 있다.

(C) 모든 제품이 시장에 출시된 상태이다.

(D) 모든 제품이 스마트폰과 연동된다.

해설 ▶ 첫 지문에 쓰인 Weiss의 발명품에 대한 설명을 보면, 모두 전화를 받는 것(receive a call)과 관련이 있거나 smartphone app 또는 mobile app과 함께 사용할 수 있는 특징에 관해 알리는 내용이 포함되어 있으므로 이점에 대해 언급한 (D)가 정답이다. (C)의 경우, 마지막 단락의 끝에 쓰인 No official release date at the time of writing.으로 인해 정답이 될 수 없다.

정답 (D)

---

171. **What device did Mr. Weiss most likely discuss in _Hardwired Magazine_?**

(A) The Alert Ring

(B) The Superwheel

(C) The Reversal AC

(D) The Smart Ball

Mr. Weiss가 Hardwired Magazine에서 어느 기기에 관해 이야기했을 가능성이 큰가?

(A) The Alert Ring

(B) The Superwheel

(C) The Reversal AC

(D) The Smart Ball

해설 ▶ Hardwired Magazine의 특집 기사를 소개하는 페이지가 쓰여 있는 두 번째 지문을 보면, Weiss와 관련된 기사는 19페이지로 표기된 두 번째 단락이다. 여기서 주택 소유자들이 매년 많은 비용을 줄이도록 도움을 준 것 to help homeowners save thousands of dollars per year.에 관한 기사라고 알리고 있는데, 첫 번째 지문에 쓰인 상품별 소개에서 비용 절약과 관련된 내용은 세 번째 단락의 The Reversal AC에 관한 설명에 언급된 Users have cut their energy costs by nearly 10%.뿐이므로 (C)가 정답이다.

정답 (C)

172. What can be inferred about Hardwired Magazine?

(A) It is published every week.

(B) It is a fairly new publication.

(C) It is edited by Tom Jolson.

(D) It is available in an electronic version.

Hardwired Magazine에 관해 유추할 수 있는 것은 무엇인가?

(A) 매주 발간된다.

(B) 비교적 새로 나온 출판물이다.

(C) 편집은 Tom Jolson이 한다.

(D) 전자식 버전으로 이용 가능하다.

해설 ▶ Hardwired Magazine에 관련된 정보를 찾아 볼 수 있는 두 번째 지문을 보면, 시작 부분에 '3호(Issue #3)' 라는 말이 쓰여 있으므로 생긴 지 얼마 되지 않은 잡지임을 알 수 있다. 따라서 이와 같은 사실에 초점을 맞춰 fairly new publication이라는 말로 바꿔 표현한 (B)가 정답이다.

정답 (B)

173. In the e-mail, the phrase "keep up" in paragraph 2, line 1, is closest in meaning to

(A) inform

(B) remain

(C) maintain

(D) raise

이메일에서, 두 번째 단락 첫째 줄에 있는 표현 "keep up"과 의미가 가장 유사한 것은 무엇인가?

(A) 알리다

(B) 남아 있다

(C) 유지하다

(D) 끌어올리다

해설 ▶ 해당 표현이 쓰인 문장 Please keep up the good work with your magazine!은 계속해서 좋은 잡지를 만들어 주기를 바라는 마음에서 쓴 말이다. 즉 good work를 계속해 달라는 의미이므로 보기 동사들 중에서는 '~을 유지하다'의 의미로 쓰이는 (C) maintain이 가장 유사한 의미를 지닌 단어이다.

정답 (C)

174. What is most likely true about Mr. Roper?
(A) He interviewed Mr. Weiss.
(B) He was featured in a publication.
(C) He writes magazine articles.
(D) He is involved in the sports industry.

Mr. Roper에 관해 사실일 가능성이 큰 것은 무엇인가?
(A) Mr. Weiss를 인터뷰했다.
(B) 한 출판물에 기사로 실렸다.
(C) 잡지 기사를 작성한다.
(D) 스포츠 업계와 관련이 있다.

해설 ▶ Roper는 세 번째 지문인 이메일을 쓴 사람이다. 이메일 중반부에 Roper는 Roland가 자신의 팀과 함께 일하기 위해 자신이 있는 Atlanta로 왔던 것 during his many trips to Atlanta to work with my team.을 언급하고 있다. 그런데 제품 설명이 쓰여 있는 첫 지문의 마지막 단락을 보면, 'Atlanta Hawks 농구팀(Atlanta Hawks basketball team)'의 도움을 받아 제품을 발명한 것을 언급하고 있으므로 이와 같은 정보를 바탕으로 유추할 수 있는 (D)가 정답이다.
정답 (D)

어휘 ▶

release A onto the market A를 시장에 출시하다   **interact with** (기기 등) ~와 연동되다
fairly 비교적, 꽤   **publication** 출판물   **edit** ~을 편집하다   **available** 이용 가능한
feature ~을 특집으로 싣다   **be involved in** ~에 관련되다

한국인이 가장 많이 겪게 되는 영어 회화 장면에서 내가 말하고 싶은 표현을
3초 안에 말할 수 있게 되는 훈련

영어 회화 훈련 실천 다이어리 시리즈

심재원, Danton Ford 지음 | 각권 15,000원 | 훈련용 MP3 CD 1
대화할 때, 상대방의 답변을 기다려 줄 수 있는 시간은 불과 3초에서 길어야 5초 정도밖에 되지 않습니다. 영어 표현이 바로 튀어나와 줘야 하는 바로 그 순간 말문이 막혀 괴롭다면, 특정 상황을 시뮬레이션하면서 훈련해야 합니다. 〈상황 해결 스피킹 → 상황 해결 게임 → 실전 대화 롤플레이〉로 이어지는 3단계 스피킹 훈련을 통해 해외 여행 시 또는 영어로 자신의 의견을 표해야 하는 상황에서 3초 내에 내가 말하고 싶은 표현을 바로바로 말할 수 있게 됩니다.

한국인에게 최적화된 통합 영어 습득 시스템으로 개발된
영어 리스닝 훈련 프로그램

영어 리스닝 훈련 실천 다이어리 시리즈

마스터 유진 지음 | 각권 16,500원 | MP3 CD 1
실시간 직청 직해 훈련과 낭독 훈련의 완벽 밸런스로 '들리는 것 같은 착각이 아니라 진짜로 들리는 효과'를 경험하게 하는 실용 훈련서입니다.
핵심어와 단서만 듣고 요지를 파악하는 수준에서 만족하고 만다면, 실용이 아닌 시험용 듣기 실력밖에 갖지 못합니다. 일부가 아닌 전체를 들어낼 수 있는 힘을 길러야 나의 언어 구사력을 키울 수 있습니다.

영어 암송 훈련 시리즈

박광희·캐나다 교사 영낭훈 연구팀 지음
1권 14,800원 | 2권 12,600원 | 3권 12,800원 | 논어 채근담 13,800원 | 성경 13,800원
부록 : (MP3 파일 + 플래시 카드 PDF) CD 1장

영어 말하기의 새로운 공식

의미 단위 패턴 + 응용 표현 교체 훈련
= 생각과 동시에 문장 발사

의미 단위 영어 패턴 훈련

이지연 영어연구소 지음 | 188×257 | 432쪽
15,000원 | MP3 다운로드, 개정판

EBS 명강사 한일 선생의
문장 확장 방식을 도입한 쓰기 훈련북

문장 확장 방식(Expansion Mode)을 도입한 쓰기 훈련서로, 매일 조금씩 써 나가다 보면 자연스럽게 영어 문장 구조에 대한 이해가 넓어지고 문장이 쭈욱 쭉 길어지는 경험을 하게 될 것입니다.

문장 확장 방식의 영어 라이팅 훈련 실천 다이어리 시리즈

1 Story Writing 30일편	**2 E-mail Writing 30일편**	**3 Essay Writing 40일편**
한일 지음	한일 지음	한일 지음
4×6배판 변형 │ 392쪽	4×6배판 변형 │ 448쪽	4×6배판 변형 │ 560쪽
18,000원(MP3 무료 다운로드)	19,800원(MP3 무료 다운로드)	22,800원(MP3 무료 다운로드)

영어 라이팅 훈련 습관화 달성 프로젝트

〈바꿔 쓰기 → 살 붙여 쓰기 → 다시 쓰기 → 질문&답변 문장 만들기 → 완벽한 문장 쓰기〉로 이어지는 5-step 라이팅 훈련을 한 후, 마지막으로 스피드 라이팅으로 '속도'와 '정확성' 두 마리의 토끼를 모두 잡을 수 있도록 마무리 복습 훈련합니다.

문장 확장 방식의 영어 라이팅 훈련 실천 확장 워크북 시리즈

BOOK 1 Training 01~30	**BOOK 2 Training 31~60**	**BOOK 3 Training 61~100**
한일 지음	한일 지음	한일 지음
4×6배판 변형 │ 336쪽	4×6배판 변형 │ 344쪽	4×6배판 변형 │ 472쪽
15,000원	15,500원	17,000원

공통 부록: 스피드라이팅북 + MP3 무료 다운로드